떼창의
심리학

: 한국인의 한, 흥, 정 그리고 끼

학술총서 55

떼창의 심리학

: 한국인의 한, 흥, 정 그리고 끼

The Psychology of peculiar emotional complexity of Korean

김재은

푸른사상
PRUNSASANG

내가 이 글을 쓰게 된 계기는, 2011년 6월 11일~12일 양일간 프랑스의 'Le Zenith Arena de Paris'에서 있었던 SM타운의 K-Pop 공연이 유럽에 한류의 물결을 크게 일으킨 사건 때문이었다. 한국 아이돌 대표 기획사인 SM엔터테인먼트가 슈퍼주니어, 소녀시대, 샤이니, f(x), 동방신기 등을 앞세워 '한국 방문의 해'를 기념하여 파리에서 월드 투어를 시작했다. 하루 공연을 기획했다가 연장 요청으로 2회 공연을 했고, 일반석 177,000원, VIP석 352,000원인 입장권은 15분 만에 동이 났다.

다음 날 *Le Monde*지는 헤드라인에 "La vague pop coréanne gagne l'Europe"라고 달았다. "한국의 K-Pop 파도가 (파리가 아니라) 유럽을 삼켰다"이다. *Le Figaro*지는 "La vague coréanne déferle sur le Zenith"라고 썼다. 즉 "한국의 파도가 제니스를 덮치다"라고 쓴 것이다. 나는 이 기사를 보고 너무도 감격하고 기뻐서 우리 국민의 가능성에 대한 성찰을 위해서 글을 쓰기 시작했다.

현 국립발레단 예술감독 강수진이 35년 전 모나코에 발레 유학을 갔을 때만 해도 동료 학생들이 한국이 어디에 있는 나라냐고 물었다 할 정도로 한국은 세계에 잘 알려진 나라가 아니었다. 가장 잘 알려진 이미지는 전쟁으로 폐허가 된 나라라는 것이었다. 강수진이 1985년 로잔 발레 콩쿠르에서 1등으로 입상하자 그제서야 한국에 대한 인식이 바뀌기 시작했다고 한다. 그러던 나라인 대한민국의 20세 전후의 젊은 뮤지션들이 대중문화로 유럽인의 관심을 점령했으니 감격스럽지 않겠는가?

70년 만에 최빈국에서 문명이 선진화된 10대 경제대국으로 올라선 한국이란 나라, 내 조국이 어떻게 해서 세계 문명사를 지배해온 유럽 대륙의 한복판에 자리 잡고 있는 파리를 문화의 파도로 삼킬 수 있게 되었을까 궁금해졌다.

또 SM타운의 샤이니는 2011년 6월, 비틀즈의 스튜디오로 유명한 런던의 애비로드 스튜디오에서 아시아인으로서는 최초로 공연을 했고, 그해 10월 런던 국제 영화제에도 초청받아 공연을 했다. 1964년 미국 언론들이 비틀즈가 미국을 점령했다고 "British Invasion"이라고 썼는데, 2011년 런던의 언론들이 샤이니의 공연을 보고 "Korean Invasion"이라고 헤드라인을 달았다. 한국이 영국을 점령했다는 것이다.

그후 BTS라는 뮤지션이 등장해서 유럽과 남북 미주, 아시아를 휩쓰는 한국적 대중문화의 폭풍우를 뿌리고 다녔고, 그 위력은 상존한다. 2020년 초 코로나바이러스감염증-19로 인해서 세계의 교통이 마비 상태에 빠졌을 때, BTS는 계획했던 월드 투어를 연기하고 그 대신 온라인으로 2020년 6월 14일 오후 6시(한국 시간) 유료 라이브 콘서트인 "방방콘 더 라이브"를 90분간 진행했다. 무대의 동시 접속자 수는 75만 명, 이 공연 수익으로 약 260억 원을 올렸다. BTS 또한 2020년 11월 한글로 부른 〈Life goes on〉이라는 앨범 〈Be〉의 타이틀곡이 8월, 10월에 이어 드디어 '빌보드 핫 100'의 1위에 올라섰다. 이 현상을 보고 『포브스』가 "서구 음악산업을 뒤집었다"고 논평했다. 이제 그래미 어워즈를 바라보게 되었으니 굉장히 놀라운 일이 아닌가? 이 현상으로만 보더라도 이제 K-Pop은 세계적 문화 현상이며, 우리 대중문화 부흥의 신호탄임을 증명해준 것이라고 할 수 있다. 내

떼창의 심리학

가 관심을 갖는 점은 이런 한류 신드롬이나 K-Pop, K-Culture 자체가 아니라 그 배경, 혹은 그 뿌리이다. 우리와 비슷한 환경, 아니, 우리보다 혜택받은 환경에 있는 나라들도 못 하는, 세계의 대중문화의 흐름의 물꼬를 완전히 새로운 방향으로 틀어놓은 한국인의 문화력을 해명해보고 싶었다. 과연 K-Culture는 영원할 것인가? 아니면 한때의 물결에 불과할 것인가가 궁금한 것이다. 그래서 나는 이런 역량의 근원인 문화적 DNA를 찾아보려고 했다.

이 책의 내용이 대학 교재처럼 체계적이지는 않지만, 애초에 자료를 모을 때부터 내심으로는 일관된 맥락이 그려져 있었다. 근본적으로는 예술의 기능에 관계된 것으로, 이 문제는 너무도 많은 전문가들의 논의를 거친 것이기는 하지만 나는 오늘날 우리 주변에서 펼쳐지고 있는 현장의 소동(?) 또는 난장을 보면서 우리 일반 시민들의 입장에서 예술의 기능을 재점검해보고 싶었다.

이 책의 앞부분에서는 영화 이야기부터 떼창, 그리고 떼창의 뒤에 숨어 있는 한국적 복합 정서인 한·흥·정과 기질적 특성인 끼가 우리의 대중예술 성취와 어떻게 관계되는지도 심리학적으로 살폈다. 우리가 지금 글로벌하게 이룩해가고 있는 대중예술적 성취에 과연 우리의 문화 DNA라는 인자가 결정요인으로 작용하는지도 따져보았다.

그리고 지금 불고 있는 트로트 열풍의 정신 치유력과 해한력(解恨力)에 대해서도 파고 들어가 보았다. 결국 이 해한이란 것이 심리치료인 셈이다. 여러 방송사에서 진행하고 있는 트로트 음악 경연 프로그램을 보면 다분히 트로트의 그런 치료 효험이 증명되고 있다. 그래서 이 책의 뒷부분에서는 비단 음악뿐 아니라 모든 장르의 예술양식이 다 이런 치유적인 기능을 한다는 것을 기록을 중심으로 엮어보았다. 마지막의 예술과 엑스터시는 궁극적으로 우리의 일상적인 삶이 지향하는 바는 행복이니까, 행복의 극치가 바로 엑스터시라는 것을 보여주려고 하였다.

그동안 전문 서적, 논문, 신문, 잡지, 인터넷, 방송 등을 읽고 청취하면서 메모하고 자료를 수집해두었던 것을 정리해 책으로 내게 되었다. 이 책의 내용은 서로 독립된 글의 모음이며, 체계성이 없다. 그러니 두서가 없고, 때로는 중언부언한 대목도 있을 것이다. 읽을 때에는 순서 없이 독립적으로 읽어도 된다.

이 책을 만드는 데 수고한 편집부 김수란 팀장께 감사를 드리고, 특히 세상이 코로나바이러스감염증-19로 스톱 상태인데도 책을 내주신 푸른사상의 한봉숙 대표에게 감사의 말씀과 함께 경의를 표한다.

2021년 겨울
김재은 적음

■ 책머리에   5

제1부 왜 떼창을 하는가

제1장   **보헤미안 랩소디와 떼창**   17

　　1. 〈보헤미안 랩소디〉 소동   17
　　2. 〈보헤미안 랩소디〉에 무엇이 있길래?   21
　　3. 떼창의 진풍경   24
　　4. 퀸이 또 한 번 일을 냈다   26

제2장   **떼창 한류는 이미 있었다**   33

　　1. 고대의 떼창 문화   33
　　2. 고증 자료가 말하는 것   37
　　3. 군취가무(群聚歌舞)가 떼창이다   42
　　4. 고대의 한류   44

제3장   **떼창과 동조성(同調性)**   51

　　1. 중요한 실험   51
　　2. 한국인의 동조행동   56
　　3. 동조행동은 일종의 분위기 메이킹이다   59
　　4. 비동조행동의 결과는?   61

제4장	한(恨)과 흥(興)은 풀어야	67
	1. 한(恨)의 정체	67
	2. 우리 문학에 나타나 있는 한	75
	3. 한은 왜 생기나?	77
	4. 한과 원한	80
	5. 한풀이는 어떻게 하는가?	84
	6. 트로트의 해한(解恨) 기능	86
	7. 흥과 한의 관계	93
	8. 흥의 심리−생리적 구조	96
제5장	한 · 흥 · 정 · 끼의 관계	103
	1. 한국문화 · 한국인의 속성들인가?	103
	2. 한 · 흥 · 정은 문화적 특성인가 심리적 특성인가?	108
	3. 끼란 무엇인가?	121
	4. 한 · 흥 · 정 · 끼의 기능	127
	5. 정의 의미와 용법	129

떼창의 심리학

제2부 우리는 다르다

제6장 **K-Culture는 언제까지 유효한가?**   137

  1. 이것이 문화 DNA의 표상인가?   137
  2. K-Cinema와 봉준호 생각   145
  3. K-Pop은 아직도 진행형이다   155
  4. 다이내미즘과 대중예술   159
  5. 흥과 신명의 DNA   162

제7장 **K-Culture의 정체성과 독창성**   171

  1. 다른 나라에서는 안 되는 건가?   171
  2. 우리는 이래서 다르다   177
  3. 비빔밥 문화의 위력   184
  4. K-Trot도 세계화를 꿈꾸고 있다   190

제3부 예술과 힐링

제8장 **예술의 심리적·사회적 기능**   197

    1. MoMA에 대하여   197
    2. 예술은 자기 확장을 가져다준다   204
    3. 예술의 힐링 기능   207
    4. 인류의 기억을 도와준다   208
    5. 희망을 주고 슬픔을 다룰 수 있게 한다   210
    6. 균형 감각과 이해력을 높인다   214
    7. 개인 성장을 풍요롭게 해준다   218
    8. 감상 능력을 키워준다   223

제9장 **예술 심리치료란?**   226

    1. 예술로도 심신을 힐링한다   226
    2. 예술치료의 역사적 근거   231
    3. 예술치료의 심리학적 근거   238
    4. 해독(解讀)과 예술치료   241
    5. 표현 → 해독 → 창조로   247

제10장 **록과 재즈와 팝**   254

    1. 여러 음악 축제가 가능한 이유   254
    2. 재즈의 자유로움과 창조성   256
    3. 다이아몬드 박사의 록 실험   260
    4. 록과 청각 문제   264
    5. 팝 음악의 치유력   267

제11장 **뇌는 리듬에 약하다** 273

    1. 음악은 소리 이상이다 273

    2. 진화(進化) 현상에 관하여 279

    3. 왜 우리는 춤추기를 멈출 수 없는가? 281

    4. 뇌는 시각적 리듬에도 주파수를 맞춘다 286

제4부 예술과 엑스터시

제12장 **예술과 엑스터시** 297

    1. 엑스터시란? 297

    2. 극치의 경험의 원천 307

    3. 또 다른 현실로 들어가는 발걸음 : 의식의 흐름 311

    4. 최적의 경험상태란? 314

    5. 엑스터시의 효용가치 316

    6. 엑스터시 그 자체는 도덕적이지도 비도덕적이지도 않다 320

제13장 **엑스터시와 축제와 초월의 세계** 324

    1. 축제란 무엇인가? 324

    2. 축제의 여러 형태 329

    3. 감각의 유물주의 334

    4. 엑스터시와 콘택트십 341

    5. 엑스터시를 약물에서 찾으려는 사람들 347

제14장 **엑스터시에 이르는 길** 351

    1. 고집멸도(苦集滅道) 351

    2. 적극적 상상력 발휘하기 355

    3. 꿈을 꿔라 360

    4. 창조적 꿈 작업은 이렇게 하라 362

    5. 의식(儀式)과 행사 : 기쁨을 내 안에 363

    6. 예술과 의식 367

■ **참고문헌** 373

■ **찾아보기** 375

떼창의 심리학

왜 떼창을 하는가

제1장

보헤미안 랩소디와 떼창

1. 〈보헤미안 랩소디〉 소동

아무리 유명한 외국 가수라 하더라도 한국에 와서 공연을 할 때 지금까지 공연 현장에서의 떼창은 별로 없었다. 그저 소리 지르고, 발 구르고, 뛰곤 했는데, 요즘은 팬들이 사전에 약속을 하고, 공연장에 와서 음악에 호흡을 맞추어 야광봉을 흔들면서 '떼창'을 한다.

아이돌 그룹 BTS에게는 팬클럽인 아미(army)가 있다. 말하자면 군대를 거느리고 다니는 셈이다. 아미들의 떼창은 볼 만하다. 이 떼창을 야외 공연장에서가 아니라 영화관 안에서 영화를 보면서 했다니 매우 드문 일이고 놀랍다.

〈보헤미안 랩소디(Bohemian Rhapsody)〉라는 영화의 경우, 영국의 록밴드 퀸의 보컬이자 리더인 프레디 머큐리가 부른 노래 제목에 불과하지만, 어떻게 다들 노래 가사를 아는지가 신기했다. 이 노래는 40여 년 전의 노래여서 이제는 잊어버렸을 만도 하지 않은가? 엘비스 프레슬리나 마이클 잭슨의 노래는 지금에 이르러서는 우리가 잘 안 부르지 않는가? 대중음악이란 유행을 잘 타는 것이 되어서 금세 잊고 사는데, 그래서 더 이상하다는 생각이 든다.

〈보헤미안 랩소디〉는 영국에서 50년간 인기를 끌고 많이 알려진 밴드의 음악이다. 그 까닭은 재미있게도 밴드의 이름이 '퀸'이어서 영국의 여왕이 엄존하는데도 제2의 여왕 대접을 받은 '퀸'의 음악이기 때문이다.

이러한 기이한 현상은 이전부터 프레디의 음악을 좋아했던 팬들 때문이거나, 일부는 영화 배급사의 마케팅 전략 효과였을 가능성도 있다고 본다. 프레디가 살아 있었다면, 1946년생이니까 2021년을 기준으로 일흔다섯 살쯤 되었으니 이미 영감이다. 실은 사람들이 프레디의 음악을 들으러 간 것인지 영화를 보러 간 것인지는 분명치 않다. 〈보헤미안 랩소디〉는 영화의 마지막 부분 7분 정도의 라이브 에이드(실황 영상을 영화에 삽입한 장면)에 진짜 프레디가 뜨는데, 그 앞의 화면은 모두 배우들이 연기한 것이다. 플래시 몹[1]을 사용했다니 이것은 일종의 동조행동일 가능성이 없지 않다.

영화의 줄거리는 이렇다. 공항에서 수화물 취급 노동자로 일하면서 음악의 꿈을 키워온 이민자 출신의 아웃사이더 '파로크 불사라'. 주인공 프레디 머큐리의 본명이다. 파로크 불사라는 1946년 아프리카 탄자니아의 자치령인 잔지바르에서 태어났는데, 조상은 아랍계이다. 영국 지배하에 있던 당시, 아버지는 공무원이어서 인도로 전출되어 거기서 살다가 탄자니아의 잔지바르로 다시 돌아와서 살았다. 그의 부모는 독실한 조로아스터 교도였다. 조로아스터교는 페르시아(이란)에 기반을 둔 종교로서, 현생의 행동에 따라서 죽은 후에 영원한 보상 아니면 징벌이 따라온다고 믿고 엄격한 계율을 지키는 종교이다.

---

1) flash mob. 특정 웹사이트에 갑자기 사람들이 몰리는 현상인 flash crowd와 동일한 생각을 가지고 행동하는 집단인 smart mob의 합성어

영국으로 이주해서 공항에서 일하는데, 브라이언 메이와 그의 친구가 활동하던 보컬 밴드 '퀸'의 전신인 밴드 '스마일'에서 보컬 모집 광고를 냈다. 파로크 불사라가 이 광고를 보고 그 밴드에 들어가게 되면서 '프레디 머큐리'라는 이름으로 밴드 '퀸'을 이끌게 된다. 시대를 앞서가는 독창적인 음악과 화려한 퍼포먼스로 관중들을 사로잡으며 성장해간 '퀸'은 라디오 방송에서 외면을 받을 것이라는 음반사의 반대에도 불구하고, 무려 6분 동안 이어지는 실험적인 곡 〈보헤미안 랩소디〉로 대성공을 거두며 월드 스타 반열에 오른다.

1975년에 발표해서 히트한 대표 음악이 〈A night at the opera〉와 이번 영화 제목인 〈보헤미안 랩소디〉이다. 특히 이 〈보헤미안 랩소디〉가 인기를 끈 것은 음악의 독창성 때문이다. 이 노래는 근본적으로 록/포크 스타일인데, 발라드풍이 주류를 이룬다. 인트로에서 차츰 발라드로 발전해가면서 변화무쌍하고 다양한 분위기의 사운드를 만들어낸다. 그리고 그 다음에는 기타 솔로로 갔다가 오페라로 발전한다. 다시 록으로 변신했다가 아웃트로에 이른다. 프레디는 팝에 강하고 메이는 하드록에 강하다. 메이의 기타 연주 솜씨는 50년간 환상적이라는 평을 받고 있다. 그는 직접 만든 수제품 기타를 쓰기도 했다.

'퀸'이 발표한 곡이 많은데, 하필 왜 그중에서 〈보헤미안 랩소디〉가 더 큰 인기를 끄는지가 궁금해진다. 그 음악이 영화상으로는 록과 오페라, 헤비메탈로 이루어지는 6분간의 광란의 축제를 보여주고 있기 때문이다. 앨범 판매 전에 싱글로 우선 발매되었는데, 영국의 싱글 차트에서 9주간 1위를 차지했고, 3개월 만에 100만 장이 팔리는 당시의 유일한 음악이었기 때문이다. 1975년의 사건이니까 2021년을 기준으로 하면 46년 전의 일이다. 놀라운 현상이다. 그때의 앨범에 위의 두 곡이 들어 있는데, 이 〈보헤미안 랩소디〉 노래 속에는 어디에도 '보헤미안'이란 의미의 가사는 안 나온다.

아마도 상징적인 의미일 것이다.

'보헤미안'이란 체코의 옛 지명 보헤미아의 형용사형이며, "전통이나 관행 따위를 따르지 않는"이란 뜻으로 쓴다. 헝가리 작곡가이자 피아니스트인 리스트가 쓴 〈헝가리안 랩소디〉라는 유명한 피아노곡이 있다. 이 음악은 강렬한 건반 터치로 헝가리인의 정열이 넘치는, 격렬하고 야성적인 기쁨을 나타내는 곡이다. '랩소디'는 음악 용어로 광시곡이라고도 하는데, 서사적·영웅적·민족적 색채가 짙은 자유스러운 판타지를 의미하니 거기에 비유하면 될까?

퀸의 보컬 프레디 머큐리는 1973년 26세에 데뷔해서 1991년에 죽었으니, 18년 동안 활동하고 45세를 일기로 세상을 떠났다. 2018년에 상연된 음악영화 〈보헤미안 랩소디〉의 원제는 〈Freddie Mercury : The great pretender〉인데, 브라이언 싱어 감독이 연출했다. 우리말로 번역을 하면 점잖게는 "위대한 프레디 머큐리의 가려진 삶" 정도로 할 수 있고, 직역을 하면 "프레디 머큐리 : 위대한 가식자(假飾者)"이다. 그의 사생활은 잘 공개되지 않았으나 뛰어난 뮤지션임은 틀림이 없다.

이 영화가 한국에서 2018년 10월 31일에 개봉한 지 두 달 만에 800만 명 넘게 관람했고, 결국 1,000만 명의 입장객 기록을 올렸다. 두 번 세 번 본 사람도 있었다. 오래전의 음악인데도 20대 전후부터 60대까지 좋아하는 사람들이 있다니 놀랍다. 워낙 우리나라 사람들이 음악과 영화를 좋아하여 '음악영화'만 따로 영화제를 열 정도가 아닌가? 거기에 또 우리나라에는 뛰어난 영화감독들이 많아서 국제 영화계에서도 크게 주목받고 있지 않은가? 그들이 우리의 국가적 위상도 높여주고 있다.

미국 할리우드가 우리 시장을 무시할 수 없는 처지에 있어서, 미국의 블록버스터 영화가 미국에서 개봉되기 전에 우리나라에서 먼저 개봉되기도 하고, 주연 배우들이 판촉을 위해 내한해서 선을 보이기도 하지 않는가?

그래서 이런 배경도 이 영화가 인기를 끈 이유 중 하나가 아닌가 싶다.

2. 〈보헤미안 랩소디〉에 무엇이 있길래?

프레디가 쓴 가사를 잠시 들여다보자. 기타리스트인 브라이언 메이가 이렇게 고백을 했다. "프레디는 굉장히 복잡한 성격이고, 겉으로는 재미있고 가벼워 보이지만, 속으로는 문제를 많이 가지고 있는 것 같고, 정서가 불안정해요. 이 곡은 프레디의 개인적인 이야기를 담고 있는 곡일 거라고 생각해요."

프레디 개인에 관해서는 설왕설래가 있으나 그가 양성애자라고 스스로 커밍아웃을 했으니까 게이임을 인정한 것이고, 에이즈 치료도 받은 것으로 알려져 있다.

대중음악의 노랫말은 그 내용이 작사가나 어떤 개인(그 노래를 불러주기를 기대하는 가수)의 사사로운 뒷이야기를 반영하는 경우가 많다. 우리나라의 대중음악의 가사에도 그런 면이 많다. 그래서 추상적이거나 보편적인 내용의 가사보다 개별적이고 현실감이 큰 가사가 호소력이 크다. 그 좋은 예가 1933년에 헝가리 작곡가 겸 피아니스트인 레조 세레스가 작곡한 〈Gloomy Sunday〉일 것이다. 이 노래로 인해 세계 도처에서 사람들이 우울증에 걸려서 자살한 사건이 터지자 작곡가 자신이 자살을 한 일이 있다. 우리나라에서도 6·25전쟁 후에 불렸는데, 이 노래로 인해 사람들이 우울증에 걸려 자살했다는 이야기도 있다.

〈보헤미안 랩소디〉를 지상으로 감상해보자. 이 노래는 연주 시간이 6분이나 되는 긴 음악이다. 노랫말을 보면 아주 긴 내용으로 되어 있어서 마치 오페라의 시놉시스를 읽는 기분이다.

1절 도입부를 보면, 의식이 몽롱한 상태에 있다. 현실과 환상 사이를 왔다 갔다 한다. "이건 현실인가, 환상인가?"로 시작되는데, 아마도 약물 의존 상태에 있지 않았나 싶다. 가사 내용에는 하나의 스토리가 있다. 13세 소년이 어머니를 괴롭히는 한 남자를 권총으로 쏴 죽이고는 어머니에게 고백한다. 2절은 "나는 그저 불쌍한 아이일 뿐, 동정도 필요없고, 나는 시련을 이겨낼 거야" 하고 다짐한다. 3절은 한 남자를 죽이고는 "이제야 내 삶이 시작돼" 하고 버틴다. 4절로 가면 소년은 고통을 느끼고 죽으려 한다. "모두들 안녕" 하고 인사를 한다. "차라리 태어나지 않았기를 바라기도 했다"라고 고백한다. 마지막 절에 가면 세상은 나와 무관하고 나는 "나로서 존재한다"고 믿고 싶었던 것이다. 과거의 차별과 편견이라는 벽에 부딪쳐 뚫고 나가지 못해 괴로워했던 자기를 죽이고 자기의 고유한 정체성으로 버티자고 다짐한다.

도입부(인트로)

이건 현실인가? 이건 환상일 뿐인가?
큰 난관에 갇혀서, 현실로부터 빠져 나갈 곳이 없다
눈을 떠서 하늘을 올려다 봐
난 불쌍한 젊은이일 뿐, 동정은 필요하지 않아
난 쉽게 왔다가 가고
약간 기분이 좋아졌다가 나빠졌다가
바람이 어떤 식으로 불든지 나와는 상관이 없지
나와는

마지막 절(아웃트로)

어떤 것도 중요하지 않아, 누구라도 알 수 있지
아무것도 중요하지 않아
내겐 아무것도 중요하지 않아

바람이 어떤 식으로 불든

— 퀸, 〈보헤미안 랩소디〉 중에서

이런 흐름인데 내용을 분석해보면, 1970년대 당시 프레디 머큐리는 양성애자로 커밍아웃해서 세상으로부터 냉대와 차별을 크게 받는다. 그것이 그의 정체성에 치명적인 고통을 안겨다 주었다. 그는 한 남자를 죽이고 "이제야 내 삶이 시작돼"라고 고백한다. 한 남자를 죽인 것이란, 영국의 이중적인 기존 도덕률로 인해서 고통받아온 과거의 '자기'를 살해한 것이다. 그러고는 괴로워하고 완강한 사회적 장벽과의 관계를 단절하려고 하지만(자살), 마지막에 가서는 "어디서 시련이 닥치든 문제될 것 없이"라고 다짐한다. 고달픈 현실적 삶으로 고통받고 있으나 약물 의존 상태에서 그럭저럭 극복해가려는 의지가 담겨 있는 일종의 오페라와 같다. 이런 노래로 6분간 여러 장르의 음악을 섞어서 연주하니까 관객들은 오페라를 감상하듯 재미와 공감을 크게 느끼게 된다.

2018년 프레디 사망 27주년을 기념하기 위해 팬들이 추도 행사를 기획했다. 이 영화를 세 번씩이나 본 한 관객의 이야기를 들어보자. "퀸의 노랫소리가 머릿속에서 떠나지 않았어요. 나는 싱 얼롱(sing along, 한국식 떼창)에 참여해서 영화가 시작되자마자 따라 부르기 시작했어요. 열광적으로 호응하는 관객들이 모여서 영화를 보게 되니 진짜 퀸을 본 듯이 느껴졌어요. 배우들의 연기가 뛰어났고, 퀸의 팬들이 의외로 많았어요. 노래뿐 아니라 대사까지 다 외웠답니다."(『조선일보』 기사에서 옮김)

3. 떼창의 진풍경

"발을 두 번 구르고, 손뼉 한 번 치고, 발을 두 번 구르고, 손뼉 한 번 치고, '악' 하고 소리 지른다."

"쿵쿵 짝 쿵쿵 짝, We Will, We Will Rock you!" 이 리듬 시리즈가 이번 영화에서 관찰되었던 떼창의 한 패턴이다. 이것이 이전에 볼 수 없었던 함께 참여하는 음악영화 팬들의 행동 양식이었다.

한국 개봉 후 퀸의 노래를 영화 관람 중 직접 따라 부르고 싶다는 관객의 요청으로 영화 시사회에서 싱 얼롱 시사를 했는데 반응이 폭발적이어서 CGV, 메가박스, 롯데시네마 등 서울의 6개 멀티플렉스관에서 '음원 상영'이란 이름으로 싱 얼롱을 운영했다. 놀라운 사건이고 현상이다. 마지막 라이브 에이드 콘서트 장면에 대한 팬들의 반응은 더 뜨거웠다. 영화 관객들은 마치 콘서트 현장에 있는 것처럼 반응했다. 영화가 끝나자 박수와 환호가 터져 나왔다. 누구를 위해서 박수를 쳤을까? 40여 년 전에 죽은 프레디를 위해서인가? 결국 자기 위로의 한 장면이다. 관객들은 기립 박수를 치고 엔딩 크레딧이 끝날 때까지 계속 자리를 지키면서 노래를 따라 불렀고, 떼창을 했다. 영화관에서 좀처럼 보기 어려운 광경이었다.

이 영화를 본 관객들은 10대부터 60대까지 다양한데, 가장 주된 반응은 "지친 나를 위로해준다"는 것이었다. 영화 관객들은 영화를 보는 것이 목적이 아니라 퀸의 음악을 들으러 간 것이다. 영화관에서 그 음악이 재현된 것이다. 실연(實演)이 아님에도 불구하고 어떤 60대의 커리어우먼은 "TV를 틀어도 우울한 뉴스뿐이잖아요? 낙이 없는 세상에 퀸의 음악이 뜻밖의 기쁨을 주더라고요"라고 고백했다. 음악에 국경은 없었다. 퀸이 등장했을 때, 스무 살이었던 젊은 여성이 당시에 퀸의 음악을 좋아하고 있었다니 흥미로운 일이다.

다른 음악과 좀 차별되는 것은, 그 유명했던 프레슬리나 마이클 잭슨이나 톰 존스의 음악을 지금은 잘 듣지 않는 것과 비교가 된다는 점이다. 그 이유는 프레디 음악의 다양성에 있고, 장르를 넘나들기 때문일 것으로 본다.

『조선일보』 2018년 12월 4일자 A16면에 퀸에 관해 표태준, 윤수정 두 기자가 쓴 기사가 실려 있는데, 거기에 40~60대는 "소외감을 잊게 해주고", 10~30대는 "내게 힘을 주고" "남녀노소 할 것 없이 모두가 열광하는 음악을 선사했다"라고 말했다. 아울러 "그들은 한국을 접수했고", 김윤덕 문화부장은 "한국을 훔쳤다"라고 밝혔다.

드디어 영화 관객이 1,000만 명을 넘었다. 한국 인구의 5분의 1에 해당된다. 『조선일보』의 윤수정 기자는 그들은 "루저(Loser, 즉 사회적 패배자)들의 '퀸'"이라고 했다. 이민자인 공항 노동자도 세계를 지배할 수 있다. 우리에게도 BTS 같은 아이돌 뮤지션이 있지 않은가? 전 세계 20대 전후 젊은이들의 우상이다. 그들이 UN에서 연설한 내용도 그렇다. "자기 자신을 신뢰하라는 것"이었다. 거기서 용기가 생기고 희망도 생긴다. 퀸은 명실상부한 영국의 두 번째 여왕인 셈이다. 밴드명이 그러니까.

40년이 지난 오늘, 주인공은 사라지고 없어도, 주인공에게 개인적인 허물이 있었다고 해도, 아시아의 구석에 박혀 있는 한 나라에서 이렇게 그들의 관심을 점령하고 있는 또 다른 이유가 무엇일까?

음악적으로 보면, 두 가지를 들 수 있을 것 같다. 하나는 그 음악의 독창성 때문이고, 다른 하나는 패배자를 위한 힐링적 효과 때문이다. 특히 가사가 그렇다. 한국인에게 이 음악이 호소력을 갖는 이유는, 이미 우리에게 익숙해 있던 음악이라는 점과(귀에 설지 않다는 점), 지금 우리 사회의 정서적 불안정성 때문이다. 특히 사회에 미만해 있는 사회적 루저의 감성에 호소하는 바가 크기 때문이다. 그래서 이 음악은 위안이요, 구원이다. 치유해주는 약발이 있다.

나는 영화 보러 갔다가 영화관에 못 들어가고 돌아왔다. 예매자들이 전부 사 갔다는 것이다. 그래서 영화관에서 영화를 보지 못하고 영화관 종영 후 집에서 내려받아 TV로 보았다. 거기서 관객 유인 요인이 또 다른 곳에도 있다는 것을 발견했다. 그것은 프레디의 개인사에 관한 대목이다. 프레디가 인간적인 약점을 실토했다는 점을 이 영화가 호소력 있게 그려냈다는 점이다. 이 점은 매우 영화적이다.

프레디의 매력은 역시 음악에 있다. 음악 전문 서적 등에서 보면 그의 음악 자체에 가장 큰 매력이 있다고 할 수 있다. 노랫말이 허구가 아니라 사실적인 개인사를 이야기하고 있고, 팬들을 위해 다양성 있는 음악을, 표현력을 최대한 발휘해서 효과적으로 감정이입을 해주었다는 점이다. 그래서 고객 만족도가 컸던 것이다. 비디오 에이드를 보면 그들의 연기력과 뛰어난 퍼포먼스도 감동을 준다. 그런 요소가 이 영화에 1,000만 명을 끌어들이게 한 것이다.

윤성은 영화평론가는 "값비싼 콘서트(보통 5만 원 정도에서 20~30만 원까지 한다)를 보러 가려면 암표까지 100만 원이 넘는다고 하니 단돈 1만 원에 가성비가 높은 영화관을 찾고 있다"고 했다. 이번 소동을 보면서 대중예술이 인기를 끌려면 대중들(구경꾼)의 참여도를 높이는 것이 매우 중요하다는 사실을 새삼 발견하게 되었다.

4. 퀸이 또 한 번 일을 냈다

2020년 1월 18~19일, 서울 고척동에 있는 스카이돔에 난리가 났다. 영국 4인조 록밴드 퀸이 나타난 것이다. 진짜 '퀸'이다. 2018년 상영된 영화

〈보헤미안 랩소디〉에 나오는 캐릭터는 배우들이고 이번에는 진짜 퀸이 나타나서 데뷔 50년 만에 서울에서 공연을 했다. 2014년에는 '수퍼소닉 페스티벌 2014'에 처음으로 공연차 내한한 일이 있었지만 지금처럼 대환영을 받지는 못했다. 창단 멤버인 보컬 프레디 머큐리가 1991년에 세상을 떠나고 교체 멤버로 미국 청년 가수 애덤 램버트가 10년째 보컬을 맡고 있다. 그는 미국의 신인 발굴 TV 프로그램인 〈아메리칸 아이돌〉 출신이다.

이틀 동안 45,000명의 팬들을 불러 모은 이 콘서트에서는 우리가 이미 잘 아는 〈보헤미안 랩소디〉 외에 〈Don't stop me now〉, 〈We Will Rock You〉, 〈Love Of My Life〉, 〈We Are The Champions〉 등을 불렀다. 관중들은 영화 〈보헤미안 랩소디〉 상영 때처럼 빨강, 노랑, 초록 등의 야광봉을 흔들면서 '떼창'을 했다. 퀸도 놀랐을 것이다. 이런 호응은 별로 접하기 쉽지 않기 때문이다. 이 공연장은 마치 거대한 노래방 같았다고 했다. 그 현장에서 팬과 관중들이 느낀 감동은 엄청났을 것 같다.

지금의 리더인 브라이언 메이는 1947년생이니까 73세(2020) 노장이다. 50년 동안 같은 밴드로 음악을 한다니 드문 예이고 우리가 본받아야 할 삶의 태도이다. 한 가지에 50년 세월을 바치고도 해외 공연에 나선 밴드의 멤버들은 훌륭한 인격들이다. 물론 우리나라에도 재즈나 록으로 50년 이상 활동한 뮤지션들이 있지만 지속적으로 새로운 음악을 내놓고 인기를 유지하는 데는 성공한 것 같지 않다. 그런 점에서 퀸은 놀라운 밴드이다. 이름이 좋아서인가?

대개 대중음악은 멜로디가 비슷한 것이 많다. 그래서 가끔 표절 문제가 불거지곤 하는데, 퀸의 음악은 노랫말이 더 공감을 자아낸다. 왜 퀸이 50년간이나 버림받지 않고 버틸 수 있었느냐 하면 뛰어난 악기 연주 실력뿐 아니라 음악 자체, 더욱이 그들이 만들어내는 노랫말이 더 호소력을 갖기 때문일 것이다.

그들의 음악 중 〈Don't stop me now〉는 밀려드는 파티 분위기를 배경으로, 머큐리의 가슴에서 직통으로 분출해 나오는 음악이다. 전설적인 탕자 기질을 가진 머큐리가 누린 영화(榮華)를 고스란히 담고 있는 노래여서 노랫말 속의 캐릭터가 바로 자기인 듯, 역할 연기를 하는 듯한 음악이다. 우리 말로 하면 "날 막지 마" 혹은 속되게는 "나 말리지 마!" 정도로 옮길 만한 노래이다.

>난 오늘 밤을 즐겁게 보내려 해
>살아 있다는 온 세상이 뒤바뀌고
>엑스터시(황홀경) 속을 둥둥 떠다니는 그런 느낌이야
>(…)
>그러나 나를 막지 마
>난 지금 즐거운 시간을 보내고 있으니까
>(…)
>아무것도 날 막을 수 없어
>나는 공중에서 200도로 타오르고 있어
>나는 빛의 속도로 돌아다녀
>당신을 초음속 사나이로 만들어주고 싶어
>당신도 그러고 싶다면 전화해
>난 제어할 수 없는 위성이야
>난 재장전(再裝塡, 총알을 다시 채우는 것)하려는
>섹스 머신이야
>곧 폭발하려는 핵폭탄 같은 그런 것
>— 퀸, 〈날 막지 마(Don't stop me now)〉 중에서

어떻게 보면 여기에는 머큐리의 방탕스러운 성적 욕구의 폭발을 암시하는 대목이 있다. "난 재장전하려는/섹스 머신이야"가 바로 그런 상황을 잘 보여준다. 그는 엑스터시에 빠지고 싶어한다. 그는 이미 이 음악만으로도

제1부 왜 떼창을 하는가

엑스터시에 접근했다.

> 내 인생의 사랑
> 당신은 나에게 상처를 주었어
> 당신은 내 가슴을 무너트리고 떠나가 버렸어
> 내 인생의 사랑
> 내 인생의 사랑
> 내 곁을 떠나지 말아요
> 돌려주어요
> 돌려주어요
> 돌아와 어서 돌아와
>
> — 퀸, 〈내 인생의 사랑(Love Of My Life)〉 중에서

이런 가사인데 우리나라 정서와 매우 유사한 노래이다. 사랑, 상실, 이별, 배신, 그러나 미련이 남아 있다. 그 사랑의 상실을 회복하고 싶다는 소망이 담겨 있다.

> 이봐 친구, 넌 남자잖아
> 소란도 한번 피워봐야지
> 거리에서 싸돌아 다니다 보면
> 언젠가 남자가 되어 있을 거야
> 얼굴이 좀 더러워진다고 대수야?
> 부끄러운 줄 알아
> 온 세상을 돌아다니며 소란을 피워봐
> (…)
> 온 세상을 다니며
> 너의 깃발을 흔들어봐
>
> — 퀸, 〈너를 흔들어버릴 거야(we will rock you)〉 중에서

이런 노랫말을 읽어보면 그들의 감정 세계를 이해할 수 있을 것 같다. "너의 깃발을 흔들어봐"라며 외톨이, 고독, 소외감 속에서도 도전 정신으로 세상과 맞서서 자기의 깃발을 흔들어보라는 것. 이런 내용을 보면 자존적 존재로서의 자아를 회복하려는 강력한 메시지를 담고 있는 노래라는 것을 읽을 수 있다. 세상에 대한 저항이 담겨 있다.

퀸 노래의 작사나 작곡은 브라이언 메이가 상당 부분 담당했다고 한다. 과학자이면서 대학 총장까지 지낸 사람이 록에 미쳐서 50년 세월을 음악에 바쳤으니, 음악이 갖는 마술적 역능(力能)을 보여주며, 인간에게 있어서 궁극적으로는 지성보다 감성이 훨씬 강하구나 하는 것을 단적으로 증명해주는 사례이다. 사람을 사로잡는 데는 과학보다 음악이 더 힘이 세다. 그의 전기를 보면 7세 때부터 기타를 배우기 시작했고, 자기가 쓰고 있는 기타 중에는 수작업으로 만든 것도 있단다. 어렸을 때의 음악 경험은 못 말리는 힘이 된다.

가끔은 대중음악에는 가사가 엄청 큰 힘(긍정적이든 부정적이든)을 발하는 경우가 있다. '섹스 피스톨즈'가 부른 펑크 록 〈Anarchy in the UK(대영제국 속의 무정부주의자)〉라는 노래는 앨범 〈Never mind The Bollocks(잡담이야, 신경 쓰지 마)〉 속에 수록되어 있다.

난 적그리스도야
난 무정부주의자야
내가 뭘 원하는지 모르겠지만
난 어떻게 그걸 얻는지는 알아
난 엘리트들을 패 죽이고 싶어
무정부주의자가 되고 싶어
개는 되기 싫어

I am an anti-Christ
I am an anarchist
Don't know what I want
But I know how to get it
I want to destroy the passerby
Cause I want to be anarchy
No dogs body

굉장히 발칙하고 반항적인 노래이다. 기존의 기득권에 대한 강한 저항이다.

'사이먼 앤 가펑클'의 5집 앨범 수록곡 〈The Boxer〉의 가사는 그들이 부당하게 비판받고 있다고 생각했을 때 쓴 것이다. 이 이야기는 가펑클의 자전적인 내용이고 성경에서 힌트를 얻었다고 한다. 가펑클은 콜롬비아대학 출신이다. 1970년에 발표한 〈Bridge Over Troubled Water(험한 세상 다리가 되어)〉로 빌보드 차트 1위도 차지한 바 있다. 〈The Boxer〉의 가사를 보자.

막노동의 임금 정도만 바라며
일자리를 찾아 다녔지만
아무 일도 안 주었어
오직 7번가의 창녀들의 유혹 소리뿐
난 말할 수 있어. 나는 정말 외로웠을 뿐
그곳에서 어느 정도 편안함을 찾았어
라일라 라이

이 노래의 후렴 부분 "라일라 라이"가 매우 선동적이었다.

그리고 퀸의 공연과 관련해서 고척 스카이돔에 참여한 관객의 분포를 보면, 여성 관객이 68%, 남성 32%이고, 2030세대가 74%였다는 것은 기획자 쪽에서 보면 확실히 영화 덕을 본 것이지만, 한국 여성들의 대중예술에 대한 열정도 인정해야 할 것 같다. 더구나 다른 나라에서는 좀처럼 보기 어려운 2~3만 관중의 떼창이 빚는 음향 효과와 그 압도적인 정서적 분위기의 상승 효과는 영혼을 뒤흔들 만큼 크고, 관객의 행복 지수도 그만큼 컸으리라고 본다. 이런 현상은 K-Pop의 흐름과 일맥상통하는 것이다.

　　한국적 현상만은 아닐지 모르나 이런 문화활동에 여성 참여자가 남성의 2배에 이른다는 것은 바람직한 현상이고, 역설적으로 말하면, 남자들은 돈 버느라고 점점 무식해지지만, 여성은 점점 똑똑하고 유식해진다는 사실이다. 지금의 2030세대 여성들에게 미래에 꽃피울 문화대국의 꿈을 걸어볼까?

　　대중음악이 오래 인기를 누리고 있는 중요한 이유는 가사의 함의(含意)에 있다. 앞에서 보았듯이, 사사로운 개인적 정황과 감정이 짙게 배어 있는 가사가 인기 있고 수명이 길다. 미국이나 유럽에서 인기 있는 대중음악은 대체로 노랫말이 길다. 1절, 2절, 3절 하는 식으로 같은 음악을 되풀이하는 것이 아니고, 한 가지 이야기를 길게 늘어놓는다. 그렇게 함으로써 가수는 이야기에 집중할 수 있고, 감정 조절을 할 때 쉽게 절실해질 수 있다. 그러나 4절까지 불러도 똑같은 노래(멜로디)를 되풀이하면 재미가 떨어진다. 이때 오페라 효과가 있으면 좋다.

제2장

떼창 한류는 이미 있었다

1. 고대의 떼창 문화

1) 빌보드를 점령한 떼창 문화

"고대에도 한류가 있었다"는 말을 누가 한다면 "그것, 국수주의자(國粹主義者)들의 억지겠지"라고 할 것이 뻔하다. 왜냐하면, 오늘날의 한류 현상을 보면 규모가 어마어마하니까 그걸 연상할지도 모를 일이고, 또 공공 교통수단도 없었던 시대에 무슨 한류가 있었을 것이냐 할 것이기 때문이다. 지금(2020년) 대중예술을 매개로 한 한류의 경제 가치는 계산이 불가능하다. 한 예를 들면, 아이돌 그룹의 경제 가치를 따질 때, 현장 콘서트 수입 외에 멤버들에 관련된 부대 선물, 아이템 매출, 광고 수입, 음반 및 음원 수입 등등을 따지게 된다. 그런데 '한류'라는 말은 학술논문 제목으로 버젓이 나온 말로, 2008년 12월 8일 서울 프레스센터 19층 기자회견장에서 있었던, 한국비교민속학회와 한국구비문학회 공동 주관으로 발표된 논문집의 표제로 적혀 있는 용어이다.

우리나라 출판계의 기인이자 문화평론가인 김호근 선생과 건축가이자 토탈현대미술관 회장인 문신규 선생과 2019년 1월 어느 날 점심 약속으로 셋이서 만난 자리에서 "내가 요즘 시간의 여유가 있어서 '떼창 문화'에 관한 자료를 찾고 있다"고 하면서 근래에 떠들썩했던 "〈보헤미안 랩소디〉 현상을 심리학적으로 파헤쳐 보고 싶다"라고 말했다. 그랬더니 김호근 씨가 관련된 논문과 저서가 몇 편 있으니 빌려주겠다고 해서 며칠 후 받아서 분석했다. 그 속에 안동대학교 교수를 역임하고 민속학회 회장을 지낸 임재해 교수가 쓴 「고대에도 한류가 있었다 ─ 민족 문화의 정체성 재인식」이라는 논문과 고려대학교 전경욱 교수의 논문 「고대의 한류로서 우리 공연예술이 동아시아에 미친 영향」이라는 논문이 들어 있었다.

여기서는 이 두 학자의 논문을 요약하면서 정리, 해석해보기로 한다. '한류(韓流)'라는 말은 우리가 만들어낸 말이 아니다. 이런 신조어는 일본인이 잘 만든다. 처음에는 부정적인 의미의 '혐한류(嫌韓流)'로 유행했고, 중국 쪽에서도 '반한류(反韓流)'라는 부정적 용어로 시작해서 점점 우리에게는 긍정적인 용어로 변했다. 지금은 우리가 국제적으로 작은 나라가 아니다. 경제력으로 세계 200여 개 나라 중 10위권에 드는 작지만 강한 나라가 되었다. 서양 언론에서도 "Korean wave"니 "Vague coréenne"니 하고, 파도라는 말을 썼다.

2019년, 일본의 아베 총리가 자국과 무역하는 상대국 중 중요한 원자재와 부품 소재, 부품, 장비 수출 자동 허가국에서 한국만 제외시키기로 해서 갈등을 빚고 있다. 한국만 허가를 따로 받도록 지정했다. 일본의 어느한국 전문가는 여러 가지 이유가 있지만,[1] 한국의 성장에 대한 질투심도 들어 있다는 이야기를 했다. 이것도 혐한류이다. 혐한류를 부추기는 사람들은 일본의 극우파이다. 한 일본의 정치가는 3·1 독립운동 100주년에

---

1) 그중 미쓰비시의 징용자 문제 재판 건이 제일 중요하다.

즈음해서 "한국이 일본에 문화적으로 많은 것을 가르쳐주어서 고맙다"고 말을 했다. 수사적인 발언이기도 하다.

'혐'이나 '반'은 모두 부정적인 어법이다. 그러나 문화란 정치나 경제 상황과는 달라 압력으로 누를 수가 없다. 그 예로 일본이나 중국이 아무리 혐한류, 반한류를 외쳐도 젊은이들의 'K-Pop 사랑'을 막지 못하지 않는가? 또 젊은 탈북자 중에는 한국의 드라마나 음악에 반하여, 탤런트나 가수가 보고 싶어서 남한으로 넘어온 사람이 많다. 숨어서 보다가 들켜서 교화소나 정치범 수용소에까지 들어갔다가 나온 사람들이 많다는 것은 바로 이런 사실을 여실히 말해준다.

BTS뿐 아니라 2019년 말에는 SM엔터테인먼트의 '슈퍼M'도 빌보드 차트 200에서 1위를 차지하는 기록을 올렸다. 바야흐로 '문예부흥기'에 있는 것인가? 근래에 와서는 국악 크로스오버팀들이 뜨기 시작하면서, 국내 시장보다 외국 음악시장에서 주목을 받고 인기가 날로 치솟고 있다. 아프리카 음악도 이젠 한계에 왔고, 서양 클래식은 점점 인기가 줄고 있는 판국에 이런 세계 어디에도 없는 새로운 음악(소리)이 들려오니까 세계 시장이 주목하게 된다. 세계적 음반회사가 앨범을 내줄 정도가 되었기 때문이다. 과연 우리의 DNA 속에 이미 저런 끼가 감추어져 있었을까? 그렇다고 주장하는 전문가와 학자들이 점점 늘고 있다. 유전자 감식까지야 갈 수 없겠지만 역사나 민속을 뒤지면 인문학적으로나 사회과학적으로 증명이 되지 않을까?

물론 여기에 대해서 반론을 세우는 학자도 있다. "그건 서구 문화의 베끼기이고, 서구 문화 추종의 한 현상일 뿐이고, 왜곡된 서구주의"라고 혹평하는 비평가도 있다. 어떤 문화평론가는 한류라는 붐을 타고 폭발한 일시적인 현상이라고 주장하기도 한다. 나는 여기서 DNA까지는 증명하기가 불가능하니 가능한 역사적 고증을 통한 주장에 일단 지지를 보낸다. 그것이 민족성이라고 해야 할지, 민족적 정서라고 해야 할지는 좀 더 생각해 보아야겠다. 역사적·민속적 증거를 통해서 요약해보려고 한다.

2) 반론도 있다

우리의 고유문화 양식으로 알고 있는 것들도 그 기원에 대해서는 다른 견해가 있다는 것을 인정한다. 예컨대 굿 문화 같은 것은 시베리아 기원설이 아주 강하다. KBS가 취재해서 방송한 일도 있는데, 굿의 양식에 비슷한 점이 아주 많았다. 굿이 바이칼 호수 주변의 러시아 자치령인 브리야트에서 기원했다고 하는 전문가들도 있다. 그러나 미국의 인류학자 타일러가 1959년에 쓴 『한국인과 그들의 문화(Korea: people and their culture)』란 저서에서 "세계에서 가장 무속문화가 오랫동안 고스란히 남아 있는 나라는 한국이다"라고 증언했다.

탈춤은 동몽골에서 들어왔다고 하고, 꼭두각시놀음은 중국에서 들어왔다고 하고, 신라의 찬란한 황금 문화는 알타이에서 기원했다는 주장도 있다. 솟대는 북아시아, 그러니까 북중국과 몽골에서 들어왔고, 석(돌)장승은 남방(동남아시아)에서 기원했다는 설이 있고, 고인돌은 남북방 혼재 기원설이 있다. 그런데 임재해 교수의 논문을 보면 그런 설들은 설득력이 약하고, 이 모든 것은 한반도나 만주에 살던 우리 조상들의 문화였다는 것을 주장하고 있다.

단국대학교 고대사 전공의 윤내현 교수는 우리나라의 신석기 문화(마제석기)는 중국의 황하 유역보다 2,000년 정도 앞선 기원전 8000년 정도로 잡을 수 있다고 주장한다. 고고학적으로 석기 문화의 발달을 보면, 한반도에서는 약 70만 년 전부터 사람이 살았던 증거가 나왔다. 1972~3년 평남 덕천 승리산 동굴에서 사람의 어금니 두 개와 어깨뼈 한 개가 발굴되었는

제1부 왜 폐창을 하는가

데, 70만 년 전 구석기 시대 중기에 살았던 사람이라는 보고가 있었다.

그 밖에 남쪽에서의 성과도 굉장히 많다. 충북 단양 상시동굴, 청원 두루봉동굴, 연천군 전곡리 등에서 발굴된 유물로 보아서 구석기 시대 한반도에 사람이 살고 있었는데, 그들이 과연 지금 한국인의 조상이냐 아니냐는 논쟁이 있다. 이들이 제4빙하기가 끝나고 기후가 따뜻해지자 북방으로 이주해 갔기 때문에 직접적으로 우리 조상이라고 보기 어렵다는 설과 체질 유형상 다른 지역과 구별되는 특징을 갖고 있는 것으로 보아 환경 변화를 극복하면서 계속 한반도에 남아 독자적 문화를 발전시켰을 것이라는 설이 있는데, 후자의 입장이 우리의 조상의 기원설에 관한 설명으로 설득력이 있다. 그래서 여러 가지 생활문화 양식이 외부에서 유래했을 것이라는 근거가 약하다고 볼 수 있다. 특히 70만 년 전부터 계속 자리 잡고 살아왔다면 고유 문화가 만들어졌을 가능성이 크다.

2. 고증 자료가 말하는 것

1) 임재해 교수의 고증

임재해 교수의 고증을 정리해보자. 고고학적 유물로 확인되고, 중국 고대 사료(史料)에도 우리 고대 문화의 독자성이 여러모로 기록되어 있다고 한다. 상고시대(上古時代)에 우리 민족은 중국으로부터 '동이족(東夷族)'으로 일컬어져왔는데, 중국에 기록에 의하면, 동이족은 여러모로 문화가 앞선 것으로 나타나 있다. 침술(鍼術)도 동이족이 살고 있는 동방에서부터 전해 온 것이라고 하고, 동방은 지구가 형성될 때 "최초로 문화가 발생한 곳"이라고 『황제내경(黃帝內經)』에도 적혀 있다. 이 『황제내경』은 중국 진한(秦

漢) 시대인 기원전 475~221년 사이에 쓰여진 의서인데, 중국의 신화적인 인물인 황제와 그의 신하이자 천하 명의인 기백(岐伯)의 의술에 관한 토론을 적은 것이다. 약 2,200년 전의 기록물이다. 거기에 우리와 관련된 이야기가 나온다니 놀랍다.

『후한서(後漢書)』와 『동이열전(東夷列傳)』에도 동이 사람들은 "천성이 유순하며, 도리로써 다스리기 쉽기 때문에 군자국(君子國)"라고 적었다. "불사국(不死國)"이었다고 하며, 공자(孔子)도 동이에 살고 싶어했다고 한다. 그러니까 2,500년 전쯤이니까 중국으로 말하면 춘추시대이고, 우리나라 역사로는 고조선 시대인데, 만주 쪽에 부여, 한반도 북쪽에 옥저, 남쪽에는 마한, 진한, 변한의 삼한이 있었다.

또 동이족은 모두 토착민이었다. 시베리아나 몽골에서 흘러 들어온 유민(流民)이 아니라는 뜻으로, 정착민이어야 문화가 발전한다는 말이다. 이들은 술 마시고, 노래하고, 춤추기를 즐기며, 머리에는 변(弁)이라는 모자를 쓰고, 비단옷을 입고 있었다고도 했다.

또한 임재해 교수는 2006년에 쓴 논문에 "음주 가무의 풍류를 즐기는 민족이었다는 것은 오늘날의 '한류'를 설명하는 우리 고유의 문화 유전자로서 주목할 만하다. 이 점은 다른 기록에도 끊임없이 언급되고 있다"라고 했다. 금융·경제 전문가이자 한국 고대문화 연구자인 김석동 선생이 『한민족 DNA를 찾아서』라는 저서를 냈는데, 생물학적으로 DNA를 논의하려면 좀 복잡한 요인이 많이 개입된다. 실제로는 검증이 불가능하다.

그러나 일본의 한 유전학자는 『사회유전』이란 책을 썼는데, 사회적·국민적 성격, 습관과 관습, 육아 방식, 생각하는 방식 등은 대대로 그 사회, 전통, 제도, 전체적 틀과 교육 등을 통해서 후세가 어른과 부모로부터 학습해온 것으로, 이것이 오래되면 마치 유전인 것처럼 그 사회의 공통적인 행동방식이 된다고 했다. 그렇게 설명하기보다 정신분석학에서 말하는 집

　　　　　　　　　　　　　　　제1부 왜 떼창을 하는가

단 무의식으로서의 원형(元型)이란 개념으로 해석하는 편이 안전하다.

임 교수도 '문화적 원형'이란 말을 썼는데, 그것은 설명할 수 있는 객관적 증거를 많이 내세울 수가 있으리라고 본다. 나도 그런 용어를 쓰고 싶다. 다만 심리학적인 이론을 빌려서이다.

노래와 춤을 즐겼다는 것은 대개 원시민족의 어디서나 관찰된다. 지금의 아프리카나 아마존의 원시종족이 그것을 증명해주고 있으나 그들과 우리의 차이는, 현대에 이르기까지 그런 문화양식이나 관습이 계속 변신하고 새 모습으로 재창조되어왔느냐 하는 점에 있다. 아마도 아프리카나 아마존 원시부족들의 문화는 수천 년 동안 변하지 않았을 것이다. 우리가 고고학적으로 연구하는 데는 좋은 자료일지 모르지만, 예술성에 있어서나 다른 문화와 교류를 하거나 공감대를 형성하는 데는 그리 참고가 되지 않는다. 우리가 지금 그들처럼 살 수는 없으니까.

지금 우리의 민속춤이나 음악은 바야흐로 글로벌 문화 아이템이 되고 있지 않은가? 그 이유는 끊임없이 변신해왔고, 이웃 나라와의 교류를 통해서 더 풍부해졌기 때문이다. 우리의 정악(正樂)에 속하는 궁중음악은, 처음에는 중국에서 들어왔지만 계속 재창조해서 종묘제례악이 인류무형문화유산으로 유네스코에 등재되지 않았는가? 세종이 직접 궁중음악을 작곡도 하고 악기도 개량하라고 지시하기도 했다. 그래서 당악과 향악이라는 구별이 있고, 피리도 당피리가 있고, 향피리가 있다. 당(唐)은 중국 것을 도입했다는 뜻이고, 향(鄕)은 우리나라에 들여와서 개량했다는 뜻이다. 우리 음악은 계속 진화하고 있지 않은가? 변조(variation)가 아주 많은 음악이다.

종묘제례악이나 문묘제례악 같은 음악은 이 지구상에 어디에도 없다. 중국은 문화혁명 때 전통 문물을 많이 때려 부수어버렸기 때문이다. 문묘제례 의식조차 없어졌다. 10여 년 전에 공자와 맹자의 직계 후손들이 경북 안동의 도산서원과 병산서원 등을 둘러보고, 거기서 2,500년 전의 자기 직계 조상인 성현들(공자와 맹자)을 정중히 모시고 절기에 따라 제사도 지내는 등 정성들여 배향하고 있음을 보고 안동을 일컬어 '추로지향(鄒魯之鄉)'이란 휘호를 남기고 돌아갔다. '추로지향'이란 공자와 맹자의 고향이란 뜻인데, 상징적으로는 학문과 예절을 소중하게 여기는 고장이라는 뜻이다.

옛 종족적 · 민속적 예능이 오늘날까지 살아남을 수 있는 이유는 단순히 관광객을 위한 쇼로 보여주기 위한 것일 뿐 아니라, 미학적으로도 우수하고, 현대사회에서도 공감을 불러일으킬 수 있는 요소를 보유하고 있기 때문이다.

2) 문화 유전자

서울대학교 인류학과 교수(명예교수)였던 이문웅 교수는, 1996년에 발표한 논문에 "대중가요를 선두로 한 우리 시대의 한류는 가무악(歌舞樂)을 즐긴 고대 풍류(風流) 문학의 유전자로부터 나타난 표현의 결과라 할 수 있다. 『후한서』나 『삼국지』[2]를 보아서도 알 수 있다"라고 썼다. 위에서 말한 '풍류'란 운치 있고 멋스럽게 노는 것을 말한다. 옛날에 선비들이나 사대부 인사들이 정자나 사랑방에 모여서 술을 나누면서 시조를 읊고, 거문고를 타고, 선비춤을 추고, 시를 지어 서로 나누어 보면서 평을 하고 휘호를 갈겨 서로 나누어 갖는 문화가 있었다. 물론 일반 서민들이 접근할 수 있는 문화는 아니지만 여유가 있는 고급 사교놀이였다.

후대에 기록된 다른 사료에도 같은 내용이 실려 있다. 예컨대, 부여(夫餘)는 기원전 1세기부터 300년 동안 퉁구스계 부여족이 세웠던 부족국가로서 서기 346년 연왕(燕王)에게 멸망당하고 고구려에 편입된 나라이다.

---

2) 나관중이 쓴 소설 『삼국지연의』가 아니라 정사(正史) 『삼국지』를 말한다.

제1부 왜 떼창을 하는가

여기서는 납월(臘月), 즉 음력 12월에 지내는 제천(祭天) 행사에는 연일 크게 모여서 마시고 먹으며, 노래하고 춤추었으니 그 이름을 영고(迎鼓)라고 한다. "밤낮없이 길에 사람이 다니며, 노래하기를 좋아하여 노랫소리가 끊이지 않았다."(『후한서』) "길에 다닐 때에는 낮이나 밤이나, 늙은이 젊은이 할 것 없이, 모두 노래를 부르기 때문에 하루 종일 노랫소리가 그치지 않는다."(『삼국지』)

고구려(高句麗)는 기원전 37년~서기 668년까지 약 700년을 유지한 3대 고대국가 중 하나인데, 고구려에 대해서는 "그 풍속은 음(淫)하고,[3] 모두 깨끗한 것을 좋아하며, 밤에는 남녀가 곧잘 **떼 지어 노래 부른다.**[4] 귀신, 사직(社稷, 땅의 신과 곡물의 신), 영성(零星)에 제사 지내기를 좋아하며, 음력 10월에 동명(東明)이라 한다."(『후한서』) 또 "그 백성들은 노래와 춤을 좋아하며, 나라 안의 촌락마다 밤이 되면 **떼 지어 모여 서로 노래하며,** 놀이를 즐긴다."(『삼국지』)는 기록이 있다.

예(濊)라는 민족이 있었는데, 고대 중국의 동북변경 밖에 살던 민족으로서, 한(韓)민족의 근간을 이루었다. 여기서는 "해마다 음력 10월이면 하늘에 제사를 지내는데, 주야로 술 마시고, 노래 부르고, 춤추니 이를 무천(舞天)이라 한다."(『후한서』)

우리나라에서 가장 일찍이 발달된 종족에 한(韓)이 있었다. 우리나라 대동강 유역의 고조선 지방의 남쪽, 즉 한강(漢江) 이남에 살았던 종족이다. 여기서는 "해마다 음력 5월에 농사 일을 마치고 귀신에게 제사를 지냈는데, 낮이나 밤이나 술자리를 베풀고, **떼 지어 노래 부르며,** 춤춘다. 춤을 출 때에는 수십 명이 서로 줄을 서서 땅을 밟으며, 장단을 맞추었다. 10월

---

3) '음하다'고 하는 것은 호방하고 기운이 넘친다는 뜻이다.

4) 떼 지어 노래 부른 것이 곧 떼창이다.

농사의 추수를 끝내고는 다시 이와 같이 한다. (…) 그들의 풍속은 노래하고 춤추며, 술 마시고, 비파(琵琶) 듣기를 좋아한다."(『후한서』)

"해마다 5월이면 씨 뿌리기를 마치고 귀신에게 제사를 지낸다. 떼 지어 노래를 부르며, 춤추고 밤낮을 쉬지 않고 술을 마셨다. 그 춤을 수십 명이 모두 일어서서 뒤를 따르는데, 땅을 밟으며 허리를 굽혔다 치켜들면서 손과 발이 상응하며, 가락과 율동은 탁무(鐸舞)와 흡사하다. 10월에 추수를 끝내고는 다시 이와 같이 한다."(『삼국지』)

고대 삼한(三韓) 중에 한 나라에 변진(弁辰, 지금의 경상남도 지방)이라는 나라가 있었는데, 변한(弁韓)이라고도 한다. "풍속은 노래하고, 춤추며, 술 마시기를 좋아한다. 비파가 있는데, 그 모양은 축(筑, 하프처럼 생긴 현악기)과 같고, 연주하는 음곡(音曲)도 있다."(『삼국지』)

고대 삼한 중에 한 나라인 마한(馬韓, 지금의 호남 충청 지방)에 관해서는 『진서(晉書)』[5]에 보면, 이렇게 적고 있다. "풍속은 귀신을 믿으므로 해마다 5월에 씨 뿌리는 작업을 마친 뒤, **떼 지어 노래하고**, 춤추면서 신에게 제사를 지낸다. 10월에 이르러 농사를 마친 뒤에도 역시 그렇게 한다."

여기서 북방에 있었던 부여, 예, 고구려뿐 아니라 한강 이남의 삼한 지방까지 고조선 시대(기원전 800년에서 약 700년 동안)의 사람들의 풍속이 다 똑같았다는 사실에 놀라움을 금할 수 없다. 우리가 그 후예가 아닌가?

3. 군취가무(群聚歌舞)가 떼창이다

임재해 교수는 이와 같은 역사서에서 우리나라 고대의 풍속을 설명해

---

5) 중국 춘추시대의 한 나라인 진의 정사(正史).

주는 열쇠 말(keyword)을 두 갈래로 정리하였다. "동이족은 음주, 가무 또는 가무-음주를 즐겼다." 특히 음주보다 가무를 즐겼다. 그리고 남녀가 더불어 밤 늦도록 가무를 즐겼다. 우리나라의 술 소비량은 인구 비례로 보면, OECD 국가 중 거의 1위에 속한다. 그래서 신명이 많은 민족이다. 즉 신기(神氣)가 많다고도 한다. '신명풀이'라고 할 수 있다. 흥(興)이 많고 기분이 좋아지는 일을 즐겼다는 말이다. 지금도 우리의 기질을 이야기할 때 흥과 정(情)이 많다고 하지 않는가? 사서에는 '군취가무'라는 용어가 나오는데, **떼 지어 노래하고 춤춘다는** 말이다.

두 번째 열쇠 말로는, "밤낮으로 남녀노소가 무리 지어 가무를 즐겼다는 대목이다. 그러니까 신명이 많아서 술 먹으면 노래와 춤으로 삶을 즐겼다는 이야기이다. 이것이 2,000년 후에 한반도에 사는 백성들의 근원적인 문화적 DNA가 되지 않았을까?"라고 해석했다.

임재해 교수의 연구를 보면, 2,000여 년 전부터 우리 민족에게는 일(제의, 행사 등)이 있을 때마다 모여서 술 마시고, 떼 지어 노래 부르고, 춤추는 문화적인 유전자가 이어져 오지 않겠는가 하는 점이 우리의 신명풀이 기질의 원류라고 한 것이다. 오늘날의 세계 시장에서 각광을 받고 있는 K-Pop을 비롯한 K-Culture가 바로 그 증거일 것이다.

고려대학교 전경욱 교수가 쓴 논문에 흥미를 끄는 것이 있어서 읽어보았다. 이 논문은 출판문화 평론가인 김호근 선생이 보내준 책 속에 들어 있는 내용의 일부인데, 「고대의 한류로서 우리 공연예술이 동아시아에 미친 영향」이란 제목이 붙어 있었다. 상당히 찾아내기 어려운 주제의 논문이다.

전 교수가 2004~2005년 사이에 중국 윈난성(雲南省)의 쿤밍시(昆明市)에서 연구년을 지내면서 겪었던 이야기부터 시작해서 문화 전파에 관한 연구를 했다. 윈난성은 미얀마와 맞닿은 남부지방인데, 중국의 소수민족이 많이 사는 지방이다. 여기에 갔더니 이 지방의 도시민들이 한국 TV 드라마에 푹 빠져 있더라는 것이다. 이 지역은 중국뿐 아니라 태국, 말레이시아, 베트남, 라오스, 캄보디아 등 인접 국가가 많은데도 동아시아에도 한류 열풍이 불고 있다는 데 놀랐다고 했다.

그런데 전 교수에 의하면, 이미 삼국시대(기원 전후로부터 약 600~700년간)에는 중국과 일본에서 인기를 끌었던 문화, 한류가 있었다고 한다. 고대로부터 우리의 공연예술은 주변 여러 나라와의 교류를 통해서 항상 그 독자성과 우수성을 갖추어온 경험이 있다는 것이다. 그 증거로, 내몽골의 고분벽화나 암각화 등 발굴 문화재 중에는 연희(演戱)하는 장면이 나오는데, 그 연희하는 사람들의 인면상(人面像)을 보면, 삼국시대에는 이미 자생적 연희 기반이 있어서, 외래의 공연예술을 받아들여 창조적으로 발전시켰음을 알 수 있다고 한다. 그리고 이것을 중국이나 일본에 고구려악(高句麗樂), 백제악, 신라악으로 전달했다고 한다.

영국의 〈BBC Earth〉라는 TV 방송 프로그램에서 영국 여배우 조애나 럼리가 중앙아시아 여러 나라를 탐방하는 장면을 방영한 것을 보았다. 중앙아시아 키르기스스탄의 수도 비슈케크를 방문했을 때 5~6세기경의 선주민이었던 소그드인의 역사박물관을 찾아 거기서 여러 나라 사신이 방문한 벽화를 보았는데 그 속에 고구려 사신 그림이 있음을 발견했다. 이미 우리와 그 먼 곳과 교류가 있었음을 보여주는 증거이다.

4. 고대의 한류

1) 일본에 전해진 한류

고구려는 북위(北魏)뿐 아니라 내몽골, 심지어 지금의 우즈베키스탄의

사마르칸트 부근의 언덕에 위치한 옛 왕궁터를 발굴한 결과를 보면, 고구려는 그곳과 인적·물적·외교적·문화적 교류가 있었음을 볼 수 있다고 했다. 거기에는 이미 기원 전후해서 외부(고구려 등 동쪽 국가)에서 유입된 오랜 연희가 있었다는 것은, 당시 고구려와의 활발한 교섭이 있었음을 말해 준다.

산악(散樂)이나 백희(百戱) 같은 외래 기원의 공연예술이 일찍이 고구려에 유입될 수 있었던 것은, 고구려의 대외 교섭이 매우 활발했기 때문이라고 한다. 고구려의 벽화 중 무악도(舞樂圖)를 보면, 외국 출신이 고구려인과 더불어 산악과 백희를 놀았다는 것을 말해준다. 백희는 2019년 가을 대구 가톨릭대학 무용학과의 오 레지나 교수가 재현해서 공연한 일이 있다.

중국에 전해진 고구려 고대 한류에 대해서 전경욱 교수는 수(隨)나라와 당(唐)나라 때에 이미 한류가 있었다고 한다. 고구려의 고분 벽화를 보면, 고구려 시대의 연희 장면이 다양하게 그려져 있다. 그리고 이미 고구려도 북주(北周, 서기 557~580) 때 서역(西域), 지금의 중앙아시아의 음악을 채용했는데, 훨씬 그 이전부터 고구려 벽화에는 서역 전래의 악기와 놀이가 그려져 있었다고 하니, 1,500~2,000년 전에도 아시아 지역 사이에 문화 교류가 있었다는 증거이다. 고구려가 멸망한 후에도 고구려 연희가 당나라에서 계속 전승되었고, 당나라 때의 시인 이백(李白, 701~762)이 「고구려」라는 시를 남긴 일도 있다. 그의 시를 여기에 옮겨보면 다음과 같다.

> 황금 꽃으로 꾸민 절풍모(折風帽)[6]를 쓰고,
> 백마를 타고서 잠깐 멈칫 멈칫
> 펄렁펄렁 넓은 소매를 날리는 모습

---

[6] 절풍모란 고구려인들이 쓰는 모자로서 그 모양은 고깔과 같으며, 겉에는 새의 깃털을 꽂았다. 이 모습은 고구려 용강 쌍영총의 벽화에 나타나 있는 모습 그대로이다.

바다 동쪽에서 날아온 새[7]와 같구려

— 이백(李白), 「고구려」[8]

중국의 학자 팡치동(方起東)에 의하면(필자가 전 교수의 논문에서 재인용), 수
(隨)와 당(唐)의 궁중 연희에서는 고구려 무용이 빠지는 법이 없었으며, 고구
려 가무가 공연될 때에는 반드시 대규모의 악대가 동원되었다고 한다.

전 교수는 그래서 당에서 고구려악(음악과 무용)이 고대 한류로서 인기를
얻고 있었다고 했다. 또 고구려의 인형극이 중국에 전해진 점도 고대 한류
의 하나로 보았다. 우리 기록에는 고구려의 인형극에 대한 언급이 없으나
중국의 여러 문헌에서 언급된 것이 발견됐다고 한다.

전 교수는 다시 고구려의 공연예술이 일본에도 전해졌다고 한다. 고구
려는 이미 서역(중앙아시아)의 악기와 가면무를 가지고 있었기 때문에, 일본
에서도 백제악, 신라악이라는 명칭이 사라지고 고려악(고구려를 지칭하는 것
으로, 일본에서는 지금도 고마가쿠라고 함. 고마란 고구려를 지칭.)이라는 명칭으로
전래되었다. 일본에서는 5세기 중엽에서 9세기 중엽에 이르는 약 400년
동안 신라악, 백제악, 고구려악의 순서로 전래되어 병존했으나 9세기 중
엽에 이르러 외래 악무(樂舞)를 정리할 때, 당나라와 인도(당시 천축국이라고
함) 등의 악무를 좌방악(左方樂)이라고 했고, 삼국 및 발해의 악무를 우방악
(右方樂)이라고 불렀다. 이 고구려악은 가면무악으로서 일본에서 지금까지
살아 전래되고 있다.

동이전의 기록을 보면 한류로서 백제 시대의 공연예술은 우리가 지금도

---

7) 새는 고구려 시대의 사냥용 매를 말하는 것으로 이해되고 있다.

8) 이 시에 그려진 주인공은, 나라가 망하고(고구려는 668년에 나당연합군에게 멸망당함)
   망국의 한을 품고 당나라 도읍을 유랑하는 귀인이 아닐까? 이렇게 이백이 시로 쓸 정
   도로 고구려는 당대에 무시할 수 없는 국가였다.

제1부 왜 떼창을 하는가

하는 투호(投壺, 항아리 속에 화살 던져 넣기), 저포(樗蒲, 주사위를 던져서 노는 놀이), 악삭(握矟槊, 윷놀이 같은 것), 위기(圍棊, 바둑), 농주지희(弄珠之戱, 곡예 묘기) 등이 중국의 사서에 남아 있다.

백제의 음악이 중국의 남조(南朝) 음악 즉 오나라(중국의 9~10세기 사이에 있었던 나라)의 영향을 받았으나, 일본의 기가쿠(伎樂)라고 하는, 사원 등에서 연주되는 외래 음악 중에서 가장 오래된 음악이 있는데, 이것을 전수해주기도 했다. 이 내용은 일본의 역사서 『일본서기(日本書紀)』에 기록되어 있다고 한다. 일본에서 불사(佛事, 절에서 하는 행사) 공양 시 사용하는 무곡은 백제 귀화인의 후손들이 일본인에게 가르쳐준 것이고, 지금 도다이지(東大寺, 일본에서 가장 큰 철불이 모셔진 절)에서 그 기가쿠가 재현되고 있다. 또 일본 가면극의 가면도 우리나라 탈춤의 가면에서 연유했을 것이라고 전경욱 교수는 보고 있다.

2) 전경욱 교수의 고대 한류 고증

전경욱 교수의 고대 한류에 대한 결론은 이렇다. "지금까지 살펴보면 현재의 한류와 유사한 정황이 고대에도 있었고, 중국과 일본에서 고대의 한류가 매우 큰 인기를 끌었던 것이다." 우리의 고대 공연예술은 우리나라 자료에서는 발견되지 않지만, 중국, 일본 등의 외국 자료를 통해서 살펴볼 수 있다고 했다. 그 속에는 ① 곡예와 묘기 ② 환술(幻術, 중국식 마술) ③ 각종 동물로 분장한 가면희 ④ 동물 재주 부리기 ⑤ 괴뢰희(傀儡戱, 인형극) ⑥ 골계희(滑稽戱, 골계적인 성격의 놀이, 웃기는 놀이) ⑦ 가무희(歌舞戱) ⑧ 악기 연주 등이 포함되어 있다. 얼마나 다양하고 풍부한 프로그램인가? 요즘 말로는 버라이어티 예능 프로그램인데 그 옛날에 이렇게 재미있게 놀았다는 것은 정말로 신기하고 놀랍다.

지금까지의 내용은 전적으로 전 교수의 논문을 중심으로 살펴본 것인데 지금의 한류 현상은 음악에서 시작해서 다른 문화 영역으로 확대 재생산되고 있을 뿐 아니라 하나의 글로벌 트렌드가 되고 있다. 이웃 나라뿐 아니라 먼 나라, 즉 중남미, 북유럽, 남태평양의 오세아니아, 북아프리카까지 나아가고 있는 현상은, 김석동 선생의 지론대로라면 우리의 기마민족의 확장적 기상과 조자용 선생의 '흥풀이' 연희 문화의 DNA가 계속 작동한 것이라고 볼 수가 있어서 흥미롭다.

'문화 DNA'가 나왔으니 한 가지 논평을 더 보태겠다.

문화콘텐츠 권위자인 조용헌 교수가 『조선일보』(2019.2.8) 「조용헌 살롱」 칼럼에서 손흥민과 BTS 이야기를 했다. 그는 새로 지은 토트넘의 구장에서 손흥민이 첫골을 넣어 토트넘 역사에 새 기록을 남겼고, 이미 박지성의 기록을 깨고, 영국의 프리미엄 리그에 한국 선수가 정상급 반열에 들어갔다는 기사를 소개하면서, 영국의 신흥 종교가 축구라고 말했다. 손흥민은 그 축구의 목회자가 되었다고 칭찬을 했다. 2020년 12월 3일자 『동아일보』 A31면에 "포브스, 손흥민이 세계적 스타될 것"이라고 장담하는 기사가 실려 있다. 그리고는 1주일에 한 번씩 영국과 유럽인들에게 호소력 짙은 설교를 하고 있는 상황이라고까지 치켜올렸다. 과연 그렇다. 이북의 정권 자체가 종교단체적 구조를 가지고 있듯이, 축구도 그런 구조를 가지고 있다. 그래서 종교를 대신하게 되었다. 일요일에 교회에 가지 않고 가족들과 축구장에 간다. 왜냐하면, 경기장에는 편안한 차림으로 갈 수 있고, 자유롭게 행동(응원, 소리 지르기, 군것질)할 수 있고, 가서 행복을 만끽하니까 그렇다.

그리고 조 교수는 BTS 이야기를 했다. BTS는 미국 빌보드 차트 1위에 두 번이나 올랐고, 2020년에 세 번째 1위를 차지했다. 새 앨범은 이미 발매된 지 며칠 만에 수백만 세트가 팔려 기네스북 기록에도 올랐다니, 한국인이 문화로 세계에 군림한 역사적 사건이다.

조 교수는 이 글에서 "세계의 극장과 연예계를 좌지우지하는 미국에서 한국의 가무를 뽐내고 있는데, 과연 음주가무(飮酒歌舞)의 DNA를 이어받은 후예다"라고 적고 있다.

또한 조 교수는 록밴드 퀸의 영화가 한국에서 폭발적인 인기를 얻고 있는 것은, 퀸의 노래가 한국인의 영혼을 건드린 것이라고 말했다. 같은 문화권인 일본에도 없고, 중국에도 없는 현상에 주목해야 한다. "후천개벽인가?" 조 교수도 이런 음주 가무와 떼창 문화는 문화적 DNA가 아니겠는가 하고, 이웃 나라와 비교해서 관찰했다.

일본 사람들은 남의 문화를 베낄 때, 크기와 색깔을 바꾸지만, 우리는 구조 자체를 바꾼다. 그 좋은 예가 우리 한글과 일본의 가타카나이다. 일본의 글자는 한자에서 그대로 따온 것이다. 그러나 우리 한글은 음운구조를 연구하여 그것을 토대로 새로운 글자로 만든 것이니 근본적으로 다르다. 창조한 것이다. 한글은 세계에서 가장 과학적으로 설명할 수 있는 글자로 인정받고 있다. 어느 나라에도 비슷한 글자가 없다. 이런 창조적 DNA가 우리에게 남아 있는 것이다. 그래서 '문화 DNA'라는 말도 할 수 있을 것 같다.

필자는 이전에 재경부 차관과 금융위원회 위원장을 지낸 김석동 씨가 낸 책 『김석동의 한민족 DNA를 찾아서』(2018)라는 책을 읽었다. 김석동 씨는 금융 전문가에서 한국 고대사 연구자로 변신한 기이한 이력의 소유자이다. 단군이 기원전 2333년에 나라를 세운 후, 조선은 유라시아를 호령하는 강력한 힘을 가진 나라로 발전했다. 김석동의 연구에 의하면, 고조선이 멸망한 후 조선족이 여러 갈래로 분화되어 조선, 선비, 여진, 몽고, 퉁구스 등의 종족으로 갈라졌다고 한다. 그러니까 중앙아시아를 호령했던 Pax Koreana(한국 주도하의 평화)의 DNA를 물려받았기 때문에 앞으로 "세계 제국을 건설할 DNA를 자각하자"고 주장한다. 그는 10여 년간 50회 이상을 몽골에서 유라시아까지 현지 답사하면서 모은 자료를 토대로 이렇게 주장했다. 그러니까 단순히 예능에 뛰어난 DNA뿐 아니라 세계를 경영하는 능력도 물려받았다는 이야기다. 서울대학교 사회학과 교수였던 신용하 교수는 로마를 멸망시킨 흉노족(훈 제국)이 우리 고조선의 후예라고 했고, 도올 김용옥 교수는 노자(老子)가 고조선의 사상가라고 주장했다. 우리의 문화 영토가 그렇게도 넓고 컸던가?

이런 Pax Koreana DNA는 건축가 고 김석철 씨(예술의전당 설계자)에게서도 엿볼 수 있다. 예컨대 '동–서해 관통 운하 건설'이라든가 '두만강 하구 다목적 도시'라든가 '새만금 어반 클러스터' 프로젝트 등의 통 큰 아이디어는 고대 "조선인의 세계 경영 DNA"가 작동한 것이라고 보고 싶은 것이다. 이 두 분은 형제지간이다.

제3장

떼창과 동조성(同調性)

1. 중요한 실험

1) 동조행동이란 일종의 눈치 보기다

누가 만든 말인지는 모르지만 '떼창'이란 말은, 우리 말의 '떼'와 한자 '창(唱)'을 합성한 말이다. 떼는 무리란 말이고, 창은 노래를 부른다는 한자이다. 내가 초등학교에 다닐 때는 음악을 '창가(唱歌)'라고 했다. 주로 노래를 부르는 시간이었다.

지금부터는 〈보헤미안 랩소디〉에서 비롯한 대대적인 떼창 현상에 대해서 심리학적으로 풀어보려고 한다.

우리나라 역사에서 보면, 고구려와 거의 동시대에 이웃으로 존재했던 부여국이란 나라에서는 하늘에서 제사를 지내는 의식으로 영고(迎鼓)라는 행사가 있었는데, 영신제(迎神祭)라고도 불렀다. 추수가 끝난 후 12월에 동네마다 사람들이 한 곳에 모여 천신에게 제사를 지내고, 가무를 즐겼다고 한다. 이 제사는 추수감사제로서 서로의 친목을 도모하고 중요한 일을 의논하여 결론을 얻기도 하고, 죄수들을 놓아주는 풍습도 있었다. 여기서

"가무를 즐겼다"는 표현이 있는데, 물론 중국의 기록에서 얻은 것이다. 가무를 즐길 때에는 필경 떼창이 있었을 것이다. 여러 부족들이 모여서 선창하는 노래꾼에 따라서 떼창을 했을 것이다. 그러니 떼창은 21세기 문화가 아니다. 오랜 역사성을 지닌 관행이다. 이미 이 점은 2장에서 임재해 교수의 논문을 소개하며 밝힌 바가 있다.

떼창 현상은 일종의 동조행동이다. 1970년대에서 80년대 초에 운동권 학생과 노동자들이 집단행동을 할 때 여러 가지 다양한 노래를 부르는 것을 나는 목격했다. 어떤 기회에 내가 있던 대학의 운동권 제자로부터 그들의 "찬송가"를 한 권 입수했다. 약 200곡 가까운 곡이 실려 있었는데, 출판사 명의가 없는 사제품이었다. 한창 민주화운동이 심하게 벌어졌을 때 대학은 계엄령 등으로 계속 휴교를 하고, 학교까지 군인들이 들락날락했다. 그때 이 운동권의 지도자들은 그들의 아지트에서 이 찬송가를 집중적으로 학습했단다. 그것을 다시 학생들의 모임에서 교육을 시켰다. 그래서 그들은 떼창을 했다.

이 떼창은 우리에게만 있는 현상은 아니다. 그러나 좀 유별나다는 생각을 하게 된다. 인구 비례로 따져서 세계적인 대가수가 공연하러 한국에 한번 오면 대개는 또 오고 싶어 한다. 그 이유는 관객의 뜨거운 반응 때문이란다. 유럽 사람들은 전통적으로 그런 공연에 가서도 혼자서 턱을 괴고 그 공연에 심취하는 편이다. 남에게 폐를 끼치지 않기 위해서도 그렇고, 개인주의적 문화—행동양식 때문이기도 하다. 그런데 우리는 남의 눈치를 잘 안 보고, 미안해하지도 않는다. 흥분의 비등점이 낮다. 그래도 공연에서 감동을 받으면 옆의 사람하고 속닥거리고, 웃고 떠들고, 자리에서 일어서서 손뼉 치고 한다. 그러다가 모두가 비슷한 반응을 보이게 된다. 감정의 전염이 빠르게 일어나는 것이다. 이런 현상을 설명하는 데 사회심리학에서 많이 쓰는 '동조성'이란 용어가 있다.

동조성이란 "어떤 사람이나 집단이 다른 사람으로부터 어떤 뚜렷한 명령이나 요청이 없어도, 집단에서 느끼는 무언의 압력에 개인 행동을 양보해서 집단적 행동에 호응하는 사회적 영향력의 한 형태"를 말한다. 우리는 집단의 힘의 흐름에 매우 민감하게 감응하고 반응하는 기질을 가지고 있는 것 같다. 그래서 이 기질이 민족적 성격으로서 단점이냐 장점이냐가 아니라, 하나의 기질적 특성으로서 떼창과 연관 지어 생각해 보려고 한다.

이 동조성과 관련해서 아주 재미있고 중요한 심리학적 실험이 있다. 폴란드 태생의 미국 사회심리학자인 솔로몬 애시 교수(1907~1996)가 1951년에 한 고전적인 연구이다. 그래서 이 실험을 '애시 실험'이라고 부른다. 이 실험의 파급효과는 엄청난 것이었다. 그는 제정 러시아 시대에 폴란드의 수도 바르샤바의 유대인 가정에서 태어났는데, 미국으로 이민을 가서 심리학으로 박사 학위를 받고 일생 동안 교수로 지냈다. 애시가 관심을 가졌던 문제의 하나는 "인간은 얼마나 자기 자신을 다른 많은 사람에게 맞추려고 하는가?"를 실험을 통해서 확인하는 데 있었다.

애시의 실험을 보자. 애시는 처음에 대개 7~9명 정도의 사람들을 불러 놓고 테이블 주위에 둘러앉게 했다. 실험자는 그 사람들에게 "지금부터 시각적 구별 능력 여하에 대한 실험을 하겠다"고 말했다. 즉 눈으로 보고 뭔가의 차이를 구별한다는 뜻이다.

그들에게 18쌍의 카드를 보여주었다. 그 카드를 한 장씩 한 장씩 보고 그것이 무슨 카드인지 큰 소리로 읽게 했다. 한 카드마다 3개의 선이 그어져 있는데, 쌍으로 된 다른 카드에 그어져 있는 표준선과 똑같은 길이의 선이 어느 것인지 셋 중에서 지적하게 하는 것이다.

이 과제는 아주 신중하게 만들어져 있어서 사람들이 혼자서 테스트를 받을 때에는 실수가 전혀 일어나지 않도록 했다. 물론 이때에는 아무런 외부의 동조성 압력이 없는 경우이다.

그러나 이 실험에서는 진짜 피실험자는 한 사람뿐이고, 나머지 사람들은 모두 가짜로 투입된 사람으로, 말하자면 바람잡이 피실험자들이다. 이 진짜 피실험자는 앉은 자리의 맨끝에 앉도록 했다. 다른 사람들이 대답하는 것을 다 보고 들은 후 판단을 내리도록 꾸민 것이다. 그런 식으로 실험 장치를 만들어서 동조성 여부를 확인하려고 한 것이다. 나머지 가짜 피실험자들은 실험자와 공모한 사람들이었다.

공모자들은 18쌍의 카드 중 12장의 카드에서 만장일치로 실수하도록 사전 훈련을 받았다. 결정적 실험에서 진짜 피실험자는 판단의 37%가 다른 가짜 피실험자에 동조성 반응을 보였다고 한다. 즉 남(다른 가짜 피실험자가 하는 것을 쭉 보고 듣고 난 후)이 하는 것을 보고 따라 했다는 말이다. 총 반응 수 중 37%의 판단이 동조행동으로 나타났다는 결론이다. 진짜 피험자는 만장일치로 잘못된 답을 한 가짜 피실험자의 판단에 따라갔다는 것이다.

이 실험은 독립적으로 격리된 사람에게는 스트레스를 많이 주는 실험이다. 여기에 참여해서 만장일치하는 다수인의 수가 늘수록 동조행동의 빈도가 더 늘어났다. 특히 피험자의 맞은편에 앉아 있던 가짜 피험자가 실험 중 스트레스를 많이 받았다고 한다. 그러나 가짜 피험자 다수 대 진짜 피험자 사이에서는 영향을 많이 받지만, 가짜가 셋 정도이고 진짜 피험자가 하나일 때는 진짜 피험자가 가짜 피험자의 영향을 별로 안 받는다고 한다.

2) 사회적 압력으로 느낀다

이 실험의 결과를 쉽게 풀이하면 이렇다. 즉 주변에 낯선 사람들이 여럿 있어서 그들의 행동이 비록 자기가 보기에 비합리적으로 보이거나 정당하지 않는 것으로 보일지라도, 그런 행동을 하는 사람이 많으면 자신도 모르게 비합리적 행동이나 어색한 행동을 따라 하게 된다는 말이다. 반면에 그

수가 적을 때에는 별로 따라 하지 않게 되고 부담감도 없다는 것이다. 이 원리는 '군중심리'라는 말로도 대신할 수 있는데, 특히 데모나 파업 행동으로 나설 때 흔히 발생한다.

떼창은 성격이 조금 다르지만 동조성이 높은 행동임에는 틀림없다. 떼를 지어 한 소리로 노래를 부르니 얼마나 신나겠는가? 대개 연예인들을 따르는 팬들의 행동에는 다분히 이런 요소가 작용한다. 떼창은 군중심리만 작용하는 현상이 아니고, 여기 참여자들은 자발적이고, 자의적으로 참여하고 탈퇴할 수 있기 때문에 탈퇴한다고 어떤 압력도 받지 않지만, 일반적인 군중심리로는 탈퇴가 어렵다. '반동', '반역', '변절', '스파이'라는 딱지를 붙이기 때문이다. 그래서 남의 눈치를 살피게 되지만, 떼창에서는 그런 것보다는 어떻게 하면 더 즐겁게 놀 수 있느냐에 초점이 있기 때문에 떼창에서의 동조성은 긍정적인 면이 있다.

일반적으로 누구나 다수 사람들의 의견에 맞추려고 노력한다. 그런 노력은 개인이 진실이라고 믿고 있는 것보다 더 강렬할 수도 있다고 했다. 이런 사회적 영향력이 개개인의 신념과 판단과 실천에 영향을 준다. 특히 그것이 정치적 이념 집단일 때에는 반론 따위는 엄두도 못 내는 것이 현실이다. 특히 집요한 이데올로기로 뭉쳐진 집단에서는 그렇다.

터키의 심리학자 무자파 셰리프가 한 실험도 재미있다. 그는 캄캄한 방안에 피실험자들을 앉게 하고, 실험자가 벽에 점을 비추고, 그 점을 조금씩 움직일 테니 몇 센티미터나 움직였는지를 말하게 했다. 그랬더니 모두가 비슷한 대답을 했다. 그런데 실은 점은 전혀 움직이지 않았던 것이다. 서로 다른 사람이 "얼마나 움직였는지"를 말하는 것을 듣고 있다가 거기에 맞추려 한 것이다. 그러니까 뭔가 확실한 답이 없을 때에는, 대세(大勢)에 눈치껏 따라가는 것이 가장 안전하다는 생각을 하게 되는 것이다.

바깥으로 보이는 행동은 상황이나 환경에 따라 계속 변하기 때문에 인간의 진실한 모습은 비교적 변하지 않는 정신 내부의 힘 같은 것이 무엇인지를 봐야 알 수 있다. 여기서 그 이야기는 이 정도로 하고, 한국인의 일관된 행동양식 중의 하나가 동조성이라고, 서울대학교 심리학과의 차재호 교수가 주장한 바 있다. 이제 그 문제에 관련해서 이야기해보려고 한다.

2. 한국인의 동조행동

떼창은 동조성이 높은 군중행동이지만, 동조성만으로는 설명이 안 된다. 그 밑에는 구조적으로 같은 점이 있다. 즉 "남이 할 때 따라 한다", "남이 갈 때 같이 간다"이다. 여기서(이 대열에서) 빠지면 벌칙은 없지만 집단에서 소외당하기 쉽다. 그런 심리적 부담은 있다. "에이! 빠지지 말걸"이라는 반응이다.

국민이나 민족 간의 성격 비교연구란 쉽지 않지만, 성격을 직접 연구하기보다는 문제를 해결할 때의 방식이라든가, 문화적 표현 방식이라든가, 표현의 결과물을 분석해본다든가, 집단행동 방식을 관찰한다든가, 혹은 대인관계 양식을 알아보는 것이 이해 방법이 될 수 있다. 일본에서는 1930~40년대에 '민족심리학'이라는 과목을 심리학과에서 가르쳤다. 그러나 점점 세계는 좁아지고, 이동은 빈번해지고, 통신이 발달하고, 혼혈이 많이 생겨나서 '민족'이니 '국민'이니 하는 개념이 흐려지고 있다.

심지어 '국민성'이란 것이 존재하지 않는다고 주장하는 학자도 있다. 왜냐하면 그 많은 사람들이 다 제각기의 고유한 개성을 지니고 있는데, 그것을 집합적으로 보려고 통제해서 실험을 할 수는 없지 않은가? 그래서 사회학자 중에도 외국 유학생들을 모아놓고 간단한 실험도 하고, 설문지를 돌려서 조사하는 사람이 있다.

일본인은 워낙 호기심이 많아서 한·중·일 3국의 국민성이나 행동방식을 비교해서 쓴 교양서를 많이 냈다. 시시콜콜하게 술 먹는 습관, 인사법, 상사를 대하는 방식, 음식 서빙하는 방식 같은 것을 이야기로 꾸몄다. 워낙 독서 인구가 많아서 팔리는 모양이다. 이것은 성격의 비교라기보다는 관습에 따른 행동방식에 불과한 것들이 많다.

성격이란, 다른 사람과 구별되는, 그 사람에게 비교적 일관되게 나타날 대인관계 방식이나 문제 해결 방식을 결정하는 내부구조(정신적)를 말하는 것이다. 그러니까 쉽게 접근하기가 어렵다. 여러 가지 증거를 보고 말해야 되는 부분이다. 예를 들자면, 몇십 년을 같이 살아온 부부도 "나 그 사람 성격을 도무지 알 수가 없어. 그럴 줄 몰랐어"라고 흔히 말하는 것은 그만큼 성격이란 복잡하기 때문이다.

여기서 한국인의 성격에서 아주 두드러진 특성 중 하나인 동조성에 관해서 이야기하려는 의도는 요즘 유행하는 '떼창 문화' 때문이다.

우리나라 속담에도 "남이 갓 쓰고 장에 가면 자기는 거름 지고라도 따라나선다"라든가, "친구 따라 강남 간다"라든가, "남이 장에 간다니 씨오쟁이(씨앗 넣는 망태기) 메고 따라나선다" 등등이 있는데, 모두 줏대없이 남이 하는 대로 따라 하는 사람을 빈정대는 속담이다. 떼창뿐 아니라 패션 모드에서도 그렇다. 겨울만 되면 이불을 걸치고 다닌다는 외국인의 시선도 있지만 대열에서 빠지면 안 되는 줄 안다.

"모난 돌이 정 맞는다"도 있다. 남이 하는 대로 안 하고 별나게 놀면 다친다는 말이다. 집단 내에서는 남이 하는 대로 따라 하면 대개는 문제없다. 아들이 군대에 입대할 때 부모는 이런 말을 잘한다. "눈치껏 해라, 유별나게 놀지 말고!"

1927년(일본이 한반도를 강점한 지 17년 된 해)에 조선총독부에서 발행한 「조선인의 사상과 성격」이라는 조사 보고서에서 "조선인은 부화뇌동(附和雷

同)하는 백성이다"라고 보고하고 있다. 남이 하면 따라하기를 좋아한다는 말이다. 이것은 한국의 민중들이 너 나 할 것 없이 독립운동에 휩쓸려 다닌다는 뜻에서 한 분석 보고이다.

우리나라는 집단적 성격이 좀 강하다. 1945년 일제강점기에서 벗어나고 6·25전쟁, 4·19혁명, 5·16군사혁명, 5·18민주화운동, 1986년 민주화 시민궐기, 그리고 2002년 60만 명이 모인 "짜짯자 짜짜"의 월드컵 응원단, 2017년 촛불시위, 2019년 정치 양대 진영의 100만 명(?), 200만 명을 운운한 대집회는 우리의 집단주의 행동 형태를 잘 보여준다.

이런 기질은 비단 우리만의 기질이 아니지만 이런 강한 집단주의적 성향 때문에 우리가 일본의 통치에 항거해서 버티어온 것이다. 3·1독립운동을 위시해서, 아직도 북한은 백두혈통 운운하면서 일본과 싸운 김일성의 과거사를 가지고 통치 이념으로 삼아 3대째 집권하고 있지 않는가? 김일성은 실제로 9년 정도밖에 항일 투쟁을 안 했다.

지금 세계에서 히틀러처럼, 국가 사회주의 이념과 일인 우상 숭배와 독재체제로 집단주의 정치 형태를 가진 나라로는 북한이 유일하다. 10만 명이 출연하는 '아리랑 축전', '10만 군중 퍼레이드', '120만의 대군'(북한은 군 복무 기간이 10년이다) 등등 사람을 모으는 기술은 탁월하다. 대량 동원, 일사불란, 획일, 일인 지배체제는 히틀러와 똑같다. "하이 히틀러"나 "장군니이임…!" 하고 외치면서 울고 불고 하는 것도 똑같다. 이것이 가능한 것은 역시 우리(남북)의 동조적 성격 때문일 것으로 추론된다. 그러던 것이 4만 명이나 탈북해서 한국에 와 있다. 어떻게 설명해야 하나?

제1부 왜 떼창을 하는가

3. 동조행동은 일종의 분위기 메이킹이다

애시는 실험이 끝난 후 결과를 알려주면서 피험자에게 "틀린 답인 줄 뻔히 알면서도 왜 틀린 답을 정답이라고 했느냐"고 물었다. 그러자 피험자들은 '실험자가 원하는 쪽으로 맞추어주려고 그랬다' '실험자의 의도대로 같이 가고 싶었다'는 답을 했다. 그리고 '실험 전체를 망치고 싶지 않았다'는 대답도 있었다. 이것은 동조행동인 동시에 일종의 분위기를 살리기 위한 행동이기도 한 것이다. 모두 같이 가고 싶어서 오답인 줄 알면서도 의도적으로 정답이라고 했다니, 동조성은 우리나라만의 특성이 아니고 일종의 집단 역학과 같은 것이다. 다만 우리나라가 좀 강하다는 것이 특징이다.

이 실험에서 발견한 중요한 사실은 두 사람이 있을 경우에는 다른 사람의 영향을 거의 안 받았지만, 셋이 있을 때에는 다른 두 사람의 영향을 아주 조금 받았으며, 상대가 세 명이나 그 이상일 경우에는 영향이 더 컸다는 것이다. 그래서 옛 속담에 "세 사람만 우겨대면 없는 호랑이도 만들어 낼 수 있다"라든지 "세 사람이 말하면 거짓말도 진실이 된다"고 하는 것이다. 이 속담들을 보면 반드시 실험을 안 해봐도 숫자의 마성(魔性)을 느낄 수 있다. 사람 셋이면 멀쩡한 사람도 이상한 사람으로 만들 수 있고, 바보로 만들 수도 있다.

또 올바른 대답을 하고 자기 독립적으로 반응한(눈치 안 보고) 피실험자에게서 애시가 발견한 것은, 그들조차도 대다수가 다른 피실험자에게 신경을 썼다는 사실이다. 그럼에도 자기들은 정답을 똑바로 댔다고 했다. 말하자면 실험자의 약속을 어기면서까지 정답을 말한 것이다.

이런 동조 현상에는 문화적인 규범이 있다. 1950년대의 미국 상원의원 조지프 매카시(Joseph McCarthy)의 공산주의 공격이 높은 사회적 동조성을 얻어냈으며, 미국을 비판하는 의견을 낸 명사들을 공산주의자로 몰아서 많은 사람을 감옥에 보냈다. 반면에 자유주의자와 개인주의가 풍미했던 1970년대의 미국에서는 사회적 동조성이 약화되면서 의견의 다양성이 허용되고, 진보주의가 득세하였다.

대체로 미국이나 영국, 프랑스와 같이 개인주의가 강조된 자유주의 국가들은 동조성 수준이 낮고, 일본이나 아시아나 아프리카 국가들은 동조성이 높다고 사회심리학자들이 말했는데, 여기에 일본이 들어간 것이 흥미롭다. 일본은 원래부터 역사적으로 보면 전체주의적이고, 국가주의적인 나라였다. 다이묘(大名)가 지배하는 봉건영주 제도 아래에서도 외국 침략(임진왜란 같은)을 일삼아왔고, 태평양전쟁을 일으키는 과정이나 전시 중 일본의 국가 통치 형태를 보면 바로 동조성이 아주 높은 국가임을 입증해 준다.

2020년 온 세계를 강타한 코로나바이러스-19의 영향은, 아시아보다 유럽에서 더 크다. 이때 행동문화의 차이가 극명하게 드러났다. 유럽은 개인, 아시아는 공동체의 규범이 우선이라는 생활철학의 차이를 보여주었다. 그중에서도 한국이 모범국가가 되었다. 동조성이 높기 때문이다.

전쟁 말기 때 미군이 유황도와 오키나와에 상륙했을 때 일본 군인은 물론 민간인들까지도 포로가 되어 치욕을 당하느니 "덴노헤이카 반자이(천황폐하 만세)"를 부르면서 낭떠러지에서 바다에 몸을 던져 자결한 사람이 수천 명에 이른다. 왜냐? 그들의 행동이 모두 천황폐하에게 충성하는 것으로 인생의 목표가 지향되어 있었기 때문이다. 민간인이 왜 자결을 해야 하느냐? 그것은 행동의 동조성이 높다는 것을 보여주는 증거이고, 특히 전쟁 막바지에 가서 전쟁에 패할 것을 뻔히 알면서도 가미카제 도코다이(神風特攻隊)라는 비행대를 만들고, 20세 전후의 어린 비행사를 뽑아서 소주한 잔을 먹여 전투기에 태워 보내고, 폭탄을 단 채 미국 함정에 전투기와 함께 자살 폭격을 하도록 명령하고는 "죽어서 돌아오라"고 위로했다. 그런 일본인에게는 아직도 그때의 정신적 기풍이 남아 있다. 남이 자결하면 자기도 자결해야 한다고 생각한다. 지금의 일본의 극우파들이다.

그들의 행동은 이중 구조를 가지고 있다고, 미국의 인류학자 루스 베네딕트가 『국화와 칼』이라는 명저에서 밝혔다. 즉 겉으로 보여지는 체면(이것을 다테마에[建前]라고 한다)과 속내, 즉 본심(이것을 혼네[本音]라고 한다)이 전혀 다르다는 것이다. 그러니까 일본인의 행동을 이해하려면 이 양면을 다 관찰해야 된다. 겉으로 보여지는 것은 규칙이고 진짜 정신은 잘 드러내지 않는다. 왜냐하면 일본인은 집단 속에서 잘난 척하면 찍히고 도태당하기 때문이다. 전체 분위기에 맞추어야 한다. 그 정도가 우리보다 강하다. 우리에게도 비슷한 이중구조가 있다. 내유외강과 외강내유이다.

4. 비동조행동의 결과는?

1) 비동조행동의 부담

애시의 연구결과를 보면(후속 연구도 있다), 결국 개인의 신념이나 행동에 영향을 주고, 집단에 소속된 멤버들의 행동을 형성하는 사회적 압력이란 것이 존재한다는 결론이다. 심지어 위험하고 불법적인 행동도 사회적 동조성이 높으면 양심의 가책이나 죄책감을 안 느끼고 행동한다는 것이다. "우리가 남이가?" 메커니즘이 있다. 고교 안의 폭력 집단 '일진회'가 한동안 사회를 시끄럽게 했는데, 아직도 그 뿌리가 남아 있는 모양이다. 가장 대표적인 무장 세력으로 IS가 있다. 이슬람 국가라는 뜻인데, 이슬람 급진 수니파 무장 단체이다. 어린 청소년들에게 자살폭탄 테러의 강요, 외국 언론사 기자나 성직자 살해, 청소년 무장화로 무고한 시민에게 총살을 강요하는 등, 무자비한 살육을 아무런 죄책감 없이 행해왔다. 그 안에서는 이의를 달 수가 없다. 그러면 직결 총살에 처하니까 반대를 할 수 없다. 이런 것도 동조행동이며, 독재자가 이 메커니즘을 활용한다.

탈북자들의 이야기를 들어보면 2020년대의 북한은 밀수, 뇌물, 상납, 심지어 절도 행위가 합리화된 사회가 되었단다. 1989년 국제 공산권 정부가 전부 무너지자, 형제 국가들로부터 원조를 받지 못해 약 300만 명이 아사했다는 현실 때문에 이런 행동이 묵인되고, 도리어 합리화되고 있다니 슬픈 일이다. 그런데 통신이 발달된 선진국에서는 SNS를 통한 음란물 유포, 보이스 피싱, 집단 시위, 가짜 뉴스의 유포로 유명인의 자살 유발, 테러, 그리고 패션의 신속한 유행까지, 비슷한 행동을 부추기는 시스템이 확산되었다.

'떼창' 현상을 설명하는데 왜 이런 장황한 심리학적 실험 이야기를 하느냐 하면, 우리 한국 사람들은 대체로 사회적 기대, 인기, 준거, 표준, 유행에 대해서 매우 민감하기 때문에 거기에서 벗어나는 걸 두려워하고, 크게 소외감을 느끼기 때문이다.

우리나라 중고등학교에서는 학생들에게 교복을 입히는데, 1980년대에 문교부 장관이 된 김옥길 이대 총장의 취임 일성이 "고교 교복 자율화"였다. 교복 제도의 획일화와 자율성 침해는 교육에 나쁜 영향을 주고, 교복의 자율화로 학생들은 개성을 살릴 수가 있고, 비용 절감에도 도움이 된다는 것이었다. 그런데 자율화를 하고 보니 이번에는 빈부격차 문제가 불거져 나왔다. 돈 있는 집안 아이들은 명품을 입고 나오는데, 가난한 아이들은 엄마가 입던 것을 걸치고 온다는 것이다. 아직도 우리는 교복 문제가 해결되지 못하고, 어떤 지자체에서는 교복 대금을 예산에서 공급해주고 있는 실정이다.

우리는 남과 비슷해야 된다는 강박관념이 있다. 21세기 눈부신 변화 속

제1부 왜 떼창을 하는가

도에 맞추어 가려면 남과 다르게 발견하고, 생각하고, 느끼고, 만들고, 창조해야 한다.

MBC의 유명한 프로그램에 〈어서 와~ 한국은 처음이지?〉가 있다. 외국인 출연자들에게 제작진 쪽에서 한국과 한국인의 인상에 대해서 직간접적으로 당연히 물어보게 된다. 그중 한두 가지 소개하겠다. A 나라 친구가 "야, 한국 사람들 옷 잘 입고 있어, 멋쟁이들이야, 패션에 민감한 것 같아"라고 말한 것까지는 좋았다. "왜 모두 비슷비슷하지?" 이것이 동조성이다.

B 나라 친구는 인천국제공항에서 서울 시내로 들어오는데, 한동안은 산과 바다가 보이다가 갑자기 고층 건물이 즐비하게 늘어서 있지 않겠는가? 깜짝 놀라면서 "야! 굉장한데, 좁은 땅에 살자니까 그렇게 해야겠지. 그런데 집 모양이 다 똑같이 성냥갑 같아"라고 했다. 동조성이다.

물론 이런 현상의 배경에는 대기업의 마케팅 전략도 있고, 아파트의 경우는 잘 팔리도록 하기 위해서 분양업자가 인테리어를 끼워서 파니까 외형뿐 아니라 집안의 인테리어 분위기도 다 똑같을 수밖에 없다.

이북은 일제 때보다 한술 더 떠서 인민들의 행동, 생활, 말하기, 생각까지 통제하지 않는가? 최고 엘리트 대학인 김일성종합대학 학생들도 교복을 입고 다닌다. 인민들의 복장도 그렇고, 인민 개개인은 신문을 구독할 수가 없고, 신문 게시판을 보고 내용을 외워야 한다. 생활총화(인민반상회) 때나 직장에서 써먹어야 하기 때문이다. 변칙, 두드러진 개성, 별난 행동, 다소의 일탈, 당의 명령 위반, 지도자 비판 같은 것은 꿈에도 못 꾼다. 우리는 대놓고 대통령 욕을 해도 처벌하지 않지 않는가?

2) 극단적 동조행동의 종말

그런데 사회(국가)가 발전하려면 좀 삐딱한 사람들이 나서야 한다. 말하자면 '창조적으로 일탈한 사람들'이다. 이런 사람들은 세상을 보는 눈이 유별나게 다르고, 미래를 길게 내다보고, 융합적으로 생각하고, 개성적이고 독창적이다. 자기만의 것을 내장하고 있다. 그러니 이런 사람들을 불러내서 그들의 아이디어를 살려줘야 한다. 그러면 개인적으로는 자기실현이 되고 사회적으로는 큰 발전을 이룰 수가 있다. 우리나라 사람들이, 그것도 젊은 친구들이 빌보드 200이나 핫 100 차트에서 1위를 한다는 것은 기적에 가깝고 꿈같은 이야기다. 그러나 우리 젊은이들이 해냈지 않은가? 빅히트의 BTS와 SM의 슈퍼M이 그들이다. 세계의 음악계를 제패한 것이다.

북한이 핵 개발에 매달려 있는 동안 경제적으로는 마이너스 성장을 하고, 경제력이 한국의 40분의 1밖에 안 되니 게임이 끝난 상태다. 이런 상태로 전쟁을 해봐야 이북의 정권만 무너지게 된다. 2019년 1월 12일 한 종편방송 프로그램 〈강적들〉에 태영호 전 영국 주재 북한 공사가 출연한 일이 있었다. 그가 한국에 입국해서 느낀 첫 소감은 "이제 이북과의 게임은 끝났구나."였다고 한다. 가장 인상 깊었던 것 중의 하나가 '인천국제공항'이라고 했다. 그 규모와 운영 시스템.[1] 이것은 이북이 따라오려면 20년은 걸릴 것이라고 했다. 두 번째가 '서울대학교'라고 했다. 그 규모나 내실에 있어서 김일성종합대학의 몇 배이고, 연구실의 학구적인 열의 또한 달라 보였단다. 이북 대학생들은 군 복무 10년이 끝나야 대학 입학이 허용된다. 더구나 20대 초반에서 20대 후반인 학생들은, 그 학습 능력이나 지적 스퍼트를 이룰 나이에 큰 갭이 생겨서 경쟁이 안 된다는 것이다.

한국과 일본은 비슷하게 동조성이 높은 나라인데 사정은 사뭇 다르다. 일본은 종전 후 70여 년 동안 정권이 딱 한 번 바뀌고 계속 자민당이 집권하고 있다. 잠시 민주당이 집권했으나 장기적으로 못 갔다. 우리는 그 사

---

1) 인천국제공항은 국제공항 서비스 경쟁력 1위를 유지하고 있다.

제1부 왜 떼창을 하는가

이에 대통령이 열한 번 바뀌었고 여당과 야당이 바뀌기도 했다. 종전 후 식민지 치하에 있었거나 후진국이었던 나라가 민주화와 경제적 선진화를 함께 이룬 경우는 세계에서 한국뿐이다. 그래도 경제는 계속 발전해왔다. 반면에 일본은 자민당 치하에서 20년간 경제가 침체되어왔고 2019년 후반에 와서는 회복 기미를 보이고 있다.

일본은 민주국가가 아니다. 아직도 "천황폐하 만세"를 삼창하지 않는가? 일본은 입헌군주국가이다. 전쟁 때 목숨을 잃은 엄청난 수의 일본 전쟁 희생자들은 "천황폐하 만세"를 부르고 죽었으며, 천황을 신으로 여겼다. IS나 탈레반이 자폭테러를 할 때 "알라는 위대하다"고 외치면서 죽는 것과 뭐가 다른가? 지금 이북이 같은 패러다임을 가지고 통치한다. 일본의 국회의원 중 상당수가 자기 조상(조부나 부친)이 관리하던 지역구 출신이다. 말하자면 권력의 세습이 이루어지고 있는 것이다. 옛날 봉건 시대의 유산이다.

일본이 이렇게 동조성이 높지만, 공연장에서 야광봉을 흔들고 떼창을 하는 경우는 한국 가수 외에는 별로 없고, 영화관에서 영화 보면서 떼창은 안 한다.

내가 한번은 어떤 에세이 잡지에 「흑백논리와 자동차의 도색」이란 제목의 글을 실은 적이 있다. 어떤 대형 주차장에 가보아도 자동차의 색깔은 딱 두 가지뿐이다. 흰색 계통과 검은색 계통이다. 하얀색이나 베이지색이나 밝은 회색 계통/까만색, 밤하늘색, 짙은 회색, 감색(紺色) 계통, 이렇게 두 가지로 나누어지는 것이다. 빨강, 파랑, 녹색, 주황, 노랑 등 이른바 '빨주노초파남보'와 같은 스펙트럼은 없고, 옥색, 연두색, 분홍색 등등 중간색도 드물다. 그런데 미국이나 유럽 대학의 주차장에 가보면 차 도색이 아주 다양하다. 이것도 일종의 동조성이다. 우리나라는 별나게 '튀는 색'은 안 쓴다. 간혹 아파트 주차장에 그런 7원색의 자동차가 보이면 "저거 누구

네 집 차지?'하고 묻게 된다. 큰 부두에 선적을 기다리는 차의 도색만 보아도 알 수 있다. 우리는 지적으로 다양성을 허(許)하지 않는다.

떼창이 이 시대의 하나의 '현상'이 되었지만, 뿌리는 2,000년 전에도 이미 있었고, 우리의 문화 유전자 속에도 이런 떼창 현상은 숨어 있지 않겠느냐가 관심사였다. 그러나 이런 떼창 현상은 단순히 노래나 춤과 같은 연희 행위에서만 존재하는 것이 아니고, 우리의 사회적 행동 방식에서도 관찰할 수 있는 동조행동이라고 본다. 우리에게 이 동조행동 성향이 연희 행위에서 특히 크게 발동되는 것은 우리의 정서문화와 관계가 있다. 지적인 차원에서도 이 동조 행위는 연희 행위와도 비슷하게 동조성이 강해서 지적 판단에서 다양성이 잘 용납되지 않는 것이다. 제자가 스승의 저서나 논문을 비판하면 그는 곧장 매장당한다.

제4장

한(恨)과 흥(興)은 풀어야

1. 한(恨)의 정체

1) 몇 가지 스토리

우리 한민족의 정서의 특징을 표현하여 "한(恨)의 민족"이니 "흥(興)의 민족"이니 하고 말하기도 하고, "정(情)이 많은 민족"이라고도 한다. 한은 심층적 정서이고, 흥은 표층적 정서이다. 한은 부정적 심적 에너지요, 흥은 긍정적 심적 에너지다. 정이 많다고 하는 것은 인간관계에서 정서를 중요시한다는 말이다. 이런 표현들은 물론 배타적 표현이 아니다. 우리 민족만 그렇다고 말하기 어렵기 때문이다. 문화는 상대적으로 관찰해야 한다. 더욱이 오늘날같이 지역 간에 왕래가 빈번할 때일수록 도그마는 있을 수 없다.

여기서는 한과 흥이 우리 문화의 특징과 어떻게 연계되는지를 살펴보려고 한다. 문화는 그 문화를 만들고 오랫동안 향유하며, 그 문화 속에 사는 사람들의 심리와 떼어놓을 수가 없다. 정에 대해서는 다른 곳에서 다루기로 한다. 한과 흥은 제대로 풀어내야 비로소 삶에 대한 활력을 얻게 된다. 우선 한이 무엇인가에 대해서 따져보자. 몇 가지 스토리를 제시한다.

가수 조영남 씨가 화가를 겸업하고 있었는데, 그림 대작(代作) 사건으로 사기죄로 고발되어 대법원까지 가서 무죄 판결을 받았다. 법원에서 나오면서 그는 "이 일로 한이 맺혔다"라고 했다. 그러나 법원 판결로 한이 풀어진 것은 아니다. 앙금이 남아 있다는 이야기다. 그 심리는 복잡한 것이다. 이 한을 심리적으로 풀려면 굿을 하든지 노래를 하거나 춤을 추어서 풀어야 한다. 고발자에 대한 원한의 심리도 있을 터이고, 자기의 행위가 100% 떳떳하지 못한 점에 대한 뉘우침도 있을 터이고, 보도 매체에 대한 원망도 있을 터이다. 그간 그가 쌓아 올린 명성이 크게 손상된 데 대한 안타까움도 있을 것이다. 아주 복잡한 감정이 '한'이다.

서양인들이 우리 문학작품을 번역하면서 아주 곤란한 낱말 중 하나가 이 '한'이란 말이다. 유럽어의 사전을 들춰보면 한을 원한, 한탄, 증오, 적의(敵意)의 의미로 풀이되고 있다. 우리의 한은 그런 것과 일부 겹치지만 뉘앙스가 다르다.

예컨대 한국 사람들이 흔히 하는 말을 들어보자. "못 배운 한을 풀기 위해서 특별 학교에 등록해서 공부하는 노인들의 모습"을 방송에서 자주 본다. "돈이 없어서 좋은 아파트에서 한번 살아보지 못한 한", "아이들 좋은 대학에 못 보낸 한", "국회의원 한번 해보지 못하고 계속 낙선한 후보자(정치 지망생)의 한", "사법고시에 여러번 응시하고도 못 붙은 한", "판검사 해보고 싶었는데 변호사만 하게 된 사람의 한", "시집 장가 한번 못 가본 한", "외국 여행 한번 못 가본 한", "나라 빼앗긴 한", "일본군에게 끌려가 온갖 고초를 당하고도 보상을 제대로 못 받은 위안부와 근로자들의 한", "공산당에게 집과 가족의 생명을 빼앗긴 한", "일제 치하에서 일본인으로부터 받은 차별의 한", "6·25사변으로 인한 이산가족의 한", "20년 무명가수로 있다가 어느 날 경연대회에서 인기를 얻어 스타가 되어서 무명가

수 20년 한을 푼 이야기" 등등 개인마다 이런저런 한이 있을 것이다.

이런 수준에서 따지면 한이 없는 사람은 없다. 다만 한의 깊이에 차이가 있는 것이다. 이런 예는 일상적으로 우리가 자주 만난다. 여기서는 주로 "소망 달성 좌절의 한"과 "억눌려서 지낸 서러운 한" 등이 열거되었지만 파고 들어가 보면 굉장히 복잡한 감정이 숨겨져 있다.

우리 말에 '천추의 한', '한이 많다', '한이 없다', '한을 품다', '한을 풀다', '한이 골수에 사무친다', '한 많은 인생을 보냈다', '많은 사람의 한을 샀다', '한을 풀고야 말겠다' 등의 용법이 있다. 이런 용법을 보면 한은 집요하고 장기적이고 편집적이고 끈질긴 속성을 가진 감정이다. 일생 동안 그한을 못 풀고 갔다고 하는 것은 한이 지속적이고 깊은 곳에 도사리고 있는 정서임을 알 수 있다.

2020년 5월 28일, 모 지상파 방송에 스페인에서 와서 한국 전통무용을 공부하고 있는 알레한드로 씨 이야기가 나왔다. 그는 스페인에서 발레를 공부하고, 유럽의 여러 나라 발레단에서 춤추던 발레리노였다. 강수진이 있었던 슈투트가르트 발레단에서도 춤춘 일이 있고, 거기서 강수진의 춤을 보았다고 했다. 그러던 그가 우연히 한국인의 한에 관한 이야기를 한국인 친구로부터 듣고 한국 전통 춤을 배우기로 했다고 한다. 그는 지금 한국 춤에 푹 빠져서 산다.

나는 그의 입에서 깜짝 놀랄 발언을 들었다. PD가 "왜 하필 한국 무용인가? 한국 무용의 어떤 점에 끌리게 되었나?"라고 물었다. 알레한드로 씨는 "발레와는 달리, 행복과 슬픔이 공존하는 것이 한국의 춤이고, 그것에 끌렸다. 그것이 바로 한인 것 같다. 한은 한국 춤의 정수요 바로 한국 자체인 것 같다"고 대답했다. 그는 한국 춤의 한 부분을 춰 보였다. 그러면서 눈물을 글썽거렸다. "왜 울어요?" 하고 물으니 "행복해서요"라고 답했다. 아주 묘한 감상이다. 나는 무용수가 춤추면서 우는 것도 처음 보았다.

그는 세계의 어디에도 없는 한국의 춤사위에 너무 깊이 빠져 있었다. 나는 속으로 '지가 한을 어떻게 알아?' 생각했다. 정말로 그가 한을 이해했다면 '한은 한국인 고유의 정서가 아니고 지구적인 정서일 수도 있구나' 하고 느꼈다.

서강대학교 명예교수인 김열규 교수는 "한(恨)은 한국에만 존재하는 개념이 아니다"라고 했다. 비슷한 개념은 중국, 일본에도 있고, 프랑스에서는 '르쌍티망(resentiment)'이란 말로 한을 표현한다. 그러나 우리의 한과 똑같은 개념은 아니다. 김 교수는 「한(恨)의 안과 밖」이라는 글(『한국재발견』, 일본 아사히신문사 발간)에서 "어떤 국민도 한(恨)이나 원(怨)을 가지고 있기 때문에, 이 개념만으로 민족적 특성을 설명할 수는 없다"고 했다. 이 감정, 심리, 콤플렉스[1]가 정치 · 문학 · 종교 · 신화 · 전설 등에 농후하게 배어 있다고 보았다.

또 그는 "한에는 '하얀 한과 검은 한'이 있는데, 하얀 한은 선, 검은 한은 악의 상징이다. 하얀 한은 제3자에게 옮기지 않는 한이고(극히 개인적인 것이기 때문에), 이것이 사회적 에너지가 되어 긍정적 · 건설적 기능을 한다. 반면에 검은 한은 하얀 한보다 더 많이 드러나는 한이다. 엄중했던 조선조의 정치, 역대 중국 당국이나 몽골, 서구, 일본의 빈번한 침략과 수탈 등으로 고통받은 역사적 질곡 때문에 생겨난 것이다. 어떤 역사적 상황들이 민중의 삶과 심리에 깊은 상처를 남겨서 무서운 결과를 낳기도 했다. 이렇게 고통받고 살아온 민중이 죽은 후 표랑혼(漂浪魂, 떠돌아다니는 악령)이 되어 한의 원천에 직접 다가가 위해를 가한다. 하얀 한은 예술 등으로 승화시켜 해한(解恨)할 수 있으나 검은 한은 무당이나 퇴마사나 주술사의 도움 등으로 해결해야 하고, 제3자에게 대해서 한풀이를 하려는 경향이 있다고 했다.

---

1) 김열규 교수는 드물게 한을 심리적 콤플렉스의 하나로 인정했다.

제1부 왜 폐창을 하는가

그럼에도 한은 가장 한국적인 슬픔의 정서이다.

중국에는 한보다 원(怨)과 원(冤)이 있을 뿐이다. 중국 고대 사서(史書)에도 찾아볼 수 없다. 원(冤)은 원통할 원 자이다. 다만 원(怨)에 대해서는 한을 엿볼 수 있다. 원(怨)은 원망과 원한이 섞인 말이다.

인류학의 연구로 아프리카에는 죽은 사람들의 원한에 관한 기록은 있지만, 우리의 한의 개념과 같은 것은 아니다. 유사 용어로는 원과 한이 있으나 우리의 한과는 거리가 멀다. 중국의 원한은 현세적이다. 『삼국지』나 『열국지』를 보면 결국 복수극으로 끝나는 원한이 특징이다. 일본의 원도 복수를 통해서 승원(勝怨)하는 것이다. 일본의 경우 원을 해결할 수 있는 수단은 칼이다.

일본의 주신구라(忠信藏)[2]는 원수를 어떻게 갚느냐 하는 것을 보여주고 있다. 서양인들은 외부와의 갈등이 생기면 외향적으로 처리한다. 그래서 한이 남지 않는다. 예컨대 군왕이 자기 아내를 빼앗아 빈으로 삼으려 하면 그 부하가 결투를 신청해서 단번에 해결했다. 전쟁에서 상대방 장군을 체포해서 옥에 가두고 항복을 종용한다. 그러나 장군의 자존심상 거부한다. 그러면 사형을 당하거나 도망가서 복수하기를 준비했다. 그래서 한이 남지 않는다. 아시아는 대개 상대방 장군을 포로로 잡으면 높은 자리를 주어 회유하거나 재기용하는 일이 많다. 『삼국지』에 그렇게 많이 기록되어 있다. 그러나 목을 쳐서 죽이면 그 후손들이나 부하들이 복수한다.

일본학자 가세 히데아키가 쓴 「한의 한국인, 황공해하는 일본인」이라는 논문을 브리태니커에 실었는데 거기에 보면 "한은 한국만의 독특한 말이라고 한다. 한은 원한을 의미하지만 일본의 '우라미(원한)'와는 다르다. 일

---

2) 일본 겐로쿠 시대에 세도 세력 간의 싸움으로 상대방을 몰살시켜 복수가 어떤 것인지를 보여준 사건. 그래서 충(忠)과 신(信)을 보여준다.

본의 원한은 밖으로 향한 것이어서 대상에 대해 복수를 함으로써 원한을 푼다. 반면에 한국의 한은 내부로 지향한 것이어서 자기가 무력했기 때문에 이루고자 한 것을 이루지 못한 원한이 내면에 겹쳐서 쌓인다.

2020년 봄 동아일보에 이런 기사가 실려 있었다. 「두 번 좌절 뒤에… 한 풀어준 '금빛 살풀이'」(유윤종 기자)라는 기사이다. 제50회 동아 무용 콩쿠르 예선에서 정상화(한예종 4학년생)가 한국무용 전통 부문에서 금상을 받았는데, 그는 세 번의 도전 끝에 승리한 것이다. 이매방류 살풀이로 꿈을 이루었다. 신문 기사는 "한을 풀어주었다"라는 헤드라인을 달았다. 유 문화전문 기자도 한을 풀었다고 썼다. 내용은 3년에 걸쳐 두 번 도전했다가 세 번만에 대상을 거머쥐었는데, 한을 푼 것이 아니고 소망을 이루었다는 것이다. 한동안 속을 끓였을 것이다. 여러 번 좌절을 맛보았지만 끝내 소망을 이뤘다는 말이다. 정상화의 경우, 한이란 "동아무용 콩쿠르에서 대상을 받는 일에서 실패한 점이다". 그 실패감에서 느꼈던 좌절을 극복한 것이다. 그것도 살풀이춤에서 대상을 받았으니 그는 춤추면서 한을 풀었는지도 모르겠다. 살(煞)이란 모진 액운을 말한다. 옛날 기방에서 추던 여성 춤이었는데, 지금은 중요무형문화재가 되었다.

2020년 봄여름은 한국인에게 특별한 계절이었다. 코로나바이러스로 인해서 정신적으로 위축되어 있고, 우울한 가운데서도 이런 우울한 분위기를 음악이라는 예술 장르가 그 분위기를 밝고 따뜻하게 만들어주었다. 바로 트로트 음악이다. 우리가 종전에 '뽕짝' 음악이라고 해서 클래식 음악에 비해서 약간 폄훼했던 음악인데, 이 음악의 부활이 강풍이 되어 대중 생활 속으로 들어왔다. 평론가들을 비롯해서 연예부 기자들, 문화 전문가들도 트로트가 지닌 해한(解恨) 기능에 대해서 새삼 강조했다.

중앙대 심리학과 교수였던 최상진 교수는 「한국인의 심리학 하기」라는 논문에서 문화와 심리는 분리할 수 없다고 했다. 한국의 문화는 한국인의

제1부 왜 떼창을 하는가

심리 속에 깊이 관여되어 있고, 또 그 반대도 진실이라고 보았다. 따라서 한국인의 '한과 원'이라는 독특한 정서 코드는 한국문화 속에 그 연원이 되어 자리 잡고 있는 것이다. 한국인의 그런 성정이 또 그런 문화양식을 창조하고 생성하고 연면히 이어가게 했다.

최상진은 한국인을 이해하려면 심정(心情)을 읽으면 된다고 했다. 심정이란 마음 속에 품고 있는 생각, 감정과 마음 쓰는 태도를 의미하나, 부정적 의미로도 쓰인다. 예컨대 "좋지 않은 심사(心思)"라고 할 때도 쓴다. 심정은 정(情) 한(恨)이 그 핵심이다. 한국인의 정을 읽고 한을 읽으면 한국인이 보인다고 한 것은 일면 타당성이 높다. 그 정과 한을 읽으려면 민속 예술 속의 문화 코드를 읽으면 된다. 그래서 한이 무엇인지를 좀 더 깊이 살펴보는 것이 필요하다.

2) 한이 무엇인가?

『한국민족문화대백과사전』에 보면 한을 이렇게 정의하였다. "욕구나 의지의 좌절로 삶의 파국 등과 그에 처한 편집적이고 강박적인 마음의 자세와 상처가 의식·무의식적으로 얽힌 복합체를 가리키는 민간 용어이다." 보통 간단히 '응어리'라고 한다.

여기에는 네 가지 의미가 내포되어 있다. 하나는 즉 욕구의 좌절, 두 번째는 강박적으로 유지되어 옴, 세 번째는 의식과 무의식적인 감정, 네 번째는 복합적인 심적 덩어리라는 점이다.

이규태는 한은 한국인의 정서인데 피학적(被虐的, masochistic) 감정의 덩어리라고 했다. 즉 피해의식이 뭉친 것을 한이라고 했고, 문순태는 한이야말로 가장 한국적 슬픔의 정서라고 했다. 한완상과 김성기의 논문에서는 한을 융의 원형(元型, archetype)과 같은 것이라고 했다. 즉 인간의 집합적 무의식을 형성하고 있는, 조상 대대로 이어져 내려온 정신구조나 그 양식이라고 보았다. 한은 한국인의 유전적 정신구조의 일면이라고 본 것이다.

이들은 한이 민중의 삶에 가장 널리, 가장 깊게 뿌리 내리고 있는 민중적 감정이라고 정의했다. 나는 융의 원형에 비유한 것은 일부 동의하나 민중의 감정이라고 정의한 데는 동의하지 않는다. 왜냐하면 민중뿐 아니라 왕실을 비롯해서 사대부 계급에도 그 나름의 한이 있었고, 특히 당쟁에 밀려 피해를 입은 많은 관료, 사림, 학자들에게도 한이 있었다. 관직을 삭탈 당했다든지, 귀양을 갔다든지, 귀양 가서 죽었다든지, 일가가 몰살당했다든지 하는 수모를 당한 사람과 가문에도 영원히 남는 한이 역사적으로 보면 비일비재이고 헤아릴 수 없을 정도로 많다.

김열규는 한을 좀 더 자세히 들여다보고 문학적으로 이렇게 분석했다. '외로움 같은 한/서러움 같은 한/괴로움 같은 한/슬픔 같은 한/서정인가 하면 비창이기도 한 한' 등 여러 다양한 모습을 띠고 있음을 보여주었다.

강현식은 조선조의 실록에 나타난 한의 스토리를 분석했다. 한이란 심리학으로 보면 양가감정(兩價感情)이고, 거기서 공격 성향(앙갚음)과 사랑의 에너지를 동시에 읽을 수 있다고 했다. 다소 모호하기는 하나 한은 원망스러움과 측은함을 동시에 품고 있는 듯하다. 예컨대 당쟁으로 밀려서 귀양 간 정치가가 귀양살이를 하면서 임(임금)을 향한 일편단심을 시조로 읊었다든지 하는 상황은 바로 그런 사정을 말한다. 즉 원망하면서도 측은지심 (惻隱之心)을 가지게 된다. 그래서 한국인에게는 눈물과 웃음이 동시에 작동한다. 상가에 가보면 그런 사정을 자주 볼 수 있다. 상주라는 사람이 부모의 영정 앞에서 눈물을 훔치다가도 식당에서 친구들하고 담소하는 것을 본다. 눈에는 눈물이, 입에는 웃음이 같이 간다. 이런 이중성, 양가성은 아시아 사람, 특히 일본과 한국인에게 많이 관찰되는 성격의 한 특성이 아닌가 싶다.

위의 여러 입장을 정리해서 한을 정의해보면, "성취되지 못한 욕구로 인한 좌절감과 뉘우침, 그리고 외부의 지속적·억압적 힘으로 인해 심리적으로 크고 작은 상처로 남아 인격의 파탄을 경험하게 하는 의식-무의식적인 복합적 감정 상태이다."라고 할 수 있다.

김용운 교수는 "비법루한원(非法淚恨怨)"이란 개념을 사용했다. 그는 이원리로 한국인의 정서의 원형을 설명하려고 했다. 비상 상태는 법으로 해결하고, 법은 눈물로 풀 수 있고, 눈물로도 안 되면 한이 되고, 오랜 세월이 지나면 한이 원이 된다. 그러니까 도리에 맞지 않는 일로 상처를 받으면 눈물이 되고, 눈물은 다시 한이 되고, 한이 원이 된다고 보았다.

정치환은 소한(小恨)이 있고, 대한(大恨)이 있는데, 소한이 해결되지 못한 채 버려두면 대한으로 발전한다고 보았다. 그래서 소한일 때 해한(解恨, 한을 풀다)이나 치한(治恨)해야 한다고 했다. 우리의 속담에는 "여자가 한을 품으면 오뉴월에도 서리가 내린다"거나 "시집 가서는 귀머거리 3년, 벙어리 3년"이라는 말도 있고, "때리는 시어미보다 말리는 시누이가 더 밉다" 하는 말이 있다. 모두 한의 심리를 남기는 말들이다.

2. 우리 문학에 나타나 있는 한[3]

1) 시

시문학의 경우 한은 주로 이별의 애한(哀恨), 기다림의 정한(情恨)으로 나타나고 있다. 그러한 시에서는 외롭고 슬픈 현실에서 체념하기를 배우며,

---

3) 『한국민족문화대백과사전』 참조.

드디어 용서하는 관용의 윤리를 다루고 있다. 즉 임과의 작별로 인한 상실감과 동시에 정한의 의지가 담겨 있다. 예컨대 작자, 연대 미상의 고려가요 「가시리」나 「서경별곡(西京別曲)」은 별리(別離, 헤어짐)로 인한 깊은 한을 읊고 있다. 또 고려가요 「동동」이나 내시 낭중 정씨가 지은 「정과정」은 연모(戀慕), 연군(戀君)의 정한을 읊고 있다. 「가시리」는 "가시는 듯 다시 돌아오소서"라고 희망을 노래하고 있다. 「서경별곡」은 체념이 긍정적인 것으로 바뀐다. 그런데 이 정한이 다시 원한으로 바뀐다. 망국의 한 때문이다. 허균의 작품에서는 원과 한을 다루고 있으며, 정약용은 가난한 백성들의 지방 관리나 아전들을 향한 원한을 읊었다. 근대에 와서 한용운 등이 노래한 망국지한은 절망과 좌절을 표현한 것이 많다. 한용운의 「님의 침묵」에서는 기다림의 허망함을 나타내고 있다. 나라의 자주독립은 언제 오나? 그 밖에 김소월, 서정주 등은 정한을, 한용운, 이상화, 이육사, 윤동주는 나라를 빼앗긴 망국한을 노래했다.

2) 소설

소설을 보면 개인과 개인의 갈등, 개인과 사회와의 갈등, 개인과 국가(민족) 사이의 갈등이 원(怨)이 되기도 하고, 한(恨)이 되기도 한다. 종교의 힘으로 극복되기도 하나 한과 원이 휴머니즘으로 승화되어 화해와 사랑으로 정화된다. 근대소설에서는 이런 테마의 소설이 많다. 특히 임진왜란 이후 국민의 생활에서 비로소 문학이 눈을 뜨게 되었다(김상억).

스스로 만든 자한(自恨)의 경우, 김만중의 소설 『구운몽』(1689)은 자한의 소망을 소설을 통해서 이루고 있다. 김동인의 「배따라기」나 이효석의 「메밀꽃 필 무렵」 등 서정주의 소설들은 대개 이런 자한(自恨), 정한(情恨), 회한(悔恨) 등을 기초로 하고 있다.

이광수의 『무정』(1917)에는 망국의 한이 엿보인다. 『무정』은 나라 빼앗긴 지 7년이 되던 해에 쓴 소설이다. 소설 내용에는 원한의 소리가 담겨 있다. 그 후 1950년까지도 심훈, 유정, 박경리 등이 조국 분단의 한을 그려내고 있다. 특히 분단의 한을 보면 이호철을 비롯해서 조정래, 김원일 등이 분단의 한, 고향 상실의 한, 동족상잔의 후유증으로 인한 민족의 한을 그리고 있다. 분단소설은 대개가 원한 감정을 화해와 용서로 풀어 민족의 동질성을 찾으려고 하고 있다.

김상억은 「고전문학과 한」이라는 논문에서 "한국의 문학은 한의 소재로 구성되어 있는 작품이 많다. 한을 떠난 문학은 옛날에는 없었다. 한을 그린 많은 고전문학 작품 가운데서 우리 민족의 한, 즉 동양적 한을 찾아볼 수 있다"고 했다. 김상억이 말한 동양적 한이 무엇인지는 분명치 않다.

3. 한은 왜 생기나?

어째서 한국인에게 특별히 이런 신비스러운(?) 한이라는 정서가 존재하게 되었을까? 『한국민족문화대백과』에 올라와 있는 기사 내용을 요약해보면, 그 원인을 네 가지로 정리하고 있다.

한의 발생은 개인적인 욕구 좌절이나 계획의 실패에서 오는 내부 원인과 국가나 사회의 정치적 · 경제적 · 제도적 · 환경적 탄압, 불평등, 소외 등과 같은 외부적 조건으로 인해 발생하는 두 가지 방향이 있다.

그러나 개인 심리의 차원에서 보면, 목표로 했던 일이 성취되지 못한 것, 기본적인 심리적 · 사회적 욕구의 충족이 부족했거나 좌절했을 때 등이 크게 한의 원천이 되고 있다. 개인적 · 외적 원인으로 인해서는 통한,

원통, 후회, 무력감과 같은 감정 상태를 초래하고, 자괴감과 실망으로 마음 고생을 하지만, 외적 원인에서 오는 것으로는 분통, 원한, 적대감, 앙갚음, 앙금과 같은 것이 지속적으로 사람들을 괴롭힌다.

1) 불안과 위축의 역사

무수히 많은 내란, 외침, 민란 등으로 인해서 백성들의 삶이 항상 위협받고 마음 편할 날이 없었다. 지금도 비슷한 상황이다. 그래서 행동이 퇴행적이게 되고 우울증이 많다는 것이다. 가능성이 많은 견해이다. 지금 전 세계에서는 60여 군데에서 전쟁을 벌이고 있다. 폐허가 된 땅을 떠나 유랑생활을 하는 난민들이 얼마나 많은가? 그들이 겪는 한의 정서로 인해 모두 우울증 후보자들이 되고 있다.

2) 유교적 계급의식

유교 중심의 사상이 빚은 계층의식으로 인해 백정, 갖바치, 노비, 천민들의 눌려 살아온 역사, 자유가 극히 제한된 삶이 그들에게 원한을 품게 했다. 이것은 뿌리 깊은 원한이다.

3) 남존여비 사상

이 사회는 모든 영역에서 성차별이 있어왔다. 그래서 반대로 남자의 횡포, 강요된 인종(忍從)의 미덕, 여자가 귀신이 되기 전에는 시집에서 친정으로 돌아갈 수가 없는 인권이 무시된 고된 시집살이, 시어머니의 학대, 시누이의 시샘과 멸시 등이 여한(女恨)을 만들었다.

4) 가학적 압력과 수탈

사대부의 가학적 압력과 수탈로 인해 피학적(被虐的) 민중이 한을 품게 되었다. 그중 대표적인 한 사건이 '동학농민혁명'이다. 관권을 쥔 사대부의 민중 수탈로 인해서 빈부의 차이는 더욱 심해졌고, 가난한 자는 가진 자에 대해서 자연히 원을 가지게 되었다. 고려 태조 왕건이 새 왕조를 세울 때, 가장 저항이 심했던 백제 지방의 인물 등용 등에서 이들을 소외시킨 데 대해서 그 지방 사람들이 한을 품고 있었다.

이런 한은 우리나라 최근의 역사에도 나타나 있다. 한 지방에서 대통령이 장기집권하면 타지방은 인재 등용에서 배제되는 경향이 있었고, 그로 인한 한은 선거 때마다 이슈로 등장한다. 소외, 푸대접, 멸시로 인한 심리적 타격은 한국인들이 특히 예민하게 반응하는 정서이다.

서양에서는 고위직이나 유명인사들, 심지어 임금까지도 정적(政敵), 연적(戀敵), 경쟁자 사이에서 자기의 명예가 손상되면 결투를 신청한다. 권총이나 검으로 결투를 하는데 상대를 죽여도 정당방위로 봐준다. 그것으로 문제를 깨끗이 해결한다. 그들은 원한을 칼이나 총으로 푸는 문화양식을 지니고 있다.

유명 인사로는 알렉산드르 푸시킨과 네덜란드의 귀족이자 장교 출신의 외교관 헤케른과의 결투, 마크 트웨인과 경쟁 관계에 있던 신문사의 편집장과의 결투 등 예가 많다. 프랑스의 천재 수학자였던 에바리스트 갈루아는 결투 중 총에 맞아 21세에 죽었다.

그러나 동양에서는 결투란 것이 없었다. 다만 적의 장군이 포로가 되면 회유해서 좋은 자리를 주기로 하고 일단 신임한다. 그러나 원한은 계속 남아 있는 것이다. 높은 관직에서 경쟁자로 인해서 직을 박탈당하면 원수 갚기를 음모하나 대개는 책을 짊어지고 낙향해서 은둔 생활을 하면서 때를 기다린다. 일본의 경우는 적과 1대 1로 마주치면 우선 칼집에 손을 댄다. 이것은 결투하자는 신호이다. 그러나 양쪽이 칼에 손을 안 대면 싸우자는 신호가 아닌 것으로 간주한다. 사무라이들은 칼로 문제를 깨끗이 해결한다. 죽은 자는 말이 없어야 한다. 그러나 뒤끝이 과연 깨끗한지는 의문이다. 후손들이 가만히 있지 않기 때문이다. 몇십 대가 지나도 원한을 품고 있다가 어떤 계기로 인해 복수를 한다. 그리고는 "조상의 한을 이제서야 풀었다"고 선언한다. 끈질긴 정서 유전이다. 그 밖에도 계모와 의붓자식들 사이, 의붓형제 사이, 이웃과의 사이에서 이해관계로 싸우면 원과 한이 맺히고 쌓인다.

4. 한과 원한

우리는 가끔 한과 원을 혼동해서 쓰는 경우가 있다. 한은 내심으로 채워지지 않은 모호한 심적 결핍과 갈망이지만, 원은 그 갈망의 에너지가 밖으로 지향되는 경우를 말한다. 그 본질이 다소 막연하지만 원은 대상이 뚜렷하다.

우리의 한은 원한이 아니다. 또 앙갚음의 정서도 아니다. 더 깊은 심적 세계와 관련이 있다. 다층적이고 다차원적이다. 일본 도쿄대학교의 명예 교수인 이토 아비토(伊藤亞人) 교수는 40년간 한국을 연구해온 학자인데, 『주간동아』 허문명 기자와의 인터뷰에서 이런 의견을 내놓았다. 2019년에 문제가 된 한일 간의 정치적 갈등에 대해서 "일본에서 가장 감각이 얇은 층이 엘리트층, 즉 정치나 경제 분야의 엘리트일 것이다. 아시아 대륙에 대한 소양이나 경험도 적다 보니 한국인의 마음을 읽으려는 공감 능력이 부족하다"고 하면서 그는 "일본 사람들은 한국 사람들의 한의 정서를 헤아려야 한다"라고도 했다. 그에 의하면 "한"이란 "억눌린 느낌"이다. "진도의 씻김굿도 한을 해소하고 극복하는 일의 일환이다"라고 덧붙였다. 물론 일리는 있으나 그게 전부가 아니다.

한은 억눌린 정서이고 다소 원한과 관계가 있는 듯한 뉘앙스가 있으나 필자는 억눌린 정서만이 주요인이 아니고, 소망 달성이 이루어지지 못해서 안타까워하는 정서와 사회적으로 차별받고 있다는 감정이 더 중요한 요인이라고 생각한다.

그런데 일본인이 느끼는 한은 좀 다르다. 일본어로는 '한(恨)' 자가 원망한다, 혹은 앙심의 의미로 쓰인다. 우리가 쓰는 한의 개념과 다르다. 우리가 한을 품고 있는 백성임은 틀림없으나 그것은 앙심과는 관계가 적다. 시인 고은 씨는 "한은 민족의 영구적인 절망이 낳은 체념과 비애의 정서이다"라고 역사적 원인을 강조했다. 일본말로 한(恨) 자를 '우라미'라고도 읽는데, 그것은 원한(怨恨)이란 뜻의 원과 같은 뜻으로 쓰인다. 그러나 우리의 경우는 원(怨)과 한(恨)은 의미가 다른 것이다. 한이 깊어져서 해결을 못 보았을 때 심층 심리에서는 그것이 원(怨)이 된다.

한은 슬픈 감정, 한탄할 일이 있을 때 느끼는 감정, 비탄에 빠졌을 때 느끼는 감정, 극히 원통할 때 느끼는 감정, 후회스러워할 일 때문에 느끼는 감정, 원의 감정이 극에 달했을 때 느끼는 아주 복합적인 정서이다. 이 정서는 다층적이고 복잡 미묘하다. 신비로운 면모를 띌 때도 있어서 예술로 승화된다. 천경자의 그림의 주제가 한이었다.

일본의 아사히신문사가 낸 『한국재발견』이란 책에 이런 내용의 기사가 실려 있다. "한국의 노래(대중가요, 즉 트로트)에는 우리들의 마음속에 잠자는 감정을 흔들어 깨우는 뭔가가 있다. 남녀의 이별을 노래하는 테마의 음악에도 거기에는 가혹한 역사 속에서 살아온 민족의 마음이 넘쳐 있기 때문이다." 그리고 "고복수의 〈타향살이〉, 백년설의 〈나그네 설움〉, 김정구의 〈눈물젖은 두만강〉, 이난영의 〈목포의 눈물〉, 조용필의 〈한오백년〉, 손인호의 〈비내리는 호남선〉, 최진희의 〈사랑의 미로〉, 양희은의 〈아침이슬〉” 등등을 예로 들었다.

일본의 음악 프로듀서이자 작가인 고키 간지(高本寬二)는 “한국의 음악(대중음악, 가요, 트로트)에는 일본 가요(엔카)에는 없는 파워풀하고 래디컬(급진적이고 과격한)한 혼이 담겨 있다. 힘찬 생활감정과 토속적 에너지가 지탱해주고 있다”고 했다. 그가 한국의 가요의 뿌리가 되고 있는 에너지가 무엇인가를 녹음 작업 현장의 프로듀서들에게 물어보니까 하나는 ‘한국인의 끝내주는 리듬감’, 다른 하나는 ‘한의 심정과 감수성’이라고 했다. 고키는 “이런 정서적 에너지가 한국 가요의 밑바닥에 흐르고 있고, 비애감이 스며 있는데 한국인의 유머감(흥)도 이런 비애감이 그 원천이다”라고 했다. 한국인의 흥은 곧 한의 감정에서 온 것이라는 논리이다. 특히 오랫동안 역사적(외세와 권력으로부터)으로 짓눌려온 민족적 성정(性情) 같은 것이 배어 있다는 것이다. 고키는 “한국의 가요가 바로 그런 한을 풀어주는 동시에 흥(그는 그것을 유머 감각이라고 했다)을 돋우어주는 구실을 한다는 것”이라고 논평했다.

이에 비해서 원(怨)은 원망스러운 일을 당했을 때 주로 느끼고, 때로는 화가 나서 원수를 갚고 싶을 때 일어나는 정서이다. 그래서 한은 더 내면적이고, 원은 심층적이다. 한의 정서는 그걸 풀고 싶은 상대가 불분명하나 원은 앙갚음을 하고 싶은 잠재적 상대가 있다는 차이가 있다. 이토 교수가 생각하는 ‘한’도 한국인이 일본에 의해 억눌렸기 때문에 이에 대해서 앙갚음을 하려는 감정을 이야기하는 듯한데, 실은 우리의 한은 반드시 일본에 의한 억눌린 감정에서만 출발한 것이 아니다. 더 깊은 원류가 있다. 다만 그 의미의 외연은 다를 뿐이다.

「장한가(長恨歌)」란 노래가 있다. 중국 당나라 때 시인 백거이(白居易)가 쓴 서사시 제목이다. 〈장한몽(長恨夢)〉이란 영화도 있다. 이수일과 심순애의 연애 이야기인데, 일본인 작가 오자키 고요의 장편소설에서 따온 이야기다. 그러니까 한이라는 말을 쓰기는 해도 여러 가지 다른 뜻으로도 쓰이는 것이다.

국악 쪽에서도 그렇고, 외국의 저명한 식자들은 한국인의 흥은 한에서 오는 것이라고들 말한다. 나는 이 견해에 반대한다. 우리나라 전통음악이나 춤에 한의 정서가 짙은 것은 사실이다. 그렇다고 우리 음악에 한의 정서만 있는 것이 아니다.

원한은 원통하고 한이 되는 생각과 정서를 말하는데, 줄여서 원(怨)이라고도 한다. 한탄은 원통한 일이나 매우 후회스러운 일을 겪었을 때 한숨 짓는 탄식을 말하며, 줄여서 한이라고 한다. 한에 원이 포함되어 있다고 주장하는 입장도 있고, 원속에 한이 포함된다고 주장하는 입장도 있으나 아무래도 두 정서의 심리 구조는 친족 관계에 있다고 하겠다. 뉘우침과 원망이 서린 감정을 한이라고 보면 원은 한에서 발생된 감정이라고 보아야 할 것 같다.

한과 원한은 좀 다르다. 원한이 한에서 기원하지만 모든 한의 정서가 원한으로 발전하는 것은 아니다. 원한은 다른 사람 혹은 바깥의 힘으로 인해 맺어지기도 하고, 자기 스스로 내부적으로 맺기도 하는 양면이 있다. 외부의 조건으로 인한 마음의 아픔과 상처를 타상(他傷)이라고 하고, 스스로 한이 될 일을 저질러서 생기는 마음의 상처를 자상(自傷)이라고 한다. 타상으로 인해 한이 맺히고, 자상으로 인해 한은 스스로 맺어진다. 민간 용어로는 이 자상을 응어리라고 한다. 이것이 곧 한이 되기도 하고 원으로 발전하기도 한다.

내외부 조건에 의해서 한을 제대로 풀지 못하면 슬픔, 후회, 자책, 분함, 억울함, 저주, 원통함, 앙갚음 등의 정서 경험을 불러일으킨다. 그 상태가

한(恨)과 흥(興)은 풀어야

오래 끌면 편집적이고(고집스럽게 집착한다), 강박적으로 감정이 굳어져 원한이 되는 것이다.

한풀이에서 가장 건전하고 바람직한 방법은 예술적인 수단이나 굿을 이용하는 것 외에 '용서'라고 주장하는 전문가가 있다. 덕성여대 심리학과 교수인 오영희 교수다. 종래에 우리가 의지해왔던 민속신앙이나 예술이라는 수단 외에 한을 가장 근본적으로 해결하는 방법이 "용서"라는 기제라고 했다(오영희,『용서를 통한 한의 치유』, 2007). 용서만이 마음의 상처로 인해 생기는 한을 근본적으로 해결해준다고 주장한다. 용서에 의해서만이 깨어졌던 인간관계를 회복하고, 한이 맺히기 이전의 건강한 심리 상태와 인간관계를 회복할 수 있기 때문이라고 했다.

5. 한풀이는 어떻게 하는가?

한풀이가 긍정적으로 이루어지게 되면, 인격의 성숙을 기할 수 있고, 그렇게 해결된 한은 추억으로 남을 수도 있다. 그래서 갇혀 있던 에너지가 승화 작용을 해서 예술작품 등으로 표현될 수 있다.

그러나 한풀이가 부정적 에너지로 변신해서 축적된다면, 2차적으로 자기 스스로가 정신적으로 큰 부담을 안게 되고, 자기 비하, 좌절, 분노, 정신적 불안정 등의 결과를 안게 된다.

역사적으로는 한풀이 방법이 크게 두 가지가 있었다. 그것은 종교(신앙)와 굿, 다른 하나는 예술이었다. 그러나 한이 완전히 정신적으로 해결되려면 그 기저에 용서라는 기제가 있어야 한다. 용서를 해야 화해가 되고, 화해가 이루어져야 인간관계가 회복된다.

영화화되기도 한 이청준의 소설『서편제』는 용서를 통해서 한을 해결할 수 있다는 것을 보여준 작품인데, 용서를 통해야 가장 바람직한 방향으로 한을 해결할 수 있을 뿐 아니라 피해자가 가해자에게 정신적으로 후유증을 남기지 않는 방식이라고 할 수 있다. 일본의 식민통치로 인해 꺼안게 된 한을 일본이 끝끝내 풀어주지 않고 100년 동안 뭉개버리고 있지 않은가? 그래서 대일본(對日本) 한의 감정은 개운치 않게 지금까지 한국인의 가슴을 멍들게 하고 있다. 한풀이는 결자해지(結者解之)가 가장 효과적이다. 매듭을 만든 사람이 푸는 것이 좋다. 그러나 아직도 우리의 한은 앙금이 되어 전세계에 우리의 한을 드러내 보이면서, 한풀이를 시도하고 있다(평화의 소녀상이 그 한 예이다).

한풀이에서 가장 일상적인 것은 탈춤에서와 같은 해학과 익살로, 굿판에서 보듯 무당이 서러운 푸념과 넋두리를 하면서 관중을 울음바다로 만들었다가 다음 단계에서 한이 풀리면 익살과 육담(외설)으로 웃음을 만들어 주는 방식이다. 「심청전」에서는 심청과 아버지의 슬픈 이야기에 뺑덕어멈의 익살이 곁들어져서 슬픔을 풀어준다. 「흥부전」에서는 과장과 익살로 흥부의 처지를 위로해주고, 「춘향전」에서는 방자의 익살이 춘향의 난처한 처지를 위로해준다.

이렇게 쌓인 한을 우리 민족은 민간신앙을 통하여, 민요와 판소리를 통하여, 종교를 통하여 또는 의지적 행동으로 풀려고 했다. 오랜 체념으로 무기력에 빠지지 않고, 장기간에 걸친 심리적 억제로 인한 우울증에 걸리지 않고, 복수의 의지인 폭력으로 발전되지 않고 넘어간 것은 우리 민족의 슬기이다.

이런 한을 풀어가는 데 우리는 해학과 익살을 활용하였다. 전통 민중예술인 탈춤을 보면, 말뚝이와 취바리는 웃음과 해학으로 상민들의 마음 속의 한을 풀어주었다. 그 속에는 해학도 있고, 즐거움이나 기쁨도 있고, 행복의 요소도 많다. 춤도 마찬가지다.

이시형을 비롯한 한국의 몇몇 정신의학자들은 한국인의 고유한 정신 장애로 화병을 들고 있는데, 화병은 불안전한 억제(repression)와 같이 부정적인 방법으로 한을 해결하려고 할 때 생겨나는 장애라고 했다. 이 화로 인해서 한이 맺히게 된다는 것이다. 우리 주변에도 화병 환자를 쉽게 볼 수 있다.

6. 트로트의 해한(解恨) 기능

2020년 봄은 트로트의 부흥기였다. 이 기회를 통해서 모두들 한풀이를 한다고 한다. 특히 불효, 망향, 실연, 사모(思慕)의 노래가 주된 주제인 트로트는 노랫말에 주로 그리움, 안타까움, 뉘우침, 서러움, 헤어짐, 슬픔과 같은 정서가 많이 배어 있다. 요즘은 가수들의 창법이 굉장히 발달되어서 감동을 더 많이 안겨다 준다. 정확하게 불러야 하고, 음정, 박자, 호흡, 강약의 조절, 감정, 무대 매너, 퍼포먼스, 심지어 패션까지 섬세하게 마음 써서 무대에 나오기 때문에 연출 효과가 극대화된다. 그러니까 트로트가 한풀이로만 인식되어서는 안 되고, 그 속에 인생사가 다 담겨 있어서 세대를 초월하는 공감을 불러일으킨다. 만일 트로트를 K-Trot로 글로벌하게 밀고 나가려면 한의 정서만 가지고는 공감을 얻기 힘들다. 우리와 다른 정서 문화를 가진 유럽이나 남미 등으로까지 진출하려면 행복뿐 아니라 유쾌함, 즐거움, 들뜸, 유머, 재치, 익살, 의기양양과 메시지가 있어야 한다. K-Pop이 인기가 있는 것은 여러 가지 이유가 있겠지만 노랫말이 보편적인 가치를 담고 있기 때문이다. 그러니까 K-Trot가 세계로 진출하려면 노랫말도 중요하다.

클래식은 서양 음악이 원류가 아닌가. 대중음악은 민속음악이 그 원류

제1부 왜 떼창을 하는가

다. 우리나라에는 개화기 이후에 서양음악이 들어와서 교육용, 군대용, 교회용으로 발전해왔다. 그러나 대중음악은 옛날(약 1,500년 전)부터 우리 강토에서 불리고 연주되었던 음악이다. 그것이 한편으로는 트로트 음악이 되고 다른 한편으로는 민요, 판소리, 잡가, 시나위, 풍물, 가야금, 거문고, 단소, 사물놀이 등의 기악곡으로 발전해서 연주되고 있다.

트로트는 우리나라의 대중가요를 대표하는 음악이다. 트로트라는 말은 영어로 "산보한다"는 뜻이다. 가볍게 부를 수 있는 음악이란 뜻이다. 서양 클래식이 12음계 음악인데, 트로트에는 대조적으로 5음계 단조가 많다. 고복수의 〈타향살이〉를 비롯해서 이난영의 〈목포의 눈물〉도 5음계다. 음계는 '라시(레)미파'나 '라시(도)미파'로 선율이 되어 있다. 이 선법(旋法)은 일본의 엔카에서 온 것인데, 이른바 '뽕짝' 선법이다. 이 선법을 미야코 부시(都節)라고 하는데, '미야코'는 일본말로 수도를 뜻한다. 그러니까 에도 시대에 도쿄에서 시작한 선법이란 뜻이다. 이것이 일본의 엔카 선법이다. 그 대표적 노래가 〈사케와 나미다까 다메이끼까?(술은 눈물인가, 한숨인가?)〉라는 노래인데, 일제 때 우리 아버지 세대들이 막걸리 한잔 걸치면 부르던 노래이다.

1960년대 이전에는 우리나라 트로트 음악은 일본의 엔카를 모방해서 곡을 만들었다고 해서 "표절이다" "아니다"로 시비가 많았었다. 그러나 일본의 음악 프로듀서인 고키 간지는 한마디로 "어느 쪽이 원조다, 라고 말할 수 없고, 서로 영향을 주고 받았으며, 일종의 친족관계에 있다"고 잘라 말했다. 그래서 "근친증오(近親憎惡) 메커니즘처럼 서로 비슷하므로 그런 감정이 존재하게 되었다"고 했다.

트로트는 2박자 아니면 가끔 4박자인데, 3박자도 많다. 정형적인 반복적 리듬으로 펜타토닉 스케일 음계(도레미솔라만 쓰는 음계)로 곡을 만든다. 우리나라에서는 거기에 남도민요의 창법을 얹어서 부르니까 처량하고,

슬프고, 가슴 메이는 노래가 된다. 일본의 엔카는 지금도 항구, 눈물, 비애가 3대 제재다. 그리고 개인적인 비련, 이별, 망향 같은 주제가 많다. 일본의 국민가수 미소라 히바리(한국계)가 부른 〈흐르는 강물처럼〉은 한국에서도 많이 불려졌고 노래방에 가면 아직도 부르는 사람이 많다.

내가 트로트 가사를 분석해서 발표한 일이 있다. 주제와 가사의 내용 분석을 했다. 사랑, 이별, 눈물, 짝사랑, 그리움, 회환, 불효, 망향, 가족, 연정, 친구, 배신, 원망, 한풀이, 석별 등등의 주제가 많다. 히트곡 몇 개의 노랫말을 올려보면,

그리움에 불러보는
아픈 내 가슴속에 맺힌 그녀
나 언제나 한숨 지며 그리워할 때

　　　　　　　　　— 홍삼트리오, 〈기도〉(그리움)

사랑에 약한 것이
사나이 마음
울지를 마라
아아 갈대의 순정

　　　　　　　— 박일남, 〈갈대의 순정〉(그리움, 아쉬움)

오늘만은 정말로 날
울리지 말아요
어차피 떠난 사람을
붙잡을 수 있나?

　　　　　　　　— 김수희, 〈고독한 연인〉(이별)

끝이 안 보일 정도로 많은 사연들이 있다. 일본의 엔카는 트로트보다 가

사가 시적인 내용이 많다. 시인이 작사한 것도 많다. 감정이 섬세하고 감상적(sentimental)인 데가 있다. 우리나라의 트로트는 "미워도 다시 한번" 하듯이(양가감정) 노래한 것이 많다. 이별하면서 그리워하고, 사랑하면서도 이별해야 하고, 사랑하면서도 그저 바라보기만 하는 감정. 이별하면서도 이내 못 잊어 "뜨거운 안녕"을 하는 심정 같은 것이 많은 까닭은 여기에 한의 감정이 배어 있기 때문이다.

고키 간지의 해설을 다시 들어보자. 일본의 엔카에는 4행시가 많은데 한국의 트로트에는 6행시와 8행시가 많고, 한국의 트로트에는 후반에 가서 샤우트(소리 지르듯 발성하는 것)하는 부분이 있어서(그 전형이 〈뜨거운 안녕〉, 〈젊은 그대〉, 〈그대는 나의 인생〉, 〈기도〉 등 헤아릴 수 없이 많다) 감정이 고조되어 끝을 맺는다. 일본 가요의 세계는 감정을 안으로 안으로 가두어가는데, 반면에 한국의 트로트는 밖으로 밖으로 넓혀가는 세계이다. 입으로만 소리를 내는 것이 '엔카'라면 몸 전체로 소리를 내는 것이 한국의 '트로트'다. 주목할 만한 논평이고 비교적 관찰을 치밀하게 한 흔적이 엿보이는 해설이다.

한번은 〈미스터트롯〉 음악 프로그램을 보다가 놀라운 광경을 봤다. 김수철의 〈젊은 그대〉를 가수들이 객석에까지 나와서 부르며 흥을 돋우니 객석에서 모두 떼창을 했다. 그 다음 순서로 정동원이라는 14세의 트로트 천재가 나와서 〈희망가〉를 불렀다. 이번에는 놀랍게도 조금 전 흥이 폭발했던 관중이 손수건으로 눈물을 훔치고 있었다. 이렇게 감정이란 것은 변덕스러운 것이다. 우리는 흥으로도 한을 풀지만 슬퍼하는 감정으로도 한을 푼다는 것을 알 수 있다. 이것도 우리의 양가감정의 특징이다. 웃음 속에서 슬픔을, 슬픔 속에서 웃음을 같이 경험한다.

서양인에게는 이런 감정이 없다. 솔직하고 단면적이다. 짐 리브스라는 미국의 흑인 가수가 부른 노래의 "Put your sweet lips a little closer to the phone…"이라는 가사는 전화를 하면서도 서로 사랑하고 있다는 것을 확인하는 내용이다. 이것이 서양의 정서다. 우리나라는 그 반대다. 이범희가 작곡한 노래에 〈상처〉라는 것이 있다. 그 가사는 다음과 같다.

> 눈물이 흘러도 좋아요
> 가슴이 아플 때까지
> 가슴이 아파도 좋아요
> 사랑은 그런 거니까
> 그대 곁에 있어도
> 외로울 때가 많아요
> 그대 곁에 있을 때
> 나는 안개꽃이에요
> 눈물이 마를 때까지
> 가슴 아파도 좋아요
> 나는 그대 곁에서
> 외로워도 가슴은 행복해요

여기에 보면 눈물과 행복감이 공존한다. 가슴이 아파도 행복해요. 이것이 한국인의 정서다.

지금 전 연령대가 이 트로트 열풍에 말려들었다. 〈미스터트롯〉 경연대회에서 최종적으로 뽑힌 7인이 매주 〈사랑의 콜센타〉라는 프로그램에서 노래를 하는데, 한 시청자가 "우리 엄마가 이 프로를 보고 우울증에서 회복되었어요"라고 했다. 또 어떤 아가씨는 "이 프로를 보고 마음속에 응어리가 사라졌어요"라고 했다. 트로트의 치유력을 증명해주는 증언이다. 지금의 트로트는 우리들을 힐링해주는 음악임을 새삼 증명해주었다.

다시 고키 간지의 해설을 들어보자. 대단히 쇼킹한 해설을 했다. 왜 한국인이 노래를 잘하는가? 한국말 때문이라고 했다. 한국어는 비트는 소리, 꺾어서 내는 소리, 반탁음, 된소리, 마찰음, 격음(유기음), 리에종(liaison, 連音), 비음(콧소리) 등 풍부한 발음 레퍼토리를 가지고 있기 때문에 한국어는 노래하기에 매력적인 언어라고 평했다. 그래서 세계적으로 각광을 받는 성악가를 많이 배출했다고 했다. 반면에 일본어는 노래하기에 부적합한 언어라고 했다. 모음이 다섯 가지밖에 없고 복모음도 없다. 한국어는 세계의 어느 나라 언어도 표기할 수 있는 풍부한 모음 구조를 가지고 있다. 그래서, 한국말은 음악을 위해서 태어난 언어인가?

한은 흥에 일부 자료를 제공하지만 흥풀이의 결정적 역할을 하는 것은 아니다. 한은 집합적으로나 개인적으로 충족되지 못한 심리−생리−사회적 욕구에 대한 반응으로서 나타나는 것이어서 흥과 겹치는 개념이 아니다.

흥은 시청각적 자극물(음악 춤 등)이 존재해야 발동이 되는 심리−감성적 현상이고, 감정이 고조되면 떼창이나 막춤으로도 나온다. 이때 한국인은 희열과 환희의 눈물을 같이 쏟는다. 감동 때문이다. 이것이 한국인의 흥이다. 다른 나라 사람들에게도 흥의 반응은 있지만 강도가 약하고, 엑스터시에 이르는 질이 다르다. 우리의 흥은 하늘을 찌르듯 하는 강렬하고 통쾌한 면이 있다. 그러나 동남아시아나 유럽인들의 흥은 개인적 감동에서 연유하는 바가 더 강하다. 우리의 흥은 집합적이어서 그 시너지가 강하다. 특히 일부 음악이나 춤이 한의 감정에 영향을 받기는 하지만 흥을 느끼는 당사자의 흥의 강도는 사람마다 크게 차이가 생긴다. 〈잃어버린 30년〉이라는 이산가족의 한을 노래한 설운도의 노래가 크게 히트를 쳤는데, 이 노래는 이산가족이 아니어도 크게 공감을 느끼게 하는 노래였다.

흥은 정서의 표출적 행동이지만, 한과 정은 은밀하고, 신비롭고, 무의식적, 내현적(內現的) 감정이다. 정도 쌓이고 한도 쌓인다. 그러나 흥이 쌓인다는 말은 하지 않는다. 따라서 흥은 관찰이 가능하지만 한과 정은 관찰이

용이하지 않다. 흥과 정은 별 상관이 없다. 그러나 한과 정은 다소 관계가 있다. 처음에 사람들이 접촉을 하게 되면 장소에 따라 접촉이 많아지면서 '정이 든다'고 한다. 정이 깊어지면 자아와 타아 사이에 일체감이 생기고, 그 관계에 단절이 생기면서 한이라는 앙금이 생긴다. 김희갑 작곡·작사의 노래 〈정 주고 내가 우네〉에는 마지막에 "…정 주고 내가 우네/너무나도 사랑했기에…"라는 가사가 있다. 정 주고도 울어? 이런 이중적 감정이 정과 한에 있다.

한에는 명확한 의미가 없다. 우리 민족은 '한 많은 민족'이라고 하는데, 한을 '억압당해서 소망을 이루지 못한, 후회스러운 감정'으로 본다면 그런 처지에 있었던 외국인들, 동남아시아인의 식민지 경험. 중앙아시아인들의 종족 싸움 속에서 겪었던 참담한 생활, 조상이 노예로 팔려갔던 아프리카의 많은 종족들, 이슬람 치하의 소수민족의 설움, 인도 같은 계급사회에서 겪고 있는 하층민들에 대한 차별과 생존권 위협으로 생사의 기로에 허덕이는 백성들. 이들은 한국인이나 일본인이나 독재정권하에서 겪은 질곡, 탄압, 차별대우, 인권 유린 사태보다 몇십 배 심각하지만 그런 종족과 백성들에게는 한이란 정서가 거의 없다. 그들도 불평을 안고 살지만 우리와의 차이가 어디에 있는가 하면, 그들은 그런 상황을 운명이라고 생각하고 받아들인다는 점이다. 그들의 배경에는 대개 이슬람, 힌두, 불교라는 역사 종교가 버티어주고 있다. 삶이란 신과 부처님의 뜻으로 운행된다고 생각한다. 종교문화의 차이가 만들어주는 영향 탓이다. 그러면 한국은 어떤가? 다종교 국가인 한국은 어느 종교이든 기복신앙이 대종을 이루고 있다. 기복신앙은 현세적이다. 힌두나 불교는 윤회사상으로 인해서 마음에 여유가 있다. 이승에서 빛을 못 보면 내세에 다시 좋은 생명체로 태어나서 빛을 보리라 하고 기다린다. 그러나 우리의 경우는 현세에서 꿈을 이루지 못하면 영영 그 꿈은 사라진다. 그래서 그 꿈을 이루지 못한 뉘우침이 한이 되는 것이다.

7. 흥과 한의 관계

한·흥·정·끼. 이 네 낱말은 영어는 물론 중일(中日)의 사전에도 글자는 있지만 우리나라와 꼭 들어맞는 용법이 없다. 이 네 낱말은 한국 특유의 문화용어이고 코드이다.

한국인을 "흥이 많은 국민" "한이 많은 국민" "정이 많은 국민"이라고 평가하는데, 과연 흥과 한은 관계가 있는 것일까? 한이 많으면 흥도 많은가? 흥이 많다는 것은 감추어두고 있는 한이 많다는 말인가? 이 두 특징 사이에는 인과관계나 상관관계가 있을까? 일본의 사회평론가나 학자 중에 한국인이 흥이 많은 것은 한이 많기 때문이라고 언론에 발표한 것을 읽은 적이 있다. 마크 트웨인도 "유머의 원천은 비애이다"라고 했듯이, 우리의 흥 성정은 한 때문일까?

그런데 한에 대해서 말하자면, 한에는 개인적인 한이 있고, 집합적인 한(민족적, 종족적, 지역적, 계급적, 종교적)이 있다. 개인적인 한은 극히 개인사적인 스토리에서 생성된 것이어서 다른 사람과 공유할 수 없지만, 같은 역사를 공유한 경우는 집합적 한이 형성된다. 김열규의 선한 한이 개인적인 한이 되고, 악한 한이 집합적 한이 될 가능성이 많다.

집합적 한이 확산되어 개별적 한에도 영향을 준다. 일본군 위안부 할머니들의 개인적 한은 결국 한국 국민 전체의 집합적 한으로 발전했다. 시베리아에서 중앙아시아로 강제 이주당한 한민족의 한은 80여 년 전의 일이지만, 그 집합적 한은 결국 후손들에게는 개별적 한으로 남았다. 한풀이를 하는 과정에서 공감대가 커지면 굿이 되고(굿은 무당만 하는 것이 아니라 잔치의 성격을 띤 굿도 있다), 굿을 통해서 맺혔던 한을 푼다.

그러나 흥은 개인에게서 발원해서 집합적으로 발전하지만 흥이 본연의 진가를 발휘하려면 집합적 흥으로 에너지가 모아져야 한다. 왜냐하면 사람마다 흥을 느끼는 매체의 특성과 분위기를 타는 성향이 다르기 때문에 혼자서 흥을 즐기기에는 파워가 약하다. 그래서 흥풀이는 집합적으로 하는 데 가치가 있는 것이다.

그러나 우리의 문학적 특성이 불러내는 흥은 한국인 누구나 가지고 있는 기질화된 심리적·생리적 특성이고, 동시에 이 특성 속에는 오랜 세월에 걸쳐 이어 내려온 우리 민족문화의 전통적 특성이 반영되어 있다. 무속 문화, 민속연희, 각종 마을 축제 등이 이 흥 문화와 관계가 깊고, 또 흥과 역사적인 관련성도 가지고 있다. 우리나라 사람들이 흥을 잘 타는 것은 자극에 대한 빠른 반응력과 고도의 속도감이 다른 나라 사람들보다 크기 때문임은 사실 같다. 이것은 생리적으로 아드레날린이나 세로토닌의 분비가 활발하다는 것을 말한다.

한국 국악에 빠져든 백인 여성이 있다. 현재 서울대학교 국악과 교수로 재직 중인 미국인 여성, 힐러리 핀첨 성이다. 한국 남성과 결혼도 했다. 인디애나대학교에서 음악인류학 박사학위를 받고 한국에 와서 국악을 가르치고 있다. 26세 때 대학원 재학 시, 지도교수가 한국의 판소리를 들어보라고 해서 처음으로 접하고는 곧 한국음악 연구를 시작해서 박사학위를 받았다. 세계 많은 나라의 음악을 연구했지만 한국음악이 자연의 소리에 가장 가깝고 흥이 많다고 했다.

우리나라 사람 자신이 트로트 음악은 맺힌 한을 풀어주는 구실을 한다고 보는데, 그러나 트로트 음악이 한풀이만 해주는 것이 아니다. 일제 치하에서 불려진 이른바 유행가라고 하는 음악에는 다분히 그런 요소가 많았고, 거기에는 일제 치하의 질곡으로 인한 한이 서려 있는 것은 사실이지만 명랑하고, 유쾌 발랄하고, 신나는 음악도 상당수 있다. 그것은 약간의 과장이 들어있다고 본다. 트로트가 한만 풀어주는 음악이라면 젊은이들이 많이 호응할까? 트로트라고 하지만 실제로는 그런 카테고리 속에 팝·록·재즈·왈츠·고고 등 다양한 장르의 음악도 들어 있는 것이다.

일본의 한 대중 잡지에 "한국인은 귀찮은 존재다. 입맛이 어떻게 까다로운지, 이탈리아 피자가 오면 완전히 한국형 피자가 된다. 본토 피자를 한국인의 입맛에 맞게 바꾸기 때문이다."라는 기사가 실렸다. 그만큼 한국인의 감각과 감정의 스펙트럼은 대단히 넓다.

흥에는 워밍업 단계가 있다. 흥이 과연 한국인의 특별한 정서인가? 아니면 전반적인 문화양식과 관련이 있는가? 다른 나라나 종족에게는 흥이라는 정서가 없는가? 2020년 1월에 아프리카 중부의 르완다에서 세 사람의 젊은 시민이 내한했다. 한국에 있는 친구의 초대 형식으로 모 방송국에서 방영하는 〈어서 와~ 한국은 처음이지?〉라는 프로그램에 출연하기 위해서였다. 나는 방송을 통해서지만 이들의 거동을 유심히 살폈다. '흥'은 한국인만의 독특한, 특별한 정서가 아니라는 것을 알 수 있었다. 이들은 인천국제공항에 내리는 순간부터 어깨를 들썩거리면서 가볍게 춤추기 시작했다. 물론 얼굴에는 웃음을 띠면서. 자기들로서는 공짜로 며칠 외국에 와서 구경하고 맛있는 음식 맛보고 놀고 가니까 신이 날 것이었다. 호텔에 들어서면서 스텝을 밟고 어깨춤을 추었다. 호텔 방에 들어서면서도 계속 춤을 추었다. 얼굴에는 항상 웃음을 띠고 있었다. 그들은 즐거운 일이 있으면 자연스럽게 어깨춤과 스텝이 나오는 모양이었다. 이것을 초등학교 어린이의 소풍 갈 때의 즐거운 경험에 비유할 수가 없다. 그 이상의 흥이다. 이들의 흥풀이를 보니까 내발적(內發的)인 것 같았다. 흥겨운 음악이 있어야만 되는 것이 아니고 안으로부터 자연스럽게 언제나 어디서나 흥을 발할 수 있는 준비가 되어 있는 사람들이었다. 그러나 한국인의 흥풀이는 음악이 있어야 한다. 워밍업 단계를 거쳐야 진정한 흥풀이가 시작된다.

르완다 친구들의 흥은 생리화된 유전적 흥이다. 이에 반해 한국인의 흥은 심리화된 흥이다. 우리는 음악이나 춤이 있어야 비로소 격발된다. 이 점에서는 그들이 우리보다 더 흥의 민족이라고 할 수 있겠다. 그러면 우리와 그들의 차이는 무엇인가?

그들의 원형적 음악과 춤은 몇천 년 동안 변함없이 고수되어 내려온 것이니까 흥의 표현에 있어서는 그들이 우리보다도 앞서 있는 셈이다. 그러나 흥의 품격에 있어서는 표현에서 우리가 훨씬 높은 경지에 있다고 보아도 좋을 것이다. 왜냐하면 대대로 전할 수 있는 텍스트가 있고, 그런 음악과 무용 중에는 유네스코 인류무형문화유산이 된 것도 있기 때문이다.

8. 흥의 심리-생리적 구조

1) 흥에 관련된 사례

여기서는 흥에 대해서 살펴보기로 한다. 『한국민족문화대백과사전』에는 흥을 이렇게 정의하고 있다. "사람과 천지의 기운이 만나서 일으키는 즐거운 감정"이라고 했다. 이렇게 정의하면 확인하기가 쉽지 않다. 즉 "천지의 기운"이란 무엇인가라는 문제가 생긴다. 그것이 사람과 어떻게 만난다는 것인가? 이런 정의는 추상적인 것이 되어서 파악하기 쉽지 않다. 그래서 좀 더 확실하게 조작적(操作的)으로 정의하면, "감각적인 자극이 강도에 있어서 어느 정도 커지거나 변화해서 사람의 심신에 유쾌한 감정을 불러일으킨다면 그때 사람들이 느끼는 감정" 정도로 일단 해두자. 『한국민족문화대백과사전』의 정의로는 의미의 파악이 쉽지 않다. 사물이란 무엇이고 어떻게 사물과 사람이 만나는지도 애매하다. 온갖 흥과 한을 대조적으로 언급하는 수가 있다.

역사적인 이야기를 좀 하자. 고려 후기 13세기에 살던 이규보는 "흥이 깃들이고 사물과 부딪칠 때마다 시를 읊지 않는 날이 없다"고 말했다. 흥이 나면 시가 절로 흘러 나온다니, 그러나 우울할 때에는 시가 안 나오는 걸까? 15세기의 정극인은 「상춘곡(賞春曲)」이라는 시에서 "물아일체(物我一體)어니 흥인들 다를소냐?"라고 했다. 사물과 자아가 만나서 하나가 되는 즐거움을 흥이라고 했다.

흥과 관련해서 옛이야기를 몇 가지 들겠다. 원효는 아들 설총을 낳은 뒤 속인의 옷으로 바꿔 입고 지냈는데 어느 날 광대들이 갖고 노는 큰 박을 얻어서 수많은 부락을 돌아다니면서 노래하고 춤을 추고 교화하였다고 한다. 불교의 포교를 위해서 설법만 하지 않고 연희를 한 것이다. 이것은 고승인 자기를 낮추고 민중과 만나서 하나가 되는 과정을 노래와 춤의 흥으로써 나타냈다는 설화이다.

충남 공주 출신으로 신라 왕조의 국사가 된 경흥이 병이 들었을 때 한 여승이 찾아와서 열한 가지 탈을 쓰고 우습기 짝이 없는 춤을 췄는데, 경흥이 그 모습에 턱이 빠질 정도로 웃다가 병이 깨끗이 나았다고 한다. 탈춤을 추어 흥겹게 하여 근심으로 인해 든 병을 낫게 하였다는 이야기다. 요즘 말로는 예술치료인데, 여기서는 흥을 유발하는 예술을 말한다.

신라시대 여승의 탈춤은 조선 후기의 탈춤과도 통하는 데가 있다. 하회탈춤을 보면 양반 과장(科場, 극의 막과 같은 것)과 노승 과장에서 자신을 억압하던 양반제도와 현실을 벗어난 고고한 지식인을 풍자하고, 나아가 남성 위주의 사회를 비판하는 할미 과장까지 탈춤은 시종 흥을 놓지 않았다. 현실의 비애와 괴로움을 흥을 통해서 풀어냈던 것이다.

민요에서도 한편에는 시집살이의 괴로움을 노래하면서도 동시에 "시어머니 죽으라고 축수했더니/보리방아 물 부어놓고 생각난다"라고 하면서 웃음을 주고 슬픔을 차단하였다. 요컨대 이 땅의 백성들로 하여금 세상살이의 고달픔과 슬픔을 이겨내게 한 것이 흥이었다고 한다.

여기서 더 나아가 흥은 도(道)를 찾는 방법으로 이해되기도 하였다. 퇴계 이황은 한시(漢詩)는 흥겹지 않기에 우리말로 된 노래 「도산십이곡」을 짓는다고 하면서 "노래하고 춤추고 뛰게 해서 더러운 마음을 씻어버리고 느낌이 일어나 천지와 통하게 한다(감발융통[感發融通])" 했다. 퇴계와 같은 성인도 흥의 가치를 인지했다는 것은 흥미 있는 일이다.

2) 흥의 실체

흥이란 즐거움과 재미를 불러일으키는 감정이다. 일이 풀리거나 놀이에 심취했을 때 흥은 당사자와 관전자가 자연스럽게 동시에 유발하는 감정이다. 과거부터 한국인의 문화적·정신적 중요 요소로 한·흥·정을 들었는데, 한과 정은 다소 부정적인 의미로 이해되어왔는데, 흥만이 남게 되었다. 왜냐하면 한과 정은 보편적 감정이어서 우리 문화의 고유한 성격을 대표하지 않는다고 생각했고, 흥만이 다른 두 성향보다 우리의 고유성이 짙은 정신적 표현 방식이라고 생각했었다. 한국인의 흥은 기질화된 것이어서 보편성이 약하다고 본 것이다. 예를 들면 우리의 사물놀이 같은 즐겁고 빠른 리듬의 음악에 접하면 저절로 어깨가 들썩하지 않는가? 발을 구르고 싶어지고 손뼉을 치고 싶어진다. 다른 문화에는 없는 문화이다. 일제강점기와 해방 후 권위주의적인 정권을 거치면서 놀이 문화를 잃어버렸다. 그래서 흥이 사라져버린 느낌이 들다가 1970년대에 김덕수 교수가 사물팀을 만들어 연주하면서 우리 고유의 정서 문화인 흥이 저절로 되살아나기 시작했다.

우리의 대표적 민요인 〈천안 삼거리 흥타령〉을 보자.

> 천안 삼거리 흥
> 능수야 버들은 흥
> 제멋에 겨워서
> 축 늘어졌구나 흥
> 에루화 좋고 좋다 흥
> 성화로구나 흥

여기서는 노래 절마다 흥하고 콧방귀 뀌듯이 흥을 냈다. 다음에 흥에 대해서 좀 더 심리학적으로 파고들어 가보겠다.

우리를 '흥이 많은 민족'이라고 하지만 그렇다면 다른 종족(여기서 국민이라는 말을 쓰지 않는 것은 흥에는 유전적 혹은 전통적 영향 인자가 있기 때문이다)에게는 흥이 없느냐 하는 문제가 있다. 흥은 우리만의 특권이 아니고 어느 종족이나 흥을 만드는 요소를 가지고 있다고 말하려고 한다. 다만 우리가 흥을 잘 타는 민족임은 틀림이 없는 것 같다.

미국의 소울, R&B 가수 마이클 잭슨은 51세까지 살았는데, 잭슨이 한창 활동할 때가 2000년 전후이다. 그가 미국뿐 아니라 세계 유수 대도시에서 공연하는 비디오를 봤는데, 그 관중은 한국의 관중 못지않게 흥을 보였다. 요즘의 공연장 광경과 비교해서 야광봉만 없다뿐이지 아우성과 떼창과 몸짓은 우리의 관중과 다를 바가 없었다. 속된 말로 관중들은 모두 미쳐 있었다. 그러니 흥은 우리의 독점물이 아니다. 흥이란 궁극적으로는 '심리적 흥분 상태'의 변형이기 때문이다.

흥의 요소는 이와 같이 사람 쪽에도 있지만 종족의 문화 쪽에도 있는 것이다. 결론부터 말한다면 "한국에는 흥을 불러일으키는 예술문화가 발달되어 있고, 또 한국인은 다른 나라 사람들보다 흥을 잘 타는 생리적 반응

조건을 갖추고 있다"고 하는 것이 나의 주장이다. 흥은 그 종족의 기질이나 생리적 특성과 그 종족 문화의 상호 작용의 산물이다.

3) 흥은 근본적으로 생리현상이다

흥은 본질적으로 의식의 각성상태(arousal)에서 흥분(excitement) 상태로 이어지는 생리적 현상이다. 밖에서 자극을 받으면 대뇌피질로 정보를 올려 보내는 망상조직이 흥분상태가 된다. 그러면 맥박이 올라가고, 호흡이 빨라지고, 혈압이 높아지고, 그리고 피부 전류 흐름의 저항력이 강해지게 되며, 행동 반응이 민첩해지고 반응 속도가 빨라진다. 정신 전기 반응(PGR) 기기로 정서의 흥분상태와 의식의 각성상태를 알아볼 수 있다.

망상조직의 기능이 종족에 따라 좀 다른 것이 아닐까? 물론 개인 간에도 차이가 생기겠지만, 이 조직의 기능이 선천적인 효능을 가지고 태어나느냐 아니냐는 알 수 없다. 민족 간에도 얼굴 생김새나 체격이 다르고 피부색이 다르듯이, 그런 종족적인 유전인자가 있을 수도 있을 것 같다.

예컨대 2,500년 전 그리스의 의사 히포크라테스는 체액에 따른 네 가지 기질 분류를 했다. 그곳에 다혈질이라는 카테고리가 들어가 있다. 자극에 민감하고, 잘 흥분하나 오래가지 않으며, 성미 급하고, 화 잘 내고, 감정 기복이 심한 사람을 일컫는다고 했다. 그러고 보면 한국인의 기질은 이 다혈질과 유사한 점이 많다. 그렇다면 이런 기질은 유전적인 영향이 짙은 것이다. 그래서 간접적인 증명이기는 하지만 한국인이 흥분 잘 하는 것과 자극에 대해서 민감하게 반응하는 성향으로 보아서는 흥 기질을 생리적으로 타고나는지도 모른다.

히포크라테스는 우주의 기본 생성 물질을 불, 물, 흙, 공기 넷으로 보았는데, 인체도 이와 유사하게 혈액(다혈질), 점액(점액질), 흑담즙, 황담즙으로 되어 있으며 어떤 체액이 유사한가에 따라서 기질이 결정된다고 했다. 다혈질은 우주의 구성 요소 중 불과 유사한 기능을 갖는다고 했다. 그러고 보면 다혈질은 불과 같은 열기를 내뿜고, 타오르는 화염을 느끼게 하는 기질이다.

가령 우리가 외국 여러 나라의 대표적인 민요를 감상하는 실험을 했다고 하자. 그리고 그 민요들이 과연 얼마나 흥을 돋우느냐를 측정해본다고 하자. 한국인에게 한국의 민요 중 〈아리랑〉을 비롯해서 〈흥타령〉, 〈양산도〉, 〈널리리야〉를 들려주고 흥이 나는지 안 나는지를 측정한다면 당연히 흥이 난다고 할 것이다. 그러나 서양인들에게 들려주고 '익사이트(excite)되느냐'고 묻는다면 그 대답은 "글쎄요"가 될 것이다. 한국인에게 브라질의 삼바나 구 제정 러시아 민요를 들려주고 흥이 나느냐고 물으면 "글쎄요"가 나올 것이다. 그래서 흥은 사람과 매체 양쪽 간의 상호작용으로 만들어지는 것이라는 게 맞다. 굳이 '한국인만이 흥이 있다거나 많다거나' 하는 견해는 잘못된 것이다. 어떤 민족도 자기네 민속 예술과 만나면 흥을 낸다. 다만 흥을 내는 데 얼마나 시간이 걸리느냐의 민감도나 반응 시간에도 차이가 있다고 봐야 할 것이다.

종족의 고유문화란 오랜 시간에 걸쳐서 형성되고, 그 오랜 시간 동안에 그것을 호흡하고 살아온 후손들이 그 영향을 받아서 그 문화에 적응하고 그것을 바탕으로 새로운 문화를 창조해온 것이다. 그래서 문화와 종족 간에는 상호관계가 깊다. 언어적으로도 "그것 흥겨운데" 하면 매체 쪽에 흥의 요소가 있다는 것이고, "그 사람 흥에 겨워서…" 하면 사람 쪽에 흥의 요소가 있다는 이야기다. 이 두 가지가 서로 영향을 주고받는다는 것이다.

우리가 아무리 흥이 많은 민족이라고 해도 모차르트의 〈레퀴엠〉을 듣고 흥분하지는 않는다. 한 살배기 내 손녀가 2002년 월드컵 축구대회 때 광화문 거리에서 응원하는 광경과 박수 리듬을 보고 듣고 "대~한민국, 짜짯자

짝짜"로 손뼉을 치는 것을 보고 매체 쪽에도 흥의 요소가 많다는 것을 새삼 느꼈다.

그래서 이 관계를 그림으로 요약하면 이렇다.

[흥의 발현 과정]

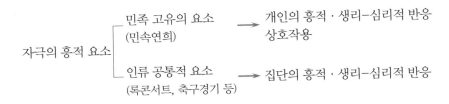

[한의 발현 과정]

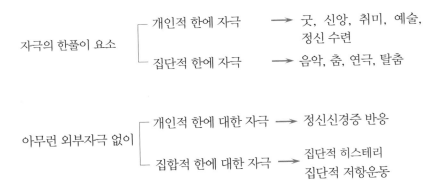

제5장

한 · 흥 · 정 · 끼의 관계

1. 한국문화 · 한국인의 속성들인가?

1) 문제 삼기

이전에 한국관광공사 사장을 지낸 귀화 독일인 이참 씨가 한국문화의 특징을 한(恨) · 흥(興) · 정(情)의 세 가지 키워드로 정리했다. 그는 이 문제를 일찍이 확인하고 있었을 것 같다. 처음에는 외국인으로서, 다음에는 한국인으로서 여러모로 생각해보았을 것이다. 우리는 독일 사람이 '정확하고, 엄격하고, 딱딱한 인상'을 준다고 해서 "독일 병정 같다"는 말을 하지 않는가? 나치 독일 때의 군 퍼레이드를 보면 그런 말을 하고 싶어진다. 소련인들을 "북극곰"이라고 한다든지, 일본인을 "이코노믹 애니멀(economic animal)이라고 한다든지 하는 데는 그런대로 의미가 있다. 이참 씨의 말은 국민성이 아니라 문화의 특성을 지적한 것이다. 이 개념들은 그 양면을 다 내포하고 있다.

소리꾼 국악인 이정일 씨는 한국인의 예술적 재능의 기초로 '정(情) · 흥(興) · 끼' 세 가지를 들었다. 문화의 특징으로 한 · 흥 · 정을 거론하는 것은 있을 수 있으나 예술적 재능의 기초로 보는 것은 타당하지 않다. 왜냐하면 이것은 개념의 분류 오류이기 때문이다. 한·흥·정은 재능과 관계 있는 개념이 아니고 인간의 정서적 특성을 가리키는 말이기 때문이다. 그리고 이정일 씨는 흥을 멋이라고 풀이했다. 이것도 잘못된 해석이다. 멋 속에 흥이 들어갈 수는 있어도 흥이 곧 멋이 될 수가 없다. 재능은 인간의 능력을 가리키는 말이나, 한·흥·끼는 능력을 가리키는 말이 아니고 능력을 뒷받침해주는 정서적 응원 체계이다. 국악을 하는 분은 흥을 좀 다르게 해석하는 모양이다. 이정일 씨는 멋보다 맛으로 쓰고 싶었던 것 같다.

멋이란 원래는 세련된 맵시라는 뜻이지만, 사물의 참맛을 의미하기도 한다. 흥이란, 감정이 고조되어 있는 심리 상태이므로 흥이 있다고 곧바로 그것 자체가 멋이 될 수는 없다. 멋을 내게 하는 하나의 동력이라고 하면 좋겠다. 흥이 자칫하면 세련미와는 관계가 먼 어색한 형태로 표현되기도 하기 때문이다. 흥을 느끼는 사람이 멋이 있다는 말인지, 흥을 느끼게 하는 자극물(음악, 춤 등)이 멋이 있다는 말인지도 분명치 않다.

여기서는 한·흥·정·끼에 대해서 좀 더 그 본질을 파고 들어가서 그것이 과연 한국문화의 특성이나 한국인의 성정(性情)과 어떤 관계가 있는지 살펴보기로 한다.

한과 흥과 정은 개인의 감정적 특성 내지 그 움직임과 관계가 있고, 끼는 다분히 개성적·기질적 특성에 가깝다. 그런데 재미있는 현상은, 한국인을 "한의 민족"이니 "흥이 많은 민족"이니 "정이 많은 민족"이니 하고 말하지만 "한국 사람들 끼가 많아"라고는 말하지 않는다는 사실이다. 왜냐하면 끼는 개인의 것이고 누구에게 어느 종족에게나 있을 수가 있기 때문이다. 그러나 한·흥·정은 집합적인 성질을 띠고 있어서 종족 간에도 차이를 보일 수 있다

흥은 개인의 감정적 고조에서 출발하지만 집합적으로 발전하기 쉬운 감

정이다. 한은 개인적으로 풀이 죽어 있는 감정에서 차츰 집합적으로 뭉쳐지게 되면 한풀이가 민중 속으로 파고들어 가서 집단행동으로 나오기도 한다. 그러나 정은 개인적인 감정적 특성에서 출발하지만 집합적으로 뭉치거나 하지는 않는다.

한과 정은 예술적 재능과는 관계가 없다. 끼는 개인의 기질과 깊은 관계가 있어서 한국인에게 공통적으로 존재하는 특성이라고 할 수는 없지만 끼 자체는 개인의 재능과 관련이 있다. 한이 많은 사람과 적은 사람, 정이 많은 사람과 적은 사람 사이에는 개인차가 있다. 그러나 그 한과 정이 우리의 문화양식과 관계가 있는지는 좀 더 천착해봐야 할 것 같다. 어떤 논자는 우리의 전통음악, 춤, 마당놀이, 탈춤, 그리고 현대에 와서도 문학, 특히 시에는 한이 많이 배어 있다고 주장하기도 한다. 심지어 트로트 속에도 한이 배어 있고, 농요, 어요 등에도 배어 있다고 한다. 관계가 있음직하다.

나는 1980년, 정소영 감독이 1967년에 찍고 1980년에 다시 리메이크한 최루성 멜로드라마 〈미워도 다시 한번 80〉을 명보극장에서 본 일이 있다. 현대판 한의 극치라고 할까? 한은 옛날이야기에만 있었던 것이 아니고 지금도 우리 속에 도사리고 있는 깊은 정서이다.

여기서 한·흥·정·끼는 한국인의 심정, 정신성, 심성, 마음씨 등을 대표하는 심리적 특성임에 틀림이 없다. 그렇지 않다는 것을 증명하기보다는 그렇다는 것을 증명하기가 쉬울 것이다. 그리고 이것들이 우리의 문화, 정확하게는 대중문화나 전통적 민속문화와 관계가 깊을 것으로 보기 때문이다.

민속문화란, 외래문화의 영향을 덜 받으면서 한 종족이 독특하게 오랫동안 형성해놓은 문화이다. 지금도 '이슬람 문화'란 용어를 사용하지 않는가? 이누이트나 에스키모의 문화, 인도의 힌두 문화 등이 있다. 이 문화는 오랜 세월을 견디어 살아남아, 백성들의 심금을 울려주고, 마음에 위로를 주고, 나아가 불안정한 심사를 바로잡아주는 영향력을 가진 전통성을 지닌 생활—사고방식이다. 한·흥·정·끼는 우리의 전통문화의 속성인가 아니면 우리 한국인의 심리적 자산인가는 앞으로 따져보기로 한다.

발레는 하늘을 지향하는 자세로 춘다. 예컨대 발레에서 아라베스크나 알레그로나 즈떼(jeté)가 다 그렇다. 그러나 살풀이춤은 땅을 지향하고 춘다. 그리고 춤의 동작도 움직임과 멈춤이 하나가 되어 조화를 이룬다. 살풀이로 한을 풀었다. 우리나라 춤과 음악에는 이런 한풀이 요소가 많이 스며들어 있다고 할 수 있다.

어느 나라에서든지 자기 나라 사람들이 예술적 재능이 많다고 자부할 터여서 비교하기는 쉽지 않다. 그렇게 주장하려면 증명을 해야 하는데 그런 증명을 하기는 사실상 불가능하다. 가장 실용적인 방법은 국제 경연대회에 입상하는 사람의 수 같은 것이 중요한 참고가 될 수 있을 것 같다.

한·흥·정·끼는 다른 종족과 비교하거나 그들의 문화와 비교하는 준거로 삼는다면 우리가 당연 유리하다. 왜냐하면 대개 다른 나라들은 그런 '문화 코드'를 사용하지 않기 때문이다. 만일 섬세, 정교, 높은 완성도를 작품의 준거로 삼는다면 일본이 단연 앞설 것이다. 그건 상대적이다. 그러나 우리나라의 고려 불화는 어떤가? 고려 불화는 한국보다 일본에 더 많다. 섬세, 정교, 완성도에서 일본의 미술작품과 비교해도 손색이 없다. 나는 문화 상대론자이기 때문에 문화를 가지고 종족 간이나 국가 간에 비교 우위를 논한다는 것은 우스운 이야기라고 생각한다. 그러나 특성이나 고유성, 독창성이란 관점에서는 비교가 가능하다.

2) '국화'와 '칼'의 의미

미국의 인류학자 루스 베네딕트가 2차 세계대전 중 1944년에 「국화와 칼」이라는 일본 문화와 일본인의 성정에 관한 보고서를 미 국무성에 냈는데, 나중에 출판까지 한 유명한 인류학 보고서이다. 이 보고서의 제목이 말하듯이 국화와 칼은 상징적으로는 모순된 이미지를 안겨준다. 보고서의 내용은 베네딕트가 태평양전쟁 중에 미군이 붙잡은 일본인 포로들을 상대로 조사한 내용이 대부분이다. 거기서 얻은 결론은, 일본인은 공격적이면서 수동적이고, 호전적이면서 심미적이고, 무례하면서 공손하고, 충성스러우면서 간악하고, 용감하면서 비겁한 국민이라는 것이다. 미국인으로서는 도저히 이해할 수 없는 모순되고 이중적인 성격의 소유자가 일본인이라고 했다. 이렇게 양립할 수 없는 행동을 서슴없이 하는 것이 일본인이라고 했다. 그들 자신도 인정하지만, 본심(혼네[本音])과 명분(다테마에[建前]) 혹은 체면의 이중구조가 있다는 점을 스스로 인정하는 일본의 심리학자를 내가 만난 적이 있다. 자기 스스로도 일본인은 겉만 보고 속지 말라고 내게 충고할 정도였다.

이 보고서에 재미있는 사례가 하나 있다. 남방에서 포로로 잡은 일본 육군 대좌(대령)에게 자살하지 말고 협조하면 살려준다고 했더니, '덴노 헤이카 반자이(天皇陛下万歲)'는 온데간데없이 항복에 응했고, 나아가 B-29로 일본 본토를 공습할 때 항공기 안에서 "일본인이여 항복하라"는 전단지를 뿌리면서 방송을 했다. 대령 정도면 할복 자살할 만한 지위가 아닐까? 그러나 그는 할복 자살도 안 했고 일본인더러 항복하라고까지 선전했으니, 극악한 반역자임에는 틀림이 없다. 그가 어떻게 그렇게 하루아침에 변절할 수 있었을까? 일본인은 언제 어떻게 변할지 모른다는 것이 베네딕트의 설명이다.

일본에는 '죄의식'이란 것은 없고 '수치의식'이 강하다. 서양은 반대로 '죄의식'이란 것이 강하고 '수치심'이 별로 없는 문화이다. 그것은 기독교의 원죄의식 때문이고, 유교 문화권에서는(한국을 포함해서) 죄의식보다 수

치의식[체면]이 강해서 자기 자신과 집안이 다른 사람에게 어떻게 비치는 가에 더 많은 관심을 갖는다. 이것은 집단주의 체제와 그 문화 때문이다. 예컨대 1960~70년대에 있었던 중국 문화혁명 때 정적(政敵)을 제거하기 위해서 대상자의 죄상을 들추기보다 이 반동자의 수치심을 이용했다. 즉 개인의 추문을 폭로해서 집요하게 물고 늘어지면 그는 곧 항복하게 된다. 다시는 나서지 못하게 된다. 모택동에게 그런 식으로 당한 정치가에 등소 평을 비롯해서 팽덕회, 유소기 등이 있다.

2. 한·흥·정은 문화적 특성인가 심리적 특성인가?

1) 아무래도 사람에 따라 차이가 있는 것이 아닐까?

여기서 한·흥·정·끼를 거론하게 된 것은 이런 특성들이 한국인의 심 성, 정신, 심정, 마음씨 등을 대표하는 심리적 특성들인데, 이것이 우리의 문화, 즉 한국적 문화, 정확하게는 전통문화와 어떻게 관계되는지를 따져 보고 싶었기 때문이다. 우리의 전통문화가 한·흥·정·끼와 어떻게 관계 되고, 어떤 영향을 주고받으며, 앞으로도 그런 영향력을 가진 관계성으로 발전할 것인지가 궁금하다. 이것을 따져보고 싶다.

이런 것에 관심을 갖게 된 계기는 10여 년 전, 21세기에 들어와서 우리 대중음악이 세계를 휩쓴 사건 때문이다. 2007년 원더걸스의 〈Tell me〉를 위시해서 소녀시대의 〈다시 만난 세계〉, 샤이니의 〈셜록〉, 싸이의 〈강남스 타일〉, 트와이스의 〈Cheer up〉, BTS의 〈DNA〉 같은 음악이 전 세계에 널 리 퍼지자 기획사들이 이 음악을 뮤지션들과 함께 해외에 내보내서 선보 인다는 것이, 선보이는 정도가 아니고 세계의 음악시장에 새로운 물결을 만들어내고 말았다. K-Pop 열풍이다. 열풍이기보다는 쓰나미다. 이제는 이 'K-Pop'이 고유명사가 되지 않았는가? K-Pop 주역들의 팬덤(fandom, 팬들의 영토)도 엄청나다. 전 세계에 팬이 깔려 있다. 아프리카 최남단, 중앙 아시아 한복판, 지구의 최북단 아이슬란드, 중앙아시아 아제르바이잔까지 없는 데가 없다. 몇천만 명인지도 모른다. 일찍이 인류 역사상 이런 현상이 존재했던가? 1996년부터 네 번이나 내한공연을 한 마이클 잭슨도 이런 반응을 끌어내지 못했고, 비틀즈도 못 했던 일이다. 이 K-Pop 아이돌들이 새로운 문화양식과 새로운 음악과 춤, 소통 방식과 공감의 세계를 창조했기 때문이다.

그들이 연주하는 음악을 보자. 그 속에는 R&B도 있고, 록도 있고, 메탈도 있고, 힙합도 있고, 랩도 있고, 소울도 있고, 발라드도 있다. 모두 12음계의 서양음악이다. 그러니까 이러한 다양성 때문에 청중—고객의 취향에 부응하게 된다. 한 가지 장르만 고집하면 청중이 제한적으로 될 수밖에 없다.

그들의 춤은 어떤가? 그들의 춤은 기본적으로 서양의 현대무용 동작이고, 거기에 약간의 발레적 요소와 에어로빅 동작, 치어리더 퍼포먼스 같은 것도 들어 있다. 여기에 브레이크 댄스 요소도 가미되어 있다. 전체적으로 보면 춤은 격렬하고 절도가 있고 빨라서 힘이 느껴지고 다양성이 있다. 이점은 다른 나라 젊은이들이 조금 따라잡기 어려운 것 같다. 왜냐하면 이런 동작을 아무리 조합해도 흥과 신명이 없으면 그 춤은 살지 못하기 때문이다. 춤 자체가 공연의 주제같이 느껴질 정도이다. 그들의 의상 코디도 독창적이고, 퍼포먼스도 멋지다. 우리에게는 춤동작의 콘텐츠가 무궁무진하다. 심지어 병신춤(공옥진), 각설이춤, 양반춤, 엿장수춤까지 있지 않은가?

여기서 생각해볼 것은 아이돌들의 음악과 춤, 퍼포먼스에 과연 한국적 심성인 한·흥·정·끼가 배어 있는 것일까? 그들이 그렇게 음악을 잘하는 것은 이런 한국적 정서 때문일까? 나는 TV로 인도네시아, 베트남, 일본의 아이돌들이 자기 나라에서 공연하는 것을 보았는데, 춤의 구성과 정교함, 동작의 다양성에서 우리의 것과 비교하면 훨씬 떨어진다. 말하자면 별로 흥이 나지 않았다는 말이다. 완성도에서도 비교가 안 되었다. 이른바 '칼군무(群舞)'라는 말이 있지 않은가? 춤추는 멤버들의 동작이 한 사람이 추듯이 정확하다는 뜻인데, 그 점에서 질적으로 차이가 난다. 그런데 브라질이나 멕시코 젊은 뮤지션들은 왜 우리나라에 못 오는가? 미국 친구들, 영국 친구들, 프랑스 친구들은 한국에 와서 우리의 아이돌이 하듯이 왜 못 하는가? 무슨 차이가 있는 것일까? 사람의 차이인가? 문화적 전통의 차이인가? 교육의 차이인가? 무슨 차이가 있는가도 관심의 대상이다.

여기서 왜 이런 이야기를 하느냐 하면, 한·흥·정이 문화의 특징에서 오는 것이냐 아니면 백성들의 심리적 특성에서 오는 것이냐 하는 문제를 다루기 위해서이다.

전후에 서방 세계에 "일본문화는 깔끔하고, 섬세하며, 화려하고, 고도의 집중성과 질서정연함"이 특징이라고 알려졌다. 일본인 최초로 노벨 문학상을 받은 가와바타 야스나리의 소설 『설국(雪國)』은 근대 서정문학의 대표적인 작품으로 평가받고 있는데, 내용 묘사가 섬세하고 찌릿한 쾌감을 주어 독특한 심미감을 준다. 그런 그가 노후에 고독에 시달리면서 가스 자살을 했다. 문학의 품격이 작가를 구원하지 못했다. 일본은 전후 상당 기간 세계 제1의 자살국이었다. 지금은 한국이 그 지위를 잇고 있어서 이해가 안 된다.

일본인의 본심을 극명하게 말해주는 한 사건이 있다. 1970년에 있었던 작가 미시마 유키오의 쿠데타 실패 사건이다. 나는 그의 소설 두 권을 읽었다. 그는 도쿄대학교 영문학과를 나온 엘리트 작가이며, 문학상도 여러 개를 받았다. 1970년 11월 25일, 미시마가 무장한 부하들을 데리고 방위

청 장관실을 습격했다. 장관에게 "군인들이 일어나서 천황제를 부활시키고 군부가 집권하는 쿠데타를 일으키라"고 요구했다. 장관이 이 요구를 거절하자 미시마는 장관 비서실로 나와서 단도로 할복 자결했다. 그리고 사전 유언에 "만일 이 일에 실패하면 내가 자결한 후 내 목을 일본도로 쳐라"라고 명령했다.

일본의 최고의 지성인이라고 할 수 있는 최고 학부 졸업생인 데다가 작가인 그가 이런 식으로 문제를 해결하려고 했다는 점에서 놀랍다. 이런 이벤트를 보면, 단정해 보이는 일본인의 겉모습과는 달리 그들의 정신 속에 도사리고 있는 공격성을 읽을 수 있다. "나는 냉철한 지성인이고, 인본주의자요. 그러나 천황이 군림하는 군국주의 체제를 원하오"라는 속셈이 그 메시지이다.

한 · 흥 · 정이라는 감정적 반응은 매우 복잡하다. 어디서 그 원류를 잡아야 하고, 그것이 발생하는 상황 내지 과정은 어떠하며, 그것이 미치는 결과의 효과는 무엇일까와 같은 질문을 할 수 있다. 또 이런 정서가 한국인의 고유한 정서인지 아니면 인류 보편적인 정서인지를 아는 것도 필요하다. 우리 문화를 더 깊이 이해하는 길목이 될 수 있기 때문이다. 민중의 문화는 그 나라 백성의 성격이나 심리적 특성과 떼어놓을 수가 없다. 왜냐하면 그들의 문화는 그들의 인성 특성과 사고와 행동방식의 결과물이기 때문이다.

2) 흥과 한의 뿌리

우리는 일상적으로도 '흥이 난다, 흥이 나게 하다, 흥을 돋우다, 흥겨워하다, 흥겹다, 흥을 더하다, 흥흥거리다, 흥이 깨지다, 흥을 깨뜨리다' 등의 용법을 사용한다. 재미있게도 한과 흥을 '푼다'고 말한다. 흥도 풀고 한도 푼다. 그러니까 흥이나 한이 어딘가에 맺혀 있거나, 쌓여 있다는 것인가? 여기서 풀려나와야 흥은 살아나고 한은 스러져 없어진다. 이 두 가지 기능은 우리의 감성과 관계가 있지만 성격이 다르다. 흥을 풀어주려면 밖에서 방아쇠를 당겨줘야 한다. 그러나 한은 내발적(內發的)이어서 안에서 반자동적(半自動的)으로 표출된다. 흥은 한과 달리 쌓여 있는 것이 아니고 건드려주기만 하면 즉흥적으로 불쑥 드러난다. 그러나 한은 쌓였던 것이 쑤시고 나와 얼굴을 내민다. 흥은 언제나 준비 상태가 되어 있는 기질적 정서이다. 순수한 심리가 아닌 몸과 관계가 있는 생리 현상이기 때문에 기질적이라고 할 수 있다. 흥은 '춤을 춘다, 노래를 한다, 몸짓을 한다'거나 했을 때 발동이 걸리게 되어 있기 때문이다.

그러나 한은 대체로 부정적 정서의 형태로 쌓여 있어서 그걸 풀어주려면 그 부정적 에너지가 비비고 나올 수 있는 통로가 필요하다. 왜냐하면 한의 밑바닥에 갈려 있는 감정이란 것이 대체로 억압(repressed)된 감정이어서, 기억하고 싶지 않거나 새삼 들추어내고 싶지 않은 감정이기 때문이다.

'한'을 영어 사전에는 regret(유감), resentiment(원망, 분노), rancour(적의), resentful(원통, 분통)으로 번역하고, 문장으로는 "vent one's spite(원한이 빠져나갈 출구를 찾다)"라는 뜻으로 쓰거나 "revenge oneself on(누구에게 복수하다)"로, 혹은 "satisfy one's grudge(원한을 풀어 만족한다)"로 되어 있는데 우리의 한과는 거리가 있다. 한은 어떻게 해서라도 마음과 몸 밖으로 빠져나가야 된다. 왜냐하면, 그러지 못하면 그것이 원한(怨恨)과 원망(怨望)이 되고 악의(惡意)가 되어 결국 병리적 문제로 발전하기 때문이다.

이에 반해서 흥은 쌓여 있는 곳이 없다. 우리 몸과 마음 전체에 배어 있기 때문이다. 그래서 외부의 적절한 자극만 가해지면 금세 발동이 된다. 그것은 긍정적 에너지여서 대체로 예술적 표현 매체를 빌려서 표출하기 쉽다. 춤과 음악과 퍼포먼스다. 그러나 일상적으로 늘 흥에 젖어 있다고 좋을 것이 없다. 왜냐하면 약간의 이상–부적응 행동으로 비칠 수 있기 때문이다. 정신의학에 "euphoria"라는 정신 장애가 있다. "행복증"이라고나 할까? 아파도 행복, 굶어도 행복, 슬퍼도 행복하다고 한다면 문제가 있는 것이 아닌가?

한국의 전통적 관행으로는 한이 많이 쌓이면 그걸 풀기 위해서 굿을 했다. 아니면 서낭당, 삼신각, 당집, 당목, 부처님에게 가서 기도하고 빌었다. 자기가 혼자서 못 푸니까 무당에게 의지하기도 한다. 굿을 보면 음악, 춤, 퍼포먼스(작두 타기, 칼 휘두르기 등), 사설(辭說, 신과 접촉하면서 대화하는 말이나 기원)이 들어 있고, 이것이 곧 한을 푸는 매체들이다.

한은 푸는 게 간단치가 않다. 혼자서는 어렵다. 누군가의 도움이 필요하다. 한이 쌓이고 쌓이면 "한이 서린다"라고 한다. 한이 서린 사람은 표정만 봐도 알 수 있다. 겨울에 유리창에 성에가 서리듯이 얼굴 표정에 한이 서려 있는 것이 눈에 띈다. 그 증세가 심해지면 전문가에게 가봐야 한다. 그러고 보면 우리의 전통예술 문화는 한을 풀어주는 요소가 많은, 아주 특별한 양식인 것 같다. 왜냐하면 굿이 이런 전통연예적인 요소를 다 갖추고 있기 때문이다. 유명 연예인 중에 부모가 무속인인 사람이 몇 있다. 부모의 영향으로 연예인이 될 끼를 물려받은 것일까? 그런데 쉽게 한국인의 한을 안다는 듯이 말하는 것은 겉치레로 인사하는 말 같다.

홍풀이에서 '푼다'는 말은 일종의 표현 행위를 말하는 것이다. 쌓여 있거나 맺혀 있는 홍의 단괴(團塊, 뭉친 덩어리)에서 실마리를 찾아 그것을 풀어준다는 말이기도 하고, 어딘가에 묶여 있는 매듭을 찾아 그것을 풀어준다는 뜻이다. 그러면 홍이 어디에 뭉쳐 있고 매여 있다는 것일까? 그 뿌리를 나는 찾아냈다.

홍을 풀려면 의식적이거나 반무의식적인 감정의 고조가 선행되어야 한다. 감정이 고조되는 상태를 환기(喚起)라고도 하고 홍분이라고도 한다. 사람이 무슨 일로 흥분하고 의식이 환기되려면 바깥에서 뭔가의 자극이 있어야 한다. 맹송맹송한 상태에서 흥이 날 리가 없다. 만일 혼자 있으면서 흥이 나서 못 견디겠다고 하면 이것은 정신의학적으로 조증(manic, 늘 들떠 있는 상태)이라고 할 수 있다.

그런데 이런 흥을 만드는 대뇌의 중추신경 조직이 있다. 그물처럼 생겼다 해서 망상조직(網狀組織, reticular formation)이라고 한다. 뇌 속의 뇌간(腦幹)이라는 중심부 안에 위치하고 있으며 여러 복잡한 하부기관과 얽혀 있다. 이 조직은 뇌간의 아래위를 오르락내리락하면서 정보를 다른 조직에서 받기도 하고 다른 조직으로 보내기도 한다. 또 여기서 사람을 흥분시키기도 하고, 밖에서 들어오는 감각 경험에도 영향을 주며, 신체 운동도 조절한다. 심장박동에 영향을 주며, 호흡, 혈압, 연하(목으로 음식을 삼키는 일), 배뇨 등의 식물성 기능과 얼굴, 눈, 혀의 활동과 수면, 각성 등의 기능을 통제하는 중추이다. 그러니까 이 망상조직이 흥을 만드는 중추인 셈이다. 사람이 흥겨워지면 심장박동수가 올라가고 호흡이 가빠지고, 길길이 뛰게도 되지 않는가?

그런데 눈으로 들어오는 시각적 자극과 귀로 들어오는 청각적 자극, 척추로 들어오는 운동적 자극이 모두 이 망상조직으로 일단 들어와서 그 조직의 활동을 촉발하는데, 이렇게 망상조직에 들어온 정보를 가지고 우리는 뇌의 지시에 따라 살아간다. 울기도 하고, 웃기도 하고, 화도 내고, 사랑도 하고, 또 온갖 것을 다 알려고 하고, 발명도 하고, 창조도 한다. 그러니까 흥은 혼자서 몸을 흔들고, 노래하고, 춤춘다고 해서 만들어지는 것이 아니고 이런 메커니즘에 의해서 만들어지는 것이다. 일단 자극이 들어갔다가 반응으로 나오게 되어 있다.

이렇게 보면 흥은 단순히 심리적 현상만이 아니라 심리-생리적 현상인 것이다. 특별히 흥을 잘 타는 사람, 흥을 잘 푸는 사람은 이 망상조직에서

114   제1부 왜 떼창을 하는가

정보를 처리할 때 민첩하게 반응하고 효과적으로 결과물을 내놓을 수 있는 사람이다. 그리고 그것이 다른 사람들을 흥겹게 만든다. 정서란 감염되기 쉬운 정신작용이라 그의 흥풀이가 다른 사람의 공감을 얻는다면 재빨리 그 흥은 전염된다.

한국인이 다른 나라 사람들보다 흥이 많다고 하는 것은, 바로 이 망상조직 안에서의 정보처리 과정이 신속하고 효과적이라는 말이 된다. 이쯤 되면 흥 반응은 종족적 유전성을 갖는다고 할 수 있다. 그러나 그것을 증명할 수는 없다. 우리에게 흥이 많다는 것을 증명하려면 이런 심리-생리적 차이를 찾기보다는 다른 차원에서 생각해볼 수도 있다.

그중 하나로 세계적인 뮤지션들이 공연하는 콘서트홀이나 아레나에서 청중으로서의 한국인이 보여주는 반응을 관찰해보는 것이 도움이 될 것이다. 레이디 가가나 퀸 같은 글로벌한 아티스트들이 공연할 때, 자기 나라에서 미국 청중이나 영국 청중이 보여주는 반응보다 한국 청중들이 훨씬 강력하다는 차이가 있다. 심지어 노랫말을 따라서 떼창을 한다. 그것도 거의 익숙한 노래처럼 잘 따라 부른다. 퀸 영화 〈보헤미안 랩소디〉와 퀸의 내한 공연이 그 사실을 증명해 보여주었다. 그들에게도 흥은 있다. 그러나 그 강도나 표출 양상이 다르다. 그러니까 우리의 고유한 정서라고 하면 안 된다.

두 번째는 흥을 돋우는 매체의 성격을 이야기할 수 있다. 서양 고전음악은 처음부터 흥을 돋우는 음악으로 탄생한 것이 아니다. 왜냐하면 이른바 그들의 클래식은 궁정에서 시작됐기 때문이다. 엄숙, 장엄, 절제, 조화, 고상한 음악이 클래식이다. 그 음악들은 12음법에 기초하고 있고, 리듬도 2박자와 3박자가 기본이고 나머지는 그 조합이다. 서양의 이른바 대중음악이라고 하는 팝과 포크, 라틴, 아프로-아메리칸 음악에는 흥의 요소가 많다. 왜냐하면 클래식은 귀족음악에서 시작했지만 이런 음악은 민속적 음악이기 때문이다. 그런데 우리나라 리듬은 수십 가지다. 2박자부터 20박자까지 있다. 5박자, 16박자도 있고, 6박자 넷이 모여서 연주하는 진양조는 24박자다. 이런 다양한 리듬 탓으로 상황에 따라 사람들의 흥을 돋우는데 절대적인 영향을 준다. 브레이크 댄스가 재미있어 보이는데, 실은 사물(풍물)놀이에서 상쇠가 부포 상모놀이를 할 때 상모를 돌리면서 추는 춤이 브레이크 댄스가 아닌가? 그러니까 흥을 돋울 수 있는 매체의 특성도 고려할 수가 있다.

2020년 4월 어느 날 TV의 연예 프로그램을 보고 있었는데, 영국의 유명한 뮤지션이 인터뷰하는 장면이 나왔다. 그 음악가의 이름은 기억하지 못한다. 내용인즉 일본에서 공연을 했는데 관중의 반응이 싸늘했다. 그래서 그는 스태프들을 불러놓고 "누가 아시아 투어를 하자 그랬어? 오늘 당장 보따리 싸. 한국은 취소야!"하고 소리 질렀다. 그러자 스태프 한 사람이 "Korean? different"라고 설득해서 한국에 와서 공연을 성공적으로 끝내고 돌아갔다. 일본이 아시아 투어의 첫 번째 나라인데 반응이 신통치 않았던 모양이다. 그런데 한국에 오니까 이건 완전히 다른 세상 아닌가? Korea is different. 그들은 한국의 흥 정서 문화를 몰랐던 것이다.

3) 한과 흥이 풀어지는 과정

한국인에게 특유한 정신-신경장애로 대표적인 것 두 가지를 들 수 있다. 하나는 화병이고 다른 하나는 우울증이다. '화병'은 국제정신의학회에서 공인한 정신신경증이다. 한국인 특유의 억압된 감정이 쌓여서 해결되지 못한 채 있다가 신경증으로 발전한 증후군이라는 것이다. 화병은 한방식으로는 울화병이라 한다. 화로 인해 속이 답답하다는 뜻이다.

한국인의 흥은 한에서 나온 것이라고 일본 학자가 주장했는데 다시 검토해보자. 이 이론은 일면의 타당성을 지닌다. 스페인의 발레리노 알레한드로가 "한국 춤에는 슬픔과 행복이 동시에 존재해요"라고 했듯이 우리의 흥 감정 속에는 슬픔이 배어 있는지도 모른다. 슬프니까 반동현상으로 더 흥을 내는지도 모른다.

한스러운 경험은 일제강점기를 겪은 세대와 그 이전 세대에게는 절실한 것이었다. 그들의 경험은 폐부(肺腑)를 찌르는 것이다. 그러나 이른바 Z세대, X세대, Y세대에게는 그들의 조부 세대 이전에 겪었던 그런 경험은 없었을 것이다. 그렇게도 뼈아프고 한스러운 경험을 겪을 시간이 별로 없었을 이들 세대의 흥풀이(K-Pop을 비롯한 그들의 춤사위, 퍼포먼스 등)마저도 한의 소산이라고 하기에는 무리가 있다. 그래서 아무래도 그 흥에는 다른 원천적 에너지 탱크가 있는 것이 아닌가 하고 가정해본다.

한에는 스토리가 있다. 그러나 흥에는 스토리가 없다. 한은 심층 심리에서 출발하고, 흥은 감각기관에서 출발하기 때문에 출발점이 다르다. 그래서 심층의 콘텐츠가 의식화되려면 그것을 한풀이하기 위한 강력한 힘이 흥이다. 여러 곳에서 언급되었지만, 한풀이를 위해서는 굿, 음악, 춤, 기도, 명상 등을 한다 해도 신바람이 나서 가슴이 "뻥 뚫리는" 변화가 있어야 행복해진다. 흥은 한풀이에서는 일종의 방아쇠 역할을 한다. 이 경우는 한과 흥은 일체적 작업 라인에 속하게 된다.

그러나 흥은 매체의 도움만 있다면 언제 어디서나 작동이 가능하기 때문에 반드시 한이 있어야 흥이 나는 것은 아니다. 흥은 매체 의존적이다. 그러니까 음악이나 춤 등 그런 것이 있어야 한다는 말이다. 흥은 생리적 반응 체계이기 때문이다. 그러나 흥은 스토리가 있으면 더욱 고조된다. 그러나 한풀이를 하려면 융이 자유연상법을 사용했듯이, 자극물(융의 경우에는 낱말)이 있으면, 그 자극물의 콘텐츠에 쉽게 올라탄다. 그 과정은 극히 개별적이고 개인사적(個人史的)이다. 즉, 거의 무의식적 내용이거나 하의식적 내용이어서 바깥의 자극물이 일종의 마중물이 되어 한을 풀어준다. 한의 콘텐츠는 의식화하는 데 약간의 저항이 있을 수 있다. 왜냐하면 그 괴로웠던 기억(맺혀 있는 한)을 되살리는 것이 즐거울 이가 없기 때문이다. 그러나 흥의 준비상태(readiness)가 마련되면 저항이 풀어지면서 자연스럽게 언표(言表)가 가능해진다.

우리말에 "울화통이 터질 지경이다"라는 말이 있지 않은가? 그냥 방치하면 울화통이 터져서 병이 된다. 한의학 쪽에서는 화가 심장에 관계가 크다고 본다. 그래서 화병이 심장병으로 발전하는 것이다. 심혈관병 및 고혈압으로 인해 심근경색도 닥치고 뇌졸중의 위협도 생긴다. 우리 어머니도 한때 화병을 앓은 적이 있다. 가족관계 때문이었다. 내가 어렸을 때 이웃 중 남편이 바람을 피워서 화병에 걸린 아내가 자살한 일이 있었다. 특히 화병은 가족관계에서 비롯되는 경우가 대부분이고, 화병에 걸리면 수명이 단축되었다. 옛날에는 화병을 고치려면 무당한테 가서 굿을 했다. 이것을 푸닥거리라고 했다. 푸닥거리란 간단한 굿이다.

그런데 흥이란 것도 이러한 화병과 같은 메커니즘을 가지고 있다. 흥이 나면 혈압도 조금 올라가고, 심장박동도 빨라지고, 호흡도 가빠지고, 흥분해서 분(奮)을 내뿜어내야 후련해진다. 그러니까 아이돌 K-Pop 공연장에서 가끔 젊은 여성들이 실신해서 들것에 실려 나가지 않는가? 흥도 풀어야 하는데 흥을 안 풀고 버려두면 분에 못 이겨 그 심적 에너지가 가끔 말썽을 부린다. 다행히 우리에게는 이 흥풀이를 해주는 통로나 매체가 너무도 다양하다. 방송 채널만 해도 250개가 넘는다. 그리고 우리의 흥을 돋우어주고 즐겁게 해주는 세계적인 음악 연주자와 춤꾼과 연극쟁이들이 아주 많다. 봉준호 감독 말대로 "인적 자원은 얼마든지 있다." 그러나 흥을 못 푼다고 곧바로 신경증 환자가 되는 것은 아니고, 가슴 답답한 상태가 유지된다. "뭐 신나는 것 없을까?"라거나 "오늘 저녁 나이트에 가서 신명 나게 풀어보자"라거나 하는 것이 바로 그런 심적 준비상태를 말한다. 흥은 다분히 긍정적인 에너지이기 때문에 대개는 문제를 일으키지 않는다. 다만 흥풀이에 지나치게 몰두하다 보면 자율신경에 이상 증세를 가져올 수 있다.

그러나 한은 다르다. 한을 못 풀고 감추어두면 그 뿌리에 도사리고 있는 응어리가 집요하게 풀리기를 거부해서 영영 풀리지 않아, 힘겹게 극복해야 하는 병리적 증상으로 남기 때문이고, 그것이 정신 신경증이 되었을 때에는 우울증으로 발전할 가능성이 있다. 한은, 억눌린 감정을 비롯해서 후회막심했던 일에 대한 죄책감, 빈곤, 망상, 못 고치는 병 때문에 일어나는 심기증(心氣症), 자그마한 망상 등으로 의욕을 상실하기 쉽다. 이루지 못하고 좌절된 꿈에 대한 미련, 불안, 자책감 등으로 점철되어 있어서 감정 장애가 생긴다. 이 장애는 스트레스, 배우자와의 사별, 이혼, 뇌장애, 잘못된 인간관계 등으로 인해서 더욱 해결이 힘들게 되어 우울증이 깊어진다. 때로는 자살 충동도 느끼게 된다. 그러니까 한은 어떤 식으로든 풀어야 신경증에서 해방된다.

4) 한과 흥의 친족관계

흥은 긍정적인 에너지가 되나 한은 부정적 에너지가 될 염려가 있고, 흥은 심리–생리적 현상이나 한은 순수한 심리적 현상이라고 앞에서 말한 바 있다. 흥은 표출이 용이하나 한은 표출이 껄끄럽다. 흥은 양적(陽的)이라고 한다면 한은 음적(陰的)이다. 흥은 전염력을 갖는다. 그러나 한은 그런 에너지가 없다. 흥의 음악은 장조(長調)라고 한다면 한의 음악은 단조(短調)이다. 빠른 댄스음악은 흥을, 느린 진양조의 민요나 살풀이춤은 한을, 국악의 타악기는 흥을, 현악기는 한을, 그런데 우리의 민속연희는 흥과 한을 다 다루어주고 있다.

일본의 학자가 흥이 한에서 출발한다고 했는데, 한이 있기 때문에 흥이 나는 것도 아니고 흥이 난다고 한이 다 풀어지는 것도 아니다. 나는 이 두 가지 차원은 공존하며, 상보적인 구실을 하는 기능이라고 본다. 이 중 어느 쪽이라도 빠지면 우리의 민속 예술은 존재할 수가 없게 되기 때문이다. 흥은 생리화된 우리의 기질과 관계가 있고, 한은 우리의 역사–문화 양식과도 관련이 있다.

다만 흥미로운 것은 공연장에서 일어나는 현상이다. 관객이 흥에 들떠서 물개박수에 발구르기와 환호성으로 분위기를 살리다가도, 다음 순간 노랫말이 한을 품고 있는 음악으로 바뀌면 금세 눈물을 훔친다. 그래서 한국인에게는 다분히 조울증적인(manic-depressive) 양면성이 있지 않은가 싶다. 박장대소하다가도 금세 비탄과 후회가 스민 한의 정서로 변한다. 변덕스럽다고나 할까? 같은 공간에서 관객이 흥과 한의 정서 사이를 왔다 갔다 한다는 것은 우리 한국인의 감정이 스펙트럼이 크고 넓다는 것을 말해 주기도 한다. 국어사전에는 감정을 표현하는 낱말이 굉장히 많다. 그래서 외국 번역가들이 애를 먹는다고 한다. "아 다르고 어 다르기" 때문이다. 그래서 한국인이 정이 많다는 말도 이 감정의 스펙트럼과 관계된다.

그런데 현대사회에서는 '공부를 많이 해서 좋은 학교에 간다'거나 고등 국가시험에 합격한다거나, 국회의원이 된다거나, 게임에서 승리한다거나, 좋은 혼처에 시집–장가간다거나, 돈을 많이 벌어서 떵떵거리고 산다거나 하는 식으로 한을 푼다. 옛날에는 한풀이를 위한 수단이 계층에 따라서 달랐다. 사대부는 사대부대로, 하층민은 그들대로 수단이 제한되어 있었다. 심지어 장희빈과 같은 임금의 후궁도 정실인 민비를 내쫓고, 자기가 왕비가 되지 못한 한을 풀기 위해서 궁중에 신당을 차려놓고 왕비 민씨가 죽기를 바라는 저주의 주술을 쓰는 등 행사를 해서 결국 사사되었다. 반면에 서민들에게는 액운을 쫓거나 남을 저주할 때 사용하는 주술적 예방 방법으로 양밥이란 것이 있었다. 장례식 때 상여를 메고 나가는 상여꾼들이 이 양밥을 자주 사용했다. 망자가 원혼이 되어서 후손들을 해치지 못하게 하기 위해서 하는 양밥이 여러 가지가 있었다. 우리는 어릴 때 다 그런 것을 경험한 사람이다. 미신이지만 구속력이 강했다.

우리나라 '살(煞)풀이춤'은 독하고 모진 기운을 (악귀)를 몰아내기 위해서 춘다. 여기서도 "풀이"라고 하지 않는가? 막혀 있던 감정을 흥풀이로 풀어 헤치면 가슴이 뻥 뚫리는 느낌이 들어 후련해진다. "원을 푼다"라고도 쓰는데, 소원 성취했다는 말이다. 이것도 '푼다'라고 한다. 이렇게 우리나라의 연희, 춤과 음악과 퍼포먼스는 굿과 함께 모두 푸는 행위이다. 그 속에는 K-Pop, K-Trot도 들어간다. 연희란 모두가 흥을 돋우고 한을 푸는 잔치인 것이다.

3. 끼란 무엇인가?

1) 끼는 기질이다

'끼'라는 것도 어원적으로 보면 기질을 말한다. 기질이란 개인의 특징적인 행동 양식이나 행동 반응 방식을 말하지만 신체를 구성하고 있는 체액의 성질에 따라서 그런 양식이 달라진다. 그러니까 체질적이고 선천적인 특징과 관계된다. 끼란 단순히 예능적 소질을 말하는 것이 아니다. 그런 예능적 소질을 뒷받침하는 생리적 조건이 있는 것이다. 그것이 끼다.

끼란 자극에 대한 반응 속도와 진보의 속도, 학습의 속도, 그리고 장기간 지속되는 기질이다. 특히 예술 학습에서 남보다 예민한 귀와 눈을 가졌거나 계속 연습을 해도 싫증을 내지 않고, 시작하면 포기하지 않는 지구적

(持久的) 능력이다.

끼는 일명 기(氣)의 된소리 발음과 동일시한다. 기란 여러 가지 의미를 가지고 있지만 근기니 광기니 살기니 용기니 할 때 성격과 관련된 기질적 뉘앙스가 짙은 낱말이다. "끼 있는 남자"라고 할 때는 이성에게 매력적으로 보이는 성격 특징 같은 것이고, 사전에는 예능적 재능이나 욕망을 가리키는 말로 되어 있다. '바람기'라고 할 때에는 '바람을 피울 타고난 기질'을 의미하고 '숫기'라고 하면 다른 사람 앞에 언뜻 나서는 개방된 기질을 말한다. '광기'도 같은 기(氣)에서 나온 말이다.

어릴 때 한때 끼를 부리다가 사라지는 예도 많다. 그것은 진정한 끼가 아니다. 부모의 착각일 수도 있고, 과장된 평가의 결과일 수도 있다. 그것이 기질화된 것이면, 적절한 환경만 주어진다면 몇십 년 후에라도 재생되기도 한다. 보통은 끼가 많다고 하면, 예능에 대한 소질과 재능이 있다는 뜻이다. 그러나 그것도 잘못 쓰이는 경우가 많다. 좀 넉살 좋고 사교적이고 나대기를 좋아하면 끼가 있다고 하기도 하는데, 그런 것은 쉬 사그라진다.

사실 흥이란, 특히 공연예술에 있어서는 공연자(예술가)와 구경꾼의 호흡의 일치가 있어야 일어나는 반응이다. 공연자 스스로도 흥이 나야 하지만, 표현 방법에 따라서는 반응에 큰 차이가 생긴다. 코미디언들은 무대 공연을 했을 때 "큐" 하고 30초 이내에 구경꾼의 반응이 없으면 재미없는 공연이라고 본다. 얼마나 어려운 일인가? 흥 반응은 구경꾼 나름이다. 구경꾼이 흥이 올라야 그 공연이 재미있다. 구경꾼의 반응이 맹송맹송하다면 공연자도 '기'가 푹 죽고 '사기'가 떨어진다.

구경꾼들이 그 공연을 아는 만큼 어느 정도 흥도 고조된다. 특히 유머, 해학, 우스개, 농담은 문화를 탄다. 그래서 그 문화를 이해 못 하면 유머의 참맛을 알지 못한다. 그러니까 구경꾼이 뭘 알아야 재미도 있다. 따라서 코미디 프로그램은 여간 연구하지 않으면 무용지물이 된다.

우리나라 젊은 뮤지션들이 유럽 도시에 가서 버스킹을 하는 광경을 TV 에서 여러 번 보았다. 그런데 기이한 것은 나라와 문화가 달라도 거기 청중들도 흥을 충분히 느꼈다. 가사 내용을 몰라도 보디랭귀지, 멜로디의 분위기로 봐서 감을 잡아갔다. 음악 자체가 가지고 있는 메시지에 그들은 공감한다. 다만 구경꾼들이 음악을 아는 만큼 그러하다. 청중들은 어깨를 들썩거리고, 입으로 흥얼거리고, 발을 굴렀다. 다만 한국 청중과 유럽 청중은 표현의 방법과 정도에 차이가 있다. 유럽인들은 절제 있는 몸짓으로 흥풀이를 한다. 우리들은 좋으면 미칠 듯이 아우성치고 야단법석을 떤다. 거기에 차이가 있다.

2) 끼에 대한 분석

'끼'에 대해서 좀 더 분석해보겠다. 일상적으로 쉽게 쓰는 끼도 시간과 장소와 내용에 따라서 의미가 조금 달라진다. 흔히는 예능적 재간·재능 정도로 쓰지만 다른 의미도 있다. 끼의 행동적 특징을 보면 다음과 같다.

① 사람들 앞에 나서기를 주저하지 않는다 : 심리학에 "Stage fright"라는 용어가 있다. 청중 앞에서 공개적으로 자기를 표현해야 하는 일로 인해서 어떤 행동의 전후에 불안을 느끼는 것을 말한다. 이것을 일명 수행 불안이라고도 하는데, 일종의 무대 불안증이다. '끼'는 반대로 그런 행동 반응을 보이지 않는 것을 말한다.
② 표현 욕구가 강하다 : 어디든 나서서 자기 할 말과 재주를 드러내고 싶어 한다. 아는 것, 가지고 있는 것을 남에게 자랑해야 마음이 놓인다.
③ 실수에 대한 두려움이 적다 : 말하자면 좀 뻔뻔스럽다. 실수를 하더

라도 개의치 않는다. 웃어넘기는 배짱을 갖고 있다.

④ 표현하고 싶은 재능이나 특기가 있다 : 재능이나 특기가 있어도 숫기가 없으면 잘 나서지 못한다. 특기라고 할 만한 것이 못 되어도 굳이 나서려고 하는 경향이 있다. 특히 예능적인 특기가 있는 사람은 그 재능을 숨기려 하지 않는다.

3) 끼의 심리적 의미

대체로 이런 성향 중에서 세 가지 정도 가지고 있으면 "끼가 있다"고 해야 할 것이다. 끼가 있으면 그것을 발휘하려고 하는 충동이 강해서 그 방면으로 나가면 성공할 가능성이 큰 것은 사실이다

끼의 심리적 의미는 다음과 같다.

① 사회적 개방성과 소통 능력이 있다.
② 정신적 에너지가 많다.
③ 모험적 성격이다
④ 재능이 있다.

과연 우리에게 이런 특성이 얼마나 있는지 객관적으로 살펴보기로 하자.

첫째로, 우리가 사회적 개방성에 있어서 다른 이웃 나라나 유럽인에 비해서 어떤가를 보기 위해서 몇 가지 사례를 들겠다. 이 지구상에 약 200여 개국이 있고, 약 77억 2천만 명이 살고 있다. 한국 인구는 약 5,120만 명 (2020년 2월)이고, 순위는 28위이다.

그런데 외국 거주 한국인이 750만 명이나 된다. 우리는 외국인에게 개방적이다. 인종차별이 심하지 않으며, 종교차별이나 성차별, 직업차별도 별로 느껴지지 않는 나라이다. 외국인과 외국문화에 대해서 폐쇄적이지 않고 너그러운 편이다. 2017년 기준 한국에 체류 중인 외국인 수가 218만 명이다. 귀화자도 17만명이나 된다. 우리는 비교적 개방적이고 다양성을 존중한다. 일본에 비해서 우리는 개방적인 편이다.

둘째로, 우리에게는 놀라운 정신적 에너지가 있다. 정신력은 산업·기술의 발전뿐 아니라 문화·예술과 종교적 활동을 보면 알 수 있다. 60년 동안 선박·반도체·가전제품·건설·모바일 기기·자동차 등의 제조와 수출로 무역대국(10위권)이 되었다.

88 서울올림픽, 2002 월드컵, 세계육상경기 대회, 동계올림픽 등 세계 4대 경기를 모두 치른 아시아의 유일한 나라이다. 88 서울올림픽에서 4위, 2002 월드컵 때 4강, 그리고 2002 월드컵 때 보여준 60만 명의 전 국민 거리 응원 등 우리의 정신적 에너지는 대단하다.

K-Pop 아이돌의 국제적 활약, 성악과 기악에서 뛰어난 재능을 보인 많은 음악가들과 발레 무용수 등이 국제 콩쿠르에서 우수한 성적으로 입상하고 있고, 국제무대에서 활약하고 명성도 날리는 사례도 많다. 그뿐 아니라 전국의 지자체나 중도시에는 오케스트라가 있고, 합창단도 있고, 어떤 곳은 국악단도 운영한다. 전국의 화랑, 갤러리 중 1년 내내 매일 400군데에서 전시를 하고 있다고 한다. 그러니 적어도 400명의 미술학도들이 어디선가 매일 작품을 선보이고 있다는 이야기다. 그 표현 충동과 분출하는 에너지도 가상하다. 코로나바이러스-19로 인해 미국 브로드웨이는 모두 문을 닫았는데, 한국에서는 공연을 계속한다. 우수한 K-방역 시스템 덕택인데, 미국 공연 관계자들이 부러워한다.

한국은 국교(國敎)가 없는 다종교 국가이다. 5,100만 명 중 불교 1,000만 명, 기독교-천주교 합해서 1,000만 명, 기타 역사 종교(신흥종교가 아닌 것)들을 합하면 인구의 절반이 종교를 가지고 있는 나라이다. 이미 우리나라에는 무슬림이 13만 명이나 되고 그중 한국인이 3만 5천 명이나 된다. 이런 종교 활동에 쏟는 한국인들의 에너지는 굉장하다. 한 예를 들면, 외국에 선교사를 보내고 있는 나라 중, 유럽의 가톨릭 국가를 제외하면 우리가 미국 다음으로 외국에 선교사를 많이 보내고 있다. 코로나바이러스-19로 인해서 세계가 난리를 피우고 있을 때 문제가 된 종교단체가 있는데, 이 단체가 1년에 운영하는 돈이 1조 원이 넘는다는 보도가 있었다. 종교단체로 들어가는 이 막대한 돈은 결국 신도들의 신앙심이라는 정신적 에너지를 반영한다.

셋째로, 모험적 성격이다. 일본이 패전국가이지만 한때 GDP가 미국을 능가한 때도 있었다. 이런 성공은 역사적으로 보면 제조업의 기초가 단단하고, 6·25전쟁의 덕을 크게 보아서 다시 일어선 것이다. 그러나 임진왜란, 러일전쟁, 중일전쟁, 태평양전쟁 등 일본이 일으킨 전쟁들은 일본의 봉건적·제국주의적 군부세력이 일으킨 것이고, 국민들은 비교적 모험을 좋아하지 않는 소심한 백성이다.

그러나 한국은 반대다. 중앙의 왕권은 소극적이지만 백성들은 극성스럽고 모험적이다. 앞뒤를 안 가리고 대시한다. 임진왜란 때도 육상에서 마지막까지 싸웠던 것은 의병이 아닌가? 일제 치하에서의 독립운동도 백성들의 에너지가 하늘을 찔렀다. 그런 모험정신이 실패도 하지만 큰 성취도 있다. 다만 우리의 약점은 실패에서 배우지 않는다는 점이다. 철강·조선·반도체·자동차 등의 제조업은 모두 과감한 모험정신을 가졌던 1세대 창업인의 용기로 세워진 업적이다. 우리의 아이돌 그룹들이 "겁도 없이" 파리, 런던, 베를린, LA, 뉴욕, 도쿄 등 세계적 대도시 한복판에서 현지의 젊은이들을 웃기고 울리고 실신하게 만든 것은 바로 모험정신이다. 우리나라 사람들에게는 "겁도 없이" 정신이 있다.

넷째로, 재능이 있다. 재능이 있는지 어떤지는 연구를 해봐야 할 수 있는 문제이지만, 언론에 노출되었거나 문서로 나타난 기록들을 중심으로 검토해보자. 여기서 말하는 재능은 주로 예술적·예능적 재능을 말한다. 왜냐하면 여기서는 끼를 문제 삼고 있기 때문이다.

우리의 음악적 재능은 유럽의 전문가들도 인정하고, 방송 매체에서도 우리들의 음악적 성취가 놀라워서 취재하러 가끔 내한하곤 했다. 성악, 피아노, 바이올린, 작곡, 그리고 발레 등에서는 이미 정평을 얻고 있다. 연습을 이기는 천재는 없다는 말이 있다. 따라서 최종적으로 나타나는 재능의 증거는 결국

$$일부\ 타고나는\ 능력 + 연습, 훈련, 교육 = 재능$$

이기 때문에 반드시 천부적인 재능이라고 하기는 어렵다.

이렇게 보면 한국인에게 예술적 혹은 예능적 끼는 분명히 많은 편이라고 하겠으나 그것이 조상으로부터 물려받은 유전적인 뉘앙스의 '끼'냐 하는 것은 단정하기 어렵다.

4. 한·흥·정·끼의 기능

기왕 말이 나왔으니 흥과 관련이 있는 듯해서 좀 더 캐보기로 한다.

한은 주로 개인의 심리적 콤플렉스에 속하지만 민족의 한이니 서민의 한이니 할 때에는 집합적 의미도 포함된다. 집합적 의미로는 개인적 한의 집체(集體)로서 개인적 한과 집합적 한이 연속선상에 놓이게 된다. 개인적 한이 집합적 한으로 발전하고, 집합적 한은 개인적 한을 강화한다. 그런데 중국인들의 한이란 원한의 극치이며, 그 속에 뉘우친다는 뜻도 들어 있다. 일본인의 한은 원한에 가깝다.

정은 감정이라는 뜻인데, 감정 중에서도 대인관계에서 따뜻함을 느끼게 하는 감정이다. 중국에서는 정(情) 자를 실상(實狀)이란 뜻으로 쓰고, 일본인은 인정(人情), 자비(慈悲), 동정(同情)이란 뜻으로 쓴다. 정세(情勢)가 어떻다느니 할 때 우리도 정(情) 자를 쓰지 않는가? 그러니까 우리가 생각하는 정(情)과 일치하는 뉘앙스는 아니다.

끼는 일종의 정신적 에너지를 말한다. 그러나 중국과 일본인은 이것을 예능적 기질이나 소질 등으로는 사용하지 않는다. 여기서 잠시 구별해야 할 문제가 있다. 정·한·끼는 개인적 심리적 특성과 관계가 있는 말이다. 정은 사회적 관계에서 느끼는 인정(人情)이고, 한은 개인적·집단적 욕구 좌절과 관계가 있다. 끼는 예능적 소질이나 에너지를 말한다. 그런데 이것들이 예술과 무슨 관계가 있는 것일까? 우리에게 특별히 다른 나라 사람들(일본이나 중국)에 비해서 정과 흥이 많고, 언제나 한이 서려 있고, 예능적 끼를 훨씬 더 많이 가지고 있다고 어떻게 장담할 수 있는가? 정은 개인적이면서 사회적으로 따뜻한 정서를 말한다고 했는데, 그것이 사실인지 몰라도 이 정은 예능적 DNA와는 관계가 없다. 다만 우리의 정에는 이분법적 감정이 있다는 특징이 있다. 친소(親疎)에 따라 그 정의 깊이와 두께가 달라진다.

흥은 개인적 감정의 고조상태이면서 동시에 동조성이 높은 감정 표출 상태이기 때문에 주로 음악과 춤에 관련된다. 서양 고전음악을 감상하면서 관객이 떼창하고 춤추는 일은 거의 없다. 왜냐하면 서양음악은 논리적인 음악이기 때문이다. 논리적인 음악은 차가운 음악이다.

한은 개인의 심리 콤플렉스와도 관계가 깊으나 우리의 음악과 춤에 배어 있는 정서에 한의 요소가 많다. 한이 스며 있는 민요, 판소리를 비롯해서 살풀이춤 등에도 배어 있다. 그러나 한이 현대에 와서는 보편적인 정서로서의 그 농도가 희박해졌다. 왜냐하면 한을 불러일으키는 외적 환경적 요소가 많이 해소되었기 때문이다.

끼는 좀 더 따져봐야 할 문제이지만, 이것은 기질적 경향성이라고 보아야 할 것이다. 즉 선천적인 체질과 감각기능에 외부자극이 주어져야 드러나는 특징을 가지고 있다. 가령 음악이나 춤이나 입담이나 몸짓에서 보여주는 특출한 순발력과 준비성이라고 할 수 있어서 그런 예능적 표현 기회가 주어져야 발현된다. 그러기 전에는 보통 잘 파악되지 않는다. 다른 말로는 "소질"이라고 할 수 있으나, 끼는 영속성이 있느냐는 점에서 의문이 있다. 왜냐하면 어렸을 때의 끼가 중간에 사그라져버리는 예가 많기 때문이다. 그래서 이것은 비교적 불안정한 특성에 속한다고 할 수 있다.

5. 정의 의미와 용법

우리의 일상 용법으로 "정답다" "정겹다" "연민의 정" "정이 들다" "정이 간다" "정에 약하다" "오는 정이 있어야 가는 정도 있다" "부부 간의 정" "부모의 정" "정을 쏟다" "정을 통하다" "정이 쏠린다" "정 떨어진다" "정이란 더럽다" "정이 넘치다" "정차다(정답다)" "정을 주다(받다)" "정을 떼다" "정을 두다" 등등이 있다.

"가는 곳마다 정 들여놓고 이별이 잦으니 못 살겠네"라고 한 것은 〈박연

폭포〉의 한 구절이다. 정은 아주 복잡미묘한 감정이다. 주기도 하고 뺏기도 하니 말이다. 옛날 한량들은 정이 들 만하면 떠나갔다.

이런 일련의 낱말이나 관용구는 국어의 고유한 접미사(接尾辭)나 낱말들을 붙여서 만들어진 것들이다. 이런 말들은 국어에서 같은 뜻을 가진(등가, 等價) 낱말이 없어서 생기기도 했을 것이다. 왜냐하면 이런 말들은 생명력을 발휘하고 있기 때문에 생존 가치가 있다.

정이란 인간의 본성이다. 우리가 '정 정' 하니까 서양인들은 마치 정이 없는 사람처럼 느껴지지만 그렇지가 않다. 나는 일본인 한 사람과 영국인 한 사람을 깊이 사귄 일이 있다. 30년 정도 이어졌으나 이제 작고하고 없으니 할 수가 없다. 정도 지성이나 의지와 같이 내면적인 속성이지만 정은 결국 행동으로 표현되는 속성을 가지고 있다. 우리가 정이 많은 백성이라고 해서 한국인 중에는 냉담한 사람이 없다는 뜻도 아니고 다른 나라 사람들에게는 정이 없는 듯이 생각하지만 그것은 오해이다. 아마존 원시림이나 오세아니아 외딴섬에 사는 원시 주민들에게도 정은 있다.

내가 여기서 말하는 정이란 감정의 한 속성일 뿐이다. 다만 그 성격이 사회성을 많이 띠고 한국인에게 유독 많이 관찰되는 감정 영역이다. 정은 감정 영역 중에서도 사회화된 감정이다. 다른 사람과의 관계에서만 노출되는 감정이다. 예컨대 슬픔, 공포 같은 감정은 혼자서 경험할 수 있다. 그러나 정은 상대가 있어야 한다.

정에 대한 태도를, 우리는 두 가지 방향으로 이해하고 있다. 하나는 중국의 영향을 받은 유학(儒學), 즉 성리학과 그 속에서 이루어진 성정론(性情論)이다. 인간의 본성을 설명하는 이론이다. 유학에는 여러 문헌에 이 성정에 관한 설명이 되어 있는데, 중요한 내용은 이렇다. 즉 정은 성정의 하나로 다루어진다. 유학에서는 인심(人心)이나 인정(人情) 속에서 다룬다. 율곡 이이는 『인심도심도설(人心道心圖說)』에서 퇴계 이황은 『심통성정도설(心統性

情圖說)』이란 책에서 정에 대해서 다루고 있다. 우암 송시열(宋時烈)은 심(心)과 의(意)가 서로 물고 물리고 하는 연관 고리 속에서 정을 말하고 있다. 정은 복잡한 심리 요소이다. 이기이론(理氣理論)에서는 심이기의성정(心理氣意性情) 속에서 정을 다루고 있어서 다른 심리 요소들과 함께 검토해야 정의 이치가 제대로 이해된다. 이 여섯 가지 요소가 서로 얽혀 있어서 인간의 성정(性情)을 이해한다는 것이 퍽 어렵다는 것을 알 수 있다.

성정론(性情論)에서 성에는 인의예지신(仁義禮智信)의 다섯 가지 특성이, 정에는 희로애락애오욕(喜怒哀樂愛惡欲)의 일곱 가지 특징(칠정론[七情論])이 있는데, 그것들은 마음이 밖으로 표현될 때 발생하는 감정들이다. 유학에서 사용하는 정은 다분히 인성론적이다. 인간의 기본적인 심리 구조와 성격에 관계된 이론에서 정은 칠정론에서 다루어진다. 이 칠정론은 『예기(禮記)』에 적혀 있는 내용인데, 이 정은 배우지 않아도 지킬 수 있다는 것이다.

정(精) 자가 들어 있는 낱말을 보면, 굉장히 복잡하고 다양하다.

① 남녀 간의 관계 : 애정(愛情), 욕정(慾情), 정사(情事), 정담(情談), 정사(情死), 육정(肉情)

② 세상에서 벌어지는 일들 : 사정(事情), 사정(私情), 정세(情勢), 정황(情況)

③ 인간의 심리적 특성 : 정의(情意), 정실(情實), 정보(情報), 정리(情理), 정의(情義)

④ 내밀한 심리 : 정예(情禮), 칠정(七情), 정감(情感), 시정(詩情), 정념(情念), 정염(情炎), 정경(情景), 정교(情交)

이것을 보면 정(情) 자는 아주 뜻이 다양하고 깊고, 복잡하다는 것을 알 수 있다. 내가 여기서 문제 삼으려는 것은 이들과 같은 정 자가 든 문자가 아니고 인간의 기본적인 속성인 사회적 의미를 지닌 대인적 감정만을 따지려고 한다.

일본인들은 정(情) 자를 '나사케'라고 읽고, "사물을 느끼고 이해하는 마음"이라는 뜻이 있다. 그 다음으로는 자애로운 마음, 사랑하는 마음, 아취(雅趣)가 있는 마음 등으로 쓴다. 우리의 정과는 다르다. 정(情) 자를 옥편에 찾아보면 실상(實狀)이라는 의미로 되어 있다. 성지동의야(性之動意也)나 실야(實也) 등으로 표현되어 있는데, 즉 실질적 생동으로 드러난 성품이란 뜻이다.

우리가 일상적으로 쓰는 정은 바로 이 성지동의야(性之動意也)에 가깝다. 유학에서 문제 삼던 정(情)과는 전혀 차원이 다르다. 우리의 정 문화는 토착화된 정이다. 어느 사전에 실려 있는 그런 정이 아니다. 정을 주기도 하고 받기도 하고, 정이 들기도 하고, 떨어지기도 하고, 정이 뜨거워지기도 하고, 식기도 하고, 정을 훔치기도 하고, 떨어진 정을 다시 붙이기도 한다. 두터우면서도 성긴 정도 있다. 아주 오묘하다.

우리의 토착화된 정은 인간관계에서 벌어지는 교류에 그 중심이 있다. "가는 정이 있어야 오는 정도 있다"라는 속담이 바로 그런 상황을 말해준다.

한국의 정은 퍽 계량적(計量的)이다. 거리감도 있고, 두께도 있고, 온도도 있고, 시간의 길이도 있다. 한편 부르짖기도 하고, 거칠게 표현하기도 하는 양감(量感)뿐 아니라 질감(質感)도 있다. 우리의 정은 다양한 얼굴 표정을 갖고 있다.

이와 같이 다양한 면모를 가진 우리의 정, 복잡하고 다층적인 성질을 띤 정이기 때문에 그 표현형도 다양하다. 아기자기하게 나타날 수도 있고, 우락부락하게 나타날 수도 있다. 격한 감정으로 나타날 수도 있고, 나락에 떨어져가는 슬픔으로 나타날 수도 있다. 하늘을 나는 듯한 고양된 감정일 수도 있고, 죽고 못 사는 간절함일 수도 있고 순간적이고 발작적인 의외의 표현이 될 수도 있다.

이 정은 영화(零化, 제로의 상태)에서 비등점(沸騰點)까지의 사이를 오가는 변덕스러운 점도 있어서 정을 잃고 자결도 하고 정을 회복하고 병에서 치유를 받기도 한다.

정이 근본적으로는 대인관계 양식이지만 아끼는 동물(반려동물), 식물, 정경(情景, 경치), 고향 같은 것도 정의 대상이 된다. 정으로 시를 만들고 소설도 쓴다. "정든 내 고향"이 있는가 하면 "정들면 고향이지"라는 말도 있다.

제2부

우리는 다르다

제6장

K-Culture는 언제까지 유효한가?

1. 이것이 문화 DNA의 표상인가?

1) K-Cinema

지금(2020년) 우리의 대중문화 전사들 중에는 음악과 춤과 퍼포먼스로 전 세계의 젊은이들을 행복하게 해주는 문화 전도자 K-Pop 아이돌을 비롯해서, K-Dance, K-Food, K-Fashion, K-Beauty, 최근에는 K-Trot까지도 고개를 쳐들고 테스트 쇼를 해 보여주고 있다. 2020년에는 'K-방역'이란 용어도 등장했다. 이와 같이 우리 대중문화가 대중·생활·문화 전반으로 전선을 넓혀가고 있다. 이 일꾼들이 정부의 외교·홍보 전략가들이나 국회의원보다 몇십 배는 더 나라의 위상을 높이고, 산업과 경제 발전에도 기여하고, 국민들에게 자긍심을 심어주며 애국하고 있는지 모른다.

여기에 또 K-Cinema도 새로 합세했다. 봉준호 감독 덕이다. 2020년 2월 10일에 있었던 미국 할리우드 영화제인 제92회 아카데미상 수상식에서 영화 〈기생충〉으로 봉준호 감독이 작품상(프로듀서에게 주는 상, 곽신애 대표와 봉준호 감독 공동수상), 감독상, 각본상, 외국어영화상 등 네 가지 상을 휩쓸었으니 이제 K-Cinema도 세상에 얼굴을 내밀 수 있게 되었다. 이날 TV로 생중계 된 수상식 광경을 바라본 한국인 모두는 그로 인해 행복했고 또한 한국이 자랑스러웠다.

이날의 이변은, 한국의 역사상뿐 아니라 미국 영화 역사에서도 드문 일이었다. 아시아권 영화에는 일찍이 작품상을 준 일이 없는 아카데미가 한국 영화에 작품상까지 주었으니 "봉준호 팀이 선을 넘은 것이 아니라 오스카가 선을 넘은 것 같다"라고 한 것은 이 영화에 출연한 배우 이선균 씨의 말이었다.

이 아카데미 행사 중 작품상을 한국 영화에 준 것에 대해서 트럼프 미국 대통령까지 나서서 맹렬히 비난했다. 봉준호는 칸 영화제에서 황금종려상을 받은 세계적 감독이다. 얼토당토 않은 반응이다. 칸은 국제 영화제이고, 아카데미는 할리우드 지역 영화제이다. 이 일로 트럼프가 배 아판 것은 이해가 된다. 전임 오바마 대통령은 말끝마다 한국을 언급하면서 치켜세워주었는데, 트럼프는 미국 중심주의를 내세우면서 국제 영화제가 아닌 미국 영화제에서 한국 작품에 작품상을 준 것은 부당하다고 화를 낸 것이다. 워낙 한국인들이 영화를 좋아해서 1,000만 명 관객은 흔한 일이 아닌가? 영화 대국이 아니라 영화 강국이 된 것이다.

봉준호가 전미비평가위원회로부터 외국어영화상을 수상한 후 소감을 말하는 자리에서 이런 말을 했다. "제가 비록 골든글러브에 와 있긴 하지만 BTS(방탄소년단)가 누리는 파워나 힘은 거의 3,000배는 넘는 거니까요. 그런 아티스트들이 많이 나올 수밖에 없는 나라인 것 같아요. 감정적으로 격렬하고, 다이내믹한 나라거든요." 나는 이 코멘트에 귀가 솔깃하여 심리학자로서 따져보고 싶었다.

2019년 가을, 서울 잠실종합운동장에서 BTS의 그해 마지막 공연이 있었는데, 그후 고려대학교 경영대학의 편주현 교수팀이 추산한 3일간 공연의 경제효과는 6개 중견기업의 매출과 비슷한 1조 원쯤 된다고 발표했다. 대단한 성과가 아닌가? 물건을 판 것도 아니고(주력상품), 문화라는 소프트 웨어를 팔았을 뿐인데도 말이다.

이런 한국의 대중문화 발전이 과연 언제까지 버틸 수 있을지가 걱정된다. 이른바 고급문화는 서구 열강들이 몇백 년 동안 갈고 닦고 쌓아놓은 바탕이 있으나, 겨우 이제 드러나기 시작한 한국의 대중문화 파워의 원류도 어딘가에 있을 게 아닌가? 이를 캐보고 싶다. 고급문화란, 권력과 상업이 협력해야 만들어진다. 그러나 창작자는 반드시 권력이나 상업을 업고 나오는 것은 아니다.

그럼에도 나는 걱정되는 바가 있다. "과연 이 흐름이 언제까지 이어질 수가 있겠는가?"이다. 과연 언제까지 이 파도가 유효할까? 곧 후발 주자가 나타나서 맹렬히 추격할 수도 있고, 외국의 젊은 팬덤이 곧 K-Culture에 싫증을 낼 수도 있고, 일종의 유행의 물결로 흘러갈 수도 있고, 또 우리의 콘텐츠 자원이 고갈될 수도 있어서 불안하기도 하다.

왜 이 질문을 제기하느냐 하면, 외신과 외방(외국 방송)을 유심히 들여다보다가 '아하! 세상에는 독불장군은 없다고 하듯이 도전자가 있구나' 하는 낌새를 느꼈기 때문이다. 일본이나 베트남, 태국, 인도네시아, 필리핀 등지에서 아직은 한류의 아류 같은 그룹들이 우리의 아이돌 그룹 흉내를 내면서 비슷한 포맷을 가지고 방송에서 공연하는 장면을 보여주고 있다. 언젠가는 그들도 두각을 나타낼 수 있지 않을까? 그래서 약간의 걱정도 생긴 것이다. 언젠가는 우리가 그들의 대세에 밀리지 않을까 하고. 그들도 기획사를 만들고, 콘텐츠를 개발하고, 인재를 키우고, 시장 가치를 갖는 프로그램을 내놓지 않겠는가? 우리가 미국이나 일본을 따라잡았듯이 말이다. 이것은 시간문제일까?

지금은 음악시장 일부를 한국이 차지하고 있지만 그들의 기획사로 언제까지나 자기네 시장을 이웃나라 젊은이들에게 내줄 수가 없다고 생각하지 않을까? 위에 언급한 나라들은 모두 우리보다 인구가 많다. 그리고 인구의 구성비를 보면, 젊은이들의 비율이 우리보다 훨씬 많아서 시장 가치성이 충분히 있다.

과거 10여 년 동안 우리 K-Pop이 올린 경제적·문화적 성과는 계산할 수 없을 만큼 천문학적으로 크다. 근세의 역사에서 이런 문화적 사건은 일찍이 없었다. BTS는 빌보드나 일본의 오리콘 차트에서 이미 몇 회에 걸쳐 수위를 차지한 경력이 있고, 2020년 초에는 골든디스크상도 받았다. 옛날 1970년대의 비틀즈를 방불케 한다. 『포브스』도 한국이 미국의 음악산업까지 접수했다고 보도하고 있으니, 언젠가는 반격이 있을 것이다.

모두 영국의 시골 도시 리버풀의 가난한 노동자의 아들로 태어난 록그룹 비틀즈 멤버들은 1960년에 그룹을 결성해서 1963년에 첫 음반을 내고, 10년 활동 끝에 1970년에 해체했다. 1960년대 이후의 대중음악의 역사를 바꾸어놓은 그룹이다. 그들은 세계의 웬만한 대도시에서는 모두 공연을 하고 엄청난 수익도 올렸으나 한국에는 못 왔다. 그러나 한국의 젊은 뮤지션들은 런던의 그 유명한 영국 국가대표 축구장이자 9만 명을 수용할 수 있는 웸블리 스타디움에서 공연을 했고, 영국 팬들로 꽉 채웠다.

비틀즈가 가고 난 다음 10년 후 록밴드 퀸이 1970년에 첫 앨범을 냈고, 프레디 머큐리가 죽은 해 1991년부터 4인조로 활동하다가 그후 멤버 교체를 해서 활동하고 있다. 이들이 2020년 1월 그룹 창설 50주년 기념 투어를 하는데, 한국을 제일 먼저 찾았다고 한다. 지금의 리더인 브라이언 메이는 나이가 72세(2020년 기준)이지만 현역이다.

한국은 음악시장에서 탐나는 나라에 속한다. 메이는 천체물리학 박사이고 대학 총장직까지 지낸 학자이다. 한국 같으면 '미친 짓'이라고 하겠지만. 과학보다 음악이 더 좋았던 모양이다. 음악은 평생 할 수 있는 예술이기 때문인가? 이들은 세계의 대중음악계(록/팝음악)에 지대한 영향을 끼쳐 왔고 지금도 영향력을 발휘하고 있는 밴드이다. 이들의 이야기가 바로 영화 〈보헤미안 랩소디〉이다. 특히 전 리더였던 프레디 머큐리의 성장 과정을 그리고 있어서 흥미롭다. 이 영화에 나오는 공연장이 바로 1985년에 공연했던 웸블리 스타디움이었다. 여기는 웬만큼 글로벌한 인기가 없으면 빌려주지 않는 스타디움이다. 우리의 아이돌 BTS가 여기서 공연을 했으니까 그 위력을 알 만하다.

지금 K-Culture는 트로트로, 국악으로, 판소리로, 번져나가고 있다.

2) 우리에게 과연 경쟁력이 있는가?

문화정책 전문가인 박광무 박사가 후배 이종원과 공저한 『기생충. BTS K-Culture』을 냈다. 거기서 4차 산업혁명 시대에 살아남을 전략으로 초연결, AI, ICT 기술을 문화기술로 발전시켜야 한다면서, 여기서 한국인의 유목민적 속성으로 새로운 트랜드를 만들어내고, 세계인이 우리를 향해서 몰려올 것이라고 주장했다. 기술력에 있어서 이미 우리는 세계의 주도 세력군에 속하기 때문에 가능하다고 했다. 이런 낙관적 견해를 피력하면서, K-Culture가 생명력을 유지하려면 치루어야 할 과업들을 여러 가지 제시하고 있다.

우리는 해방 후 외국문화, 특히 일본과 미국의 대중문화와 생활문화의 영향을 많이 받고 살아왔다. 서울 시내의 가게 간판을 보라. 90% 정도는 알파벳 글자로 되어 있다. 음악 · 춤 · 영화 · 음식 · 패션 · 코스메틱 · 인테리어 · 카페 문화 · 언어 · 생활 예법까지 영향을 받았다.

이와 같은 발전은 우리가 1960년대부터 시작한 경제개발 프로젝트가 잘 진행된 이유의 하나가 외국으로 유학 간 유학생이 돌아와서 정부 고위직

관료로 일하거나 학계에서 후진을 길러서 인재 풀이 어느 정도 준비가 되어 있었기 때문이다.

그뿐 아니라 6·25사변 때도 피난 가서 판자나 미군부대 텐트로 가교사를 짓고 교육을 계속한 결과로 인재가 길러진 것이다. 서울대학교도 부산 서대신동 구덕산 밑 산기슭에 판잣집을 짓고 수복할 때까지 교육을 했다. 피난 중 가교사에서 공부를 했지만, 다행스러운 것은 서울에 모든 것을 두고 난을 피해 부산까지 내려왔지만 부산 보수동과 대청동 중고서적 노점상에서 영어로 된 미국 대학 교과서를 구입할 수가 있어서 달달 외다시피 해서 공부를 했다는 사실이다. 지금 우리가 누리고 있는 문화적 혜택은 전적으로 이와 같은 교육에 힘입은 바가 절대적이다.

그런데 60여 년이 지난 오늘날 우리가 그동안 미국과 일본, 유럽 등지에서 수입했던 문화나 문명생활 양식을 이제 우리가 반대로 그쪽에 우리 문화를 수출할 뿐 아니라 그들의 우월한 문화와 비교해도 손색이 없는, 독창적이고 독보적인 가치를 지닌 대중문화로 인정받게 되었으니 이것 모두 우리의 교육과 문화적 역량이라고 할 수 있다. 심지어 할리우드까지 진출해서 일시적으로나마 거기를 점령하지 않았던가?

그런데 이런 흐름이 머지않아 그 시장에 새로운 변화의 다이내믹스가 일어날 것 같다. 한 가지 이유는 다른 나라들이 우리를 따라오거나 우리를 앞지르려고 할 것이기 때문이다. 과학기술력 격차가 좁혀지듯이, 문화력도 그렇게 되지 않을까? 우리가 그런 식으로 발전해왔으니까. 두 번째 이유로, 그 나라의 공정거래시스템(즉 시장 점유율)으로 제동이 걸릴 것이 아닐까 하는 우려가 있다. 예컨대 영화의 쿼터제 같은 것이다. 세 번째는 콘텐츠 자원의 한계에 부딪칠지 모른다는 우려다. 나는 이 문제에 대해서는 크게 우려를 하고 있다. 세상의 변화란 한 치 앞을 알 수 없는 것이기 때문에 무슨 일이 벌어질지 모를 일이다. 다만 한 가지 버틸 수 있는 밑천이 한국인의 문화 DNA이다. 그런 것이 있다고 믿어보기로 한다.

요즘 정보의 흐름 속도가 너무 빨라서 세계가 실시간으로 움직인다. 이 원고를 쓰고 있는 동안 신종 코로나바이러스-19 때문에 온 세계가 지금 팬데믹(pandemic) 공포에 몰리고 있다. 이런 와중에서도 우리의 바이러스 진단키트와 전염병 관리 시스템이 세계적으로 우수하다는 WHO의 평가를 받고 있어서 참 묘한 감정이 든다. 그 잘난 서양 사람들. 뭐 하고 있었나? 이런 추세에는 모방의 속도도 빨라질 것이고, 가짜가 판을 치게도 될 것이다. 저작권을 피해서 별짓을 다할 것이 뻔하다. 우리도 그랬으니까. 이럴 때 계속 버틸 수 있는 실력은 우리의 독창성과 계속 공급할 수 있는 콘텐츠의 축적에 있다. 그렇지 않으면 무대에서 밀려나게 될 것이다. 우리가 중국의 경극(京劇) 흉내를 못 내듯이, 중국이 일본의 가부키(歌舞伎) 흉내를 못 내듯이, 일본이 우리의 판소리 흉내를 못 내듯이, 그런 독창성이 있으면 베끼기가 불가능하다.

그러면 우리에게는 우리의 독특한 문화적 DNA가 과연 있는 것일까? 이 문제를 다루어보겠다.

근래에 우리의 대중문화가 전 세계로 진출하면서 비교적 내구성을 가지고 버티고 있고, K-Pop에서 시작된 문화 전파가 다른 영역에까지 퍼져 나가니까 전문가들 중에는 우리의 '문화 DNA' 속에 숨어 있을 독창성을 강조하는 인사들이 책도 쓰고 논문도 발표하곤 했다. 여기서 이와 관련해서 아주 학술적으로 들어가면 이야기가 간단치가 않다. 다만 여기서 말하는 DNA는 소질이나 선천적 경향성이 크다는 정도로 해석하는 편이 마음 편할 것 같다. 즉, "가능성이 높다"는 식의 확률적 언명이라고 보는 것이 좋을 것 같다. 그리고 학습효과도 여기에 포함되어야 한다. 환경 유전이라고 보자는 입장이다.

강준만 전북대학교 신문방송학과 교수가 2020년 7월에 낸 『한류의 역사』라는 저서에 "왜 사람들은 BTS와 〈기생충〉에 열광하는가?"라는 부제를 붙였다. 강교수는 정확한 출처를 다는 엄격한 학자로 유명하다.

그는 이 책에서 한국은 압축 성장으로 최빈국에서 70년 만에 선진국이 되었고, 한국의 대중문화는 지금 전 세계를 한류의 파도 속으로 휘몰아가고 있다고 했다. 영화, TV, 드라마는 전 세계인을 즐겁게 해주는 재미를 만들어 내보내고 있고, K-Pop으로 명명된 대중음악 붐, 세계 최고의 IT 기술, 최고의 인터넷 강국으로 등극해서 그 명성을 날리고 있지 않는가? 우리는 '대중문화 공화국'이 되었다. 이상하게도 일제강점기나 해방 후 군사독재 시절에도 대중 엔터테인먼트는 꽃을 피웠다. 그 저력이 곧 오늘날 대중문화를 꽃피우게 한 동력이었다.

이것은 우리 민족의 근면성과 1등을 향해 달려온 기질과 더 높은 곳을 향해 끊임없이 도전하는 역동성이 대중문화를 꽃피우게 했다고 설명했다. 문화적 압축 성장으로 인해서 한국인의 문화적 자부심과 보람도 커졌다. 그리고 세계에서 으뜸가는 대중문화국의 시민이 된 것이다.

그는 우리의 대중문화는, 단서를 달기는 해도, 계속 발전할 것으로 보면서 "한류"의 동력으로 IMF 환란의 극복(이것은 인류 역사에서 유례를 찾아보기 힘든 사건이다)에서 보여준 한국인의 열정과 위험 감수성이 뒷받침되어 있다고 했다. 사회과학자다운 관찰이다. 그리고 한류 DNA(강 교수도 여기서 DNA를 거론했다)의 비밀로 한국인의 독특한 감정 발산의 기질, 신흥 종교가 된 휴대전화 문화, 디지털 문화 코드의 보편성, SNS의 보편적 기능 등을 들었다. 그러니까 한류의 발전은 조건부이긴 하지만, 상당 기간 발전해갈 것으로 보았다. 마치 서양의 르네상스가 있었듯이 우리에게도 대중문화의 르네상스가 이어지지 않을까 하고, 나도 강 교수의 의견에 동의한다.

2. K-Cinema와 봉준호 생각

앞에서 봉준호가 전미비평가위원회에서 한 말을 곱씹어보려고 한다. 봉준호 감독은 "우리에게는 잠재적으로 준비된 아티스트들이 얼마든지 있다", "한국인은 감정적으로 격렬한 백성이다", "한국은 다이내믹한 나라이다"라는 세 가지 내용의 말을 했다.

여기서는 봉 감독이 어떤 의미로 말을 했는지와는 관계없이 이 세 가지 담론에 대해서 논평을 하고 싶다.

1) 충분한 인적 자원

BTS를 상징적으로 표현하면 좋은 의미로는 그들은 현대의 접신자(接神者)들이다. 무당이고 광대다. BTS뿐만이 아니다. 무당의 접신은 의외로 초능력적인 심신의 치유행사(治癒行使)를 한다. 또 신명을 불러들여서 사람들을 우울했던 마음자리에서 해방시켜준다. 이들 밖에도 여러 아이돌 그룹들이 여기에 합세했다. 광대는 또 뭔가? 요즘 말로는 연희인(演戲人)이다. 남을 즐겁게 해주고 웃게 해주고 눈물을 빼게 해주어서 답답했던 마음을 풀어준다.

역사적으로 보면, 조선조의 정치 분위기가 엄숙주의적이라서 "교언(嬌言) 영색(令色)은 선의인(鮮矣仁)이라", 말을 교묘히 하고, 얼굴빛을 꾸미는 것은 진실됨이 없다는 뜻으로, 까불고 웃기고 하는 행위를 그리 탐탁하게 여기지 않았다. 그런데 계급상으로는 하층에 속하지만 광대만은 고관대작한테 불려가서도 그들을 웃기고 때로는 사대부 계급을 놀려대기도 했다. 그리고 민초들의 마음을 후련하게 풀어주었던 것이다. 이것이 광대의 역할이다. 영화 〈왕의 남자〉를 보면 광대가 왕(연산군)을 가지고 논다.

이렇게 한국의 아이돌 그룹들이 나타나서 긴장되고, 우울하고, 초조하고, 불안하고, 허무감에 싸여 있는 전 세계 젊은이들의 마음을 보듬어주고 위로해주고, 감싸 안아주고, 용기를 주고, 정체성을 회복해주고, 미래에 대한 희망을 안겨주고, 자존감을 회복하게 해주는 노래와 춤과 퍼포먼스로 그들을 행복하게 해주고 있지 않는가? 이들의 음악이 이제는 연령대를 넘어서서 중년 그룹들에게도 영향을 미치기 시작해서, 옛날의 아바(ABBA)처럼 이제 이들의 음악은 비틀즈나 마이클 잭슨이나 비욘세의 음악과 어깨를 나란히 하는 장르가 되었다. 그것이 곧 K-Pop이다. 한국의 연희인들이 세계를 힐링하고 있는 것이다.

봉 감독이 한 말에 좀 더 부연한다면, 우리에게는 그런 능력을 가진 예비군들이 많이 대기하고 있다는 이야기다. 당분간(?)은 충원이 고갈되지 않을 것이다. 그리고 우리에게는 독특한 아이돌 교육 시스템이 있고, 이 시스템은 다른 나라에서 모방하기 어려울 것이다. 왜냐하면 이 시스템 자체가 문화양식의 산물이기 때문이다. K-Pop뿐만 아니라 우리가 외국문화 시장에 가지고 나갈 아이템이 많다. 국악과 한국 춤, 고유 무술인 태권도와 택견, 탈춤, 판소리와 K-Trot 등이 있다. 앞으로 아이돌 그룹이 우리나라 민요와 타령, 판소리의 뉘앙스를 음악 속에 넣어서 새롭게 음악을 만들면 다른 나라가 흉내를 못 낼 것이다. 시도해봄이 어떠한가?

더욱이 입에 발린 소리인지는 몰라도, 우리의 아이돌은 과연 아이돌이다. 노래 잘하고 춤 잘추는 것은 말할 것도 없고, 키 크고, 잘생기고, 영어 등 외국어도 잘하고(일부이지만), 패션 감각도 뛰어나고, 매너 좋고 말솜씨도 좋아서 그야말로 아이돌이다. 무엇보다도 중요한 것은 그들의 노래로 우리는 행복해진다는 점이다. 파리의 처녀들이 시내 한복판의 공연장에서 공연을 보고 실신해서 들것에 실려 나가기도 했다. 이런 것이 우리 젊은 아티스트들의 역능(力能)이다.

또 한 가지 조건은, 우리에게는 아직도 퍼낼 수 있는 문화콘텐츠가 충분히 있다는 자신감이다. 가령 이런 경우와 비교해보자. 세계적 패션 디자이너에는 이탈리아계가 압도적으로 많다. 파리의 루이비통 본사 직매장을 가본 일이 있는데, 거기에서 일하는 내 제자인 아시아 담당 이사를 만났다. 그에게 물어보니까 디자이너들은 이탈리아계가 압도적으로 많다고 했다. 이미 우리나라에 들어와 있는 패션 브랜드로 입생로랑, 샤넬 등 몇 가지는 프랑스계이지만, 페레가모, 구찌, 발렌티노, 조르지오 아르마니, 커발리, 트루사르디, 막스마라, 펜디, 베네통 모두 이탈리아계이다. 이 브랜드들이 송파구 문정동에 다 들어와 있다.

나의 주관적 해석을 붙여본다. 로마에 가면 제국 시대의 유물들이 엄청나게 많이 남아 있는 것을 볼 수 있다. 사실은 로마뿐 아니라 로마제국 시대의 유물들은 이탈리아 본토를 비롯해서 소아시아, 그리스, 동유럽, 아프리카, 심지어 영국까지 퍼져 있으니 그 유산은 어마어마한 것이다. 그것들은 엄청난 디자인의 보고다. 보기만 해도 학습이 된다. 거기에 이탈리아의 예술 교육의 특징이 한몫한다. 창의성과 혁신성이다. "남의 것 베끼지 말아라"가 그들의 교육방법이다.

이 논리로 우리의 사정을 살펴보자. 우리의 예술 자산의 핵심은 음악과 춤이다. 이 이야기는 다른 데서 또 언급할 것이기 때문에 생략하겠지만, 거기에 마당놀이나 마을 축제, 탈춤, 무속 등이 자원이고, 근본적으로는 우리 한국인의 기질이 예술적 표현을 위한 강력한 동력이 되고 있다는 점이 자산이다. 봉 감독이 내비친 자신감은 이 이야기가 포함된 것으로 이해된다. 그런 바탕에서 또 다른 BTS는 계속 나온다는 것이다.

2) 감정의 고조와 순화

두 번째 언급에 대해서 생각해보자. "한국인은 감정적으로 격렬하다." 이것이 예술과 관련이 있는 것이다. 왜냐하면, 예술은 아무래도 우리의 감성을 건드리는 문화이기 때문이다. 어느 나라 국민이나 감정은 있다. 그러나 표현의 강도나 방식에는 차이가 있다.

우리는 울 때에도 격렬하게 운다. 서양은 말할 것도 없고, 같은 아시아권에서도 사람이 죽은 후의 장례 절차에서 보면 울음은 절제되어 있다. 2020년도 봄의 신종 코로나바이러스-19로 인해 사망한 세계인이 수십만 명에 이르고, 이로 인한 장례식도 요란스러운 것 같으나 비교적 조용히 치러지고 있다. 모두 눈물만 닦고 있었다. 동남아 불교 문화권은 더욱 조용하다. 그들은 운명을 받아들인다고 한다. 그리고 윤회사상을 믿는 탓으로 이승의 죽음은 영원한 죽음이 아니고 저승에서 새로운 생명체로 환생한다고 믿으니 죽음을 별로 슬퍼하지 않는다.

부모의 장례식 때 보면 우리는 땅을 치고 운다. 부모의 상여에 매달려서 울기도 한다. 가슴을 치고 운다. 머리카락을 쥐어뜯는 듯이 하면서 운다. 아이들도 잘 운다. 한 번 울기 시작하면 끈질기게 운다. 〈미스터트롯〉이나 〈미스트롯〉 공연 장면을 TV로 보면, 우는 사람이 왜 그리도 많은지? 우리는 확실히 눈물이 많은 백성이다. 그래서 공연이 성공하려면 관객을 울려야 한다. 우리는 울면서 카타르시스를 느낀다.

한국인의 눈물 속에는 단순히 90%의 수분과 소량의 염분이 있을 뿐 아니라 '한(恨)', '원(怨)', '애(哀)', '노(怒)' 등이 복합적으로 뒤섞여 있다. "목 놓아 운다"면 "큰 소리로 마냥 운다"라는 의미인데, 그렇게 울고 나면 가슴이 뻥 뚫린 기분이 된다. 이것도 하나의 카타르시스이다. 한국의 구경꾼들에게 인기를 끌려면 무조건 울려야 한다. 무겁게 누르고 있던 복합적 감정을 울음으로써 깨끗이 청소하는 것이다. 뜨거운 욕조 물에 들어가거나 뜨거운 숭늉이나 국물을 마시면서도 "어이 시원해!" 하는 역설적 반응은 무엇인가? "시원해!"는 정화를 의미한다. 이런 점에서 보면 한국인은 해학적인 정서가 농후하다. 외국인이 가끔 놀라는 현상이 아닌가? 우리는 뜨뜻미지근한 자극을 싫어하지 않는가? "우스워서 죽을 뻔했다!"는 재미있는 역설이다.

연극과 뮤지컬 연출로 세계적으로 유명한 미국의 연출가 로버트 요한슨은 2019년 8월에 뮤지컬 〈마리 앙투아네트〉를 한국에서 공연했다. 그는 인터뷰에서 이런 말을 했다. "연출가에게 보내는 최고의 칭찬은 관객의 눈물입니다." "관객들이 극장을 나간 뒤 오랜 시간이 지나도 관객이 자기의 감정을 떠올릴 수 있는 작품을 만들고 싶다"라고 했다. 공연을 감상하는 관객을 울먹이게 하여 그 감정을 오래 간직할 수 있는 작품을 만들고 싶다는 말은, 결국 관객을 울렸다는 말이다. 눈물(울음)은 정신의 저 깊은 곳까지 스며들어 오랫동안 정신생활의 한 축을 만들어 준다. 눈물은 은총이요, 말 없는 슬픔의 언어요, 위대한 해설가이다.

지금 역사적으로 걸작으로 인정받고 있어서 무대에 올리는 작품들은 그리스 비극을 비롯해서 셰익스피어의 4대 비극 등 대부분이 비극 작품이다. 왜 그럴까. 희극은 웃음을 자아내지만 웃고 나면 잊어버린다. 그러나 비극은 관객을 울린다. 울어서 흐르는 눈물을 시냇물처럼 우리의 가슴을 씻어낸다. 울음이 분노를 해소하고, 비통함을 경감시켜 주고, 눈물로서 슬픔이 만끽된다. 그것은 도리어 즐거움을 가져다주기도 한다. 울어서 즐겁다? 감정이란 원래 모순 덩어리니까.

한국인의 웃음에 대해서 생각해보자. 한국인은 재담(才談), 해학(諧謔)을 풀어놓을 때, 실수담(失手談)을 이야기할 때, 승리와 성공 이야기할 때 잘 웃는다. 이런 행태는 어느 나라고 비슷하다. 그러나 서양인처럼 파안대소

(破顔大笑)는 흔치 않다. 막역한 사이가 아니면 웃음은 절제하는 편이다. 그러나 다중(多衆) 속에 끼면 사정이 달라진다. "웃음보가 터졌다"라는 말이 있듯이, 걷잡을 수 없을 정도로 웃음이 작렬한다. 동조성이 높기 때문이다. 많은 사람들이 웃으면 따라서 웃는다. 옛날에는 남자들의 표정이 대체로 근엄했다. "웃을 때 웃는다, 그러나 함부로 웃지 않는다"는 말이 있다. 웃음에 인색하다.

한국인의 분노 감정은 격렬하다. 자식을 키우면서도 "염병할 놈"이니 "차라리 나가 죽어라"라는 식으로 야단쳤다. 내가 어렸을 때의 이야기다. 한국 사람들은 화가 나면 걷잡을 수가 없다. 대들보에 목 매기, 우물에 빠져 죽기, 혀를 깨물고 죽기, 벽에 머리 쥐어박기, 머리카락 쥐어뜯기, 집에 불 지르기. 여자의 경우는 머리카락 자르기 등등 말로 문제를 해결하는 것이 아니고 이런 식의 폭력을 사용한다. 웬만한 집에는 소반 다리를 고치지 않는 집이 없었다. "부부싸움 하다가 소반 다리 부러진 것 고치이소" 하고 외면서 다닌 수리꾼이 있었다. 왜냐하면 대개 밥 먹다가 부부싸움을 잘하기 때문이다. 그러다가 밥상째로 문 밖으로 내던졌다. 박살이 날 수밖에 없다.

조선조 때 무슨 사화(士禍)가 일어나면 신하를 죽여서 묻어놓고 난 후 다시 시체를 땅속에서 끄집어내서 시체의 목을 치기도 했다. 부관참시(剖棺斬屍)라는 형벌이다. 얼마나 잔인한가? 이것을 왕이 직접 지시하고 또는 직접 왕이 집행한 일도 있다. 분이 안 풀려서이다.

서양 사람에게 한국 사람에 대한 첫 인상을 물어보면 "한국인은 항상 왜 화가 나 있느냐?"라고 답한다. 한국인들은 화를 잘 내고 강도도 세다. 분노 조절 장치가 고장 났다고도 한다. 한번 화나기 시작하면 중도에 잘 끝나지 않는다. 그런 의미에서 우리는 감정적인 국민이다. 국회 안에서 벌어지는 풍경을 보면 더 여실히 이해할 수 있다. 대입을 위해 공부해두었던 지식은 10년이 유효기간인데, 인간의 정서-감정적 반응은 일찍이 형성되고 그것은 거의 일생 동안 간다. 한국인의 분노 정서는 굉장히 끈질기다. 세계 여러 나라 사람들을 비교해보니까 캐나다 사람과 스위스 사람, 스웨덴 사람들은 유순하고 화를 잘 내지 않는 편이다. 특히 한국인은 자기를 무시하거나 하대(下待)하면 폭발한다. 자극을 받고 행동으로 나오는 반응 시간이 짧다. 그래서 한국인은 성미가 급하고 다혈질이라고 하지 않는가?

3) 한국의 다이내미즘

봉 감독이 세 번째 언급한 한국의 다이내미즘이 무엇일까? 한국인은 역동적(力動的)이다. 살아 움직인다. 스웨덴이나 스위스를 가보니 하루 종일 조용했고, 스톡홀름은 저녁 6시만 되면 가게 문을 다 닫는다. 스위스는 밤에는 노인들이 부부 동반으로 많이들 산책 나오고, 여기저기서 버스킹을 하고 있었다. 그러나 전반적으로 조용한 나라들이었다. 한국의 서울 신촌의 홍대 앞을 가보라. 24시간 살아 움직인다. 인디밴드도 있고, 클럽도 있고, 야외 비보잉도 볼 수 있고, 라인 댄스도 같이 추고, 게임방도 다양하고, 맥주 마실 곳도 많고, 편의점도 많고, 선물 가게도 많고, 팬시한 카페도 많고, 음식도 세계 각국의 것이 있다. 밤거리도 안전하고, 통행금지가 없고, 자유롭다. 금기 사항이 별로 없어서 관능적 즐거움을 맛보기에는 여기만 한 곳이 세계 어디에도 흔치 않을 것이다.

외국인들은 특히 밤거리가 안전하다는 데 놀라워한다. 치안이 잘 되어 있다는 말이다. 이 동네에서 특출한 가수와 연주가가 태어나고 비보이가 태어나고, 새로운 음악과 춤이 탄생한다. 여기는 상상공방이고, 창조공장이다. 무질서한 듯이 보이는 혼란 속에서 새로운 질서가 탄생한다. 다이내믹하다는 말은 움직이고 변화한다는 말이고, 그리스어 원어로는 힘, 또는 "할 수 있다"는 뜻이란다.

화성시에 있는 삼성전자 공장에서 연구원으로 일하고 있는 미국인 박사 X씨는 MIT 대학원 졸업 무렵 여러 세계적 기업에서 러브콜이 있었는데, 왜 하필 그중에서 삼성전자를 택했느냐는 질문에 "한국이 다이내믹하고 오랜 역사를 가진 나라라는 것을 알고 택했다"고 대답했다. 다이내믹하다? 한자로는 '力動的(역동적)'이라고 쓴다. 힘이 있어 움직인다는 뜻이다. 빨리 움직이는 데는 도가 튼 사람들이다. 군대에서도 한때 식사를 3분 안에 처리해야 했던 시기가 있었으니까. 샐러리맨의 식사 시간이 평균 7분이란다. 어떻게 그 시간에 식사하고 소화시키겠나? 그런데 그런 성미가 세계 역사상 최단기간의 압축 성장을 해낸 원동력이다. 5G 통신망을 세계에서 제일 먼저 깔지 않았나? 빨리빨리는 초현대식 행동 방식이 되었다.

다이내믹하다는 말은 힘도 있고 할 수도 있다는 말이다. 우리는 과연 힘도 있고, 할 수 있는 자신감이 있어 얼마나 행복한가? 그 대표 챔피언이 아이돌 그룹이다. 거기에 원군까지 생겼다. K 자가 붙은 대중문화가 이제 세계를 향해 에너지를 분출하려고 하고 있다.

봉준호만 큰 상을 받은 것이 아니다. 한국의 아동문학 작가 백희나가 2020년도 '아스트리드 린드그렌상'을 받았다. 그는 『구름빵』이라는 작품으로 노벨문학상에 버금가는, 상금이 노벨상 다음으로 높은 약 6억 825만 원이나 되는 거액의 상을 받았다. 이 상의 선정 기준이 "예술성이 뛰어나고, 아스트리드 린드그렌이 소중히 여겼던 인간적 가치를 담고 있어야 한다"는 것이다. 백희나의 작품은 "마법과 경이로움의 세계로 통하는 문"이라는 심사평을 받았다. 우리는 다이내믹하기에 계속해서 뻗어나간다.

한국의 다이내미즘과 한국인의 다이내미즘은 같은 것이 아니다. 정부나 국가는 역사적 부침이나 국제 정세와 연관되어 공과나 부침이 좌우되기 때문에 역동성이 떨어지기도 한다. 그러나 이상한 것은, 우리나라는 나라가 어려움에 처할 때일수록 이 역동성이 발동되는 나라라는 점이다. 을사 보호조약 이후 오늘날까지 100여 년 넘게 세상이 조용하지 않았다. 소용돌이치고 갈등의 연속이었지만, 우리는 70년 만에 최빈국에서 선진국 대열에 진입하지 않았는가? 거기에 2020년 초의 코로나바이러스-19로 인해 전 세계가 울상이 되어 도시 봉쇄와 국경 봉쇄도 하는데도 우리만 문을 계속 열어놓고 침착하게 치료하고 있으니, 세계가 주목하는 또 하나의 K-Medecine이니 K-Medicare니 하고 고유명사를 붙이는 흐름을 만들었다.

우리는 계속 움직인다. 그리고 새로운 것을 만들어낸다. 우리는 해방 후 70년 동안 대통령이 11명 바뀌었다. 그러나 나라는 무너지지 않았다. 왜? 국민이 정부보다 성숙되어 있고 창조적이니까. 이승만, 박정희, 노무현, 박근혜 대통령 때 자리가 한동안 비어 있었으나 사고가 나지 않았다. 우리의 K-○○○는 언제까지 이어질까?

그러나 한국인의 다이내미즘은 또 다른 면모를 보인다. 한국인은 항상 움직이기를 좋아한다. 종로나 명동 거리가 붐벼도 짜증내지 않는다. 한국인의 걸음걸이는 빠르다. 주말에 야구장이나 축구장에 모이는 관중이 몇십만 명이다. 그리고 같이 율동을 하고 떼창을 하면서 응원한다. 운동도 잘한다. 골프를 비롯해서 국제 올림픽에서 대개 종합 순위 10위권 안에 든다. 그리고 해외여행을 좋아한다. 1년에 1천만 명이 해외로 나간다. 주말 등산 클럽, 낚시 동호회, 조기축구 동호회 등, 움직이는 것을 좋아한다는 말은 다이내믹하다는 말이다. 그만큼 심적·육체적 에너지가 넘친다는 말이 된다.

한국인은 또한 변화를 좋아한다. 다이내믹하다는 말에는 변화의 개념도 들어간다. 한 가지 예를 들자면, 우리나라의 음식은 레시피를 만들 수 없다. 왜냐하면 우리 문화가 '비빔밥 문화'가 되어 양념 처리가 "적당량"이지, 계량적이지 않기 때문이다. 같은 이름의 음식명이라도 맛이 같은 것이 없다. 서양의 미슐랭 음식은 유명하나 메뉴가 갖는 가치는 같다. 우리의 요리는 '손맛'이 결정한다. 음식 맛은 조리사의 개성적·창의적 결정의 결과이지 일정한 레시피 때문이 아니다. 일본의 격주간 잡지 『PEN』에 한국인들의 입맛이 굉장히 까다롭다고 논평한 기사가 실려 있다. IT 기기나 자동차, 아파트의 신속한 교체, 패션 감각의 발달로 인한 변덕스러울 정도의 유행 타기 등이 변화를 선도한다.

무엇보다도 에너지가 만들어지려면 시스템 안에 무질서가 있어야 한다. 그래서 질서 회복을 위해서 운동이 일어난다. 열역학 제2법칙이다. 목표와 현실 사이의 괴리가 운동을 부추긴다. 심리적으로는 정신의 불평형(不平衡) 상태가 전제되어야 한다. 그 불평형 상태를 회복하기 위해서 운동(행동)이 일어난다. 그래서 다시 평형 상태를 유지한다. 만일 그 불평형 상태가 너무 크면, 다시 말해 안정을 회복하기 어려울 정도로 균형이 깨져 있으면 '심리적 방어기제'가 망가졌음을 의미하고, 사람들은 정신적 불구로 가게 된다. 그런데 불평형 상태가 약간의 위험성을 안고 있지만 이것의 회복을 위한 운동이 창조적 활동으로 에너지를 집결하게 되면 새로운 창조와 혁신을 가져올 수 있다.

한국인에게 있어서 불평형감이란 무엇인가? 왜 불균형이라 하지 않고 불평형이라고 하는가? 여기에는 육체적·심리적 욕구 체계와 사회적 가치감이 섞여 있기 때문이다. 균형이란 말은 총량이 정해져 있는 상태이고, 평형이란 말에서 총량은 유동적이다. 인간의 욕망과 목표와 성취에는 한계가 거의 없기 때문에 이 말을 쓴다.

한국인이 언제나 미흡감(未洽感) 혹은 부족감 속에 살고 있다는 것은 내 생각이다. 서양인들은 충족감 수준이 높다. 그 이유는 목표 설정이 합리적이고, 개인의 목표와 집단의 목표를 혼돈하지 않으며, 다른 사람과 비교하지 않고, 문제 해결에 있어서 비교적 현실적 접근을 하기 때문이다. 그러나 한국인은 목표 설정에 무모함이 많이 개입되고, 타인과 비교하고, 경쟁의식이 강하며, 공동체 의존적으로 문제 해결을 하려 하기 때문에 언제나 부족감 속에 산다. 우리의 대중문화가 바로 이 심리적 미흡감을 채워주는 구실을 하지 않는가? 그래서 크게 환영을 받는다. 이 부족감이 결국 한국인에게 에너지원이 되고 있다. "뭔가 채워지지 않는 것이 있지?" 그걸 위해서 한국인은 움직이고, 창조를 하는 것이다.

목표와 현실 사이의 괴리가 너무 크다. 옛날 일제 때 우리는 이런 말을 하면서 살았다. "야들아, 해방되면 날아갈 듯한 대궐 같은 집을 짓고, 사시사철 배불리 먹고, 비단옷 입고, 남 보란 듯이 떵떵거리면서 살아야지." 이게 어디 될 말인가? 사회계층 상승에 대한 갈망도 크지만 이는 쉽지 않다.

한국인의 다이내미즘은 결국 미흡감, 불평형감에서 출발해서 그것을 충족하기 위해서 맹렬히 움직이는 데 있다. 그 에너지가 창조적 에너지로 발전하는 것이다.

잠시 우리의 역동성과 대중예술 이야기를 하겠다.

3. K-Pop은 아직도 진행형이다

K-Pop에 대한 도전은 계속 있을 것으로 본다. 가장 유력한 이유는 SNS 때문이다. 예컨대 J-Pop이라든가 C-Pop 같은 것이 태어날 소지가 많기 때문이다. 일본에서의 움직임을 예로 들겠다. 일본에도 BTS와 같이 인기 있는 아이돌 그룹이 여럿 있다. 그중에서 2013년에 결성된 가멘죠시(仮面女子)라는 18인조 지하 인디 여성그룹이 대단한 인기를 끌고 있다. 여기서 '지하' '인디'라고 하는 것은 대규모 기획사가 운영하지 않고 독립적으로 운영하고 있다는 뜻이다. 즉 기획사에 소속되지 않는 독립적 그룹이란 말

이다. 18인조라는 어마어마한 규모의 그룹이다. 이런 그룹을 기획사가 운영하려면 비용 또한 어마어마하게 투입되어야 한다. 주목해볼 만한 그룹이다.

얼마나 인기가 있느냐 하면, 페이스북 조회수 100만, 20개국 언론에서 취재, 연간 1,000회의 공연, 하루에 2~3회 공연, 이런 수치를 보면 그 인기를 가늠할 수 있다. 그래서 공연 횟수로 기네스북에 올린 경험이 있다.

특히 미혼 적령기 남성들이 이들의 공연장에 대거 몰려온다는 것이다. 일본은 지금 적령기 남성의 30%가 싱글이라고 한다. 대부분 결혼을 미루거나 안 하려고 한다는 것이다. 결혼은 필수가 아니고 완전히 선택이 된 셈이다. 이 공연장의 풍경을 나는 BBC를 통해서 보았다. 한국의 아이돌 그룹의 공연 때처럼 자기 마음에 드는 형형색색의 야광봉을 들고 흔들며 떼창도 했다. 그리고 광란에 가깝게 춤판도 벌어졌다.

이 가멘죠시 멤버 중에는 도쿄대학 심리학과 학생도 있었다. 이들은 자기네가 'J-Pop의 선두주자'라고 말하며 자부심을 보였다. 그 공연장에는 중년의 싱글 남성들이 들끓었다. 이런 상황에서 '가멘죠시'는 구세주와 같은 존재이다. 그 도쿄대학 학생인 멤버에게 "왜 가면을 쓰고 노래하느냐?"고 물으니 "가면을 쓰면 힘이 솟는다"고 대답했다. 아무래도 익명성이 에너지 분출에는 더 효과적이라는 말이다.

2013년 12월 11일 발매된 〈망상일기(妄想日記)〉는 오리콘 차트 4위에까지 올라갔으며 10만 장 이상 판매되었다. 2019년 9월 13일 일산의 킨텍스에서 있었던 〈서울 걸스 컬렉션〉에 참여했고, 싱글 앨범 〈Cosmic Love〉를 불러서 큰 갈채를 받았다.

이 이야기를 장황하게 하는 까닭은 이들의 공연 횟수와 공연장의 풍경이 우리의 BTS나 샤이니의 공연 때와 똑같은 모습을 보였다는 점 때문이다. 야광봉을 흔들고, 떼창을 했다. 춤도 같이 추었다. 이 문화는 실은 한국에서 건너간 것이지만, 이제는 국제화된 퍼포먼스가 되었다.

"Alice Project가 낳은 최강의 지하 아이돌 '가멘죠시' 드디어 한국에 진출하다"라는 헤드라인이 달린 기사가 한국 신문에 났다. 한국에서도 인기를 얻고 있는 아이돌이다.

일본에 또 다른 그룹이 있다. '한국형 일본 걸그룹'이라는 타이틀이 붙은 '니쥬(NisiU)'라는 그룹이다. 일본인으로만 구성된 9인조 걸그룹이다. JYP엔터테인먼트의 박진영 프로듀서가 일본의 소니뮤직과 합작해서 〈니쥬 프로젝트〉라는 오디션 프로그램을 만들어 결성했다. 2020년 6월 발표한 곡 〈Make you happy〉는 오리콘 차트 3개 부문 1위에 올랐다. 일본의 라인 뮤직, 중국의 QQ뮤직 등 전 세계 107개 차트에서도 1위를 차지한 엄청난 파괴 효과를 가진 그룹이 되었다. 이런 기획을 한 것은 JYP엔터테인먼트의 박진영 프로듀서이다. 그는 트와이스에 이어 4차 한류를 창조하고 있다. 그가 기자 인터뷰에서 한 말에 나는 주목한다. "콘셉트를 만들 필요는 없어요. 우리는 원래부터 특별하니까요."라고 말했다.

1990년대만 해도 일본의 아무로 나미에나 기무라 다쿠야 등 아이돌 스타들이 많이 나왔으나 2000년대 들어와서는 K-Pop에 밀려 그 자리를 내주게 되었다. 그리고 튀는 그룹이 별로 없었다. 물론 일본은 인디가 많아서 마케팅에서 튀지는 못하지만, 공연을 하는 그룹은 많다. 그러나 오리콘 차트도 한국 아이돌에게 내줄 만큼 일본의 공연계가 부진한 사정에 있는 것은 사실이다.

봉준호 감독이 2020년 초 할리우드에서 깃발을 날리면서 한 말이 생각난다. "우리에게는 잠재적으로 준비된 아티스트들이 얼마든지 있다"라고 한 말이다. 박진영 씨가 "우리는 모두 원래부터 특별하니까요"라고 한 말과 일맥상통한다. 일본이 대중문화 영역에서 우리를 따라잡으려고 여러 가지 수단을 써도 안 되었는데, "박진영 씨가 하니까 되잖아?" 우리에게 존재하는 근성이 있다. 그동안 일본이 혐한이니 반한이니 하고 속 좁게 굴어도 K-Pop의 세계 제패를 막지 못하지 않았는가? 우리에게는 특별한 문화 DNA가 있다. 보라, 아직도 우리는 배고프다. K-Culture로 나가는 것이다. 일본의 매력적인 걸그룹이 K-Pop으로 세계의 뮤직 차트에서 수위를 차지하다니 놀라울 따름이다. 이런 현상을 어떻게 설명해야 하나? 우리에게는 대기 중에 있는 준비된 아티스트 군단이 얼마든지 있는가?

아직도 혐한, 반한의 분위기가 상존하지만 어째서 그들이 K-Pop뿐 아니라 K-Drama, K-Cinema에도 열광하는가? 박진영 씨는 그동안 K-Pop을 이끈 JYP의 트레이닝 시스템을 통해서 니쥬도 탄생시켰는데, 이는 두고 볼 일이다. 왜냐하면 일본인과 한국인의 기질의 차이에 주목해야 하기 때문이다. 특히 JYP는 교육·훈련에서 인성을 강조한다. 이런 시스템은 외국에서는 좀처럼 보기 어렵다. 그는 연습생들에게 진실, 성실, 겸허의 세 가지 가치를 지켜달라고 한다. 또한 "훌륭한 인성을 갖추고 세상에 선한 영향을 주기 바란다"고 연습생들에게 강조한다. 아이돌은 단순한 꼭두각시가 아니라는 말이다. 그는 일본에서 이미 4차 한류의 주역으로 떠오르고 있단다. 그러니 일본인(지도자급)이 못하는 것을 한국인(JYP)은 하지 않았는가? 여기에 차이가 있다. K-Culture여, 영원하라.

봉준호나 박진영이 누군가? 그들은 자기 전문 분야에서 세계를 조망할 수 있는 안목과 식견을 가진 지도자 그룹에 속하는 인물들이다. 이들이 내비친 자신감은 어디에서 오는 것일까? 특히 그들이 우리에게 준비된 아티스트들이 많다는 둥 우리는 원래 특별하다는 둥하고 자신 있게 큰소리를 쳤는데, 호언장담은 아닐까 하는 염려도 되지만, 우리 국민, 한민족의 잠재적 가능성, 근성, 끼를 그도 신뢰하고 있는 듯하다. "우리는 원래부터 특별하니까요"는 대단한 자신감이다. 남과 다른 것, 차이 나게 하는 것, 유별난 것, 남에게 없는 것을 만들어내는 능력이 바로 창의성 아닌가?

제2부 우리는 다르다

지금 세계 대중음악사에 한 획을 긋고 있는 'K-Pop 신드롬'을 만든 장본인이 아닌가? 우리에게 그런 문화적 독창성이 풍부하다는 이야기니까 앞으로도 글로벌한 경쟁시장에서 버틸 수 있을 것 같다. 그래서 한동안은 우리가 이 방면에서는 계속 선도적인 구실을 할 수 있을 것이고, 더 새로운 장르의 창조도 가능할 것으로 본다.

문화에 관해 일본과 자주 비교하는데, 왜 일본은 우리에게 다가오지 못하는가? 역사적 전과가 있기 때문이기도 하지만, 우리는 대륙문화와 해양문화가 공존하고, 특히 옛날 우리 조상이 만주 벌판과 유라시아 초원을 말타고 누비던 기마 민족적 확장성을 가지고 있기 때문이다. 우리는 바깥 세계에 대한 두려움이 별로 없다. 반면 일본은 섬나라 근성이라는 것이 있어서 대내적으로는 뭉치지만 대외적으로 개방성이 약하다. 박진영이 혐한, 반한 무드가 아직도 일부에서 극렬하게 불고 있는 일본에 겁 없이 뛰어들어 세계적 K-Pop 아이돌 그룹을 만들어서 성공시켰다. 그 저력은 무엇인가? 우리에게는 대중문화·예술에 관한 한 '문화 DNA'가 있는 것 같다.

4. 다이내미즘과 대중예술

우리의 예술적 성취와 관련해, 우리에게 이런 '문화 DNA'가 있었지 않은가?라고 주장하고 싶지만 '유전인자' 쪽으로 깊이 파고들 수가 없으니까 역사적·민속적 자료를 중심으로 "그런 경향성이 많다" 정도로 이해하자. 유전에는 신체의 형질과 관련된 유전과 정신적 특징의 유전이 있는데, 정신적 특징의 유전을 연구하는 분야가 행동유전학이다. 문화 DNA를 이야기할 때에는 자연히 정신적 유전 이야기가 된다. 여기서 아주 간단히 문화 DNA 이야기를 하자면 리켄이라는 유전학자가 제시한 확률적 유전 정도나 혹은 비상가적(非相加的) 유전 이야기를 하게 된다. 즉 그런 유전인자가 "있다/없다"가 아니라 몇 퍼센트 정도로 나타날 수 있느냐와 같은 확률적인 유전 현상과 아빠 쪽 인자와 엄마 쪽 인자를 합산한 효과(이것을 상가적 유전[相加的 遺傳]이라고 한다)로 나타나는 것이 아님을 알아야 한다. 그래서 '문화적 DNA'는 그런 특성이 나타날 확률이 많다는 쪽으로 이해해야 할 것 같다. 결론적으로 말하면, 우리에게는 대중문화의 특성 축인 흥·한·정의 '문화 DNA'가 있다고 해두자. 이 개념에 대해서는 이어령 교수를 비롯하여 강준만, 김지하 시인 등이 동의하고, 주장하기도 한다.

문화란, 한 종족이나 지역의 오랜 역사 속에서 형성되고 이어져 내려오는 생활방식, 사고방식, 그리고 그 결과로 나타나는 문물을 말하는 것인데, 이는 단기간에 형성된 것이 아니다. 물론 예술의 장르에 따라서는 'K-Pop 문화'와 같은 말을 쓸 수도 있으나 그게 언제 사라질지도 모를 일이기 때문에 '문화'라는 라벨을 붙이려면 시간이 좀 필요한 사항이다. 다만 K-Culture는 가능하다. 왜냐하면 이미 이웃나라나 먼 나라의 문화와 다른 특성이 있음을 확인했기 때문이다.

우리가 K-Culture다 뭐다 하고 야단하고 떠는 동안 J-Culture니 C-Culture니 치고 나올 수 있지 않을까? 중국은 우리에게 역사적으로 많은 문물을 물려주었고, 일본은 해양국가로서 중국과 한반도뿐 아니라 미국을 비롯한 동남아, 유럽의 여러 문화권에서도 문물을 받아들이고 재가공해서 자기 것으로 만들고 역수출까지 해왔다. 그중 한 가지 실패작이 있다. Kimuchi 사건이다. 음식, 의상, 영화, 드라마, 연극, 춤, 화장품, 인테리어까지 현재로는 인기를 끌고 있는 아이템들이지만 우리의 'K'자가 언젠가는 도전을 받지 않을까?

2020년 가을, 중국이 자기네 야채절임 '파오차이'를 '김치'의 표준으로 해야 한다고 주장했다가 세계 여론의 몰매를 맞은 일이 있다. 이런 현상을 문화제국주의라고 한다. 세속정부라고 헌법에 명시되어 있어서 여성들의 차도르, 히잡, 부르카, 니캅들의 복장 착용을 못하게 되어 있음에도 무슬림들은 말을 듣지 않고, 경찰, 관공서, 학교 당국과 밤낮없이 실랑이를 벌이지만, 문화는 법으로 강요해서 되지 않는다. 자발성이 중요하기 때문이다. 이것은 프랑스 이야기다.

한 가지 안심되는 현상이 일어났다. 2020년 초에 붐이 일어나고 있는 트로트 부흥이다. 나는 이 현상을 '트로트 재탄생'이라고 하고 싶다. 이유는 몇몇 방송에서 내보내고 있는 트로트 경연 프로그램을 보면, 창법이 다양해지고, 무대 구성도 새로워졌고, 퍼포먼스와 춤의 구성도 훨씬 새로워지고 다양해졌고, 젊은 팬층이 늘어났기 때문이다. 새로운 트로트가 탄생하는 과정에 있고, 이것이 K-Trot의 시작일지 모르겠다는 생각이 든다.

일본의 한 임상심리학자가 『정신도 유전된다』는 책을 발간했다. 그 내용은 이렇다. 유전인자까지 가지 않더라도, 태어나기 전 엄마의 뱃속에서부터 같은 문화권에서는 비슷한 태교와 태어난 후에도 유사한 육아 방식으로 아이를 기르기 때문에 아이들에게는 유사한 기본 습관이 만들어진다. 그리고 가정교육, 제도교육, 도덕적 규범 사회의 기풍, 정치 · 경제 구조 등이 종합적으로 작용하여, 같은 종족이나 문화권인 경우 어른이 되어서도 비슷한 행동양식과 사고방식을 갖게 된다는 것이다. 그러면 자연히 일상의 생활 속에 녹아 있는 예능적 자극, 즉 소리 자극, 시각적 자극에 대한 반응 양식도 영향을 받는다. 그렇게 해서 한 문화권 안에서는 비슷한 사람들이 태어나고 살아간다는 것이다. 이 이야기는 미국의 인류학자인 클러크혼이 일찍이 주장한 내용과 같다. '정신유전'이란 말은 안 썼지만, 그런 육아 관행 같은 것이 그 종족의 성격과 행동 양식을 결정하는 중요한 변수라는 것이다.

그리고 가계연구(보학[譜學])을 보면, 한 집안에는 가풍(家風)이란 것이 있다. 그것은 수백 년 동안 내려오면서 대대로 지켜온 행동양식과 법도를 말하는 것인데, 그것이 바로 '사회유전' 현상이다. 그 전형적인 예는 우리나라 여기 저기 산재해 있는 명문대가의 후손들을 보면 알 수 있다. 퇴계 선생 집안이라든가 경주 최씨 집안의 가풍이 그것을 잘 말해준다. 이런 점으로 추론해보면 우리의 예능적 흥과 끼, 그리고 정의 문화라는 것도 설명이 가능하다.

그래서 왜 우리의 젊은 청년들이 선진, 후진 할 것 없이, 온 세계를 누비면서 젊은이들을 울리고 웃기면서 행복하게 해줄 수 있는지에 대한 설명도 가능해진다고 본다. 그게 바로 '문화 DNA'이다. 따라서 끊임없이 움직이고 변화를 추구하는 한국인의 다이내미즘이 대중예술 재탄생의 원동력이 될 수 있다.

5. 흥과 신명의 DNA

1) 굿을 눈여겨보자

여기서는 우리에게 과연 흥과 신명의 DNA가 있느냐의 문제를 생각해보기로 한다. 문화 DNA 이야기에서 간과할 수 없는 것 중 하나가 무속(巫俗)문화이다. 우리나라에 불교, 유교, 도교가 들어오기 전 선사시대부터 있어온 이 무속은, 몇천 년을 두고 이어져 내려온 민간신앙이다. 역사를 통해 무당이 무엇을 했는가를 살펴보자.

무당은 첫째, 사제적(司祭的) 기능을 했다. 즉, 국가나 지방관청의 공적 행사에서 왕이나 족장을 대신해서 국가적 의식을 집행했다. 둘째는 무의적(巫醫的) 기능을 했다. 즉, 의사의 역할을 하고 병을 고쳤다. 지금도 정신적인 문제 해결을 위해서 정신과 병원에 안 가고 굿을 하는 사람들이 있다. 세 번째는 예언적 능력을 가지고 있어서 백성뿐 아니라 통치자도 두려워했다. 넷째로는 사령저주(使靈咀呪), 즉 영을 불러들여서 사람의 화복을 좌지우지하는 영능을 발휘했다. 이 능력이 아주 무서운 능력이다. 다섯 번째, 바로 예능적 기능이다. 가무 기능이라고도 한다. 노래하고, 춤추고, 신령과 교접하고 실연(實演)을 한다. '퍼포먼스를 한다', '작두를 탄다', '천을 자른다', '숟가락을 곤추세운다' 등등은 보여주는 행위예술이다. 술 마시고 껑충껑충 춤추면서 신과 통하게 되면 신탁(神託)을 받아서 의뢰자에게 건네주고 돈을 받는다. 이때 북과 장구가 동원되어 분위기를 고조시킨다. 조선조가 유교국가로서 무속을 공적으로는 금지했지만 이 전통은 민간신앙으로서 없애지 못했다. 왕실에서도 무당을 이용했기 때문이다.

위의 무와 관계가 있지만, 넓은 의미로는 동신제(洞神祭) 같은 행사에 풍물을 동원해서 한바탕 연희를 하는 것도 굿이라고 했다. 그래서 우리의 연희 기질과 관련해서 동제 혹은 대동굿 등에 대해서 살펴보기로 한다. 『굿의 사회사』를 쓴 주강현은 굿의 기능 중에 위에 든 것 이외에 마을 공동체 속의 기능을 강조했다. 즉, 대동굿이다.

'대동굿'이란 원래 황해도에서 치러오던 굿인데, 마을의 안과태평(安過太平)과 생업의 번창을 기원하기 위해서 당신(堂神)에게 제사를 지낼 때 시행하는 굿이다. 주강현에 의하면, 대동굿에는 두레굿(농사의 능률을 높이기 위해서 조직된 협동적 굿)과, 당제(堂祭)라고도 하는 마을 굿이 있다고 했다. 그는 대동굿의 기능 세 가지를 들었다. 첫째, 대동제는 제의로서의 기능을 한다. 제의란 신에게 제사를 지내는 행사이다. 두 번째, 회의로서의 기능을 한다. 말하자면 촌회(村會) 같은 것이다. 셋째로는 놀이로서의 굿이다. 이 글에서는 놀이로서의 굿을 좀 더 생각해보기로 한다.

2) 놀이로서의 굿

농경사회에서는 생산과 놀이가 유기적으로 연결되어 있어서 일이 놀이요, 굿이 곧 놀이였다. 임동권의 『한국의 민담』을 보면 우리나라에는 농요(農謠)가 엄청나게 많다. 일하면서 노래를 불렀다. 일이 곧 놀이였다. 굿에는 제의적 의미가 많다. 생산과 관계된 제사로 산신, 수신, 풍신, 농신 등을 모시고 제사를 지냈다. 모두 풍요를 위한 제사다. 이런 제의 행사를 진행하면서 노는 것이다.

주강현이 조사한 것을 보면 놀이로서의 굿은 호남과 영남, 두 갈래로 갈라지는데, 호남에는 당산굿 외 마을 굿, 모내기 굿, 김매기 굿, 판굿, 잡색놀이, 마당놀이 등이 있고, 영남에는 별신굿 외 마을 굿, 풋굿, 탈춤과 탈놀이, 지신밟기 등이 있다. 이런 굿 중에서 호남지방의 연예 풍물로서 고도의 예술성을 지닌 것이 많다. 반면 영남은 탈놀이가 발달되어 있다. 일도 놀이이지만 싸움도 놀이였다.

나는 어릴 때 고향 경북 안동에서 동태싸움(차전[車戰]놀이), 돌팔매(석전[石戰]놀이)를 목격했을 뿐 아니라, 그게 우리 고장에서는 오랜 세월 연례행사로 치러졌다. 민중놀이의 한 형태였고 고려 때부터 내려오는 전승된 놀이였다. 그래서 희생자가 나오기도 했다. 그럼에도 당국(일본)에서 그런 행사를 중지시키지 않은 것은 그 밑바닥에 민중의 저항의식이 깔려 있어서 함부로 건드리기가 어려웠기 때문이다. 그러나 태평양전쟁이 발발하자 중단되었다.

여기서 굿 이야기를 왜 자꾸 하느냐 하면, 우리의 문화 DNA를 찾기 위해서이다. 앞쪽에서 무속의 역할을 설명했고, 그것과 관련은 되지만 또 다른 기능을 해온 축의(祝儀) 형식의 마을 굿에서 또 다른 가능성을 찾았기 때문이다.

굿놀이는 대동굿의 보편적 형태이다. 대동굿이란 마을 굿으로 공동체가 함께 참여하는 굿이고 동시에 놀이였다. 제의(祭儀)도 놀이로 풀고, 노동도 놀이로 풀어냈다. 이 놀이에는 자발성과 일탈성이 있어서(주강현, 229쪽) 제의와 놀이가 상충되지 않게 승화시켰다. 그래서 굿놀이는 곧 축제로 변했다. 제의의 신성성과 엄숙성이 승화된 형태로 바뀌어 부담이 덜어진다. 양반층에서 풍류와 멋을 내세웠다면 민초들은 굿놀이를 통해서 자유와 해방감을 즐겼던 것이다. 놀이는 민중의 삶에 배어 있는 전면적이며 총체적인 한풀이의 해방공간이다. 당연히 이 굿놀이에는 각종 악기가 동원되고(농기구가 타악기가 되고), 노래와 춤이 곁들여지고, 사설(辭說)이 곁들여지니까 완전한 연희 형태(entertainment)가 된다. 이것이 몇백 년 혹은 천 년 이상 이어져왔으니 그 문화학습 효과가 아직 남아 있는 것이다. 지금은 이 굿놀이가 사물 연주의 보급과 악기 입수의 용이성, 지방자치단체의 행사 폭주 현상 때문에 현대화되어 이어져 오고 있는 것이다.

이런 굿판과 구조적으로 같은 현상은 우리나라 교회나 신흥종교단체 안에도 있다. 우선 무당에 해당되는 성직자가 있고, 신에게 기원을 하고, 신탁을 받고(성령의 은사), 그 능력으로 신자들을 정신적으로나 육체적으로 심신의 병을 치유한다. 기독교를 빙자한 이단 교단에서는 교조가 이런 능력을 빙자해서 가끔 탈선하게도 한다. 북한은 나라 전체가 항상 굿판이 되어 있다.

이 과정을 면밀히 검토해보면 굿의 진행 과정과 구조적으로 비슷하다. 원래 종교적 체험이란 서로 비슷한 데가 있기 때문이다. 그러나 유별나게 한국 교회는 유럽의 개신교의 관행과 비교하면 너무도 감정적이고 토속적인 면이 많다. 그러니까 오해가 없기를 바라는 것은, 성직자가 무당이라는 뜻이 아니고, 우리 한국인의 심성(心性, mentality) 속에 무속적인 요소가 아직 크게 남아 있다는 점을 지적하려는 것이다. 천주교나 개신교가 들어온 후에도 여전히 우리의 신앙의 행태는 무속적인 뉘앙스에서 크게 벗어나지 못했다. 그 좋은 예로, 한 기독교계 대학의 여교수들 중 상당수가 점쟁이(무당을 겸함)한테서 운세를 점쳤다는 조사 통계가 있다. 운명은 하나님에게 맡기면 될걸 왜 무당한테 가는가?

우리와 비슷한 관행을 갖고 있는 것은 남미의 가톨릭이다. 가톨릭은 교회에다가 신앙 대상인 예수나 마리아의 상(像, 조각이나 그림) 이외에 예수의 제자, 순교자, 정치적 탄압과 맞서 싸운 주교들의 조각상이나 그 초상화를 세워놓기도 하고 걸어놓기도 한다. 그런데 이상한 것은 교회의 앞면 한쪽 귀퉁이에 자기네 조상신, 지역신의 신상(神像)도 조각이나 초상화로 모셔놓고 기원을 한다. 중남미 가톨릭에서는 이것이 허용된다. 우리나라에서도 가톨릭에서 조상 제사를 지내도 좋다고 되어 있으나 개신교에서는 우상 숭배라고 해서 금하고 있다.

불교는 조용한 종교이다. 그러나 기복적인 면에서는 다른 종교에 비해 결코 약하지 않다. 일본의 절에 가보면 입구에 소원 성취를 위해 부적을 사서 입구에 쭉 걸어놓는데, 그 기원(祈願)의 종류가 수백 가지다. 자녀의 대학 입학을 비는 정도는 큰 아이템이지만, 사랑하는 사람과 결혼하게 해달라, 연인과 헤어지지 않게 해달라 등등 일상적인 고민을 해결해달라는 부적이 모두 다 있다. 일본의 유명한 히에이산에 있는 천년고찰 엔레키지(延曆寺) 대웅전에 들어가 보니 거기서도 부적을 팔고 있었다. 우리나라 절에도 도교의 흔적인 칠성당이니 삼신각이니 하는 건물이 아직 남아 있지 않은가?

이와 같이 무속과 굿에서도 우리는 연희적 요소, 연희적 구조를 읽을 수 있다. 고대로부터 연면히 이어져 내려온 이 무속과 마을 굿이 갖는 정신성이 오늘 우리 젊은 연예인들이 보여주고 있는 흥과 신명과 그 끼의 원천이 아니겠는가 하고 추리해본다. 한류 DNA의 한축으로.

제2부 우리는 다르다

3) 탈춤과 음악에서

두 번째 DNA는 탈춤, 마당놀이, 가면극 속에 숨겨져 있는 연희적 요소와 해학성이다. 그런 것들이 삼국시대를 거쳐 고려, 조선조와 같은 왕정하에서도 표현의 자유를 맛보게 한 큰 요소이다. 대표적으로 하회별신굿탈놀이가 있다. 이것도 굿의 일종이다. 그래서 굿은 무당의 전용물이 아니라는 것을 알아야 한다. 이 놀이로서 엄격한 계급 사회에서도 일시적으로나마 계급을 초월할 수 있었기 때문이다.

또 한 가지는 우리의 전통음악 자체의 특성이 여기에 관계가 있다. 중국에서 아악과 당악을 들여와서 우리 음악에 영향을 받았고, 우리가 배운 것이 많지만 1,400년 전 가야국의 가실왕이 가야금을 만들었다는 기록이 있다. 그러다가 1975년 경주에서 미추왕(재위 262~283)의 능으로 추정되는 폐릉에서 가야고의 주악이 새겨진 토기가 발굴되어 가야금의 제작 연도가 3세기경으로 올라간다고 장사운 교수는 주장했다. 그러니까 우리 음악의 역사도 상당히 오래된 것이다. 그때의 음악이 한국 고유의 가락과 장단이 아니었을까?

이렇듯 우리 고유의 음악이 일찍이 만들어져 세세대대로 이어져 내려온 것이다. 그리고 서양음악, 중국, 일본, 인도와도 달리 우리 음악의 다양성은 놀랄 만하다. 정악과 향악으로 나누어지는데, 정악에는 제례악, 가곡, 가사, 시조 등이 있고, 향악, 즉 민속악에는 판소리, 시나위, 산조, 민요, 잡가, 농악 등이 있다. 정악은 생략하더라도 향악에서도 민요를 예로 들어보자. 각 도마다 민요가 다르다. 판소리도 동편제, 서편제만 있는 것이 아니라 명창 박동진 선생이 주로 사용한 중고제도 있다. 이렇게 살펴보면 우리 음악은 엄청난 다양성을 가지고 있다. 그 레퍼토리는 무궁무진하다. 아리랑도 수백 가지다. 이것이 우리의 문화콘텐츠의 중요 자원이다.

우리 음악이 가지고 있는 중요한 특색의 하나는 리듬이다. 내가 2000년대 초에 서울 낙원동 악기상에서 이탈리아제 명품 키보드를 하나 산 적이 있다. 거기 리듬박스를 살펴보다가 깜짝 놀랐다. 영어로 굿거리장단, 타령, 중모리, 중중모리, 진양조라는 글씨가 적혀 있지 않는가? 서양-아프리카 리듬인 트로트, 삼바, 룸바, 왈츠, 마치 등은 물론이고, 특히 특별한 한국 리듬이 다섯 가지나 장치되어 있었다. 우리 제조사들은 우리 것을 소홀히 하는데 외국 악기사가 그것을 인정해주었다니 놀라울 따름이다.

이렇게 풍부한 음악적 환경을 가지고 있고, 세계적인 기악, 성악 등의 각종 콩쿠르에서 입상 내지 대상을 받은 젊은 인재들이 수두룩하고, 세계적인 무용 콩쿠르에서 대상 내지 우수한 성적을 낸 젊은 무용수들이 많다.(다른 곳에서 이 이야기는 이어진다.)

이럴 수 있는 감각과 끼와 끈기와 열정과 기능은 조상으로부터 내려받은 기질 혹은 소질과 관계가 있지 않을까를 생각해보게 된다. 좀 과장해서 말한다면 예술적 · 연희적 문화 DNA를 물려받은 것은 아닐까 하고 생각하면 속이 편할 것 같다.

아프리카의 어떤 부족은 아기가 태어나서 생후 6개월쯤 되면, 아기에게 자기네 음악을 들려주기 시작한다고 한다. 그렇게 경험시킨 아프리카 음악이 5대양 6대주를 거쳐, 전 세계로 퍼지면서 노예로 살면서도 그 음악을 유지했다.

물론 아프리카 음악이 다 똑같은 것은 아니다. 지중해 연안의 이슬람 계통, 에티오피아 영향 아래 있는 기독교 음악, 사하라 이남의 블랙 아프리카의 음악이 다 다르지만, 미주 대륙과 유럽으로 퍼져서 현지 음악과 섞이면서 세계적 음악이 되었다. 그것이 바로 룸바, 삼바, 재즈, 니그로 음악, 맘보, 브라질 음악, 차차차, 칼림바 등이 되었고, 그들의 춤은 브레이크 댄스로도 발전되었다. 이제는 아프리카 음악이 서양의 대중음악의 주류 세력이 되었다.

　음악뿐 아니라 우리의 탈춤도 현대적 엔터테인먼트의 소재로서의 기능에도 부합되는 요소를 많이 가지고 있다. 스토리의 재미와 웃음과 해학과 재치와 그리고 가면의 예술적 특징 등이 그런 조건을 충족시켜준다. 그리고 연희자와 구경꾼이 한 덩어리가 되어 춤 놀음을 진행하고 즐긴다는 점 등에서 아주 우수한 소재이다. 그리고 우리의 탈춤이 가지고 있는 사회적 기능도 무시할 수 없는 가치다. 엄숙주의 기풍의 조선조의 계급사회에서 탈춤은 계급적 갈등 의식을 완화해주고, 서민들에게 웃음을 제공해주고, 카타르시스적 해방감을 안겨주었다는 점에서 그 가치를 인정받는다.

　탈춤도 춤이기 때문에 춤으로서의 양식이 있다. 우리나라 탈춤에는 독특한 춤사위가 있다. 막춤과 같은 몸놀림과 좌우 팔다리를 동시에 올렸다 내렸다 하는 동작이다. 춤이란 이 지구상 모든 종족들이 수행하는 일련의 양식을 가진 동작이다. 춤은 그들 자신을 표현하고, 종족의 역사를 이어주고, 신체 운동을 겸한 예술 행위이다. 백성들은 춤을 통해서 자기의 정서적 자아, 지적 자아, 신체적 자아를 드러내고 확인하게 된다. 춤을 통해서 전쟁을 준비하기도 하고 무언의 항의로도 사용한다. 종족 역사상의 큰 변화를 기록하기도 하고, 기념적인 행사에도 중요한 역할을 한다. 오늘날은 춤이 소통의 도구로 많이 사용되며, 다른 방법으로는 표현하기 어려운 감정을 전달하는 매개로서 사용된다. 이 춤이 음악과 곁들여져서 엄청나게 큰 동작으로, 노래하면서 춤을 추는 '댄스 음악'으로 발전해서 이런 춤이 소통의 도구로서 아주 현실성을 갖는 예술 장르가 되었다.

　우리나라 민속춤은 굉장히 많은 형태의 춤사위를 갖고 있다. 춤의 종류도 엄청나다. 그래서 거기서 많은 영감을 얻을 수가 있다. 더욱이 탈춤의 탈은 가장 표현력이 많은 신체의 일부이기 때문에 K-Pop과 K-Dance 등 K-Culture가 길어 올릴 수 있는 샘물이 될 수 있다고 생각한다. 탈춤의 국제 행사를 매년 열고 있는 경북 안동은 탈춤의 국제기구도 가지고 있고, 탈춤으로 세계적 명성을 날리고 있다.

제2부 우리는 다르다

제7장

K-Culture의 정체성과 독창성

1. 다른 나라에서는 안 되는 건가?

1) 아이돌과 팬덤 문화

K-Pop이란 '그룹 댄스 음악'이 아닌가. 우리나라 최초의 그룹 원조 걸그룹은 1953년에 미8군 무대에서 데뷔한 이난영·김해송 부부의 두 딸 숙자, 애자와 조카 민자 3인으로 구성된 김시스터즈이다. 그들은 만능 악기 연주자이고, 엔터테이너였다. 미국으로 진출해서 미국 전국에서 활약했다. 이들이 외국까지 진출해 활약한 최초의 걸그룹이자 한류 아이돌이다. 빌보드 차트에 오르기도 했다.

반세기가 지난 오늘날, 우리의 젊은 뮤지션들이 세계의 무대를 휘젓고 다니면서 세계의 젊은이들을 음악과 춤으로 행복하게 해주고 있어서 막강한 문화권력이 되기까지 발전해왔다. 우리의 배경을 보면 2차 세계대전 후 세계의 최빈국에서 선진국 대열에 끼게 되었고, 국민 평균 소득은 3만 불대로 들어섰고, 10대 무역 강국 정도이다. 문화력, 특히 대중문화 영역에서 우리와 비슷한 배경을 가진 나라가 20개국쯤 되는데, 왜 그 나라들은 우리와 비슷하게 안 되는 것일까? M-Pop(멕시코), B-Pop(브라질), P-Pop(포르투갈), G-Pop(그리스) 등이 우리처럼 세계를 휩쓸고 다니지는 않는다. 오히려 그와 반대이다. 어느 대중문화 평론가가 "감히 묻는다. BTS는 영원할 수 있을까?"라는 질문을 제기했다. 항간에 떠도는 말로는 "아이돌 그룹이 통상 7년차 징크스를 겪는다"고 한다. 이 지구상에 영원한 것은 없다. 그 잘 나가던 비틀즈도 10년 활동하고 해체했다. 롤링 스톤즈와 같이 60년을 버텨온, 역사상 가장 위대한 록밴드도 있고, 50년을 버틴 퀸도 있지만, 우리나라같이 빨리 변하고 경쟁이 심한 지역에서는 오래 버티기가 쉽지 않다. 그래서 평론가들의 우려도 근거 없는 이야기는 아닌 듯하다.

우리나라 연예계에는 아주 희한한 문화가 있다. 팬덤(fandom) 존재의 위력이다. 사실 K-Pop은 팬덤이 만든 문화이다. 어느 평론가는 아이돌은 팬덤 위에서 성장한다고 했다. 이런 충성스러운 팬들이 있어서 아이돌이 명성을 유지하는 것이다. 그룹의 활동을 전폭적으로 지지할 뿐 아니라 퍼플 라인 캠페인(purple line campaign)[1]을 벌여 아이돌의 안전을 지킨다는 각오로 지원한다. 그뿐 아니라 입장권 판매 외에 '굿즈'라는 부대상품의 판매에 큰 도움을 주는데, 그 판매고도 엄청나다. 이런 팬덤이 국제화되어 있어서 그 위력은 더욱 강력하다.

그리고 뛰어난 두뇌의 기획사의 전략도 이들의 성공 배경이다. 특히 '연습생 인큐베이팅' 제도를 만들어 전액 부담으로 교육시키는 시스템을 써왔는데, 빅히트 엔터테인먼트의 방시혁 프로듀서는 인큐베이터 시스템이 아니고 공개 오디션으로 멤버를 뽑는다. 남자들의 경우는 군대 문제와 법으로 묶여 있어서 그룹이 7년 이상 같이 가기 어렵게 되어 있다. 아이돌 그

---

[1] 극성스러운 팬으로부터 스타를 보호하자는 팬클럽의 자발적인 움직임. BTS의 팬클럽 '아미'가 시작했다.

제2부 우리는 다르다

룹의 교육-훈련 과정은 다른 나라에서 모방하기 어려운 한국만의 독특한 시스템으로 되어 있다.

다른 나라에서도 한국의 시스템을 일부 도입해서 실험을 하고 있는 모양인데, 아직은 국제적으로 SM이나 JYP나 BTS만큼 크자면 시간이 오래 걸릴 것이다. 유럽인들도 감정이 있고, 흥을 느낀다. 그러나 흥을 느끼는 정도가 다르다. 유럽인들은 흥이 나도 주로 발을 구르거나 박수를 친다. 반면에 우리는 길길이 뛰고, 아우성을 친다. 표현의 방법도 다르고 크기도 다르다. 그런데 근래에 와서 K-Pop이 세계화되면서 전 세계 팬들의 반응에 변화가 생겼다. 들것에 실려 나갈 만큼 표현도 세지고 떼창도 한다.

베토벤이 "음악은 영혼의 진동이다"라고 한 말이 있는데, 우리는 음악을 뼛속까지 느끼는지도 모른다. 서양 음악은 원래 냉철한 음악이다. 오스트리아 작곡가 아놀드 쇤베르크는 "예술에는 흥분할 게 없어야 한다. 진정한 예술은 차갑다"라고 말했는데, 이는 맞는 말 같다. 베토벤의 교향곡을 듣고 길길이 날뛰었다고 생각해보라. 그것은 천박한 호기심의 발동이지 예술을 감상한 것이 아니다. 그런 차가운 기운의 전통이 서양 고전음악에는 존재한다. 버나드 쇼가 "지옥은 아마추어 음악가들로 가득 차 있다"고 비꼬았는데, 이건 음악 같지도 않은 음악을 말하는 것이다. '음악은 그런 게 아니야'라고 말하는 것이다. 어떤 평론가는 "저작권이 있는 유일한 소음이 음악이다"라고 한 적도 있다. 그러니까 이런 음악에 대고 길길이 날뛸 것까지는 없지 않은가? 일리가 있다. 어쨌든 세계의 대중음악계에 팬덤 문화와 떼창 문화를 퍼트린 것은 한국의 아이돌 그룹의 팬들의 영향이 크다.

흥은 한국인의 기질에서도 비롯하지만 한국의 음악 자체도 흥을 돋우는 요소가 많다. 특히 민속음악은 자연히 흥과 연계되고 나아가 흥은 자동화된다.

대중문화 전문가들은 대개는 '한류 DNA'라는 개념을 사용하면서 한류의 소프트 파워에는 한국인의 기질을 언급한 예가 많다.

우리나라 사람들이 음악적 소질이 많다고 자화자찬하기도 하는데, 아시아 국가 중 일본을 제외하면 다른 나라들보다 국제무대에서 활약하는 한국 음악가들이 많은 것은 사실이다. 2020년 벨기에 퀸 엘리자베스 국제 피아노 콩쿠르에서 예선에 통과한 참가자가 약 120여 명 정도 되는데 그중에서 우리나라 참가자가 12명, 일본인이 우리의 약 2배, 중국인이 3배였다. 숫자로 보면 중국이 단연 많고 일본이 2위이다. 그러나 인구 비례로 보면 우리가 1위이다. 일본은 인구가 우리의 3배, 중국은 30배에 이른다.

K-Pop에서 비롯된 한국인의 음악적 자질에 대한 평가는 국제적으로 인정하는 부분도 있으나 상세한 기록은 없다. 지금 활약하고 있는 K-Pop 아이돌 그룹의 활약만 보아도 그 일부는 증명이 된다. 우리의 음악교육 환경은 그리 나쁘지 않다. 1971년 삼익악기사가 독일 기술제휴로 삼익피아노를 만들어 KS마크를 획득했고, 세계 최대의 피아노 수출 회사가 되었다. 그 덕택에 웬만한 집에서는 피아노를 두었다.

우리나라 최초의 대학 수준 전문 교육기관들은 선교사가 세운 학교인데, 연세대, 이화여대, 숭실대 등이 모두 설립 130년을 넘겼다. 그들 학교에서 성경, 영어를 비롯한 문과 계통 학과목과 동시에 음악도 전문적으로 가르쳤다. 그러니 일찍이 서양음악을 배울 수 있는 기회가 생긴 것이다. 김동진, 현제명, 박태준 등이 숭실전문에서 음악을 배웠고, 김성남, 김순애, 채선엽, 김자경, 이규도 등은 이화여대를 나온 음악가이다.

한국 기독교 교회가 음악 발전에 크게 기여해왔고, 지금도 기여하고 있다. 국제무대에서 성악이나 기악 콩쿠르에 좋은 성적으로 입상하는 한국인이 많다. 국제사회에서 놀라는 사건들이다. 그런데 그 대부분의 음악인들 가운데 교회 출신이 압도적으로 많다. 그 이유는 교회 안의 음악적 분위기가 좋기 때문이다.

한국의 신구 교회 중 규모가 큰 교회는 100명 선의 성가대를 가지고 있고, 오케스트라를 운영하는 교회도 상당히 많다. 그뿐 아니라 파이프오르간을 연주할 수 있는 곳은 교회 이외에 몇 군데(뮤직홀 등) 안 된다. 대형 합창대는 우리나라 합창 음악 발전의 선구자요 후원자이다. 큰 교회에는 음악 담당 목사도 있다. 그만큼 한국 교회는 음악적 환경을 제공해주는 좋은 기관이다. 교회의 큰 행사 때 독창이다 중창이다 하고 발표하는 성악가들 중에는 외국 유학파가 많다.

교회에서 부르는 노래를 분석해보았다. 큰 교회에서는 하이든의 〈천지창조〉와 같은 오라토리오를 비롯해서 헨델의 〈메시아〉 2부 〈할렐루야〉, 베토벤의 제9번 교향악의 〈환희의 송가〉도 연주한다. 찬송가 안에 서양 고전음악으로 된 찬송가가 적지 않다. 예컨대, ① 4세기나 5세기 때 가톨릭 교회의 〈키리에 송〉이 들어 있고(서양 중세 음악을 이해하는 데 도움이 된다. 키리에란 키리에 에레이손에서 온 말인데, '주여 우리를 불쌍히 여기소서'라는 뜻이다) ② 구 독일의 국가, 영국의 국가, ③ 영국, 아일랜드, 독일, 스웨덴, 오스트리아 민요, ④ 마르틴 루터, 장 자크 루소, 웨슬리가 작곡한 곡, 러시아 찬송가, ⑤ 베토벤, 헨델, 하이든, 베버, 슈만, 멘델스존, 호프만, 바흐 등 역사적으로 유명한 작곡가의 곡도 있다. 대부분이 서양 작곡가가 지은 찬송가이고, 한국 작곡가의 곡은 5%밖에 안 된다. 그러니까 자연스럽게 서양 음악에 익숙한 것이다. 불교에서도 근래에 와서 찬불가를 부르기 시작했고, 오케스트라도 운영하나 5음계 노래가 많다.

이렇게 교회 안에서 이미 서양 음악의 영향을 받아서 자랐기 때문에 성악과 기악 전공자들은 미국, 이탈리아, 독일 쪽으로 가서 공부를 한다. 미국의 줄리어드 음대는 한국 학생이 없으면 학교 경영이 안 될 정도로 한국

학생이 많다.

2010년대 중반에 벨기에 최대 공연 방송인 RTBF의 다큐멘터리 취재진이 한국예술종합학교(한예종)를 방문해서 총장, 교수, 학생, 학부모 등을 만나서 질문하고 악기 연습하는 광경을 찍고, 학생의 집까지 방문해서 취재해 갔다. 이들이 왜 한국에 와서 취재하려고 했느냐 하면, 한국의 젊은 음악가들이 요 20년 사이에 유럽의 세계적인 각종 음악 콩쿠르에서 대상을 휩쓸 만큼 두각을 나타내고, 미국이나 일본의 콩쿠르에서도 상위권 성적을 올리고 있어서, 아시아의 작은 나라 한국이 어째서 서양음악에서 탁월한 재능을 발휘하는지가 궁금했던 것이다.

어떤 해에는 한국인이 세계 3대 피아노 콩쿠르에서 우승하거나 1등 없는 2등을 한 케이스가 있었다. 차이콥스키 국제 콩쿠르에서 정명훈이 1등 없는 2등을 했고, 폴란드의 쇼팽 피아노 콩쿠르, 벨기에의 퀸 엘리자베스 국제 피아노 콩쿠르에서 경이로운 성적을 올렸다. 피아노뿐 아니라 바이올린, 첼로, 성악 등에서도 좋은 성적을 기록했다.

1990년에는 퀸 엘리자베스 콩쿠르에서 우리나라 지원자 중 예선을 통과한 경쟁자가 손가락을 꼽을 정도로 몇 안 되는데, 2010년대 한 해는 예선 통과자 중 지원자의 29%(3분의 1)가 한국인이었고, 결선 진출자 12명 중 5명(40%)이 한국인이었다. 2011년 이 콩쿠르 성악 부문에서 홍혜란(줄리어드)이 동양인 최초로 우승을 차지했다. 벨기에 방송이 이 미스테리의 배경을 캐러 한국에 온 것이다.

2) 우리의 재능은 대단하다

이 방송사 PD의 질문은 대체로 이러했다. ① 클래식 음악 공부를 시작하게 된 이유와 공부법, ② 바이올리니스트인 신현수 씨(한예종 전문사 과정)

제2부 우리는 다르다

에게는 "왜 프랑스 롱티보 콩쿠르에 나갔느냐(그는 여기서 2008년에 우승한 경력을 가지고 있다)", ③ "무대에 서기 전 집중력을 높이는 방법이 있는가?" 이런 질문을 했다고 한다. 그들은 "왜 한국 사람들이 서양 클래식 음악을 공부하려고 하느냐?" "왜 독일로 유학을 많이 가는가?" "한국의 클래식 역사가 짧은 데도 어떻게 이런 성과가 가능한가?" "너무 어릴 때부터 경쟁에 휘말리는 것이 아닌가?" 등의 질문도 했다고 한다.

그들의 취재 결과는 어떠했을까? 감독들은 "한국의 빠른 경제 성장이 한국 음악인들에게 큰 영향을 주었을 것이다."라고 했고, "부를 축적하면서 자연히 음악과 예술에 대한 투자를 하게 되었기 때문일 것이다." "한국인은 표현력이 좋고 개방적이었다. 이런 면들이 음악가들의 성공에 한몫을 했을 것이다."라고 말했다. 이 취재 결과는 2012년 벨기에 퀸 엘리자베스 콩쿠르 기간에 한 시간 동안 방송되었다.

독일의 한 음성학 교수는 한국인이 왜 노래를 잘하는지를 연구하기 위해서 한국인의 후두 구조를 조사했다고 한다. 발성 기관도 다른 나라 사람들과 좀 다르다고 했다. 유전적으로 영향이 있는 것일까? 우리의 말(언어)도 한몫하는 것 같다. 세계 모든 언어를 표기할 수 있는 유일한 언어니까.

2. 우리는 이래서 다르다

1) 음악과 무용에서 보인 성취

참고로 우리나라 예술인들이 얼마나 뛰어난 재능으로 국제무대에서 이름을 날렸는지를 살펴보기로 한다. 음악의 경우, 해방 후 한국인 최초로 파리국립음악원(Paris Conservatoire)에 유학한 바이올리니스트 박민종(전 서울대 교수)과 1957년(18세)에 같은 학교에서 공부한 바이올리니스트 임유직(스톡홀름 로열심포니 오케스트라 악장 역임, 필자의 처남), 1954년 13세 때 미국 줄리어드로 가서 피아노를 공부한 한동일(1965년, 24세 때 리벤트리트 국제 피아노 콩쿠르에서 우승), 줄리어드에 다닐 때인 1967년에 리벤트리트 콩쿠르에서 바이올린으로 1위를 차지한 정경화 등이 있다. 이대욱은 동아피아노 콩쿠르에서 1위를 하고, 미국 존스홉킨스대학에서 피아노와 지휘 공부를 하였다. 정명훈은 줄리어드를 다녔고, 1974년 21세 때 차이콥스키 국제 콩쿠르에서 1위 없는 2위를 차지했다. 그의 누나 첼리스트 정명화는 줄리어드를 다녔고, 1971년 27세 때 제네바 국제 음악 콩쿠르의 첼로 부문에서 1위를 했다. 기타로는 손정범이 도쿄 국제 기타 콩쿠르와 뮌헨 ARD 기타 콩쿠르에서 우승을 차지했다.

내가 일제하에 초등학교를 다닐 때 나보다 한 살 위인 평양 출신 바이올리니스트 백고산(1930~1997)이 우리 학교에서 공연을 하였다. 그는 1951년 모스크바 차이콥스키음악원에서 세계적 바이올리니스트 다비드 오이스트라흐에게 사사해서 1957년 제1회 차이콥스키 국제 콩쿠르에서 입상하고 78년에는 심사위원까지 지낸 사람이다. 그러니까 27세에 세계적 바이올리니스트가 된 것이다. 그는 평양음악무용대학 교수를 지냈으나 67세로 타계했다.

최근에 와서 이름이 크게 알려진 피아니스트 조성진은 2008년에 국제 청소년 피아노 콩쿠르에서 1위, 2009년에 일본 하마마쓰 피아노 콩쿠르에서 우승, 차이콥스키 국제 피아노 콩쿠르에서 3위, 2015년 국제 쇼팽 피아노 콩쿠르 우승 등 여러 가지 상을 차지했다. 손열음도 국제 반 클라이번 피아노 콩쿠르 2위, 차이콥스키 국제 피아노 콩쿠르 2위 등을 차지했다. 백혜선은 헬렌 하트 국제 피아노 콩쿠르에서 2위, 차이콥스키 국제 콩쿠르에서 3위를 차지했다. 그 밖에 더 조사를 해보면 모르고 있던 수상자가

제2부 우리는 다르다

아직 많을 것으로 보인다. 조사가 충분치 않다는 점을 인정한다.

또 성악 부문에서는 최승원(테너)이 뉴욕 메트로폴리탄 성악 콩쿠르에서 우승, 홍혜경이 메트로폴리탄 성악 콩쿠르에서 우승, 신영옥이 아스펜 보칼 컴피티션에서 1위, 메트로폴리탄 오페라 오디션에서 1위를 차지했다. 홍혜란이 퀸 엘리자베스 음악 콩쿠르 성악 부문 1위, 조수미는 말할 것도 없지만, 이탈리아에서만 베로나 국제 성악 콩쿠르를 비롯해서 유명한 국제 성악 콩쿠르 6개를 휩쓸었다. 황수미는 벨기에 퀸 엘리자베스 콩쿠르에서 성악으로 우승을 했고, 최현수는 차이콥스키 콩쿠르 1위, 파바로티 국제 성악 콩쿠르 대상 등을 받았다. 김동섭은 차이콥스키 성악 콩쿠르에서 3위를, 뮌헨 ARD 국제 콩쿠르에서 1위를 차지했다. 바리톤 김기훈은 차이콥스키 콩쿠르에서 2위를 차지했다. 이호정은 베토벤 국제 피아노 콩쿠르에서 3위를, 홍민수는 리스트 국제 피아노 콩쿠르에서 2위를 하는 등 굉장한 성과를 내고 있는데, 여기에 다 소개 못 하는 것이 유감이다.

흥미로운 것은 쇼팽 피아노 콩쿠르에서 조성진보다 35년 앞서 우승한 베트남인이 있다는 사실이다. 1980년에 우승한 당 타이 손이다. 아시아인으로서는 최초의 우승자다. 그는 모스크바음악원에서 공부한 것으로 되어 있다. 앞으로 베트남이 중국, 일본, 한국 다음으로 국제무대에서 클래식 음악으로 경쟁해야 할 것 같다. 베트남은 1883년에 프랑스 식민지가 되고 1954년에 독립했다. 71년간 프랑스 지배하에 있어서 서양 클래식 음악으로부터 우리보다 더 오래 영향을 받았다고 볼 수 있다.

2) 한국인이 왜 우수한가?

음악은 몇 페이지를 사용해도 다 담을 수가 없다. 잠시 무용 이야기로 넘어가자. 무용에는 발레와 현대무용, 한국무용 등이 있다. 특히 한국인이 발레 분야 국제무대에서 아주 좋은 성적을 올리고 있다는 것을 간단히 간추려보겠다. 발레에 대해서 언급하자면 많은 지면이 필요하겠지만 간단히 요약하겠다.

국제적으로 명성이 있는 발레 콩쿠르는 모스크바 국제 발레 콩쿠르, 미국 IBC(일명 잭슨 콩쿠르), 불가리아의 바르나 국제 발레 콩쿠르, 스위스 로잔 국제 발레 콩쿠르가 있다. 이 네 콩쿠르를 국제 4대 콩쿠르라고 한다. 2011년 10월 영국 BBC와 네덜란드 국영방송에서 한국 젊은이들이 세계 3대 발레 콩쿠르(로잔만 빼고)에서 동시에 대상을 휩쓴 것을 보고 한국에 취재하러 온 일이 있었다. "국제적으로 별로 알려져 있은 않은 작은 나라의 젊은이들이 매년 우수한 성적을 올리고, 또한 한꺼번에 세계 3대 발레 콩쿠르에서 대상을 휩쓸다니 이상하다"고 생각해서 그 이유를 캐러 한국에 방문했다. 그래서 한국예술종합학교(한예종)을 비롯해서 여러 기관을 방문했고, 전문가들과도 인터뷰해서 자기네 매체를 통해서 방영한 바 있다.

우선 그들이 내린 결론은 네 가지이다. 한국은 조기에 예술적 재능을 발견해서 키워주는 시스템을 갖고 있다. 사실은 시스템이 아니라 사교육의 영향력이 절대적으로 크다. 재능이 있어도 부모가 감당하지 못하면 재능이 사장되는 것이 현실이다. 둘째로는, 한국인의 예술에 대한 열정을 들었고, 셋째는 학생들의 뛰어난 집중력을 들었다. 넷째는 부모의 적극적인 지원을 들었다. 일리가 있는 분석이지만 미흡한 점도 있다. 그 배경에는 강력한 경쟁심이란 것이 숨어 있다는 점을 간과하고 있다. 여기서 내가 특히 관심을 갖고 싶은 점은 예술에 대한 열정과 집중력이다. 나는 이 점은 특히 한국 여성들이 골프를 잘 치는 일과도 심리적으로 연관이 있다고 본다.

이미 지도자가 되어 발레계에 큰 영향력을 발휘하고 있는 국립발레단 단장인 강수진은 모나코의 왕립발레학교 출신이고, 유니버설발레단의 단장인 문훈숙도 모나코 왕립발레학교 출신이다. 이들의 뒤를 이어받은 많은 젊은 발레 인재들이 세계 우수의 발레단에서 활약하고 있다. 독일 슈투트가르트발레단의 수석무용수로 있었던 강효정을 비롯해서 아메리칸발레시어터에서 수석무용수로 활동하고 있는 서희, 볼쇼이발레학교를 나와 국립발레단의 수석무용수로 있는 김주원, 바르나 국제 발레 콩쿠르에서 디플롬을, 모스크바 국제 발레 콩쿠르에서 베스트 파트너상을 받고 이원국 발레단의 예술감독으로 있는 이원국, 모스크바 국제 발레 콩쿠르에서 3등을 하고, 파리 국제 무용 콩쿠르에서 1위를 차지한 김용걸, 파리 국제 무용 콩쿠르에서 1위를 하고, 네덜란드 국제 발레단의 수석무용수가 된 김지영, 베를린 콩쿠르에서 대상을 받은 김명규, USA 국제 발레 콩쿠르에서 금상을 받은 채지영, 은상을 받은 김기민, 시니어 부문에서 특별상을 받은 한서혜, 미국 네바다 발레시어터의 수석무용수 겸 발레 마스터인 곽규동과 이유미 부부, 슬로베니아 국립발레단의 솔리스트 김혜민 등이 미국과 유럽 등에서 활약하고 있는 무용수나 지도자들이다.

2006년 바르나 콩쿠르 주니어 남자 부문에서 최영규가 은상을 받았고, 2008년 시니어 여자 부문에서 한서혜(유니버설)가 은상을 받은 바 있다. 주니어 부문 3라운드에 진출한 후보자 8명 중 5명이 한국의 젊은이들이었다. 이 콩쿠르에서 배출된 세계적인 발레리나와 발레리노로 블라디미르 바실리예프, 미하일 바리시니코프, 실버 김렘, 블라디미르 말라코프 등이 있다.

2010년에는 바르나 콩쿠르에서 한국의 젊은 남녀들이 시니어부, 주니어부에서 모두 상을 독차지한 이변이 있어났다. 시니어부 최고상인 금상은 당시 22세의 김명규, 21세인 박세은이, 주니어 부문에서는 김기민(19세), 채자영(18세)이 금상을 나란히 받았다. 참가자들이 클래식 발레 세 편과 모던 발레 두 편을 준비해야 하는 아주 까다로운 대회로 악명이 높은 콩쿠르이다. 아시아인인 데다가 발레 역사가 짧은 나라의 젊은이들이 쟁쟁한 서구의 젊은 무용수들과 겨루어 이겼으니 이것은 대단한 실력이라고 할 수 있다. 우리에게 과연 이렇게 춤을 잘 추는 유전자가 있었는가? 더구나 서양 춤에서 이기다니.

북한의 세계적 무용가에 서울 출신 최승희(1911~1969)도 있다. 1926년 일본으로 건너가 무용 공부를 하고, 1937년 미국·유럽으로 공연 여행에 나섰다. 2차 세계대전 때 귀국해서 민속무용을 현대화하는 데 공헌했으나, 1945년 월북해서 활동하다가 1969년 58세를 일기로 숙청당했다는 말이 있다. 우리에게 이미 이런 거인이 있었던 것이다.

3) 강한 에너지

이 대회의 심사위원이었던 엘리자베스 플라텔(프랑스 파리오페라발레단 수석무용수) 등 16명의 심사위원은 한국 발레의 도약에 놀랍다고 했다. "무용수들의 강한 에너지(봉준호 감독의 말이 떠오른다.), 우아함, 집중력, 기술적 완성도 등이 인상적이었다"라고 말했다. 한예종 무용원의 김선희 교수는 "콩쿠르 진행 중에 해외 발레단으로부터 입단 제의가 들어오고 있다"고 했다. 대단한 반향이라고 하겠다.

이런 현상은 단순히 어머니들의 치맛바람의 성과로만 볼 것이 아니다. 춤에 대한 우리 자신의 인식 자체가 크게 바뀌었고, 예술에 대한 안목도 그만큼 높아진 결과이다. 거기에 '우리가 춤을 원래 좋아하는 백성이었을 것이다'라는 가설을 세워보고 싶다.

2012년 7월에는 세계 4대 발레 콩쿠르의 하나인 바르나 국제 발레 콩쿠르에서 한예종의 양채은, 안주원, 김민정 등이 금상이 없는 은상, 은상 없는 동상에 나란히 입상하는 성과를 올렸다. 세계 발레계가 놀랐다고 한다.

그뿐 아니라 극동의 작은 나라 한국의 국립발레단과 유니버설발레단이 세계를 누비면서 놀라운 공연을 펼치고 있으니 대견한 일이다.

롱티보 국제 콩쿠르에서 우승한 바이올리니스트 신현수, 10세의 나이로 뉴욕 영 아티스트 콩쿠르에서 피아노로서는 사상 최연소 우승자 지용, 리즈 콩쿠르에서 우승한 피아니스트 김선욱, 퀸 엘리자베스 콩쿠르 작곡 부문 1위 전민재, 조은화, 조지 에네스쿠 국제 콩쿠르 바이올린 2위 입상, 일본 센다이 국제 음악 콩쿠르 바이올린 3위 입상한 신아라, 리스트 국제 피아노 콩쿠르에서 우승한 박정아, 15~19세 부문에서 우승한 윤연준, 영국 실내악 콩쿠르에서 수상한 바이올리니스트 장유진, 이 밖에도 러시아 최고 음악제에서 연주한 10세 소녀 피아니스트 임주희, 독일 연방 청소년 피아노 콩쿠르에서 1등한 이수미, 리카르도 잔도나이 국제 콩쿠르에서 1위를 하고, 헝가리 국립 오페라하우스 특별상, 밀라노시 음악협회 특별상, 무지카 리바 페스티벌 협연 특별상 등. 국제 콩쿠르 4관왕의 성악가 이응광, 함부르크 국립오페라극장 전속 테너 정호윤, 베를린 도이치오퍼의 테너 강요섭 등. 여기에 몇 페이지나 채울 수 있는 리스트가 아직 남아 있다.

또한 '한드(한국 드라마)'로 세계인을 감동시키고 있는 〈겨울연가〉를 비롯해서, 사극류, 현대물 등이 동남아시아뿐 아니라 중동, 심지어 일부 유럽인들까지도 감동시키고 있지 않는가? 그들을 울리고, 웃기고, 희망을 주고, 심지어 일본 여성들에게는 심리적 치유의 효력을 발생시키고 있다. '욘사마 신드롬'이란 것이다. 우리나라 작가들이나 연출가, PD들의 재능이 뛰어난 것 같다.

여기에 이름이 올린 분이 더 우수하다는 것은 절대 아니고 내가 수집한 자료 안에서만 발췌를 했다는 점을 이해해주기 바란다. 여기서 문제 삼고자 했던 점은 두 가지다. 하나는 "우리에게 문화 DNA가 과연 있는 것인가"와 만일 그런 것이 있다고 치면 "어떤 면에 유전적인 영향을 받았을까?"이다.

3. 비빔밥 문화의 위력

1) 외신도 인정한 '비빔밥 문화'

2020년 2월 말, 일본의 음악시장과 영화시장에서 일본을 제치고 BTS는 오리콘 차트 1위를, 영화 〈기생충〉은 일본 박스오피스 2주 연속 1위를 차지함으로써 일본 문화계에 충격을 주었다. 일본의 언론들이 이 현상에 대해서 "한국의 대중문화가 일본과 아시아를 넘어 '세계의 쇼 비즈니스'를 석권하려고 한다"고 분석했다. 마이니치신문은 이런 인기를 한국의 '마당문화'에서 찾았다. 한국의 '마당놀이'를 보고 있으면 통역 없이 웃을 수 있다고 한다. 또한 마이니치신문은 "일본 노래자랑과는 달리 한국은 관객들이 모두 자리에서 일어나서 노래하고 춤춘다"고 했다.

이 현상에 대해서 아사히신문은 '한국의 비빔밥 문화'를 언급했다. 영화 〈기생충〉이나 그룹 BTS 등, 한국 대중문화는 다양한 재료를 넣어서 하나의 요리로 만드는 비빔밥과 같이 대중문화 속에 특유의 한(恨)의 정서가 더해지면서 폭발력을 갖고 있다. K-Pop의 가사는 영화나 드라마처럼 서사가 분명하다. 2003년 드라마 〈겨울연가〉가 인기를 끌 당시에는 한류가 서브 컬처였으나 지금 한류는 메인 컬처가 되었다고 했다.

BTS는 미국, 영국, 프랑스, 독일에서 음원 판매 1위를 차지했다. 이게 그리 쉬운 일인가? 일본은 단연 인구도 우리의 3배이고, 비즈니스 경험도 많으며, 세계적인 음악가도 많이 배출한 나라이다. 대중음악, 드라마, 영화, 버라이어티 쇼, 쇼 비즈니스 등 대중예술의 시장이 크다. 그런데 일본인의 입에서 나온 말이 "일본의 드라마나 영화는 재미가 없다"라는 것이었다. 정말 그럴까? 물론 일본인의 시각으로 말하는 것이니까 우리와는 다를 수 있다. 나는 새문안에 있는 흥국생명 건물 지하의 '시네큐브'에 자주 들른다. 거기서 일본 영화를 즐겨 본다. 나로서는 일본 영화는 재미보다는 깊은 인상을 남기는 영화로 인식하고 있다. 잔잔하면서도 심미적 영상과 스토리가 마음에 든다. 그리고 오랫동안 감정의 여운이 남는다.

일본인은 감정을 자제한다. 나는 구로자와 아키라의 명작들은 대부분 보았는데, 그중에서도 〈라쇼몽〉, 〈후루사토〉 등은 오랫동안 기억에 남아 있다. 〈오페라의 유령〉, 〈캣츠〉 등으로 세계 시장을 한동안 휘어잡은 영국의 음악가 로이드 웨버는 나이 70이 넘었는데도 지금도 명작을 계속 내놓고 있다. 그가 20대 후반에 작곡한 록 오페라 〈지저스 크라이스트 수퍼스타〉는 한국의 무용가 육완순 교수가 무용극으로 만들어 100회 이상 공연한 레퍼토리가 되었다.

트로트 분야에도 클래식처럼 감각 있는 작곡가가 나와서 K-Trot의 생명을 이어갈 수 있는 곡을 많이 만들어야 한다. 지금의 젊은이들에게 고복수의 〈타향살이〉는 어울리지 않는다. 청중 세대가 이미 80년의 격차가 있지 않은가? 가사와 멜로디 모두 글로벌한 감각을 담은 트로트로 키워야 K-Trot도 가능하다. 아이돌 그룹들은 작곡가를 세계적으로 널리 물색해서 곡을 얻고 있고, 노랫말에 영어나 불어가 섞여 나오지 않는가?

미국에는 뭐든 버라이어티 쇼로 만드는 천재들이 많다. 대통령 선거와 각종 선거, 영화제를 비롯해서 각종 대형 스포츠 게임의 시작과 끝을 축제 형식으로 만든다. 그리고 재미있게 만드는 천재들이다.

일본인은 남의 눈치를 보느라 행동이 조심스럽다. 남이 보기에 튀는 행동은 조직 속에서 금기다. 잘난 척하는 것은 왕따의 이유가 된다. 한국인과 이 점에서 대조된다. 방송에서도 예능 프로그램에서는 특기나 개인기를 보여달라고 조른다. 물론 프로그램을 재미있게 하기 위해서지만 부자연스러운 경우가 많다.

동남아는 주로 불교 문화권이어서 밖으로의 표현이 소극적이다. 그들은 운명론적이고 윤회사상을 믿기 때문에 행동에 적극적인 면이 적고 과격하지 않다. 이를 "팔자대로 산다"고 한다.

일본 언론이 우리의 대중문화가 발전하는 이유로 '마당놀이'와 '비빔밥 문화'와 그 속에 숨겨져 있는 '한(恨)'의 정서'를 들었다. 앞의 두 가지는 설득력이 있지만 세 번째 우리 문화를 한(恨)의 정서와 관련 짓는 것은 단편적인 견해이다. 일본인이 우리의 한(恨)의 문화를 이야기할 때, 긴 절대 왕조 역사와 일제하에서 겪은 억압적 통치로 인한 상처 때문이라고 보고 있으나 여기에는 좀 더 다른 설명이 필요하다.

일본의 한 작가는 묘하게도 한국의 트로트가 인기를 끄는 것은 '놀이'와 '소리'가 한 덩어리로 뭉쳐진 마당놀이, 사물놀이와 판소리가 있어서 자연히 몸 전체로 노래를 하기 때문이라고 했다. 재미있는 관찰이다. 아시아 여러 나라들은 대부분 긴 왕권 통치와 식민지 피지배의 경험을 가지고 있으나 우리와는 사정이 다르다. 그런 조건으로 비교하면 그들이 우리보다 더 많은 한을 안고 살아야 하고, 정서도 우리와 비슷해야 할 것이다. 그러나 그런 사정만 가지고 한을 들먹이기에는 설명이 부족하다.

우리의 한(恨)에는 근본적으로 성취되지 못한 심리적 욕구 좌절이 깔려 있다. 개인사적으로나 민족사적으로 그렇다. 한국은 지금 경제대국이 되었고 자유민주주의 세상에서 살고 있지만 언제나 '불만족 감정', '배고프고, 마지막 피난 열차를 기다리는 감정' 속에 살고 있다. 이것이 한국인의 중대한 심리적 특징이다. 해방 당시 국민 평균소득 46달러가 70년 만에 3만 달러로 올라 선진국 대열에 끼게 된 민족이다. 그럼에도 우리는 항상 배고파한다. 채워지지 않는 심리적 허전함을 지니고 있다.

지금 한국은 '대중문화 발흥기'에 처해 있다. 부흥기가 아니고 발흥기다. 그 이유를 나는 다섯 가지로 요약해보고 싶다. 이것은 나의 가설에 불과하다는 점을 이해하기 바란다.

① 우리의 문화 DNA 속에는 2,000여 년 전(예, 맥, 부여, 고구려 등 삼국시대)부터 천제(天祭)와 연희(演戱)에서 보였던 역량이 감추어져 있었다.

② 민족의 원류를 따라 올라가보면 우리 조성의 기마민족적 기질과 맞닿게 된다. 기상(氣象)이 대외 확장적이다. 그래서 다른 동남아시아 민족들보다 해외 진출이 활발하다. 현재 해외에 거주하고 있는 한민족 인구가 700만 명에 이른다. 중동 진출로 경제 부흥을 하게 된 연유도 이와 같은 기질과 상통한다. 중앙아시아의 스텝 지역부터 시작해서 만주 벌판에 이르기까지 말 타고, 탐색하고 새로운 이웃과 교류하면서 그들 종족의 문화를 흡수해서 재창조해온 민족이어서 정신적 세계에서도 확장성을 갖는다.

③ 우리 민족의 음악과 민속춤 등 연희 장르 속에 감추어져 있는 '흥'의 요소이다. 그 흥의 발전(發電) 장치가 연희 생활에서 새롭고 흥미로운 레퍼토리를 계속 만들어내고 있다.

④ 이와 같은 성취는 스스로에 대한 자존감과 용기와 창의성의 발휘로 가능했다고 할 수 있다.

⑤ 우리의 '한(恨)'의 정서 때문인가?

일본 교토대학 철학과 교수인 오구라 기조는 『한국은 하나의 철학이다』라는 저서에서 한국인의 한(恨)에 대해서 말했다. 한국인의 한(恨)은 동경(憧憬)이요, 슬픔의 정서라는 것이다. 신분 상승이나 제도적 제약으로 억눌려서 올라가지 못하는 데 대한 슬픔, 억울함, 아픔, 맺힘, 고통의 느낌이 불행한 사태를 만나면 "아이고" 하고 한탄을 한다. 이때 한의 정서가 작동한다. "앞길을 막는 자에 대한 원한도 포함되고 원통, 원망, 앙심도 포함된다." 오구라 교수는 해석을 잘 했다. 객관적으로 보는 입장에 장점도 있다. 그러나 오해도 섞여 있다. 원수를 갚겠다는 앙갚음 정서는 서민층에서는 적고, 그런 정서는 오히려 상류사회에서 깊었다. 피비린내 나는 당쟁으로 발전한 것은 한의 정서 때문이 아니라 어느 사회에서나 있는 권력투쟁 때문이다. 일본의 봉건 시대에는 없었는가? 한이 단순한 원한이 아니다.

이 문제는 이 정도로 해놓고, 우리 음악 속의 한이 어떻게 표현되고 있는지를 보자. 한을 표현하는 방법에는 세 가지가 있었다. 하나는 음악의 가사 내용에서 전하는 한의 감정이다. 강원도 민요 〈한 오백 년〉을 들어보자. "한 많은 이 세상 야속한 님아, 정을 두고 몸만 가니 눈물이 나네. 아무렴 그렇지 그렇구말구, 한 오백년을 살자는데 웬 성화요……." 구성지고 애잔한 맛이 나는 민요이다. 여기서 읊은 한은 정든 님과의 이별로 인해 맺은 한이다.

〈진도 아리랑〉을 보자. 5절에 가면 "왜 왔던고, 왜 왔던고, 울고 갈 길을 왜 왔던고"라고 한다. 느릿하게 부르면 애절하나 조금 잦게 몰아서 부르면 흥과 멋이 넘치는 독특한 가락이다.

두번째로, 가락을 부를 때 앞에서 말했듯이, 요성으로 농현을 하면 한을 풀게 되고, 퇴성으로 내려가면 한을 속으로 삭이게 된다. 배뱅이굿에서 이은관 씨가 "오마니이이이이" 하고 소리를 끌면서 내려가면 슬픔이 더해진다. 똑같은 민요라도 어떻게 부르느냐에 따라서 한이 더해지고 풀리고 한다.

임동건 선생이 쓴 『한국의 민담』을 보면 한이 서린 이야기가 태반을 차지하고 있다. 모진 시집살이에서 받는 스트레스를 노래하는 노랫가락이 굉장히 많다. 남편에게 설움을 당하고 버림받는 아낙네 이야기, 관원들의 횡포를 고발하는 이야기, 연애담, 님을 기다리다 지쳐서 목을 맨 이야기 등등 한과 관계 있는 이야기가 많다. 한은 이루지 못한 목표나 욕구가 중심이 된 억울함이나 후회스러움이다. 이런 내용이 우리 음악의 사설의 곳곳에 박혀 있고, 노래 가락도 그런 투로 불리는 노래가 많다. 그것은 앞에서도 말했지만 한이 풀리지 않아 원망, 원통, 원한, 그리고 분함이 되어 노래로 된 것이 많다. 해방 후 불렀던 3·1절 기념 노래는 월북한 김순남이 작곡한 것인데, 가사에 "……자유 그것 아니면 죽음을 달라, 자유 그것 아니면 죽음을 달라"라는 구절이 있다. 나는 1948년 정부 수립 때까지 이 노래를 불렀다. 심훈의 시 「그날이 오면」은 처절하지 않은가?

조선 중기의 승려 휴정 선사가 지은 〈회심가(回心歌)〉는 민요조로 선율을 얹어 부르면 온 관객이 눈물바다가 된다. 거기에 부모에게 불효해서 후회하는 대목이 나오는데, 김영임이 이 〈회심곡〉을 효 행사 때 많이 불러 인기를 끌고 있다. 가사를 보면 불효에 대한 한이 맺혀 있음을 볼 수 있다.

세 번째는 춤이다. 나는 1987년 6월 항쟁 때 연세대 정문 앞에서 이애주 교수가 이한열 열사의 원혼을 달래는 살풀이춤을 추는 것을 현장에서 보았다. '살풀이춤'이란 죽음의 살(기운)을 풀어주는 춤인데, 우리나라의 전통춤의 하나이다. 서양 발레는 하늘을 지향하는 춤인 데 비해, 살풀이춤은 땅을 지향하는 춤이다. 수건을 들고 춘다고 해서 '수건춤'이라고도 한다. 그래서 앉아서 땅에 몸을 비벼대는 동작이 많다. 이 춤을 보면 한이 풀린다. 우리나라에는 멋진 전통춤이 많다. 2007~8년에 '대한한국 명무전'이라는 전통춤 잔치가 있었는데, 한국일보사가 주최한 이 공연을 나는 거의 다 봤다. 프로그램이 끝난 후 회사 요청으로 내가 관람한 소감을 『한국일보』 기사에 실은 적도 있다.

살풀이춤 외에도 무당춤은 주술적 의미가 강하고 거기도 한을 푸는 대목이 많다. 이 밖에 할미춤은 탈춤의 일부인데, 이것도 서방님의 바람기로 마음 고생하는 내용이다. 경상도 지방의 덧베기춤도 한풀이춤이다. 그 밖에도 지방에 따라서 한풀이 성격의 춤이 많다.

4. K-Trot도 세계화를 꿈꾸고 있다

2020년, 한국의 방송계는 '트로트 열풍'으로 들뜨고 있다. 여러 지상파와 종편에서도 트로트 경연을 열고 있고, 다시 2차 경연도 했다. 모두가 대성황이다. 그리고 계속 재방송을 하고 있다. 어느 방송은 순간 시청률 30%를 넘은 경우도 있다. 나도 그 프로그램의 시청자 중 한 사람이었다. 트로트가 국민들의 흥을 돋구어주고 있다. 심리적 카타르시스에 크게 공헌하기도 한다. 나는 이 프로그램을 보고 한국인의 심리적 반응을 체크하고 있다. 이 열풍 장면을 간단히 소묘해보면 이렇다.

① 트로트 경연대회를 대형화하여 많은 관객을 끌어들였다. 그리고 동시에 그만큼 큰 규모의 무대를 만들었다. 지금까지는 송해가 이끌고 있는 일요일 방송 〈전국노래자랑〉이 제일 규모가 컸다.
② 트로트를 20세기류의 창법이 아닌 새로운 창법으로 재탄생시키고 있다. 원래 트로트는 4분의 4박자나 4분의 2박자를 사용하는 음악이어서 속어로는 "뽕짝"이다. 왜냐하면 두 박자로 박수 치기가 좋기 때문이다. 지금까지는 대개 라시도미파(단조)나 도레미솔라(장조)인 5음계로 되어 있고, 신민요풍이었다. 이번 경연대회에서는 R&B나 재즈풍으로 푸른 사람도 있었고, 발라드로 부른 사람도 있었다. 이것이 트로트의 변화된 모습인지 아니면 변칙인지는 모르겠다. 대중음악 자체의 변화일 수도 있다. 왜냐하면 지금의 신세대들은 누구 할 것 없

이 장르가 다른 많은 음악을 접하고 있기 때문이다. K-Pop도 춤이 빠지면 음악이 안 되지 않는가? 변화는 불가피하다.

　이 대회에 출전한 지원자 중에는 대학에서 실용음악을 전공한 사람도 있고 심지어 대학 교수도 있었다. 신춘문예 당선자 중에는 대학의 문예창작과 출신이나 대학의 문학계열 전공학과 출신이 늘고 있어서, 문학-예술도 이제는 체계적으로 훈련을 받은 사람이 나서게 된 시대이다. 음악도 그런 것 같다. K-Pop이 그 좋은 예가 아닌가? 이제 대중음악도 전문화되어 가는 것을 발견하게 된다.

③ 트로트 가수(애호가)의 연령이 크게 하향되었다는 점을 들 수 있다. 심지어 〈미스터트롯〉에 출전한 최연소 꼬마의 나이는 9세였다. 9세가 경연에 나선 것이다.

④ 옛날에는 가수들이 무대 중앙에 서서 거의 부동자세로 간단한 손짓만 하고 노래를 불렀는데, 지금은 대담하고 다양하고 역동적인 춤과 퍼포먼스를 곁들여서 노래를 선보였다. 일종의 버라이어티 쇼가 되었다. 한 참가자는 태권도 품새로 퍼포먼스를 보여서 인기를 끌었다.

⑤ 가수가 관객 속으로 내려가서 관객과 함께 떼창을 했다.

⑥ 가수의 패션도 반짝이가 아닌 정장부터 패셔너블한 디자인으로 꾸미고 노래를 했다.

⑦ 가수들은 감정에 몰입하고 관객은 감정이입이 잘 되어 공연장은 열광의 도가니가 되었다.

⑧ 여기에 젊은 기획자들의 감각적 기획이 돋보이는 상황을 발견할 수 있다. 더 화려하게, 더 흥미롭게, 더 흥겹게 만들어내려는 계산이 숨어 있었다. 경쟁 시스템에다가 상금도 상당 액수이고, 우승자에게는 100회 정도의 공연을 보장해주는 파격적인 조건이 경쟁 가수들의 관심을 끌었다. 이 콘테스트에서 우승한 사람은 몇 달 안 되어 상당한

건수의 광고를 땄다.

1930년대 전후해서 그동안 일본의 엔카(演歌)의 영향을 받아오다가 1928년 전수린 작곡, 왕평 작사의 〈황성(荒城) 옛터〉가 비로소 한국인에 의한 최초의 대중음악으로 작곡되어 전국으로 퍼져 나가면서 이른바 트로트 음악이 시동이 걸린 것이다. 이 노래는 왈츠조의 D단조니까 트로트 음악은 아니다. 그렇게 시작된 우리 트로트 음악이 지금에 와서는 'K-Trot'로 발전할 희망이 엿보인다. 그 증거로는 우리나라 사람들이 프랑스의 샹송을 배우러 프랑스에 유학 가거나 칸초네를 배우러 이탈리아에 가듯이 우리나라 트로트를 배우기 위해 외국에서 한국에 온 사람이 여럿 있다. 〈미스트롯〉 경연 대회에 백인 여성도 얼굴을 보였다. 이것은 트로트도 K-Pop 못지않게 인기를 끌 수 있다는 증거가 되지 않겠는가?

왜 트로트가 외국인에게까지 호소력을 갖고 있는가? 그것은 두 가지 이유에서다. 하나는 K-Pop의 영향력이고, 다른 하나는 트로트 음악 자체의 매력 때문이다. 장윤정 씨는 심사를 하면서 어떤 가수의 노래를 듣고는 "잘 다듬어진 화살이 가슴에 와 꽂히는 느낌을 받는다"라고 말했다. 가수들이 노래를 너무 잘한다는 것이다. 음정, 박자는 기본이고, 감정 표현, 표정, 선곡, 음역, 발성법, 무대 매너, 무대 장악력, 퍼포먼스, 여러 부분에서 훌륭한 가수가 많았다.

⑨ 다만 가사가 좀 더 서정성에 어울리는 다듬어진 언어와 문장으로 쓰였으면 한다. 9세 아이가 사랑 타령을 한다면 노래를 아무리 잘 불러도 진정한 감정이입은 안 된다. 선곡에 문제가 있다.

⑩ K-Trot가 글로벌하게 알려지려면 뮤직비디오 제작과 국내 경연에 외국인에게 더 넓게 문호를 개방하는 일이 필요하다. 외국인 참가자가

늘고 있는 것은 놀라운 변화이다. 상금도 올려주고 국내 활동을 보장해주는 일이 대단히 중요하다. 외국에서 K-Trot 대회를 여는 것도 좋을 것이다.

⑪ 심사위원의 엄숙주의가 무너지고, 자기들 스스로가 음악에 몰입해서, 웃고, 환호하고, 몸부림 치고, 관객의 일부가 되어 있었다. 이것이 특별한 변화 현상이다.

K-Trot에서 얻은 성과를 짚어보면, 트로트(뽕짝)는 늙은이나 부르는 노래, 일제하에서 불렸던 노래, 시골 아주머니, 아저씨들의 노래라는 인상을 벗을 수 있는 좋은 기회를 제공해주었다. 적어도 100년의 역사를 가진 음악임을 보여주었다. 국제화될 수 있는 자신감을 주었으며, 마치 재즈나 삼바와 같이 하나의 장르로서 외국에 수출할 수가 있을 것 같다.

일본 엔카에는 현역 시인들이 작사가로 참여한 경우가 많아서 가사에 우리나라 트로트보다 섬세한 시적 정서가 많이 풍긴다. K-Trot까지 대중예술에 가담한다면 우리의 K-컬처는 완성된다. 무대의 예술화, 가수의 패션화, 퍼포먼스의 다양화, 창법의 변조(바이레이션) 등은 새로운 트로트를 낳는 배후 조건이 될 수 있다. 트로트는 사실상 미국의 팝 음악과 같은 것이다. 서양의 세계적 성악가들, 예컨대 파바로티, 도밍고, 카레라스 등도 공연 때 나폴리 민요도 부르고, 칸초네도 부르고 샹송도 부른다. 독일서 성악 공부를 하고 귀국한 김호중도 이번에 이 프로그램에 참여해서 눈길을 끌었다. 아주 좋은 자극제가 되었다.

2020년 2월에 한국의 트로트의 신이라고 일컬어지는 가수 남진, 진성, 설운도, 김연자, 주현미, 장윤정이 베트남에 가서 버스킹을 했다. 첫날에는 호치민시 중앙우체국 광장에서 했을 때에는 베트남 시민들은 트로트에 익숙하지 않은 반응이었고, 호기심으로 100여 명 정도 모여서 듣기만 했다. 둘째 날은 호텔 앞 광장을 빌려서 500석의 의자 좌석까지 마련하고 홍보도 해서 좌석은 다 채웠고 입석도 많았다. 그러나 K-Pop을 기대하고 모였는지는 모르겠으나 노래에 대한 호응은 무덤덤했다. MC들이 열심히 호응을 유도해서 분위기는 후반에 가서 고조되기 시작했다. 트로트의 세계화를 위한 테스트 케이스다. 아직은 K-Pop이 가져다주는 것과 같은 감동과 흥은 없었고, 시간이 걸리겠지만 음악 자체의 매력을 좀 더 알려줘야 할 것 같다.

한 가지 나의 소감은 이렇다. 동남아시아에는 주로 5음계 음악을 사용한다. 그리고 3음계, 6음계도 있다. 그래서 우선 동남아시아를 공략하기 위해서는 K-Trot도 5음계 트로트를 가지고 가서 공연하면 호응이 좋을 것 같다. 그들 음악의 바탕을 점검해보는 것은 유익할 것이다. 일본의 엔카에는 단조도 많다. 단조 음악도 선곡에 고려해볼 만하다. 그 이유는 그들의 정서에 가깝기 때문이다.

강준만 교수는 K-Trot뿐 아니라 우리에게는 우수한 대중문화 전문가가 많기 때문에 앞으로도 상당 기간 우리의 대중문화는 "앞으로 갓" 하고 나갈 것이라고 했다.

제2부 우리는 다르다

예술과 힐링

제8장

예술의 심리적 · 사회적 기능

1. MoMA에 대하여

예술과 힐링은 자연스러운 관계에 있다. 4,000년 전 옛날, 이집트의 사제(司祭)들은 의사를 겸하고 있었다. 그래서 부인들의 수태 능력에 효험이 있다고 생각되는 음악을 골라서 부인들에게 들려주고, 마법을 사용해서 임신케 했다고 하는 이집트의 최고 문서 기록에 남아 있다고 한다. 또 이집트 사람들은 음악을 '영혼의 약'이라고 했다고 한다.

고대 페르시아(지금의 이란)인들도 류트(지금의 만돌린과 같은 악기)의 소리로 만병을 고쳤다는 이야기가 전해지고 있고, 고대 이스라엘 왕국의 1대 왕 사울(BC 1,000)이 음악으로 심신의 병을 고쳤다는 이야기가 성경에 나온다. 공자도 음악 애호가였으며, 음악이 생활의 조화를 위해서 크게 도움이 된다고 믿었다.

스페인의 왕 펠리페 5세(재위 1700~1746)는 거의 미치광이에 가깝게 우울증에 시달리고 있었다. 궁정 의사도 거의 포기한 상태였다고 한다. 왕궁의 전의(典醫)는 최후 수단으로 음악을 이용하기로 결심했다. 그래서 전왕 루이 1세가 총애하던 유명한 가수 카롤로 브로스키−파리넬리(이 이야기는 영화화되기도 했다)가 이 실험을 위해서 궁중에 파견되었다. 왕은 몇 번이고 실험이 되풀이되는 동안 그 가수의 노래에 매혹되어 드디어 우울증에서 해방되었다고 한다. 또 영국의 왕 조지 2세(1727~1760 재위)도 심한 우울증으로 발작을 일으켰을 정도였는데, 유일한 위안으로 음악을 들음으로써 우울증 치유에 성공하였다.

이와 같은 사례는 무수하다. 음악뿐 아니라 춤도 그렇다. 춤의 정신 치유력은 놀랍다. 내가 한번 무용치료 전문가가 지도하는 세션에 우연히 들렀다가 감동적인 장면을 목격한 일이 있다. 나도 이 세션에 참여해서 간단한 동작 하나, 자기 자신의 몸을 두 팔로 꼭 감싸 안고 느끼는 동작 하나로 마음이 평안해짐을 느꼈다. 그 동작을 한동안 계속하던 한 중년 여성은 드디어 울음을 터트렸다. 왜냐하면, 감동에 겨워서였다고 한다. 자기가 자기 몸을 이렇게 사랑해본 일이 없었기 때문이라고 했다.

이제는 널리 상용되는 용어이지만, 가끔은 과용되는 용어가 바로 힐링(healing)이라는 말이다. 힐링이란 건강을 회복시키는 과정을 말하는데, 건강해지도록 치료하는 행위 전체를 말한다. 요즘은 온갖 방법의 힐링이 유행되고 있다. 그중에서도 예술 관련 힐링 프로그램이 가장 많다.

여기서 왜 예술의 치료적 효과 문제를 다루느냐 하면, 예술이 본질적으로 이 힐링 기능을 가지고 있기 때문이다. 인간의 정신적·신체적 장애를 바로잡아 주고, 불균형 상태를 회복시켜 건강해지도록 하는 데 한몫을 하기 때문에 이 문제를 다루어보려고 한 것이다.

한 도시에 예술 관련 시설, 예컨대 미술관, 박물관, 뮤직홀, 혹은 전시장이 있으면 자연히 시민들의 생활에 활기와 즐거움이 더해진다. 우리나라만해도 세계적 규모의 대형 미술관, 박물관, 음악당이 여기저기 많이 세워져 있다. 그리고 상당한 횟수의 공연과 전시가 1년 내내 펼쳐지고 있어서 마음만 먹으면 마음껏 즐길 수가 있다. 지방자치제 덕으로 지방에도 알찬 문화

예술 관련 시설이 무척 많이 생겨나서 지역민들을 기쁘게 해주고 있다.

파리의 대형 갤러리인 '그랑 팔레(Grand Palais)'의 회장이 2000년대 초에 한국을 방문하여 놀라고 간 일이 있다. 당시 "전국의 400여 개에 이르는 화랑에서 1년 내내, 매일, 누군가가 미술 작품 전시를 하고 있다"는 사실을 알게 되어 놀랐다는 것이다. 전 세계에 이런 나라도 흔치 않나 보다. 표현 욕구가 충만한 한국인들. 작품이 팔릴지 안 팔릴지도 모르지만 실험정신으로 전시를 감행하는 젊은 작가들을 보면 존경심과 동시에 동정심도 발동된다.

러시아에서는, 소련 시대(공산정권하)에도 그들 정부의 사회주의적 정책상 농민 노동자들에게 예술에 접하는 기회를 넓혀주기 위해서 모스크바만 해도 시내의 극장 400여 군데에서 매일 음악 연주나 발레 공연, 인형극 공연을 했다. 그래서 노동자들이 공장에서 일을 마치고 집에서 저녁을 먹고 간편한 차림으로 멀지 않은 곳의 극장에 가서 인형극을 보거나 〈백조의 호수〉 등의 발레를 보았다.

구소련이 무너지고 러시아가 된 후 우리나라 방송국이 모스크바에 가서 일반 시민들의 생활 변화를 살피는데 의외로 그들이 고전음악과 발레에 정통하다는 것을 발견하고는 놀랐다고 한다. 그것은 소련 시대의 유산이다. 지금 북한이 그 정책을 답습하고 있다. 인민들의 궁핍한 삶을 위로해주고 보상해주기 위함이다. 그러나 금강산도 식후경이다. "공산주의는 쌀이다." 김일성의 명언이다. 그런데 공산주의를 70년을 했는데도 아직도 쌀이 없다. 감자와 옥수수뿐이다.

파리에도 지역구마다 소영화관이 있어서 저녁에 슬리퍼 끌고 가서 영화를 볼 수 있다. 나도 파리 여행 중 영화를 세 편이나 보았다. 그 영화들이 몇 년 지난 후에야 한국 영화관에서 상영되었다. 그중에는 〈리틀 부다〉, 〈송 오브 노르웨이〉도 들어 있다.

2004년, 일본의 동해안에 면한 이시카와현 가나자와시에 세계적 명성을 가진 미술관이 생겼다. 지방의 소도시가 인구 감소로 기존 공공건물들을 철거하고 재개발하는 프로젝트를 진행하면서 옛날 유치원이었던 자리에 '가나자와 21세기 미술관'을 지은 것이다. 전시 프로그램을 획기적으로 구상해서 홍보했는데, 이것으로 관광객이 늘어난 것은 말할 것도 없지만, 무엇보다도 시민들에게 정신적 위안과 행복을 가져다주는 중요한 매개가 되었다. 이를 위해 젊은 두 건축가 세지마 가즈오와 니시자와 류에가 혁신적인 아이디어로 설계를 했다. 그들은 이 미술관 설계로 건축의 노벨상이라고 하는 프리츠카상을 받고 일약 세계적 명성을 얻게 되었다.

 나는 2010년대 초에 들렀는데, 건물 밖의 잔디밭에서 안을 들여다볼 수 있게 설계돼 있고, 출입문도 여러 곳이고, 비나 눈을 피할 수 있는 공간도 마련되어 있었다. 시민들을 위한 편의시설도 잘 갖추어져 있었다. 뜰은 공원 역할을 했다. 시민들의 편의를 위해 주말도 밤늦게까지 문을 열어서 관람객을 맞이했다. 관람객의 25%가 시민이라고 했다. 그래서 2009년 유네스코는 가나자와시의 이런 변화를 보고 '창조도시'로 인정했다. 시민들에게는 여기가 예술을 느끼면서 생각을 비울 수 있는 공간이고, 자신들에게 정신적 위안과 평화를 맛볼 수 있게 해준다고 실토했다. 이런 예술 관계 시설은 단순히 보여주기식 장식도 아니고 수익만을 위한 도구도 아니고 시민들의 행복을 위해 존재해야 하는 것이다.

 이런 시설은 예술적 가치만 가지고 있을 뿐 아니라 집단 심리치료적 효과를 주는 일종의 치유를 위한 시설이기도 하다. 시민들로는 몸과 마음을 쉬게 하는 안식처요, 위로받는 기관이요, 사교장이요, 학습기관이다.

 미국 뉴욕에는 세계적 규모의 큰 미술관이 상당히 많지만, 그중 단독 건물이나 소장품도 없이 개관한 세계적인 현대미술관이 있다. 1929년에 문을 연 MoMA라는 현대미술관이다. 'Museum of Modern Art'의 약자이다.

나는 그곳을 가보지는 못했지만, 소장품 자료는 좀 뒤져보았다. 또 그 밖에 유명한 미술관으로는 1937년에 문을 연 20세기 비구상·추상계 작품이 주 소장품인 구겐하임미술관, 그리고 휘트니미술관 등이 있다. 철도왕 밴더빌트의 손녀이자 조각가인 거트루드 밴더빌트 휘트니가 1931년에 개관하여 19세기 이후의 미국의 작가들의 작품을 중심으로 수집한 미술관이다.

MoMA는 현재 15만 점의 소장품을 가지고 있는 큰 미술관이 되었다. MoMA는 작가들에게 창의성이라는 연료를 채워주고, 인간 정신에 방아쇠를 당겨주고, 영감을 안겨다 주는 미술관으로 알려져 있다. MoMA의 특별한 전시와 컬렉션 리스트를 보면, "우리 시대의 현대미술을 이해하는 안목을 넓혀주고 깊게 해주며, 그걸 즐길 수 있도록 해주는 곳"이라는 모토를 내걸고 있어서, 이 미술관의 정신을 이해할 수 있다.

MoMA가 2019년 6월 15일부터 9월 21일까지 전시관을 확장하기 위해서 문을 닫을 예정이라고 광고를 했다. 4개월의 확장 공사를 거쳐 MoMA는 총 3,700평방미터(약 1,200평)나 더 넓어지게 되고, 소장 작품도 다양해졌다. 여성 예술가의 작품 컬렉션이 확충되고, 라틴계(중남미), 아시아계, 흑인 작가들의 작품이 보강될 것이라고 했다.

MoMA가 휴관을 하면서 "작품에 대한 관심도를 높이고, 방문객들에게 예상치 못한 기쁨을 주기 위해 6개월 혹은 9개월에 한 번씩 영구 소장품을 새롭게 배치할 것이다."라고 광고를 냈다.

이 멘트를 보면, 미술관 휴관의 명분을 확실하게 알 수 있다. 그 명분이란, 모든 미술관이 갖는 핵심적이고 공공적인 기능임을 잘 말해준다. 첫째, 1차적으로 작품에 대한 관심을 높여주고, 둘째, 방문객들에게 예상치 못한 기쁨을 주기 위해서라고 했다. 멋진 말이다. 예상치 못한 기쁨을 주겠다니 그야말로 횡재를 하는 것이다. 즉 이것은 미술관의 입장에서 한 말이지만 예술 전반에도 적용될 수 있는 보편성을 띠는 말이다.

예술이 고대에는 생활의 일부였지만 정치 조직이 굳어지면서 차츰 예술이 생활과 분리되기 시작했다. 왕권이 확립되면서 귀족 계급, 혹은 사대부 계급이 생겨 예술이 생활과 분리되고 예술가는 예인(藝人)으로 전락했다. 상류층이 잔치를 하거나 유흥을 위해서 그들을 불러 연희를 시키고는 엽전 꾸러미를 던져주었다. 그런 사정은 서양이나 동양이나 비슷했다. 그때만 해도 그들은 예술가가 아니라 그냥 '꾼' 자나 '쟁이' 자를 붙여서 '노래꾼', '춤꾼', '광대', '환쟁이(화가)'라고 불렀고, 노래를 잘하면 직업적인 가인(歌人), 지도자급이 되면 명창, 명인이 된다.

예술이 궁정에서 살롱으로, 살롱에서 극장이나 전시장으로 나오면서 예술가로서 독립적 · 전문적 직업인으로 대접을 받게 되었다. 지금은 명성이 높은 예술가들은 그 사회의 귀족이 되었다. 대저택에 하인을 여럿 두고, 고급 승용차에 명성이 높은 패션 디자이너 옷을 걸치고 산다. 미국 할리우드의 명배우들 중 그런 사람들이 많다.

미국의 소울 R&B 가수로 상을 받은 R.켈리의 뉴욕의 자택을 방문한 박진영은 그가 이끌고 있는 '원더걸스'를 미국 무대에 등장시키기 위해 그를 만나려고 그의 집 앞 호텔에서 근 1주일 동안 기다렸다가 겨우 몇 분간 만났다고 한다. R.켈리의 저택은 옛날 고성과 같은 집이었다고 한다. 그는 미국 사회에서는 일종의 흑인 귀족과 같은 존재이다. 지금은 대중예술가도 귀족급에 들 수 있는 시대이다.

우리나라 청소년들 중에는 연예인 지망 청소년들이 매우 많다. 꿈인 동시에 환상이다. 성공한 스포츠맨도 마찬가지다. 누구나 원하면 그렇게 되는 것이 아니다. 재능과 기나긴 훈련기간과 거기에 견딜 수 있는 정신적 · 육체적 힘, 그동안 경제적으로 뒷받침할 자금이 필요하다. 실패자가 얼마나 더 많은지 모른다. 대학에서 그림 공부나 음악, 무용 공부를 하고도 졸업 후 제대로 일할 기회를 못 얻은 젊은이들이 엄청나게 많다.

6·25전쟁 때의 이중섭, 박수근은 그림 그릴 재료조차 살 형편이 못 되어 미국제 담뱃갑 속의 은박지나 수입 합판, 골판지에다가 그림을 그렸다. 그 그림들이 지금 억대의 값어치를 갖는 작품이 되었다. 왜냐하면 고난을 이긴 흔적과 절박함과 진실함이 함께 진솔하게 그 속에 배어 있기 때문이다.

예술이 궁정을 벗어나서 대중들에게 가까이 온 것은 사실이나 이번에는 불행스럽게도 그런 예술을 경험하려면 돈을 내야 한다는 점이 문제다. 전시장, 공연장, 박물관, 미술관 모두 돈을 내고 들어가야 하고, 좋은 시설은 모두 도시에 집중되어 있다. 그런데 불행 중 다행인 일로는, 과학기술의 발달과 영상매체의 발달과 보급, 확대된 방송, 유튜브, ICT, SNS 등의 발달로, 간접적으로나마 이들 예술과 접할 수 있게 된 점이다.

이런 상황 속에서 MoMA가 빛나 보이는 것은, 미술관이 시민을 기쁘게 해주기 위해 존재한다는 멘트를 보낸 점이다. 예상치 못한 기쁨을 준다니, 바로 예술이 갖는 의미를 제대로 보여주는 말이다. 나는 이집트, 아테네, 로마, 파리 등지에서 예상치 못한 기쁨을 많이 맛보았다. 경이감, 감탄, 가슴 두근거림, 눈 크게 뜨기, 눈여겨보기, 고개 가로젓기 등의 반응을 경험했다. 그게 예술이 주는 힐링 포인트고 감정이입 경험이다.

우리가 이와 같이 예상치 못한 기쁨과 즐거움을 맛보려면 예술을 사랑해야 된다. 사랑하는 대상에 대해서는 무관심과 증오심을 가질 수가 없다. 사랑하지 않고 이해하기란 어렵고 위선적이다. 왜냐하면 무관심한 대상에 대해서는 피하거나 외면하기 쉽고 이해할 시간이 없기 때문이다.

2. 예술은 자기 확장을 가져다준다

영국 리즈대학교 철학 및 예술학 교수인 매튜 키이란은 미학과 예술, 비평, 철학 등을 가르치는 교수다. 영국 미학회 회장도 지낸 학자인데, 그가 쓴 『예술과 그 가치』란 책을 이해완 씨가 번역해서 2010년 출간했다. 키이란은 이 책에서 예술의 기능으로 다섯 가지를 들었다.

① 예술은 우리를 확장시켜준다 : 즉 우리의 내적 삶(돈이나 권력 같은 것이 아니고)을 깊이 있게 해준다. 내적 삶이란, 밖으로 드러나는 어떤 라벨과 같은 형식적 치장이 아니라 정돈된 지식과 이해력, 사고력, 비판 능력 같은 것을 말한다. 예술은 바로 이런 고등 정신 능력을 길러준다는 말이다. 내가 보고 듣고 하는 세계에 대한 이해를 크게 넓혀준다는 것이다.

② 세계에 대한 통찰력을 풍부하게 해준다 : 예술은 세계에 대한 이해의 수단이며, 세계 속으로 들어가 그 안에서 자신의 자리를 찾는 방법이다. 이 말은 세계 문화의 흐름을 알 수 있게 해주며, 지금 우리(나)는 그 좌표 속의 어디쯤에 위치하고 있는지를 짐작하게 해준다. '백남준'을 아는 것과 모르는 것 사이에는 문화 감각으로 보아서 큰 차이가 난다. 1990년대에 백남준이 강남의 압구정동 거리에서 로봇과 산책하는 퍼포먼스를 한 일이 있었다. 산책 도중에 로봇이 고장이 나서 오랜 시간 동행하지는 못했지만, 그는 21세기 AI 시대를 감각적으로 선도한 예술가이다. 지금 자율주행차와 비행차, AI, 로봇, 우주가 미래의 발전 방향이고, 세계의 유수 국가들이 여기 투자에 나서고 있다. 한국도 마찬가지다.

③ 작가(예술가)의 작품을 통해 예술가들은 감상자와 소통한다 : 예술가
는 자기 작품을 통해서 소비자 혹은 사회와 소통하는 매개로 삼지만,
자기의도를 강요해서는 안 된다. 작가들은 사회에 대해서 소리 지르
고 싶은 것, 개인적으로 소곤거리고 싶은 것이 있어도 자기 것을 전
매(專賣)할 생각을 해서는 안 된다. 그 이유는, 작품은 일단 생산되면
사회적 자산이 되기 때문이다. 작품은 일단 객관적 존재성을 확보하
기 때문에 만인에게 자기의 의도와 사상을 강요할 수가 없다. 대매
체, 대채널, 무한 진화하는 통신 시대에 작가들은 옛날에 비해서 훨
씬 심하게 독자, 소비자에게 노출되고, 종횡무진의 다양한 비판거리
가 된다. 댓글의 홍수, 횡포 시대에 우리가 사는 것이다. 작가들은 이
런 환경을 받아들여야 하는 을(乙)의 입장에 놓이게 되어 있다.

④ 세계 속에서의 자기의 위치, 우리 자신의 태도가 어떠해야 하는지를
이해하게 해준다 : 예술이 아니었더라면 깨닫지 못한 우리 자신의 모
습을 예술이 비춰준다. 1950년대의 전쟁 시의 우리들의 삶을 소박하
게 보여주는 박수근의 여러 작품들을 보면 그 시대의 우리의 정서를
읽을 수 있다. 고난의 대행군과 같은 시대였지만 사람들의 표정은 담
담하다. 이미 그 고난을 소화시키고 있다는 표정이다.

소설『순교자』의 작가 김은국은 함경남도 함흥 출신으로 6 · 25 때 피난
와서 미국 하버드대학에서 영문학을 공부하고 대학교수를 하다가 최초의
한국전쟁 소설『순교자』(1964)를 발표했다. 6 · 25전쟁 당시 평양을 배경으
로 이념의 대립이 빚어낸 비극적 사건의 진실을 밝혀 나가며 그 과정에서
겪는 신앙과 양심의 갈등을 그렸다. 이 작품으로 여러 상도 받았지만 한국
인이 쓴 작품으로서는 최초의 노벨문학상 추천작품(1967)이 되었다. 그것

이 영화로 다시 만들어졌다. 그 속에서 김은국은 "신은 과연 우리의 고난을 알고 있는가?"라는 질문을 던지고 있다. 이 소설을 읽거나 영화를 보면, 동족상잔의 참화 속에서 겪는 신앙인의 갈등은 큰 공감을 불러일으킨다.

영화 〈고지전〉처럼, 최전방에서 서로 총질하던 남북의 군인이 만나고 보니 형제였다던가 하는 뼈아픈 갈등을 그린 영화도 있다. 이런 영화를 보면 우리가 지고 가야 할 십자가가 바로 저기에 있구나, 하고 놀라게 된다. '분단'의 아픔이다.

⑤ 상상의 세계 여행을 함께함으로써 우리들은 노력 없이 즐거움을 얻게 된다. 그래서 영혼의 위로와 풍요로움을 경험하게 된다 : 예술은 모두 거짓말이다. 백남준은 "예술은 사기치는 짓이야"라고 했다. 왜냐하면, '없는 것을 있는 양' 표현하고, 평면을 가지고 턱도 없이 입체라고 우기고, 자전거 안장과 핸들을 가지고 투우(鬪牛)라고 속이고, 가보지도 않은 천당과 지옥, 극락과 나락, 연옥이 있다고 마음대로 그리고, 그걸 예술이라고 한다. "예술은 우리에게 진실이 무엇인지를 알게 해주기 위해서 하는 거짓말이다"라고 한 피카소의 말대로, 그런 것이 예술인지도 모른다. 왜냐하면 예술은 실재의 세계보다 거의 상상의 세계를 다루기 때문이다. 그래서 소설을 픽션(fiction, 허구)이라고 하지 않는가? 꾸며낸 이야기라는 말이다. 없는 이야기를 꾸며내서 우리들을 즐겁게 해주고, 행복하게 해주니 감사해야 할 일이다. 이 세상에 예술가가 없다면 세상은 감옥과 같은 것이 된다. 베토벤이나 말러의 음악, 그들이 피로 쓴 음악을 우리는 거실 소파에 비스듬히 누워서 편안하게 감상하고 있으니 고마운 일이다.

'예술의 기능'에 대한 견해는 얼마든지 다양한 입장이 있을 수 있으나, 여기서는 참고로 키이란의 생각을 소개하고 내 생각을 좀 보태는 것으로 그치겠다. 그러나 다소의 차이는 있으나 전문가들이 대체로 동의해줄 수 있는 견해이다.

3. 예술의 힐링 기능

예술과 힐링은 자연스럽게 따라오는 관계에 있다. 원시사회뿐 아니라 근현대사회에서도 사람들이 마음 울적할 때나 슬픔에 잠겨 있을 때 노래를 하거나 악기를 연주하거나 춤을 춘다.

힐링이란 말은 원래 미국 기독교 신흥 종교단체인 '크리스챤 사이언스'에서 사용하기 시작한 말이다. 기독교의 초대 교회에서처럼 신앙과 기도의 힘으로 병을 고친다는 교리를 바탕으로 심신의 병을 고치는 것을 힐링한다고 했다.

치료란 말은 면허를 가진 전문의가 심신의 병을 고치는 것을 말하는데, 사전적으로 보면, 힐링은 치유라고 하고, '고친다'는 뜻보다는 '고쳐지다'의 뜻이 더 강한 말이다. 성경에 '기도와 신앙의 힘으로 사람을 건강하게 회복시키다'라든가 '낫게 하다'라는 뜻으로 쓰이고 있다. 그래서 대체로 힐링은 보조적인 개념이라고 넓게 사용해도 괜찮은 말이다. 그래서 명상, 기도, 안수, 좌선, 걷기, 태극권, 자연식, 찬양 등도 힐링의 수단으로 쓰여진다. 거기에 아로마 테라피(향기 요법), 플로랄 테라피(꽃 예술치료), 가드닝 테라피(원예 치료) 등도 치유의 범주에 들어와 있다. 어쨌든 그것이 과연 효과가 있느냐의 문제는 전문적인 연구가 필요하지만 일상적으로는 기분 전환이나 복잡한 정서의 정화나 정신의 휴식을 위해서는 나쁠 것이 없다.

이런 것에 비하면 예술은 그런 치유보다는 한 걸음 더 나아가서 심신의 안정이나 질병의 치료까지도 큰 효과를 보고 있음은 객관적인 증거로 증명해 보이고 있다. 각기 예술 장르마다 전문 치료 잡지가 발간되고 있고, 학회가 설립되어 있고, 국제적 학술대회도 갖고 있어서, 단순한 힐링 수준 이상의 전문 영역이라는 것을 알 수 있다. 뒤에 예술치료에 대해서 좀 더 전문적인 이야기를 하겠다.

4. 인류의 기억을 도와준다

스위스 태생의 영국의 유명한 작가이자 '인생학교'라는 삶의 지혜와 통찰을 가르치는 기관을 설립해서 인생을 힐링하고 있는 알랭 드 보통과 오스트레일리아의 철학자이자 예술이론가인 존 암스트롱이 함께 쓴 책 『치료 방법으로서의 예술』을 참고해서 설명해보겠다.

사람들은 중요한 정보조차 깜박하고 까먹는 일이 허다하다. 우리는 이런 망각을 극복하기 위해 "쓰기"라는 방법을 찾아냈다. 경험을 글자로 기록한 것이다. 두 번째로 발견한 것이 예술이다. 예술도 경험을 보존하는 한 방법이다. 선사시대 동굴의 벽화 같은 것이 그 예이다. 무슨 동물을 사냥했으며, 무슨 도구를 썼으며, 어떤 식으로 사냥을 했는지를 알려준다. 울산의 반구대 암각화도 여기에 속한다. 거기에는 당시의 사람들의 소망도 담겨 있고 신앙의 형태도 드러나 있다.

조선조 영 · 정조 시대의 화가 김홍도의 풍속화를 보면 그 시대의 사회상, 풍속, 개인의 생활상, 마을의 축제나 행사, 의상, 놀이 도구, 음식, 술문화, 삶의 방식까지도 알아볼 수 있다. 글보다 리얼하다. 가끔 이런 것을 소재로 퀴즈 프로그램을 만들기도 한다.

프랑스 화가 장 바티스트 르노는 이런 중대한 질문을 던졌다. "왜 우리에게 예술이 문제가 되는가?" 이에 대해 그가 제시한 답은 이렇다. "예술은 우리들의 삶에서 핵심적인 중요성을 갖는 과업을 수행하도록 도와주고, 예술이 사라지고 나서도 우리가 계속 그것을 사랑하게 하기 때문이다". 희랍의 무너진 원형극장을 보고 우리는 많은 것을 알아낼 수 있다.

예술이라는 범주에 들어가는 영구적이고 대중적인 조건은, 과학이나 철학 쪽보다는 "유쾌하다" "즐겁다" "아름답다" "신난다" "흥겹다" "감동적이다"와 관계가 많은 점일 것이다. 특히 언어를 매개로 하는 소설, 시, 희곡과 같은 문학은 문자라는 기호로 기록을 남기고 오랜 세월 동안 사람들을 감동시킨다. 신·구약 성경부터, 사서오경, 호메로스의 『일리아드』나 『오디세이아』, 소포클레스의 비극은 지금도 연극으로, 영화로, 소설로, 시로 재탄생되고 있어서, 거기서 우리는 무한한 감동과 공감을 얻고 있지 않는가?

그런데 언어를 매개로 사용하지 않는 장르들은 시간예술이 되어서 기록성이 없거나 약하다. 음악(연주), 무용, 연극(공연)이 그렇다. 그래서 노벨상에 문학 부문은 있는데 무용, 연극, 음악은 없지 않는가? 언어의 중요성이 여기에 있다. 한 예외 케이스가 있다. 2016년 미국의 포크송 가수 밥 딜런이 노벨문학상을 받은 일이다. 가수이기 때문에 준 것은 아니고 그가 음악을 통해서 공민권 운동의 선도자 역할을 했지만, 문학상을 받은 까닭은 미국의 전통적인 음악에 시적인 표현을 만들어낸 공로 때문이다.

오스트리아의 철학자 루드비히 비트겐슈타인(1889~1951)이 이런 말을 했다. "언어와 실재 사이에는 구조적인 동일성이 있다. 언어는 실재 세계를 묘사하는 논리적 그림이다. 이 세계란 사실들의 총체이고, 사실들은 사태의 조립이며, 원자적 사실들의 결합이며, 사태는 대상들의 결합이다. 말할 수 없는 것에 대해서는 침묵하지 않으면 안 된다." 말할 수 있는 것을 기록한 것이 문학이다. 그래서 예술 중에서는 문학이 가장 의미 전달이 분명하고 보편적이다.

성경의 「요한복음」 1장 1절이 "태초에 말씀이 계시니라. 이 말씀이 하나님과 함께 계셨으니 이 말씀이 곧 하나님이시니라"이다. 창조의 근원적 힘은 "말씀"이다. 「창세기」 1장 1절도 "태초에 하나님이 천지를 창조하시다. 하나님이 가라사대 '빛이 있으라' 하시니 빛이 있었고…"라고 되어 있다. "말씀"으로 천지를 창조하신 것이다. 이 "말씀"이란 기호이지만 실재를 반영하는 것이다. 실재하는 대상은 의미체이고, 언어는 그걸 기록하는 기호이다. 언어가 있다는 것은 실재 대상이 있다는 말이란다. 하나님은 말씀으로 실재를 만드셨다. 그러니 실재란 언어에서 만들어진 것이다. 물론 무의미 언어도 있다. 그걸 영어로는 "nonsense"라고 하지 않는가? 의미가 없는 말은 그 말이 가리키는 실재가 없다는 말이다. "쓸데없는 소리 그만해"라거나 "헛소리 그만해"라고 하면, 그 소리는 의미가 별로 없다는 말이다.

옛날 코닥사가 필름 선전 문구로 사용한 유명한 캡션이 있다. "A picture tells thousands stories". 사진 한 장 속에 인류의 기억 정보가 엄청나게 많이 숨어 있다. 마찬가지로 예술은 복잡한 것을 단순하게 정리해주며, 우리들로 하여금 가장 의미 있는 중요한 면에 대해서 간접적이지만 집중하도록 해준다. 여기에 해당하는 대표적 작품이 피카소의 〈게르니카〉이다.

5. 희망을 주고 슬픔을 다룰 수 있게 한다

봄날의 목장, 뜨거운 여름날의 나무 그늘, 목가적인 풍경, 미소 짓는 아이들. 이런 것들이 고상한 취미를 가진 사람들이나 지성인이라는 사람들에게는 별로 의미 없는, 어지러운 일처럼 생각될 수도 있다. "아름다운 것을 사랑한다"는 것이 때로는 저급하고, 어린아이들의 취미와 동일시될 수도 있다. 왜냐하면 "그걸 뭘 새삼스럽게 내세우고 떠들고 하느냐, 우리는 이미 그걸 초월해서 그보다 더 높은 경지에 있어" 하는 오만한 태도일 수도 있기 때문이다.

그러나 어떤 예술작품이 너무나 "아름답기가 뚜렷하고", "문제로 삼을 수 있는 실험적 작품"이라는 평가를 널리 받고 있거나, "신진이지만 주목할 만한 작품"이라는 평을 듣고 있다면, 우리는 거기에 주목할 만한 가치가 있다는 것을 인정해야 한다. 그뿐 아니라, 그 속에 예술의 핵심적 기능에 대한 단서가 포함되어 있기도 하다. 우리가 사람 그림이 전혀 없는 풍경화 같은 것, 예컨대 모네의 〈수변 뜰〉이라든가 〈수련 연못〉 같은 것을 보기만 해도 즐겁지 않은가? 이런 그림은 그림에 대한 특별한 조예가 없이도 보고 즐거워할 수 있는 그림들이다. 왜냐하면, 시끄러운 도시에서 성냥갑 같은 고층 건물 속에 갇혀서 답답함을 느끼면서 사는 현대인들에게 있어서는 큰 위안이 되기 때문이다.

아름다운 그림을 감상하는 사람들은 조금 감상적으로 될 수도 있다. 즉 그들은 다정다감해서 그림 자체의 가치보다는 개인의 취향에 취해서 아름답다고 감탄하기도 하기 때문이다. 아름다운 그림을 보는 것으로 우리의 삶이 좀 더 멋지게 변하고, 우리가 일상적으로 당면하는 골치 아픈 문제들에서 잠시 벗어날 수 있으며, 우리의 삶의 질도 전체적으로 향상된다. 그냥 아름다움에만 취하다 보면 우리가 무비판적으로 될 수 있고, 동행자에 호흡을 맞추어주려는 동조행동으로 기울어져서 개운치 않은 태도를 취할 수도 있다.

"기분이 좋다"는 것은 하나의 성취이다. 그리고 희망을 갖는다고 하는 것은 축복해주어야 할 일이라고 본다. 예술에서 우리가 얻을 수 있는 여러 가지 혜택 중에 이런 "좋은 기분"과 삶에서 새로운 희망을 얻게 되는 일도 포함된다. 낙관주의라는 것이 중요한 까닭은, 우리가 무슨 일을 위해서 애써서 노력하고 수고한 보람이 우리를 만족하게 해줄 것이라는 조망을 갖게 해주어서, 드디어 성공으로 이끌어 주는 힘이 되기 때문이다.

예술을 경험할 때의 신기한 특징 중 하나는, 우리를 감동케 해서 눈물까지 흘리게 만드는 힘이다. 우리가 눈물을 흘리는 것은, 괴롭고 무섭기 때문이 아니라, 예술적 경험에 접하는 순간 나의 애를 끓게 만드는 우아함이나 사랑스러움이나 즐거움이나 절정적 감동을 느끼게 만드는 감정 때문이다. 이때 우리가 눈물을 흘리는 것은, 결국 그 작품이 주는 감동 때문일 것이다.

어린아이가 어른과 노는 광경과 어른이 어린아이와 노는 광경을 떠올려 보라. 이때 어린아이의 즐거움은 순박하고 아름다운 것이나, 어른들의 기쁨은 옛날 자기가 어렸을 때에 겪었던 존재의 쓰라림을 회상하면서 떠올리는 기쁨일 것이다. 그게 무엇이냐 하면, 바로 우리를 감동시키는 것, 때로는 우리를 울게 하는 바로 그것이다. 아름답게 보이는 작품들이 반드시 작가가 행복했기 때문이 아니라, 작가가 겪은 엄청난 괴로움, 고통, 슬픔, 절망감, 애달픔, 배신감, 복수심 등에서 연유하는 경우도 많음에도 작품 속에서 그런 것들을 정화시켜주고, 승화시켜주기 때문에 아름다운 것이다.

음악도 그렇지 않은가? 듣기 싫은 음악도 얼마든지 있다. 다시는 보기 싫은 연극도 얼마든지 있다. 꼴 보기 싫은 건물과 공예품도 많다. 무수히 많은 전시, 공연이 있어도 대부분 1회용으로 끝난다. 우리는 이상적인 상태, 이상향, 유토피아, 무릉도원을 바라고 있는지도 모른다. 그러나 그런 세상은 없고 오지도 않는다. 국제적 TV 채널들을 보고 있으면 자연재해 광경을 계속 돌려준다. 인간의 무력함, 문명이란 것의 허망함을 거기서 보여준다. 대홍수 한 방으로 몇천 년 전의 문화유적은 사라진다. 그럼에도 여전히 우리는 천당과 지옥, 극락과 지옥 혹은 나락, 연옥과 같은 세계의 존재를 인정하고 산다. 2020년 봄의 신종 코로나바이러스-19 재앙에 유럽 연합의 유대도 깨어졌다.

그러나 우리는 예술을 통해서 삶을 이상화한다. 토마스 모어의 『유토피아』가 그 좋은 예이다. 1933년 영국의 소설가 제임스 힐튼이 쓴 『잃어버린 지평선』이란 소설에 그려져 있는 이상향 '샹그릴라'는 히말라야 산맥 칸첸중가의 4,500미터 높이의 산록에 위치하고 라다크에 인접한 지역을 일컫는 것이나, 한 오래된 불교 사원이 그 이야기의 실제 모델이란다. 여기는 신비롭고 아름다운 일로 가득하며, 지상에 존재하는 평화롭고 영원한 행복을 누릴 수 있는 유토피아라고 한다. 그 소설을 읽은 사람들이 실제로 그런 곳이 있나 궁금해하고 세계 각국의 방송사와 언론사들이 취재를 하였는데, 그곳은 아주 깊은 산골짜기 마을로서 원시스러운 순박한 사람들이 사는 지역이 존재하기는 하지만 거기가 바른 샹그릴라는 아니었다는 것이다.

우리가 과연 이와 같은 삶을 이상화하는 예술에서 평화와 행복을 찾을 수가 있을까? 생각해보자. 우리의 삶이란, 우리의 욕망을 다 채워주지 못하는 것은 사실이고 진실이다. 그렇기 때문에 우리에게 아름다운 것이 가치 있고, 필요한 것이 된다.

기대하지 않게도 예술이 우리들을 위해 해줄 수 있는 중요한 일의 하나는, 어떻게 해서 고통을 성공적으로 이길 것이냐를 가르쳐주는 일이다. 예술이 우리들 더러 명랑해지라고 명령하지는 않는다. '슬픔'이란 우리 인생 계약서 속에 쓰여져 있다고 말해줄 뿐이다. 우리가 태어날 때 울면서 태어나지 않는가? 칸트는 "왜 아기가 태어날 때 우느냐? 화가 나서"라고 했다. 아기가 태어나는 과정을 보면, 우선 '이제 내가 나가야 할 시간이다, 엄마에게 신호를 보내야지' 하고 엄마 뱃속에서 빙빙 돌다가 좁은 터널을 비집고 나와야 한다. 한동안 숨이 막힌다. 이 현상을 질식분만이라고 한다. 이 과정을 무사히 통과해야 살아 나올 수 있다. 이렇게 태어난 인간이기에 '슬픔'은 우리의 삶의 일부가 되었다.

나는 첼리스트인 미샤 마이스키를 좋아한다. 그의 한국 공연도 몇 번 봤다. 그의 앨범에 〈자클린의 눈물〉이라든가 김연준의 〈비가〉 등이 있는데, 마음 울적할 때 나는 그 판을 듣거나 Chrome으로 듣는다. 음악치료 원리에 '동질의 원리'라는 것이 있다. 슬플 때는 활기찬 음악을 듣는 것이 좋은 것이 아니고(이것을 '이질의 원리'라고 한다), 도리어 슬픈 음악을 듣거나 연주를 하는 것이 좋다는 원리다. 이열치열, 이냉치냉인가?

예술작품이 반드시 우리의 일상의 삶에서 받는 스트레스나 고난과 시련을 직접적으로 관계하는 것은 아니다. 우리들에게 '시간과 공간은 넓고 크구나!' 하고 예리하게 느끼도록 마음의 상태를 조정해줄 뿐이다. 그런 마음의 상태―좀 더 낭만적으로 말한다면, 영적 수준에서는, 우리들 앞에 놓여 있는 강렬하고 집요하고 특별한 비탄을 더 잘 다룰 수 있도록, 우리가 예술작품을 만났을 때 예술이 거기에 대비하게 해준다. 즉 정신적으로 무장하게 한다는 말이다.

6. 균형 감각과 이해력을 높인다

우리의 정서란 것은 슬프게도 한쪽으로 기울기가 쉽다. 지나치게 느긋하다가도 지나치게 불안해지기도 한다. 양극단을 왔다 갔다 하는 것이 정서이다. 예술은 이렇게 우리의 정서가 한쪽으로만 치우치지 않게 균형을 잡아주는 구실을 한다. 우리의 내적 자아가 평형을 유지할 수 있도록 수단을 제공해 준다는 말이다.

제3부 예술과 힐링

우리는 매일, 매 순간 수많은 정보에 시달리면서 살고 있는데, 그중에는 유익한 정보도 있고, 유해한 정보도 많다. 유튜브, 트위터, 페이스북 등 SNS가 우리들을 반드시 행복하게 해주는 것은 아니다. 자극이 너무 많거나 너무 강렬하다든지 하여 주의를 산만하게 해서 우리를 불안하게 만든다. 이럴 경우에 예술에 집중한다면, 그런 것들을 날려버릴 수 있다.

예술은 단지 우리의 품성에 균형을 잡아주는 역할을 할 뿐 아니라 우리로 하여금 도덕적으로 균형을 잡게 해준다. 즉 어느 한쪽으로 기울어지지 않게 한다는 말이다. 미국의 유명한 음악교육자인 제임스 머셀 박사는 음악교육을 제대로 하면 도덕성이 향상되고, 원만 인성(wholesome personality)을 갖게 된다고 강조했다. 원만 인성이랑 지성과 감성이 조화되고, 대내(자기 내심)−대외(다른 사람)적으로도 균형이 잡힌 것을 말한다.

그 이유가 무엇인가 하면, "음악이란 고대부터 협동적으로 노래 부르고, 연주하였으며(특히 민속음악), 그 속에서 종족 구성원 간의 단결심, 협동심, 조화를 배운다. 그리고 좋은 음악교육은 반복 연습을 통해서 뭔가를 더하고 축적하는 것이기보다는 개발하고 발전시키는 것"이라고 했다. 공부하고자 하는 사람의 동기 유발이 제대로 되지 않은 상태에서 계속 연습만 시키면 음악성은 진보하기 어렵다고 했다.

예술 공부를 하다 보면 꾸준히 해야 되고, 열심히 해야 되고, 진심으로 그 예술을 사랑해야 되기 때문에 우리에게 성실성과 시간을 아껴 쓰는 습관을 길러 준다. 또 우리의 삶에서 낭비를 막아주는 구실도 한다. 시간뿐 아니라 자원, 노력의 낭비를 막아준다. 음악뿐 아니라 다른 예술을 공부하려 해도 인내심이 필요해지기 때문에 인성교육에도 공헌할 수 있다는 것이 머셀의 주장이다.

우리 인간은 자기 자신에게도 투명하지 않다. 우리는 논리 판단보다는 직관을 사용할 때가 더 많다. 의구심이 많으며, 지레 짐작을 하고, 막연하게 꿈꾸듯이 생각하는 등, 여러 가지 복합적인 정서를 품고 있어서, 이러한 것 때문에 뭐든지 단순하게 정리하기가 어렵다.

인간을 '감정의 동물'이라고 한다. "나도 몰라!" "내가 왜 그랬지?" "내가 어떻게 그걸 알아?" "내가 그때 귀신이 씌었는가 봐." 이런 반응은 우리가 자기 자신의 감정을 진실로 잘 알고 있지 않다는 것을 말하는 것이다.

때때로 우리가 느끼기는 해왔지만, 분명하게 인식하지 못했던 그 무언가에 끌리게 하는 예술작품을 만날 때가 있다. 영국 시인 알렉산더 포프는 "시의 중심적 기능은 우리가 일상적으로 경험하는 생각의 반쯤밖에 형성되지 못한 불완전한 시상을 명확하게 표현하도록 해주는 것이다"라고 정의하였다. 자주 생각은 하지만, 그리 잘 표현하지 못한 우리의 경험을 표현하게 해주는 것이라는 말이다. 다른 말로 하면, 우리의 사고와 경험 중 일시적이고 표현하기 어려운 것을 꼭 집어서 편집하고, 이전보다는 더 좋은 것으로 우리에게 다시 돌려주어서 우리가 드디어 우리 자신을 더 잘 알게 되었다고 느끼게 하는 것이다.

우리가 화가의 그림을 감상할 때, 그림 속의 내용물, 오브제가 무엇을 의미하든지 상관없이, 우리는 그것에 대해서 완전히 정확하게 이해하기는 어려울 것이다. 이제야 그동안 우리가 뭔가 잘 모르고 살아왔다는 것에 대해서 이해하기 시작하게 된다.

그동안 우리는 반성(reflection)이라는 과정을 포기하고 살아왔다. 사랑이니 정의니 혹은 성공이니 목표니 출세니 하는 것에 대한 개인적인 의사결정을 독립적으로 한 바가 별로 없었기 때문이다. 대세의 흐름에 그냥 따라왔을 뿐이었다. 뭔가에 계속 쫓기면서 살아왔다. 우리 자신이 중요한 질문에 대해서 해답을 찾느라고 헤매었는데 아직도 혼란스러워하는 것은 자신에 대한 인식이 부족하기 때문이다. 예술작품이 마치 거울처럼 나를 비춰주어서 그것을 통해서 나를 객관적으로 보게 되는 것이다. 때로는 그 이상일 수도 있다.

　예술은 자기 이해에 대한 지식을 쌓게 해준다. 그뿐 아니라, 결과적으로 거두어 들이는 결실로 다른 사람과 소통하는 훌륭한 통로로 사용하게 된다. 우리의 일상적인 삶이란 늘 루틴으로 진행되는 것이고, 거기에는 드라마란 없고, 결과에 대한 기대감도 없고, 어디로 가게 되는지에 대한 감각도 별로 없이 사는 삶이다. 이런 것들이 결국 욕구 불만이나 권태의 조건이 된다.

　평온하다고 지쳐 있는 것은 아니다. 굉장히 평화롭다고 우둔한 것은 아니다. 기승전결이란, 한시(漢詩)의 운(韻)의 배열을 정하는 원칙을 말하는데, 첫머리에 기(起), 이어받는 것이 승(承), 뜻을 한 번 돌리는 것을 전(轉), 끝 마무리를 결(結)이라고 한다. 인생에도 기승전결이 있다. 시작이 있고, 교육받는 초기는 부모나 교사의 가르침을 이어받고, 그러다가 사회생활을 하면서 여러 가지로 전기가 오고 가고 하면서 다양하게 바뀌고, 결국 돌아가는 곳은 한 곳이다. 옛사람들이 시의 운을 잘 맞추었던 것처럼, 인생과 예술에도 이 기승전결이 있다.

　예술이 우리들로 하여금 다른 사람을 이해할 수 있도록 도와주는 기능을 가졌음으로 다른 사람들에게 내가 누군지를 소통하기 위해서는 예술작품에 대한 이해의 폭을 넓혀야 한다. 예컨대 인테리어를 리모델링하는 데 어떤 식으로 했는지를 보면 그 속에 "나는 이런 사람이요"하고 고백하는 단서를 엿볼 수가 있다. 나는 이런 감각을 가지고 있고, 이런 취향을 가지고 있고, 돈은 얼마나 많이 가지고 있는지와 같은 정보를 흘리는 것이다. 그 속에 자아가 드러나기도 한다. 오만, 과시, 천박, 무식, 무교양 등도 읽을 수가 있다.

7. 개인 성장을 풍요롭게 해준다

우리가 예술에 대해서 알 수 없는 일이 몇 가지 있다. 첫째는 대형 미술관에서 소장하고 있는 미술작품, 전시장에 전시 중에 있는 명성 높은 작가의 작품 중에도 '왜 저 작품이 가치가 있지?' '왜 저 작품을 콜렉트했지?' 하고 의심스럽게 만드는 작품들이 있다. 우리(감상자)들을 싫증 나게 하고, 짜증 나게 하고, 투덜대게 하는 작품들을 볼 때 그 이유를 일반 구경꾼들은 잘 모른다. 음악도 마찬가지이다.

교향악의 경우, 의외로 구스타프 말러를 좋아하는 사람들이 많다는 것을 알고 놀랐다. 왜냐하면 우리나라에서는 베토벤은 물론이고, 모차르트, 하이든, 브람스, 차이콥스키 등의 교향곡은 많이 연주하는 편인데, 말러 연주는 흔치 않다. 곡이 대체로 길고 난삽하다는 평을 받고 있기 때문이다. 그래서 그동안 별로 주목을 못 받았는데 임헌정 교수의 수고로 말러가 대중과 가까워지게 됐다. 서울대 영문학과의 이상옥 명예교수, 안동대학의 식물의학과 이순구 교수 등이 말러 애호가이고 음반 권위자들이다.

부천필하모닉이 임헌정의 지휘하에 1999년부터 2003년까지 4년간 걸쳐서 말러의 교향곡 전곡을 연주하고, 또 그 결과로 전문 음악인과 음악 애호가의 호응을 얻어서 큰 상까지 탄 업적을 남겼다. 말러는 자기 음악속에 세계의 온갖 소리를 다 넣고 싶어 했고, 하나의 거대한 세계를 음악 속에 구현하려고 했다. 20세기 초에 그는 왕성한 활동을 하였으나 비시세적(非時勢的)인 음악가라는 이유로 슈트라우스와 비교되면서 대중의 호응을 크게 받지 못했다. 그에게 있어서 음악은 하나의 철학적 요청을 충족시켜주는 것이었다. 세계상의 음악적 구현이고 시대에 대한 속죄의 설교였다. 음악사가의 말이다. 그런 그의 음악을 한국의 팬들을 위해 4

년간이란 세월을 세계에 유례를 찾기 어려운 '말러 교향곡 전곡 연주'의 기록을 세운 것은 역사적 사건이라 할 수 있다. 말러가 생각보다 비인기 음악가였던 이유 중에는 그가 유대인이란 것도 들어간다.

왜 말러를 새삼 떠올리느냐 하면, 예술의 가치란 의외의 곳에서 재평가받는다는 점 때문이다. 지금 내게 별로 관심을 끌지 못하고 역겹고 짜증 나게 했지만 계속 관찰하고 듣고 보고 읽으면, 일찍이 발견하지 못했던 가치를 재발견하게 된다는 점이 우리로서는 이상한 것이다. 그러니까 진정한 예술의 가치 기준은 변하는 것이다라고 말할 수 있겠다.

또 다른 이해 못 할 것은, 지역성과 역사성이 있다는 점이다. 우리나라 고전어 학자로 박기용 박사가 있다. 이분은 40개 언어권의 언어를 읽고 이해하고 그중 상당 부분은 말할 수도 있다. 이분은 2,000년 전 예수가 사용한 아람어를 알기 위해서 이스라엘에 가서 연구를 한, 우리나라 최고의 아람어 학자이다. 그분의 말로는 우리나라 성경에 오역이 많다는 것이다. 그는 혜화동의 소신학교 졸업생이다. 성서 번역도 재평가해야 하는 시대가 되었다.

1990년대 중반에 그리스를 한 달가량 여행한 적이 있다. 거기는 마을마다 정교회 성당이 있는데, 자그마한 건물이라 서서 미사를 본다. 거기에 보면 사방에 벽화가 그려져 있다. 그 벽화를 자세히 보면, 우리가 익히 알고 있던 예수상이 아니다. 까무잡잡한 얼굴에 머리카락도 검다. 눈썹도 짙고 얼굴은 약간 길쭉한 편이다. 흔히 우리가 유럽의 대성당의 벽화나 성화에서 보는 예수가 아니다. 흰 살결에, 갈색 머리카락에, 파란색 눈동자에, 붉은색 수염을 한 예수가 아니다. 이렇게 지역마다 다른 예술적 표현(혹은 미의 기준)을 한 가지 잣대로 평하거나 감상할 수가 없다. 이런 지역성을 어떻게 설명해야 하나? 여기서는 가치가 있다고 하는데 저기서는 하찮은 작품이라고 한다면 감상자들은 혼란스러워하지 않을까?

88 서울올림픽 때 나는 미국의 안무가 머스 커닝햄의 춤을 세종문화회관에서 관람했다. 그리고 음악 반주자로 유명한 현대 전위음악가인 존 케이지의 하와이안 기타 연주도 들었다. 두 사람 다 전위 예술가이다. 그중 존 케이지는 백남준과 친분이 두터운 사이였고, 모두 〈플럭서스 예술 운동〉에 동참하고 있는 관계에 있었다. 존 케이지는 1972년 미국 보스턴의 하버드 광장에서 〈4분 33초〉라는 음악작품을 소개했다. 그랜드 피아노를 갖다 놓고 그 피아노 뚜껑 위에 괘종시계를 올려놓고, 4분 33초 동안 피아노 앞에 가만히 앉아 있다가 내려왔다. 이 4분 33초 사이의 모든 소리가 곧 음악이라는 개념이었다. 음악에 우연적 요소를 도입한 것이다. 존 케이지는 독일에서 쇤베르크에게 대위법과 화성법을 배웠지만 그런 법칙성과 제약성을 무시한 이른바 '우연성의 음악'이라는 새로운 양식을 만들어냈다. 그는 화가 로버트 라우션버그의 친구였는데, 라우션버그가 한 전시장에 빈 캔버스를 내걸고, 그 캔버스에 지나가는 사람의 그림자나 광성의 변화로 인해서 생기는 이미지를 보여주었다고 한다. 케이지는 여기서 영향을 받아서 들려주는 음악이 아니라 주변의 소리로 채워지는 음악을 만들고 싶어 했다. 그의 악보에는 음표나 쉼표가 없다.

1972년 이 공연을 본 백남준은 이 공연의 방송용 녹화를 위해 이런 헌사를 썼다. 〈존 케이지에게 바침〉에서 "이것은 TV를 위한 선(禪)이다. 지루함을 즐겨라. 당신의 오른쪽 눈으로 당신의 왼쪽 눈을 보라"라고 했다.

커닝햄의 공연을 보고 있노라니까 춤도 즉흥적인 것 같고, 음악도 즉흥적인 것같이 느껴졌다. 우연의 법칙을 활용한 것일까? 커닝햄은 15년 동안 마사 그레이엄 컴퍼니에서 솔리스트로 있었지만 그레이엄도 규범화되어가자 그는 케이지의 실험음악에 관심을 가지고 춤 구축에서 의도적 해체를 하기 시작했다. 이벤트를 통한 공간의 다양한 이동과 분산을 시도했다. 그는 무한한 동작 소재, 신체의 전 부분 사용, 관련 예술 영역의 활용, 무제약 솔로, 공간의 제약 해방, 주제의 무제약성, 등등 일곱 가지의 새로운 무용 동작의 세계를 구축했다. 그는 존 케이지와 거의 한 몸인 듯 움직였다.

나는 또 백남준이 요제프 보이스 5주기 때 추모제를 주관하는 장면을 보았다. 서울 종로구 사간동에 있는 갤러리 현대화랑의 뒷마당에서 '아시안 무당굿'이라는 이름으로 퍼포먼스를 벌였는데, 그때 백남준은 도포를 차려입고 갓을 쓰고 나타나서 별신굿 판을 지휘하고 있었다. 백남준과 보이스는 1963년부터 서로 영향을 주고받는 쌍둥이처럼 예술 운동에 앞장섰다. 요제프 보이스는 이런 입장을 가지고 있는 전위예술가이다. 즉 "미술이 삶이고, 삶이 곧 미술이다"라는 확장된 미술 개념으로 2차 세계대전 후 현대미술의 가장 영향력 있는 작가로 평가받고 있다. 보이스는 "예술이야말로 전후 병들고 부패한 사회와 인류를 치유하고 구원할 수 있는 유일한 도구이며, 미술은 초인적인 능력을 지닌 치유와 구원의 영매인 샤먼(무당)과 같은 존재다"라고 주장했다.

이와 같이 우리는 다양한 예술 경험에 부딪히게 된다. 특히 매체가 엄청나게 복잡하고 다양하게 발달된 지금 우리는 굉장한 예술 정보의 홍수 속에 살고 있다. 그러나 우리는 이런 가운데서 잘못된 인식의 함정에 빠질 수 있다. 이런 함정은 우리에게는 정신적으로 독이 된다. 부정확하고 비약이 심하고 때로는 지나치게 과장된 인식의 함정은 대체로 그 사회의 정치 체제와 관련이 있다. 특히 사회주의 사회가 그렇다. 그뿐 아니라 종교의 신앙 체제도 관계가 있고, 서툰 교육도 한몫한다. 그러니까 예술에 대해서 어릴 때부터 넓게, 개방적으로, 다양하게, 객관적으로 감상하고, 평가하는 교육이 필요하다. 해방 후 내가 다니던 중학교 교장은 공산당이 싫어서 잎의 색이 빨갛다는 이유로 학교 입구 진입로에 심어져 있던 단풍나무를 모두 뽑아버린 일이 있었다. 좋은 예이다. 편견을 극복해야 좋은 감상자가 될 수 있다.

북한에서 넘어온 탈북자 중에는 한국 노래를 몰래 들었다는 이유로 감옥 갔다가 탈출해서 넘어온 사람도 있고, 장성택의 측근이였던 모 인사는 고위 간부들이 파티를 할 때에는 이미자, 주현미, 조용필, 김연자의 노래를 잘 부른다고 했다. 인민들이 부르면 잡아가고 자기들은 몰래 부르는 나라, 이게 나라인가? 감옥이지.

예술을 다양하게 접해서 감상하고, 느끼고, 감동하고, 때로는 호기심을 발동하고, 계속 추구해보고 싶어지고, 비판하고…. 그래서 안목을 키워 자기가 점점 더 문화적으로 성장해간다는 것을 확인하는 것이 얼마나 보람된 일이겠는가?

나는 1995년에 처음으로 유럽에 갔다. 내 장남이 파리에서 건축 설계회사에서 일하고 있어서 기댈 언덕이 든든하여 한 달가량 다녀온 일이 있다. 누구나 하는 것처럼 파리의 문화시설을 구경했다. 하루는 아내가 아들더러 "거 유명하다는 카페에 한번 가보자"라고 하여 19세기에 문을 열었다는 카페를 가서 차를 마셨다. 프랑스는 머그잔을 안 쓴다. 작은 잔에 진한 커피를 따라 마신다. 거기를 구경하고 와서 아내가 아들더러 "애, 그 사람(파리지엥)들 무슨 할 말이 그리 많냐? 노상 씨부렁대고 있잖아?" 그랬더니 아들이 "엄마, 자세히 들어보면 우리나라 사람들 이야기하고는 천지 차이야" 했다. "뭐가 달라? 사람 사는 게 다 똑같지?" 하니까 파리에 7년째 살고 있던 아들이 "여행 갔던 이야기, 영화 본 이야기, 소설 읽은 이야기, 박물관이나 미술 전시장에 갔던 이야기 그리고 맛있었던 음식 이야기, 점성술 점친 이야기(프랑스 사람들은 점성술 점을 잘 본다) 자기 집 고양이 새끼 낳은 이야기…… 이런 이야기 하지. 한국 사람들 모이면 남의 흉보고, '아직도 그 남자하고 살아? 헤어져'식으로 남의 사생활 간섭하고, 정치 이야기가 대부분이야, 한국 사람들 여기 와서도 그래."

  예술을 사랑하는 나라의 시민들의 이야기 내용 자체가 다르다. 이것이 문화국가 시민과 그렇지 않은 국가 시민의 차이다. 뭘 알아야 이야기를 하지.

8. 감상 능력을 키워준다

  우리가 일상적으로 범하기 쉬운 실수나 우리에게 불행을 가져오는 원인 중의 한 가지는, 우리 주변에서 일상적으로 일어나는 일들에 세심한 주의를 기울이지 않는다는 점이다. 우리나라는 화재 다발 국가이다. 옛날 구미 공단에 세워져 있던 섬유공장 윤성방직에 화재가 났다. 재일동포 갑부가 지은 공장인데 몇 년 못 굴리고 화재로 문 닫았다. 천장에 달린 형광등에 있던 미세먼지가 형광등의 과열로 발화되었다고 한다. 그 등에 붙은 미세먼지를 한 달에 한 번 정도 털었으면 그런 일이 없었을 것이 아닌가?

  우리 앞에 놓여 있는 가치에 대해서 무관심했다든가, 어디 다른 곳에 행복이나 신바람 나고 매력적인 일이 없나 하고 기웃거리다가 실망하기 때문에 우리는 고통을 겪게 된다.

  문제의 일부는, 우리가 문제를 다루는 기술에 익숙하지 않다는 데 있다. 특히 예술을 다루는 데 습관화가 잘 안 되어 있다고 할 수 있다. 예컨대 뮤직홀에서 오케스트라 연주를 할 때에는 잡담이나 기침 소리조차도 조심해야 하는 것은 상식인데 이것 하나 제대로 못 지킨다. 미술 전시장에서 큰 소리로 떠들고, 작품에 손을 대고, 작품에 손상을 입히고 해서 문제를 일으키기도 한다. 내가 1995년에 파리에 갔을 때 변두리에 있는 작은 피카소 미술관에 갔다. 들어가려고 하는데 입구에 '한국인 출입금지' 딱지가 붙어 있지 않겠는가? 그래서 일본인 행세를 하고 그림 구경을 한 적이 있다. 아들에게 이유를 물어보니까 '한국인들이 전시장에 아이스크림을 들고 들어오지를 않나, 들어와서도 떠들고, 아이들을 통제하지 않는다'는 것이었다. 이런 습관화된 무의식적인 행동이 한국에서는 허용되지만(지금은 사정이 달라졌다) 유럽에서는 허용되지 않는 행동이다. 이런 사건들을 보고 우리는 새삼 뭔가를 새롭게 배우게 된다. 우리 삶에 유익한 것이 무엇인지에 대해서 생각할 여유가 생긴다.

그러나 이 습관이란 것이 쉽게도 불행의 원인이 될 수 있다. 어떤 일에는 익숙해져 있지만 그것으로 인해 특별히 주의해야 할 일에 대해서 소홀해질 수 있기 때문이다. 습관으로 인해서 우리는 신경 쓸 일이 적어져서 편해질 수는 있어도 긴급 사태에서는 무용지물이 될 수 있다.

예술은 용하게도 우리의 의식에서 빠져나가지만 진정한 가치를 지닌 우리의 일상적 삶에서 우리 자신을 다시 돌아보게 하고, 재평가하게 하고, 지겹다고 생각해왔던 예술이 우리들로 하여금 매사에 무덤덤하던 이런 습관에서 빠져나오게 하고, 우리가 좋아하고, 찬미하는 것에 대해서 다시 살펴보게 함으로써 진정한 가치가 어떤 것인지를 정확하게 재인식하게 한다.

예술가들은 우리들에게 주변 세계에 대해서 더 예리한 눈으로 보고 세련된 귀로 듣게 한다. 그리고 미에 대한 교정 작업을 할 수 있게 한다. 지금은 상업성이 워낙 거센 세상이 되어서 진정한 가치를 가진 예술과 가상예술, 가짜 예술, 위장 예술과 혼돈되어 있다. 그래서 그런 것을 가려낼 수 있는 안목도 필요한 시대이다. 광고물에는 '팬시 아이템'이니 '글래머' '판타스틱' '시크한' '섹시한' '빈티지' '클래식' 등등의 형용사로 상품의 가치를 홍보하니 가끔은 혼돈을 일으키기도 한다. 요즘은 기업 쪽에서도 "고객이 가치다"라고 홍보한다. 멋있다, 고급스럽다, 품위 있다, 고풍스럽다는 기준은 고객이 정한다는 말이다.

제3부 예술과 힐링

예술의 진정한 가치는 그 속에서 우리가 행복해지는 데 있다. 요즘 말로 한다면 '작지만 소중한 맛'을 즐기는 것이 일상적 상황에서는 최고의 가치다. 즉 '작소맛'이라는 말을 하나 만들어볼까?

제9장

예술 심리치료란?

1. 예술로도 심신을 힐링한다

알랭 드 보통은 "좋은 예술이란 무엇을 두고 말하느냐?"라는 문제에 다음과 같이 다섯 가지 조건을 들었다. 기술성, 정치성, 역사성, 충격 가치성, 그리고 마지막으로 정신 치유성이다.

'기술성'이란, '현실' 혹은 '실재'를 표상하거나 재현함에 있어서 뭔가 새로운 발견이나 발명 같은 것을 연속적으로 보여줘야 하는 것을 말한다. 그런 발견이나 발명의 첫 주자가 되는 것은 그의 특권이다. 고전극을 마당극화한다든지, TV를 새로운 표현 매체로 쓴다든지 하는 것과 같은 경우이다. 한양 합주단과 같은 것도 여기에 속한다. 국악과 재즈의 '콜라보'도 그렇다.

'정치성'은, 그 작품이 인간의 존엄성이나 진실과 정의를 추구하는 노력을 격려해주느냐이다. 그리고 작가가 특권을 갖게 되는 것을 말한다. 정당한 재정적 보상이 뒤따르느냐 하는 문제도 있다. 피카소의 〈게르니카〉 같은 것이 여기에 속한다.

'역사성'이란, 그 작품이 과연 인간의(혹은 국가나 민족의) 역사를 말해주는 뭔가를 지니고 있느냐이다. 심훈의 시 「그날이 오면」 같은 것이 여기에 속한다.

'충격 가치성'이란, 사람들은 개인적으로나 집단적으로 마음 편하고 느긋한 생활을 누리고 싶어 하는데, 예술은 그런 상황에서 도리어 혼란과 충격을 안겨다 주기도 하지만, 그런 혼란과 충격도 받고 싶어지는 현상을 말한다. 예술작품은 그만큼 가치를 인정받게 되는 것이다. 마르셀 뒤샹의 〈자전거 바퀴〉 같은 것이 여기에 속한다.

'정신 치유성'이란 바로 예술치료적 가치를 말하는 것이다. 치유성이란, 예술이 얼마나 가치가 있는 좋은 예술이냐를 따질 때, 치유적 관점도 기준의 하나로 꼽을 수 있다고 한 것이다. 즉 그 예술작품이 사람들에게 심리적으로 안정되고 평화로워지게 할 수 있느냐를 따져보자는 뜻이다.

예술작품이 얼마나 우리의 내적 요구에 응답해줄 수 있느냐에 따라서 '좋은 작품' '나쁜 작품'으로 나누어볼 수 있다는 것이다. 쉬운 문제는 아니다. 얼마나 우리의 심리적 약점에 다가가서 그것을 메워줄 수 있느냐라는 것이다. 그래서 『모차르트 효과』라는 책도 나왔다. 그의 음악은 최고의 명약이라고 한다.

예술에서 우리가 뭔가 도움을 받는다는 것은 반드시 그것을 학습해야 한다는 것을 말하는 것은 아니다. 그걸 통해서 나 자신을 탐구하게 만든다면 그것으로 족한 것이다. 우리가 보는 바에서 우리 자신을 되돌아보고, 성찰해볼 수 있으면 더욱 좋은 예술(작품)이다. 좀 어려운가? 우리의 결함을 알아차리게 만들고, 깨닫게 해준다면 수확이 많은 것이다. 더 나아가 그 예술(작품)로 인해 내가 더욱 행복해지고 마음의 평화를 얻었다면 금상첨화이다.

내가 2014년에 출간한 예술 관련 책 네 권 중 『아이들에게 예술을』이 문화체육관광부 추천 우수도서로 뽑혀 1,000부를 다시 찍은 일이 있다. 예술의 장르와 관계없이 예술 활동을 직접하거나 감상자가 되어 치유적 효과를 줄 수 있다는 취지의 내용으로 엮어져 있는 책이다.

여기서는 '치유'와 '치료'를 혼용하겠거니와 '치료'는 전문가의 입장에서 주로 쓰는 말이고, '치유'는 도움을 받는 사람의 입장에서 주로 사용하되, 치료되어가는 전 과정을 말할 때 주로 쓴다. 2019년 여름, 패션계에서 '패션 힐링'이란 말을 쓰는 것을 방송으로 들었는데, '힐링'은 긍정적인 심적 변화를 말하는 일반 용어가 되었다.

정신의학계나 전문의 단체에서 의료 전문가 이외에는 '치료'라는 말을 쓰지 말라고 정부에 건의해서 2000년대에 들어와서는 각 대학의 평생교육기관 등에서 '음악치료사 과정', '미술치료사 과정' 등을 개설하고 있으나 지금은 '음악심리지도자 과정' 등으로 이름을 바꿨다. 다만 대학원에서 석사학위 과정으로 개설할 경우에는 교육부의 인가를 받아서 '음악치료사' '미술치료사' '무용—동작 치료사' '작업치료사' 등의 자격증을 수여하고 있다.

물론 여기에는 그럴 만한 이유가 있다. 정신건강 전문의 경우, 의예과 2년, 본과 4년, 인턴 1년, 레지던트 3년, 총 10년을 공부해야 전문의 자격증을 받는데, 고등학교 나오고 1년 공부해서 치료사가 된다는 것은 어불성설이다. 한 개인의 정신건강상의 문제를 정확하고 체계적인 의학적인 진단과 처방과 치료 대책 없이 비전문가가 함부로 치료한다고 주장함으로써 잘못된 진단과 처방으로 사태(환자나 내담자의 증상과 증후)를 악화시킬 수 있다고 주장하는 것은 일면 타당하다. 종합병원에서는 협진이라는 것을 잘 사용한다. 내 가족 중에도 그런 경우가 있었다.

그러나 전문의가 아니더라도 심리학 전공자(석사 이상)나 미술, 음악 전공자도 상당한 기초교육만 받으면, 음악으로, 미술로, 무용으로 치료에 참여할 수 있다. 선진국에서는 특별 교육과정을 개발해서 일정한 교육과정을 이수하고 시험에 통과하면 예술 관계 치료사 디플롬(자격증)을 준다. 미국의 경우 뉴욕주립대학이 이 예술치료 교육으로 유명한 대학이다. 음악치료사, 미술치료사, 무용치료사 등등을 배출한다. 우리나라에도 외국에서 이런 전문 예술치료사 자격증을 따온 전문가가 많아졌다. 그러나 이들은 정신과 전문의가 아니니까 진단과 치료에서 전문의들이 사용하는 약물 처방과 의료기기 사용은 불가하다. 미국에서 발전한 제도이지만 우리나라에도 임상심리학 전문가 과정이 서울대 의과대학을 비롯하여 몇몇 대학에 개설되어 있고, 레지던트 과정 3년을 거쳐 시험에 통과하면 임상심리전문가 자격증을 준다. 이것으로 정신분석과 심리치료를 할 수 있다. 정신과 전문의와 거의 비슷한 역할을 할 수 있는 것이다.

인간의 정신적인 부조리는 여러 가지로 아주 복잡하게 표현되는데, 가볍게는 부부 간의 말싸움이나 화를 심하게 내는 데서부터 살인을 저지르고도 아무런 죄책감을 못 느끼는 상태까지 아주 다양하고 다층적이다. 성착취범으로 체포되어 재판을 받고 징역 40년형을 선고받았지만 아무런 뉘우치는 동정이 안 보이는 사례도 있다. 이런 것을 사이코패스라고 한다.

의료 중에서도 다른 전문 분야는 모두 육체적 증상을 다루지만 정신건강의학은 유일하게 혈액 검사다 CT다 MRI다 하고 복잡한 기기를 통한 검사를 안 하고 주로 상담과 대화라는 방법으로 진단하고 치료하는 분야이다.

그런데 인간의 정신의 문제는 너무 복잡해 전문의 한 사람의 처분만으로 완전히 해결되지 않기 때문에 옛날(100년 전쯤)에는 서양에서도 환자를 치료한다고 두들겨 패기도 하고, 불로 지지기도 하고, 골방에 가둬두기도 했다. 정신분석학을 창설한 프로이트조차도 초기에는 최면술과 코카인(마취제의 일종)을 사용하기도 했다.

지금 우리나라에서도 비슷한 관행이 벌어지고 있지 않는가? 일부 광신적인 종교단체에서도 정신질환 환자를 마귀(귀신)가 씌인 것이라고 하면서 눕혀놓고 올라타고 때리고, 안수 기도한다고 질식시키는 예도 가끔 보도되고 있다. 2,000년 전, 정신병 환자를 사귀(邪鬼)가 들렸다고 해서 예수에게 데리고 왔는데 나사렛 예수가 "사탄아 물러가라!"고 외치니 곧 사탄(귀신)이 물러가고 환자가 치유되었다는 성경의 기록이 있다. 사이비 종교인들이 함부로 치병을 빌미로 사람을 죽게 하는 예도 있다.

정신과 치료 방법이 진화·발달하면서 여러 분야가 협력하는 체제로 가고 있다. 우선 심리학 쪽에서 개발한 여러 가지 심리검사를 이용해서 진단에 도움을 받기 시작했고, 미술가의 도움으로 환자에게 그림 그리기 지도, 음악가의 도움으로 음악 들려주기와 악기 연주하기, 연극 전문가의 도움으로 연극에 참여시키기도 하고, '사이코드라마'라고 해서 치료 과정에 활용하기도 한다. 지금도 매년 임상예술학회에서는 사이코드라마 워크숍을 열고 있다. 그리고 이와 같이 예술을 차츰 보조 치료 방법으로 활용하고 있는 것이 사실이다. 그뿐 아니라 무용—동작치료센터. 음악치료센터, 미술치료연구소 등을 개소하고 서비스를 하고 있는 전문가들도 적지 않게 늘었다.

'예술치료'란 아주 간단히 사전적으로 정의하면, "심리치료의 한 형식으로서, 내담자나 환자로 하여금 자기의 감정이나 내적 갈등을 예술이라는 매체를 통해서 표현하도록 격려하고, 그 표현의 과정에서 정신적 문제를 해결하는 치료 형태"이다. 즉 예술적 매체를 사용하는 정신치료 방법이다. 의학적 치료에 약물, 수술, 영양—식이, 침—뜸, 방사선과 같은 첨단 기기를 사용하는 시술, 그리고 심리상담 등을 포함하듯이, 예술치료도 그런 방법의 하나라고 보면 된다. 의학적 정신치료와 예술적 치료의 관계는, 예술적 치료가 의학적 치료를 보완해주는 관계라고 해도 좋을 것이다.

정신세계란 넓고도 깊고도 복잡하다. 그래서 온갖 정신적 소산물을 쏟아낸다. 우주탐사선의 설계부터 어린아이의 그림에 이르기까지, 그 소산물들이 문화와 문명이 된다. 그래서 인간이 정신적인 문제로 시달리게 되면, 의사나 상담 전문가들의 도움을 받기도 하지만 종교(성직자), 무교(무당, 박수), 밀교(密敎, 주문 등 비밀스러운 설법), 사교(邪敎, 자칭 도사, 도인, 영험이 있다고 주장하는 사람)에 의존하는 사람들도 생겨난다. 이들을 찾아가서 받는 치유 수단이라고 주장하는 것을 보면 기도, 악수, 손뼉치고 노래하기, 굿, 원시종교 의식(물 뿌리고, 나무 잎사귀로 치고, 약초 짜서 먹이기) 등을 사용한다. 심지어는 자기와 성적 교섭을 해야 낫는다고 성적 유혹을 하는 사례도 적지 않다. 이러한 비정통적인 방법은 치료나 치유의 객관적 증거를 확인하기가 어렵다. 그래서 언제나 위험성이 있고, 자칫하면 커다란 부작용에 시달릴 수 있다. 그러나 그걸 예견하기 어렵다는 데 더 큰 문제가 있다.

2. 예술치료의 역사적 근거

예술치료적 관행은 고대부터, 혹은 선사시대부터 있어왔고, 그 흔적은 아프리카 오지의 원시 종족이나 오세아니아, 아마존 밀림 속에 사는 종족 사이에 지금도 이루어지고 있다. 물론 그것은 현대적 의료법이 아니다.

1) 원시사회의 관행

원시사회는 영매자(靈媒者)들이 권력을 잡았거나 권력자와 가깝게 있어서 국정(동족의 통치) 방향을 정하기도 하고, 왕족과 귀족들의 정치적 보루

(바람막이)가 되거나 한 역사가 많다. 영매자나 점성술사는 미래를 예견하고, 국가의 흥망을 미리 내다보는 능력 때문에 권력과 가까웠고, 고대에는 이런 사람이 권력자가 된 예가 많았다. 이런 영매자는 치병까지 담당했고, 그때 주술을 쓰면서 음악과 춤을 곁들였다. 심지어 미국의 제40대 대통령 레이건의 부인 낸시는 중요한 결정을 해야 할 때마다 점성술사를 불러 물어보았다고 한다. 20세기의 최첨단 과학기술에서 최고의 발전을 이룬 미국의 통치자도 점쟁이와 미국의 장래에 관해서 의논했다니 놀라운 일이다. 그러니 원시시대는 말할 것도 없다. 나의 빙모님은 아들이 해외에 출장을 갈 때마다 점쟁이에게 출발 시간과 날짜를 물어보러 다니셨다. 그런데 그분은 교회의 권사님이셨다.

예술치료의 역사를 보면, 2만 년 전 선사시대부터 병을 고치기 위해서 무당(샤먼)이 북을 치면서 주문을 외운 것은 음악치료의 한 예로 볼 수 있다. 문자 이전의 시대에는 음악뿐 아니라 미술, 무용, 영성(靈性)은 질병의 치유와 예방 의식의 핵심적 부분이었다. 그때는 주술적 힘이 그들의 일상 생활과 건강을 좌우한다고 믿었다. 우리나라도 옛날에는 삼신단지를 모시고 조왕신(부엌신)을 믿었다. 자신을 악한 세력으로부터 보호하기 위해 부족 구성원들은 많은 의식을 개발하고 거기에 참여했으며, 리듬, 노래, 중얼거림(주문) 등 음악의 형식은 초자연적인 힘을 가지고 있다고 믿고 부족 치료사의 의료 행위를 돕는 데 이용되었다.

예컨대 고대 그리스의 신들의 속성의 표현이나 그들에게 제사를 지내는 의식까지, 또 동양 문화권에서는 신에 대한 제의(祭儀) 의식이나 희로애락의 감정 표현에 이르기까지 몸으로 표현하려고 한 것이 춤이 되었다. 현대적 무용의 기본 형태는 고대의 제의적 무용으로부터 발전한 것이다. 사람들은 무용을 심리적 욕구 해소를 위해서 개인적으로나 집단적으로 춤을 만들고 사용해왔으며, 세상의 일들을 표현하기도 하고 세상의 일들을 반영하기도 했다. 원시사회에서는 여러 가지 수렵적 요소가 춤 속에 숨어 있었다. 사냥감을 많이 잡게 해달라든지, 생명의 위협이 없게 해달라든지 하는 요소가 포함되어 있다.

무용 표현은 감정 표현과 연결되어 있다. 오늘날의 무용—동작 치료에서는 공연작품을 만드는 것이 목표가 아니고, 환자나 내담자로 하여금 새로운 자기를 발견하게 하고, 자기 몸을 통해서 새로운 표현 방식을 알게 하는 것이 중요한 치료 목표가 된다.

연극(드라마)은 고고학적 기록으로 보면, 35,000년에서 45,000년 전부터 음악이나 무용과 함께 창작이 시작되었다고 한다. 드라마는 무용과 함께 신화의 내용을 구현하고, 제의를 성공적으로 만들기 위해서는 부족원의 공감이 요구되며 주술을 만들어주는 제의에 매우 유용했다고 한다.

시베리아 북쪽의 바이칼호수 주변의 브리야트 자치공화국은 주민들이 한민족과 뿌리를 같이하는 몽골족이고, 지금도 무당의 굿이 생활의 일부로서 행해지고 있다. 지금도 음악과 춤은 질병 치료에 유용한 수단이 되고 있다. 북을 치고 주문을 외고 춤을 추고 노래를 하고, 오색 천을 흔드는 폼이 우리의 무당과 매우 유사하다. 이런 광경을 TV를 통해서 여러 번 보았다. 예술적 행위가 이렇게 원시·선사시대부터 행해졌고 지금도 그 흔적이 남아 있다는 점에서 예술을 통한 심신 문제 치료는 오늘 내일의 일이 아니었음을 알 수 있다.

2) 종교적 행사나 제의

원시종교는 거의 자연신을 숭배하였고, 기원전 2500년경부터 자연 대신 큰 인물(석가모니, 예수, 공자, 맹자, 노자, 장자, 마호메트 등)을 신앙의 대상으로 다루게 되었으며, 이들은 지금도 역사종교의 시조로 모셔지고 있다.

원시시대뿐 아니라 현대에서도 종교적 행사나 제의에는 춤과 음악이 동원되고, 그것이 신앙심을 더욱 고조시키고 안정되게 한다고 믿어지고 있다. 기독교계에서는 초대 교회부터 성가라는 것을 만들어 연주하고 불렀고, 다윗의 「시편」과 솔로몬의 「아가」에도 비파를 연주하면서 야훼신을 칭송했다는 대목이 나온다. 그 흔적은 9~10세기의 그레고리안 찬가와 키리에 엘레이손으로 남아 있다. 이것은 미사 전에 부르는 송가로서 가톨릭, 동방정교회, 성공회에서 중세 이후 부르는 미사곡인데, 키리에송은 신교의 찬송가에도 몇 곡 수록되어 있다. 유일하게 라틴어가 아니고 그리스어로 되어 있는 음악이라고 한다. 키리에 엘레이손은 "주여 자비를 베푸소서"나 "주여 저희들을 불쌍히 여기소서"나 "주님께 영광을" 노래한 것이다.

엄숙한 분위기의 불교에서도 요즘 오케스트라와 합창단이 만들어져서 연주한다. 바로 '찬불가(讚佛歌)'다. 동남아의 불교국가에서 그런 것이 있다는 말을 못 들어보았다. 춤은 바라춤이 문화재로 인정되어 이어지고 있어서 행사 때마다 공연을 한다. 유일하게 이슬람은 모스크에 종교적 상징물을 게시하지 않는다. 음악도 합창 형식의 음악은 없다. 다만 터키의 이슬람의 한 줄기인 수피교에서는 회전춤을 춘다. 노래와 곁들여 시계 방향으로 수십 번을 돌면서 심신의 통일을 이루어 신과 합일되는 경험을 하게 된다.

500여 년 전에 세종대왕께서는 중국에서 들여온 아악을 우리의 음악으로 재편성해서 만든 '종묘제례악'과 '문묘제례악(석전)'을 연주하게 했는데, 종묘제례악은 중요무형문화재 제1호이고, 2001년 유네스코 '인류 구전 및 무형유산 걸작'으로 인정받아 인류무형문화유산이 되었다.

기독교의 찬송가의 작곡가나 작사가들을 보면, 유명한 역사적인 인물들이 상당히 있다. 베토벤이 있고, 바흐, 헨델, 하이든, 멘델스존 등도 있다.

가사를 읽어보면 영혼의 치유를 받게 하는 내용이 많다. 물론 종교음악이기 때문이다. 찬송가의 역사를 살펴보면, 그 찬송가로 인해서 "죄 회개하고 새 사람이 되었다"부터 "사랑을 나누는 것의 가치를 발견하게 되었다" "마음의 진정한 평화를 얻었다" "항상 감사하는 마음을 갖게 되었다" "도움이 필요한 사람들에게 봉사하는 마음을 갖게 되었다" "근심과 걱정에서 해방되었다" "병 고침을 받았다" 등등의 고백을 한 사람들이 많았다. 찬송가는 치유의 큰 힘을 가진 도구이다.

종교음악은 단순히 예배 의식용이 아니고 심신의 문제를 해결하고, 질병을 치유하기 위한 훌륭한 방편인 것이다.

3) 서양 여러 나라에서의 선행사(先行史)

예술치료는 발달상 장르별로 여러 갈래가 있다. 음악치료는 과학적 근거를 가지고 한 것은 아니지만, 고대 이집트, 이스라엘, 그리스, 중국 등지에서 백성들의 정신을 고무시키는 데 많이 썼다. 그뿐 아니라, 정신적·윤리적 문제를 가진 사람들을 치료하는 데도 썼다. 특히 부족 간 전쟁이 많았던 고대에는 전사들의 사기 증진을 위해 음악을 많이 사용했다. 나폴레옹도 "음악은 군대에 있어서 식량과 같은 것이고, 군수품으로서도 필요한 것이다"라고 말했을 정도이다. 음악을 정신적 문제뿐 아니라 육체적 질병, 예컨대 두통, 발작의 억제 등에도 효과가 있다고 믿고 이미 18~19세기에 사용한 역사적 사례가 많다.

음악을 과학적으로 실험해서 효과를 확인하고 사용한 것은 미국의 정신과 전문의 위머 박사이다. 1890년, 정신병원에 수용되어 있는 1,400명의 여성 정신질환자에게 하루 한 시간씩 피아노 연주를 들려준 결과, 전체 환자가 피아노 리듬에 반응을 보인다는 것을 알아냈다. 몇 번의 실험 후 전체 환자의 상태가 호전되는 것을 확인했다.

이런 실험을 시작으로 100년간 음악치료 실험과 시술이 개인적으로나 집단적으로 시행되기도 했다. 그래서 1985년 드디어 미국 국가 음악치료사 공인제도가 생겼는데, 미국음악치료협회(AMTA)의 시험에 통과하고 자격증을 받아야 공적으로 활동할 수 있게 되었다.

미술치료의 경우는 산업혁명의 여파로 새로운 환경에 적응하지 못하는 사람들이 급격하게 증가하게 되어 19세기 후반부터 영국을 비롯해서 프랑스, 이탈리아의 정신과 전문의들이 정신병 환자들이 그리는 그림에 관심을 갖기 시작했다. 그 그림들을 수집해서 분석하는 일부터 시작했다. 독일의 정신과 의사 프린츠호른이 1919~1921년 사이에 정신병 환자들이 그린 5,000매의 그림, 소묘, 콜라주, 조소 등을 수집해서 1922년에 『정신병 환자들의 그림』이라는 책을 냄으로써 정신과 환자들의 그림에 지대한 관심을 갖게 되었다. 그는 환자들의 미술 활동이 환자들의 병적 심리에 접근하는 데 중요한 의미를 갖는다고 주장했다. 이런 관심은 그 시대의 대표적 화가였던 파울 클레, 막스 에른스트, 베르나르 뷔페, 앙드레 브르통 등에도 영향을 주었다.

프린츠호른 이후, 정신의학계에서는 로르샤흐, 안나 프로이트(프로이트의 딸), 구스타프 융 등이 환자의 그림을 분석해서 치료에 적용하였고, 특히 정신분석학에서는 환자들의 무의식에 접근하는 좋은 매체가 환자들의 그림이라고 보았다.

1907년 이래 미국의 정신과 병동에서 환자들이 미술가들의 지도하에 미술 활동을 지도한 것이 미술치료의 출발이다. 미술을 심리치료적 관점에서 인식하게 된 것은 1940년대 초반이고, 유럽에서는 2차 세계대전 후 미술치료에 대해 공개적 관심을 갖게 되었다. 1994년에 미국에서 전국미술치료사 협회가 창립되면서 미술치료사 교육 프로그램과 병원에서 시행할

치료 프로그램을 만들었다. 이것이 공식적으로 정신과 치료에 미술이 참여하게 된 계기가 된 것이다.

무용치료는 앞에서도 말했지만, 원시사회부터 있었으며 물론 체계가 있었던 것은 아니고 축제적 · 제의적 · 치료적 성격이 합쳐져 진행되었다. 서양의 중세 이후 20세기까지는 무용이 공연과 행사용으로 발달되어 형식적이고 엄격한 규칙과 균형미를 요구했다. 유럽의 사상사를 이끌어왔던 물질-정신, 신체-정신, 과학-종교의 이원론은 최고의 신체미와 동작의 기술성에 치중해왔던 것인데, 미국의 무용가들이 동양의 정신-영성 개념을 도입해서 학교를 세우고 제자를 길러냈다. 이때부터 무용의 형식성과 이원론의 약점을 극복하고 영성(spirituality)에 눈을 뜨게 되었다. 1942년에 이 무용학교를 나온 마리안 체이스라는 무용가가 워싱턴에 있는 성 엘리자베스 병원의 정신과 환자들에게 최초의 무용치료를 하기 시작했다. 그는 1966년에 무용-동작치료사협회를 만들어 전문가 양성을 본격적으로 시작했다.

연극치료에 대해서 살펴보겠다. 1803년부터 1813년 사이에 프랑스 파리에 있던 가톨릭에서 운영하는 샤랑통 정신병원의 환자였던 사드 후작은 쿨미에 신부로부터 매일 한 번씩 환자들의 구경거리로서 연극 공연을 보여주라는 명령을 받았다. 그래서 '정신이상 치료법으로서의 연극'이라고 해서 정신 치료를 하면서 주 1회 집단 무도회, 음악회, 오페라, 춤 등을 보여주곤 했다. 때로는 전문 희극배우를 비롯해서 간호사, 정신병 환자를 거듭 출연시키기도 해서 4~5시간씩 공연을 하기도 했단다.

그런데 행정 당국이 공연 금지 결정을 내리자 사드 후작은 "이런 구경거리는 정신병이라는 비참한 질병에 걸린 불쌍한 사람들의 정신을 소생시킬 목적을 가진 순수한 즐거움이다"라고 주장하면서 당국의 결정을 무시하고 공연을 이어갔다고 한다.

당시, 망상 속의 정신적 고통으로 가득 차 있는 정신 내부의 상태와 무기력 상태, 자폐증 등에서 벗어날 수 있을지도 모른다는 생각으로 사드 후작은 연극을 계속했고, 이것이 환자의 기분 전환에 크게 도움이 되었다고 한다.

이러한 여러 갈래의 흐름으로 교육받은 인구가 증가하면서 전문 치료사 그룹이 형성되고, 치료사 모임과 학회가 생겨나서 예술 장르에 따라 환자, 내담자에게 즐거움 서비스를 할 수 있는 채널이 많아지게 됐다.

3. 예술치료의 심리학적 근거

예술 그 자체는 사람들 속에 침투해 있는 광기로부터 환자를 끌어내는 방법의 하나이긴 하지만, 19세기나 20세기 중반까지도 환자의 의욕을 불러일으키는 정도밖에 인정을 받지 못했다. 그때만 해도 정신장애는 한 인격 속에 다른 광적인 인격이 틀어박혀 있어서 그걸 끄집어내야 한다고 생각했었다. 말하자면 몸속에 '사탄'이 들어가 있어서 그걸 내쫓아야 한다고 생각했다. 그래서 예술치료라는 것도, 예컨대 피아노 가지고 무슨 치료적인 일을 한다고 해도 기껏해야 당구를 치거나 도미노 게임을 해서 얻는 정도의 효과가 있다는 정도밖에 인정하지 않았다고 한다.

프랑스의 경우, 19세기 말 예술과 의학(예술가와 의사)의 협력으로 파리에 있는 에스프리-블랑슈의 정신과 요양소의 소장인 의사 블랑슈는 많은 예술가들을 영입해서 그들을 자기 분야(미술·음악·연극 등등)의 창작 활동을 함과 동시에 환자와 예술 활동을 하도록 예술가들을 격려했다고 한다. 『마담 보바리』와 『세 가지 이야기』 저자인 소설가 귀스타브 플로베르, 플로베르의 친구였던 시인이자 소설가, 저널리스트인 막심 뒤 캉, 「비계 덩어리」등 중단편소설로 유명한 작가 기 드 모파상(모파상은 이 요양소에서 사망했다), 작가이자 여행가 자크 아라고, 시인 안토니 데샹, 화가 제라르 드 네르발 등 많은 작가와 화가들이 이 요양소에서 작품을 창작하면서 환자들과 같이 작품을 만들고 놀아주면서 환자들이 작가들의 일에 관심을 갖도록 하는 데 주력했다. 환자들의 지성을 통제하고 그들로부터 신뢰감을 얻어내려고 노력했다. 어떤 때는 네르발의 친구인 화가 들라크루아도 블랑슈에 와서 다른 친구들과 그림을 같이 그리기도 했다. 네르발은 시바의 여왕과 왕의 모습을 그려서 환자들에게 보여주기도 하고, 들라크루아가 실내장식을 한 소장의 방에서 소장이 처방한 처방전 위에 시를 한 구절 써넣기도 했다. 블랑슈 소장의 부인은 문학 살롱을 열기도 하고, 토요일 저녁에 병원 내외의 유명 예술가들을 초대해서 식사를 같이 하기도 했다.

19세기만 해도 정신의학자들은 예술을 다른 여러 가지 활동 중 한 가지 일로 추천할 정도였지, 치료와는 무관한 것으로 생각했었다. 정신장애자의 주의력을 여러 곳으로 돌리도록 하는 훈련을 위해서 예술가들이 환자들을 모아놓고 연극이나 연주회나 무도회 따위를 여는 것을 별로 탐탁지 않게 보았다.

그런데 예술의 기능인 창조적 표현(혹은 개성적 표현)이 곧 정신 치료의 기능을 갖는 것은 아니다. 우리나라만 해도 매년 열리는 인천의 펜타포트나 이천의 지산밸리 록페스티벌은 사람들의 스트레스 해소, 억눌렸던 감정의 정화 작용, 그리고 젊은 에너지의 효과적 발산 등 즐거운 경험을 위해서는 확실히 좋은 페스티벌이다. 요즘은 가족 단위로 모이는 예가 많아졌다. 그러나 그 후유증도 있다. 연주회장에 모인 참여자의 고양된 정서의 표현이 극도에 달하면, 울음을 터뜨리고, 실신하고, 무기력증에 빠지고, 기진맥진해져서 쓰러지고, 도리어 정신적으로 혼란을 겪는 사람도 생겨난다. 마음의 상처를 치유해주기도 하지만, 동시에 새로운 상처를 만들기도 한다는 말이다. 이런 현상은 클래식 콘서트에서는 좀처럼 보기 어렵다.

너무 빨리 해소된 긴장은 카타르시스적인 효과는 있지만, 그 효과가 줄어들면 이내 스트레스가 다시 엄습해오기도 한다. 불교에는 걷기 명상법이 있는데, 계속 걸으면서 명상하는 것이다. 이때에는 서두르지 않는 것이다. 천천히, 그리고 호흡을 조절하면서 걷는다. 이렇게 해서 해소된 스트레스는 잘 재발하지 않는다.

예술치료에 있어서 표현은 창조적 형태로 전개되는 과정 속에 짜여 들어가 있어서 개성적인 것이다. 표현은 그것이 언어적인 것이든, 신체적인 것이든, 혹은 상징적인 것이든, 인간의 고통을 해방시켜주는 기능 면은 확실하다. 19세기 말의 노르웨이 화가 에드바르 뭉크가 1893년에 발표한 〈절규〉라는 그림이 그 대표적인 작품일 것이다. 그는 어머니의 자살, 누이동생의 정신이상 등 복잡하고 비참한 가족사를 가지고 있었다. 〈절규〉는 그런 환경에 처한 뭉크의 고통을 해방시키려는 표현이었다.

그러니까 표현은 창조력을 더욱 많이 방출시키고, 그래서 창조는 계속되고 변형을 해간다. 즉 예술치료는 예술 활동 자체가 치료법이고, 표현을 통해서 작업하는 사람은 의식화(意識化)라는 관점에서, 생산된 것을 해독(解讀, 읽어내기)할 때와 같이, 치료 계획에서 표현을 계속 전개하도록 끌고 가야 한다. 이렇게 해서 예술치료는 새로운 예술 장르의 하나의 흐름이 되고 있다. 다른 정신 치료법은 약물치료가 되었든, 상담치료가 되었든, 치료가 된 후 치료가 끝나는 대로 원상복귀하는 것이지만, 예술치료는 치료가 끝난 후 학습의 결과가 영구히 남는다. 음악이 되었든 미술이 되었든 무용이 되었든 학습의 효과가 남는다는 점에서 성과는 긍정적이다. 그래서 독립된 장르가 될 수 있다는 말이 된다.

4. 해독(解讀)과 예술치료

1) 표현 속에 숨어 있는 의미

여기서 "해독"이란 '읽어내는 것'을 말하는데, 뭘 읽어내느냐 하면 작가와 환자의 작품 속의 의미를 읽어내는 것을 말한다. 마치 적군의 암호를 읽어내는 것과 마찬가지다. 임상예술을 하는 사람들은 내담자의 언어, 몸짓, 회화 작품 속에서 그들이 숨겨놓고 있는 비밀스러운 이야기나 코드(암호)를 찾아보려고 한다.

예술장르 중에서 회화가 작가의 자기표현이 가장 두드러진다. 음악작품을 읽고 작곡가의 정신을 읽는다는 것은 상당한 음악적 소양이 요구되며, 무용도 비슷하다. 여기서 민속음악은 제외된다. 민속음악은 새로이 작곡되는 경우가 적고 대부분 옛날부터 선조나 선배들의 것을 물려받아 충실히 재현하기만 하면 되기 때문이다. 다만 명인 황병기 같은 분은 가야금 곡을 새로 많이 만들어냈는데, 그중에는 명곡이 많다.

음악이 왜 독해가 어려우냐 하면, 악보만 보아서는 안 되고, 반드시 연주가 되어야 그 음악의 진정한 가치를 알 수 있기 때문이다. 그뿐 아니라 또 연주자마다 주법이 달라서 헷갈릴 수도 있다. 똑같은 베토벤의 〈로망스〉 A나 B라도 연주 시간이 몇십 초씩 차이가 난다. 강약도 문제가 된다. 다른 음악으로 들릴 수도 있다. 그러니 이 경우는 작곡가의 의도나 정신을 읽는다기보다는 연주자의 정신을 읽게 되는 것이다. 음악은 이 점에서 매우 어렵다. 다만 음악학적으로 분석하는 것은 가능할 것이다.

무용수들이 보여주는 몸짓, 손짓, 움직임은 무용수들 개개인의 정신이나 정서를 표현한다기보다는 안무가의 무보에 따라서 움직이게 되어 있어서, 그 움직임의 의미는 무용수들의 것이 아니라 안무가의 것이기 때문에 음악과 마찬가지로 해독이 쉽지 않다. 다만 무용수 자신이 기획하고 안무하고 춤을 춘다면 그것은 무용수의 정신이 된다. 그리고 무용은 종족적 정서와 상징성이 강하기 때문에 더욱 해독이 쉽지 않다.

문학은 음악이나 무용에 비해서는 해독이 용이하나 가끔은 작가가 독자들의 뒤통수를 치는 수가 있다. 특히 시에 있어서의 은유와 상징성은 해독이 무척 힘들다. 상징성이 큰 아르튀르 랭보의 시는 읽기가 쉽지 않다. 랭보는 19세에 『지옥에서 보낸 한 철』을 남기고 시 쓰기를 포기한 시인이다. 작품 창작을 포기한 후 방랑 생활로 들어갔다. 베를렌과의 추문에 휩싸이기도 한 조숙한 시적 천재였으나 37세에 세상을 떠났다. 그의 시가 난해한 이유는 그 은유성에 있다. 그의 시 「모음(Voyelles)」은 세상을 놀라게 했으며, 내가 처음으로 랭보를 알게 된 것은 이 「모음」 때문이었다. 그는 비록 어려서(16세) 시인이 되고, 많지 않은 작품을 남기고 요절했지만, 그의 영향은 20세기에 들어와서 프랑스의 시인이자 극작가인 클로델과 다다이즘에 영향을 준 것으로 알려지고 있다. 우리나라에 세계적인 랭보 대가가 있다. 숭실대학교 불문학 교수를 지낸 이준오 박사이다. 그는 국제 랭보학회 회장을 지냈다.

문학에 비하면, 회화는 해독이 용이한 편이다. 물론 초현실주의 회화나 추상표현주의 회화는 "뭐가 뭔지 도무지 모르겠다"는 반응을 불러일으킨다. 이런 일화가 있다. 잭슨 폴록이 전시를 준비하는데, 누가 그림을 "거꾸로 건 것 같다"고 했더니, 폴록이 "그건 위 아래가 따로 없어"라고 했다고 한다. 추상표현주의 그림이다. 작가들은 직감적으로 보고 느끼라고 한다. "그냥 보세요. 이해하려고 들지 마세요."라고 대답해오는 경우

제3부 예술과 힐링

를 보았다. 첫 감각, 첫 인상, 첫 느낌을 그대로 간직하라는 말이다. 그런 반응 속에는 '경이로움' '경탄' '회의' '충격' 같은 반응도 들어간다. 언어적 해석이 꼭 필요하지 않다는 것이다. 보는 사람마다 다 다르게 반응하기 때문이다. 거기에는 정답이 없다. 사람들을 놀라게 하는 일은 예술가의 본능이다.

1990년대 초에 전 이화여대 의과대학 정신과 교수였던 이근후 박사가 자신의 클라이언트인 정신과 환자들의 작품을 모아 홍대 앞 한 갤러리에서 전시를 한 적이 있었다. 그때 초대받아 작품을 감상하러 갔었는데, 나는 그때 "정말로 작가들이 환자인가?" 아니면 "환자가 작가인가?" 혼란스러울 정도로 충격을 받았다. 아주 개성적인 그림들이었고, 추상화도 있었다. 어디에서도 보기 어려웠던 구도와 형태와 색채였다. 특히 색채에 주목이 갔다.

필자가 2014년에 『아동화의 심층 분석을 통한 심리진단과 치료』라는 저서를 낸 적이 있다. 이 책 속에서 "아이들의 그림은 외치고 있다" "그림 한 장도 큰 의미가 있다"고 주장한 바가 있다. 아동화는 한 장의 그림 속에 여러 가지 의미가 담겨 있어서 아이들의 심리 이해에는 아주 중요한 단서가 될 수 있다.

그림은, 그것이 자유화일 때, 즉 아무런 제약과 조건이 부과되지 않는 상태에서 그린 그림을 말하는데, 이 자유화는 세 가지 의미를 갖는다.

① 심리적 증후군의 표현으로서의 회화 : 즉 그림이 문제를 암시한다.
② 창조적 · 미학적 표현으로서의 회화 : 무엇을 어떻게 독창적으로 표현하려고 했느냐를 말한다.
③ 사상적 · 이념적 주장으로서의 회화(선전, 선동적, 정치적 목표를 위한 회

화) : 즉 뭔가 다른 철학을 나타내려고 하는 그림. 사회주의 사상성
등.

2) 롬브로소의 생각

이탈리아의 의사이면서 범죄심리학자인 체사레 롬브로소가 1887년에
발표한 『범죄인』과 1889년에 발표한 『천재인』 속에는 "광인(狂人)─즉 미
치광이들의 예술"이라는 제목의 한 챕터가 있다. 그는 '천재'라고 일컫는
사람들 중에는 간질과 같은 변질성의 정신장애를 가진 사람들이 많다고
상기시킨다. 그들은 정확성의 정도를 넘어서 상징(symbol)이나 디테일에 과
도하게 집착한다거나 난해한 문제를 제기한다고 했다. 예컨대 시인 이상
의 시와 같은 시를 쓴다거나(「오감도」나 「권태」에 나오는 것처럼 난해하고 똑같은
말을 되풀이한다) 이상한 행동을 보이는 예가 좋은 본보기가 된다. 또 회화의
경우, 어떤 극채색의 물감을 써서 체계적으로 과장한다거나 선정적인 테
마를 선호한다거나 해서, 너무도 독창적이고자 하는 독기가 엿보이는 것
이 예술적 천재들의 표현의 병리라고도 했다. 또 광인의 작품을 수집해서
전시하려고 대학에 미술관을 세우기도 했지만 문젯거리를 과장하려는 것
도 문제였다.

이런 미치광이가 아카데믹한 초상화를 그린 경우도 있고, 실물인지 견
본인지 혼돈할 정도로 정교한 그림을 그린 적도 있으니 이런 것 모두가 그
림의 균형이라는 관점에서 보면 잘못된 것들이다. 어느 한 가지에만 치우
쳐 있는 것이다. 자연스러움과는 거리가 멀다. 야생적이거나 원시적인 예
술에 가까운 우매하고 열등한 형태의 그림을 그리는 경우도 많다. 야생
적·원시적 예술이란 멕시코의 마야 문명이나 고대 중국에서 볼 수 있었
던 백치(바보)들이 쓴 문장, 고대 이집트나 일본, 인도 등지에서 볼 수 있었

던 원시 예술을 말한다.

도식적인 단순함이 보이는 그림은 주로 교도소 안의 수인(囚人)들의 그림 작품인데, 그 속에 범죄성이 엿보인다고 한다. 예컨대, 이탈리아의 사르데냐섬이나 코르니카섬의 산적(山賊)이 만든 노래라든가, 무정부주의자들이 쓴 시라든가, 이탈리아 초기 바로크의 대표적 화가 카라바조의 그림, 바이런이나 15세기 프랑스 시인 비용의 시 작품, 이런 것들은 근본적으로 범죄적 작품이라고 했다.

여기에 영국 시인 바이런이 왜 끼어들어 갔을까? 그는 당대의 낭만파 대표 시인이었고 그리스 독립전쟁에도 참여해서 영웅이 되었으나, 그리스에서 열병으로 36세에 사망했다. 그는 귀족 출신이고 로맨티스트이며 화려한 귀족풍의 무절제한 생활을 하기도 했다. 그는 큰 빚을 지고 있었으며, 많은 섹스 스캔들을 일으켰고, 배다른 누이와의 근친상간의 스캔들도 있었다. 그는 양성애자였는데, 당시에는 그것이 범죄에 해당되었다. 그의 애인 중 한 사람인 램 부인은 그를 "He is mad, bad, dangerous to know"라고 평했다. 롬브로소는 그런 사람들의 작품에는 범죄적 그늘이 엿보인다고 했다. 그렇게 쉽게 이야기하기에는 증거가 문제되지만 그가 살았던 시대는 1835~1909년 사이니까 100년도 더 이전의 이야기이다.

광기와 천재 사이의 관계에 대해서는 편견이 좀 있다. 광기를 천재와 혼동하는 경우가 많다. 상징주의 시인들이 그 좋은 예이다. 그 대표가 랭보이고, 지금까지도 그는 천재냐 광인이냐의 논쟁이 이어지고 있다.

예술가들이 보통 사람들보다는 좀 괴팍스럽게 보이는 것은 사실이다. 괴팍스러우니까 사회 적응이 서투르고 그런 부적응 행동이 심해지면 정신적으로 문제가 있어 보이는 것이다.

롬브로소는 천재와 간질 사이의 관계가 크다고 했고, 창조성과 간질과의 관계가 깊다고도 했다. 작가들은 담배도 많이 피우고, 술도 좋아하고

차와 커피도 많이 즐기는 편이다. 여행을 즐기는 경향도 있다. 광기가 가장 심하게 발동했을 때 걸작도 나온다고 했다. 재미있는 관찰이다.

가끔 정신과 의사나 심리학자들이 변질(약간의 정신이상자)한 작가, 시인, 소설가나 음악가, 화가들을 조사해서 그들이 젊은이들에게 병적인 관념을 심어줄까 봐 염려한 예가 많다. 그중에는 실제로 정신병원에 수용되었다가 죽은 사람, 자살한 사람, 감옥으로 간 사람 등도 있다.

그런 현상을 지금도 이어가고 있는 것은, 인간 정서의 밑바닥, 저 깊은 곳에 숨겨져 있는 원시적 욕구와 충동, 동기 같은 것, 분노, 갈등, 콤플렉스, 좌절감, 열등감, 우월감, 적대감, 회한 등이 작품을 통해서 계속 드러나고 있기 때문이다. 샤르코는 1825년에서 1893년까지 산 프랑스의 정신과 의사인데, 신경학을 프로이트에게 가르쳐준 사람이다. 이분이 연구한 사례 중, 유명한 것은 히스테리, 천식, 기타 신경성 질환을 앓고 있는 환자에 관한 연구이다. 그와 그의 제자들 중에는 환자와 예술가들의 작품을 해독하는 방법을 연구해서 공식적으로 발표한 사람들이 많다. 프로이트도 그의 영향을 많이 받아서 작가들의 작품을 연구한 케이스가 많다.

샤르코와 그의 제자 리셰가 1887년에 파리에서 발표한 『예술 속의 악마』와 2년 후 리셰가 발표한 「예술 속의 불구와 병자」라는 논문에 의하면, 히스테리라는 신경증은 고대로부터 있어 온 질병이고, 5세기 이후 악마에게 사로잡힌 사람들을 그린 예술작품 속에 자주 이 히스테리 증상이 등장했다고 한다. 그런 그림을 그린 화가로서는 지오토(이탈리아 화가)를 비롯해서 파올로 우첼로(이탈리아 화가), 라파엘로(이탈리아 화가), 델 사르토(이탈리아 화가), 브뤼겔(독일 화가), 르 도미니켕(프랑스 화가), 루벤스(네덜란드 화가), 제이 칼로(프랑스 화가), 조르당(프랑스 화가) 등이 있다.

그들의 그림 속에는 경련 발작, 히스테리 발작 등을 일으킨 사람들이 묘사되어 있고 라파엘로처럼 아무 질환의 징후와도 관계없이 그냥 "악마에게 사로잡힌 상태의 젊은이"를 그린 경우도 있다. 평생을 "회화와 의학 사이를 왔다 갔다" 한 샤르코와 미술학교에서 예술적 해부학을 강의하던 리세는 이 악마에 사로잡힌 화가의 연구에 온 정신을 쏟았다.

5. 표현 → 해독 → 창조로

1) 표현이란 심적 에너지의 해발이다

광인의 예술에서 아르 브뤼(또는 아르 브뤼트라고도 읽음, art brut)에 이르기까지 살펴보면 과연 "광기와 천재 사이에는 공통점이 있는가?"라는 의심이 간다. 앞에서도 말했듯이 어느 쪽이 다른 쪽의 원인이고 결과인가라는 문제는 제대로 연구해봐야 할 문제이지만, 비교적 가능성이 큰 결론은 예술가들이 창작에 전념해 있을 때 쏟아붓는 심적 에너지라고 하는 초인적인 에너지를 해발(解發)한다는 점과 표현에 임했을 때 그 집중력으로 인해 괴팍하게 비칠 수 있다는 점은 인정해야 할 것 같다. 여기에 한 가지 해명을 하자면, 정신과 환자들이 굉장히 힘이 세다는 점이다. 근육이 경직되어 있고, 다른 곳에 에너지를 소비하지 않기 때문에 순간적으로 크게 힘을 쓸 수 있다. 그래서 병원의 의료진들이 통제하기 어려울 정도로 난폭해지고 소란을 피우기도 한다.

예술치료에서는, 환자와 내담자로 하여금 의식의 저항을 적게 받고, 방어기제의 힘도 조금 약하게 작용하도록 하는 방법 중 가장 손쉬운 방법으로 표현하게 하는 것이 묘화(描畵), 즉 그림 그리기이다. 표현에 관한 이야기는 앞에서 언급을 했기 때문에 다음으로 넘어가겠다.

광기와 천재의 뿌리가 같은 것은 아니다. 중요한 공통점은 광기와 천재는 도덕적 제약보다는 자유를 허용받을 수 있다는 점일 것이다. 생각의 자유와 표현의 자유이다. 광기의 실존 영역도 그렇다. 사람들이 '그러려니' 하고 봐주는 것이다.

2,500년 전 그리스 철학자 아리스토텔레스는 "영감, 고양감(高揚感), 시적 창조력은 모두 같은 기질에서 유래하는 것이다"라고 썼다. 고티에, 네르발 등은 정신과 의사와 함께 대마초를 사용했는데, 이 정신과 의사는 꿈과 광기가 같은 것이라 주장했다. 그 자신이 약물 남용으로 인해서 광기에 빠졌는데, 자기 자신을 연구 대상으로 삼았다. 그래서 정신착란 상태인 "열광"을 표방하면서, 정신착란 상태가 작품의 문체와 내용에 어떤 영향, 효과가 있는지를 테스트했다. 정신장애가 초현실주의적인 광기를 만든다고 생각했다. 초현실주의적 작품은 자동기술법(自動記述法)을 사용하기 때문에 이것을 시도해본 것이다. 자동기술법으로 생기는 광기는 가히 혁명적이고, 원시적이고, 원초적 상태로의 퇴행으로 나타났다.

19세기 프랑스의 정신과 의사였던 에스퀴로스는 학교나 미술 교실, 문학 강연, 연극작품, 노래, 음악을 통해서 정신의 어두운 그늘에 대한 이성(理性)의 승리를 계속 주장하고 나섰는데, 치유나 치료란 바로 이성의 힘을 더 키워주는 것이라고 생각했었다.

광기란, 다소 파괴적인 에너지이고 일종의 신비의 베일을 쓰고 있는 듯이 보이지만, 그 베일을 벗기면 인간성의 근원적인 암흑으로 지향된 퇴행이 보인다. 즉 부숴버려야 할 대상으로 드러나는 것이다. 좋건 싫건 매력적인 야만성과 광채를 내는 이성, 신과 악마가 동시에 탐구하게 되고, 아폴론과 디오니소스가 같이 등장하는 이런 것들이 여기서는 대립하기도 하지만 서로 뒤섞이게 되는 것이다. 이런 요소를 간직하고 있는 예술치료가 낭만주의로부터 태어났다고 하는 것은 당연하다. 낭만주의는 감정의 표현

248

영역이 넓기 때문이다.

예술 활동에서 뭔가의 새로운 작품이 나오려면, 그것이 작품이 되어 밖으로 나오려고 하는 상태, 즉 준비 상태가 있어야 하지 않는가? 이때 거칠고 무분별한 예술작품이 잘 정돈되고 완성도가 높은 작품보다 예술의 참된 모습을 더 잘 보여주지 않는가? 예술가들 중에는 정신적으로 비정상 상태에 있거나 알코올에 젖어 있을 때에 영감이 더 잘 떠오른다고 하는 사례가 많았다. 마찬가지로, 광기가 창조적 활동의 탄생을 부추긴다는 예도 많다. 광인의 예술적 표현은 과학의 추상적 개념을 사용한 합리적 논리성보다 훨씬 강렬하게 우리들의 마음을 더 크게 흔들어놓는다. 현대인이라면 억제했을 사고방식이나 충동이라고 놀림을 받는, 그런 소박하고 직설적인 표현이 거기에 있기 때문이다.

2) 앙드레 브르통과 광기

프랑스의 시인이고, 에세이스트이고, 비평가인 앙드레 브르통이 1932년에 『소통하는 그릇』이란 책을 썼는데, 그 속에서 초현실주의자들은 각성과 수면, 내적 현실과 외적 현실, 이성과 광기, 인식과 사랑의 침묵, 일상과 혁명 등 서로 너무도 멀리 떨어져 있는 이들 세계를 잇는 끈을, 초현실주의자들은 집어 던져버리려고 했다. 즉 그것들을 하나로 묶으려고 한 것이다.

그는 "오늘날 정신장애자의 카테고리 속에서 한데 묶여지는 사람들의 예술작품이야말로, 예술의 건전성을 잘 보존하고 있다. 그러니까 이들은 초현실주의자처럼 역설적이라고 보이는 생각들을 그냥 밀고 나가는 것을 두려워하지 않는다. 예술적 창조의 메커니즘, 여기서는 '모든 구속적인 것으로부터 해방되는 것'이다. 이와 같이 모순을 융합하는 놀랄 만한 변증

법적 효과로 인해서, 모든 허식과 이익에 대한 거절은 개인적으로 보면 다소 비장하게 보이지만, 거기에는 때 묻지 않는 진실이 있다. 그러나 우리는 그런 진실성을 계속 상실하고 우리 자신이 또한 변질되어가고 있는 것이다."라고도 했다.

광기를 '소외나 사회적 일탈, 무지의 상태, 이 상태에 대한 이의신청, 현실 사회를 파괴하려는 시도에 대한 자유'라고 브르통은 정의하고 있지만, 실은 낭만주의적 발상에 불과하다는 비판도 있다. 그는 반 고흐의 예술을 간질병자의 전형적인 작품이라고 했고, 프랑스 화가 쇠라를 통합실조증 환자라고 했다. 그는 "환자가 문장을 만들거나 그림을 그리거나 하는 것은 어떤 정신 증상의 전조이지만, 그동안 정신의학계에서는 이것을 무시해왔다."고 했다.

브르통이 인류학자 레비스트로스에게 보낸 편지를 보자. "예술이란, 자아에서 불거져 나온 종기와 같은 것인데, 끊임없이 자아의 동일화(identification)가 이루어지는 작업이다." 연극에 열중하면 극 중에서 다른 사람으로 다시 태어나고 재생된다. 배우들은 예술적이 아닌 행동(배우의 일상생활)과 작품 속의 주인공과 일치시키려는 시도를 계속하게 된다. 작가와 배우는 작품 제작을 통해서 끊임없이 거듭나게 되는 것이다.

예술치료를 통해 겪게 되는 인간의 심리적 변화는 그의 행동을 보면 알 수 있다. 이런 행동은 인간에서 출발해서 예술적인 종기(腫氣)로 드러나는 것처럼, 어떤 연극에서 재창조하려는 인간의 행동으로 나타난다. 거기서 개인(배우)은 작품과 만난다. 즉, 실제 인생살이와 예술치료에 의해 만들어지는 형상 사이에는 일관성이 있게 된다.

3) 아르 브뤼(Art brut)

1945년, 프랑스 화가 장 뒤뷔페가 45세가 되던 해이다. 그는 그때까지 많은 그림을 수집했다. 그리고 1947년, 1949년에는 파리에서 컬렉션 전시도 했다. 이때 「전통적인 예술로 평가받은 아르 브뤼」라는 텍스트도 발간했다. 1954년에서 1962년 사이에 이 컬렉션을 미국 뉴욕으로 가져가서 전시를 했는데 여기서 뒤뷔페는 재평가를 받아 아르 브뤼의 매력적인 참신성이 널리 알려지게 되었다. 그후 더 많은 작품들의 목록을 만들고 유럽의 여기저기 미술관에서 전시를 하면서 '아웃사이더 미술'이라는 평도 받았다.

아르 브뤼(Art brut)란, 원생예술(原生藝術) 혹은 날것 예술이라고 한다. 이 말은 장 뒤뷔페가 명명한 것인데, 신변에 있는 재료로 유아나 정신질환자, 무명의 아마추어가 다른 사람을 의식하지 않고, 자기 자신만을 위해 만든 표현물을 말한다. 브뤼(brut)란 "이성의 관여 없이"라는 뜻인데, 아르 브뤼는 서유럽적 지성이 배제된, 어쩐지 무서운 느낌이 드는, 지적 훈치(訓致)를 거부하는, 본능과 무의식만으로 창조되는 작품이라고 할 수 있다. 따라서 예술적 소재나 연면히 이어지는 모방에 의한 표현양식의 고착, 그런 관습화된 서유럽 문화에 대한 일종의 반(反)문화, 반예술의 제시라고 할 수 있다. 그러나 이것이 얼마 안 되어서, 막다른 골목으로 몰리던 서유럽 문화를 재생하는 기폭제가 되면서 아르 브뤼는 코너에 몰리게 된다. 뒤뷔페 자신의 창조적 행위는 결국 두 가지 상반된 의미를 갖기에 이른다. 그러나 그는 2차 세계대전 직후부터 1976년까지 5,000점에 이르는 작품을 다시 수집해서 유럽과 미국에서 전시했다. 아르 브뤼는 프리미티브 아트와는 성격이 다르다. 원생예술은 본질적으로 인간의 삶의 초원적(初元的)인 백지 상태에서 출발한 예술이기 때문이다.

불합리한 내적 필연성, 장기간에 걸친 정신병원 입원 경험, 사회적으로 막다른 골목으로 몰려서 문화적 규범에서 멀어졌기 때문에 만들어지는 작품일 수도 있다. 이와 같은 사회적 소외가 아주 비속(卑俗)한 소재를 사용해서 예술적 무관심을 불러일으켜 결국 창작자만이 예술을 만들어내는 작가로 인정받는 계기가 되기도 했다. 그러나 뒤뷔페는 자기는 "인간의 광기가 회복되기를 바라는 것이 아니고, 광기를 북돋아주는 것에서 예술의 치료적 효과를 기대한다"고 했고, "광기 속에야말로 천재일우의 찬스가 있다. 그 속에서 광기를 치료하고, 나는 그렇게 함으로써 행복을 느낀다"고도 했다. 그러니까 간단히 말하면, '뭐든 그리고 싶은 것을 다른 사람의 눈치 보지 말고 마음껏 그림을 그리면 저절로 정신적 문제가 해결된다'는 신념이다. 아무런 간섭이나 주문을 하지 말라는 것이다. 그것이 치료의 핵심이다.

아르 브뤼 예술가들은 사물의 본질에 접근하려는 작가들이고, 자기 개인의 사적(私的) 신화에 터해서 창조하는 사람들이다. 그러다가 이들이 만일 자기의 작품에 대한 외부의 반응에 접하게 되면 더 이상 새로운 탐구를 그친다. 작품은 활력을 잃고 정신역동적인 힘이 빠져버리게 되기 때문이다. 그러나 그 작품이 치료적인 효과를 올리려면 작품에 예술적 진화가 있어야 하는데, 1년 전이나 3년 전이나 아무런 진화가 없다면 그는 퇴행 상태에서 그냥 머물고 있음을 말해줄 뿐이다. 그래서 아르 브뤼 자체가 치료가 아니라는 말이다.

어떤 형태의 표현이 되었든, 그림이 되었든, 노래가 되었든, 몸짓이 되었든 단지 작가의 작품이 정신적 문제의 진단에만 쓰이고 만다면, 그것은 비인도적이고, 환자나 내담자를 이용하는 것밖에 안 된다. 그래서 독해에서 머물러서는 안 되고 작가로 하여금 창조로 에너지가 방향 짓도록 도와주어야 한다.

　　　　　　　　　　　　　　　　　제3부 예술과 힐링

예컨대 미국의 저명한 세계적인 상담심리학자인 칼 로저스는 "인간의 정신건강이란 무슨 고정된 상태가 아니고 갑자기 이루어진 것도 아니다"라고 말했다. "멋진 인생(good life)를 살려면, 이런저런 경험을 넓게 해보고, 지금 이 순간을 소중히 여기고 살아야 하며, 자기 자신을 믿어야 하고, 자기가 선택할 일에 책임을 지고, 자기 자신과 남을 조건 없이 긍정적으로 다루어야 한다. 내가 다음 순간에, 어떻게 되고 무엇을 할지는 순간적으로 결정되기 때문에 예측이 불가능한 일이다. 주체적으로 주관적인 인간은 중요한 가치관을 가지고 산다. 다른 사람들이 자기에게 어떤 라벨(label)을 붙이든, 누가 뭐라고 하든 상관하지 말고, 나는 하나의 독립된 인격체임을 자각하는 것이 중요하다"고도 했다.

그는 "멋진 삶을 사는 과정은, 삶의 흐름 속으로 자기를 충분히 출범시키는 일이다"라고 했다. 그는 상담을 할 때에도 내담자에게 지시적으로 이래라 저래라 하지 않고 인간 중심의 상담과 치료를 해야 한다고 주장했다. 즉, 치료자는 도우미일 뿐이지 치료를 해주는 사람이 아니다. 사람은 자기가 자기 자신을 누구보다도 더 잘 안다. 치료자가 내담자를 이해한다는 것에는 한계가 있다. 그러니까 치료자는 내담자를 지원해주어야지 그를 재건축하듯이 뜯어 고칠 생각을 하면 안 된다고 주장했다. 예술치료도 바로 그런 틀에서 생각해야 하고, 예술적 표현 과정 자체 속에서 환자는 스스로 치유되어 갈 수도 있다는 점을 인정해줘야 한다. 이것이 아르 브뤼의 정신이고 동시에 인간 중심의 치료 과정이다.

창조에는 상상력과 독창성 같은 것이 필요하다. 상상도 개성적인 것이어서 남들이 훔쳐볼 수 있는 것이 아니다. 독창성이란 남에게는 없고 나에게만 있는 것을 표현하는 것이니까 그 속에서 무한한 정신적 내용물들이 쏟아져 나올 수가 있다. 이 점이 예술치료의 중요한 포인트다.

제10장
록과 재즈와 팝

1. 여러 음악 축제가 가능한 이유

우리나라 여름 대중음악 축제로 오랫동안 사랑을 받아온 인천의 '펜타포트 록페스티벌'과 이천의 '지산밸리 록페스티벌'이 2019년에는 개최 3일 전에 취소 통보를 했다. 음악 팬들 사이에서 난리가 났다. 지방에도 작은 규모이지만 음악 페스티벌이 있고, 클래식으로는 국제적인 명성을 얻고 있는 '평창 대관령 음악제'와 봄에 열리는 국제적 규모인 통영의 '윤이상 기념 음악회'도 있다. 또 유명한 것은 가을에 열리는 '자라섬 재즈 페스티벌'이 있다. 이렇듯 우리나라에 음악 축제가 많고 다양하다는 것은 음악 애호가가 많다는 의미이고, 이런 풍토에서 BTS도 탄생한 것이다.

2019년 7월 30일자 『조선일보』에 재즈 만화가이자 음악 평론가인 남무성 씨에 관한 기사가 실렸다. 그의 나이는 금년에 51세로 중견이다. 그가 김수경 기자와 인터뷰한 기사다. 그는 30대 중반에 국재 재즈 전문지 『몽크몽크』를 만들다가 재즈 만화가가 되고, 30년간 재즈와 더불어 살았다. 재즈에 대해 연구하고, 전문 잡지도 내고, 재즈 바도 경영하고, 잡지 사업이 잘 안 되어 재즈 전문 만화가(나중에는 록 만화도 그랬다)가 되어 20만 부

이상 팔았다. 그는 인터뷰 마지막에 이렇게 말했다. "록이 청춘이라면, 재즈는 인생이다." "이제 겨우 쉰 넘었지만 인생의 쓴맛, 단맛 다 보고 나니 재즈의 매력을 더 잘 알게 되더라"고도 말했다. 대학 1학년 때, 아르바이트를 하면서 재즈를 시작하여, 30년 넘게 재즈와 함께해온 "애호가의 재즈 예찬론이었다"라고 김 기자는 끝을 맺었다.

우리나라도 이제 해방되고 75년이나 되니까 연륜이 쌓여서 신중현 씨처럼 여든하나에도 사이키델릭 록을 연주하는 기타리스트가 생기고, 여든이 다 된 재즈 가수-연주자로 김준 씨를 비롯해 여러 분이 있다. 나는 이화여대 정문 앞에 있던 유복성 씨 드럼 카페에서 하는 재즈 연주를 많이 들었다.

해방 당시에는 우리에게 세 가지 음악이 있었다. 서양 고전음악(클래식), 유행가, 소리다. 당시의 대중음악은 모두 유행가라고 했고 민요, 타령, 잡가, 판소리 등등 민속음악은 모두 '소리'였다. 해방이 되자 미군이 주둔하면서 미국 대중음악이 들어왔다. 특히 6·25전쟁이 터지자 이번에는 세계 여러 나라 민속음악이 흘러 들어왔다. 참전국 군인이 가지고 온 것이다. 샹송, 탱고, 우스크달라와 같은 이슬람 음악, 흑인 영가, 재즈, 세미클래식 등 다양했다.

나라의 경제 발전이 급속하게 이루어지자 유럽과 미국 등지에 유학하는 음악 학도가 늘어나서 두각을 나타냈다. 1988년에 제24회 88 서울올림픽을 치르면서 우리의 음악시장이 엄청나게 커지고 우리의 음악인들도 많이 해외로 진출해서, 음악에 관한 한 한국은 아시아 어느 나라보다 크게 발전하게 되어 오늘에 이르렀고, 세계의 본보기가 되었다.

여기서는 해방 후 미국을 통해서 들어온 록, 재즈, 팝이 갖는 음악의 성격보다는 그런 음악이 우리의 정신과 신체에 미치는 영향에 대해서 논해 보려고 한다.

2. 재즈의 자유로움과 창조성

1) 재즈는 알파파형(α波型) 뇌파를 만든다

다 알다시피 재즈는 미국 남부의 흑인 문화, 즉 미시시피강 어귀의 뉴올리언스를 중심으로 해서 발달한 대중음악의 한 형식이다. 리듬이 복잡하고, 싱커페이션(syncopation)을 많이 사용한다. 이것은 음악에서 정상적으로는 강세(즉 악센트)를 주지 않는 리듬에 악센트를 줌으로써 규칙적인 리듬을 의식적으로 어기는 기법이다. 그렇지 않으면 쉬거나(rest) 타이(tie)를 만들어서 기대하는 리듬을 제거하기도 한다. 이것이 재즈의 특징이고, 현대의 작곡가들이 잘 사용하는 기법인데, 리듬을 모순되게 하는 음악이다. 재즈가 여기에 강한 강점을 가지고 있어서 사람들을 혼란시키기도 한다.

재즈는 자주 즉흥 연주를 한다. 알려진 바로는, 재즈는 노동음악에서 탄생했으며, 노동자의 탄식과 노예와 남부 지역 흑인들의 영가(靈歌, Negro-spirituals)에서 태어난 것이라고도 한다. 궁극적으로는 아프리카 음악에서 유래한 음악이다.

이 음악은 거리 밴드로 인해서 대중화되었는데, 그 거리 밴드들은 특별한 날에 연주를 했고, 특히 뉴올리언스에서는 행사 때마다 연주했다고 한다. 1900년 무렵에는 스톰프와 래그타임이라는 형식이 발전했으나 1920년대에 와서는 블루스로 발전하기 시작했고, 동시에 북쪽으로 옮겨가서 시카고나 뉴욕으로, 흑인 인구 이동과 함께 번져 나갔다.

음악이 점점 이론을 갖추게 되자 새로운 스타일이 탄생했고, 라디오나 전축의 보급과 함께 재즈가 대중화되기 시작했다. 30년대와 40년대에는 대형 밴드가 만들어져서 상업화된 스윙으로 발전했고, 1940년대 초에는 흑인 음악가들이 등장해서 생생한 새로운 스타일을 선보였다. 그러다가 그후 자유 재즈(Free Jazz)도 나타나서 흥미를 끌었다. 우리들이 잘 아는 코미디언 남보원 씨가 흉내를 잘 내는 루이 암스트롱이 그 대표이다.

나는 서울 구기동에 있는 김준 씨의 재즈 클럽을 몇 번 가봤다. 여기서는 매주 금요일마다 라이브를 하는데, 재즈 1세대들이다. 나는 거기서 연주도 듣고 밥도 먹었다. 카페를 겸하고 있으니까 낮에는 커피를 마실 수 있다. 우리나라에서 재즈로 널리 알려진 가수로 나윤선이 있다. 그녀는 파리에서 음악 공부를 하고, 파리에서 공연을 시작했다. 동양인 가수가 파리에서 재즈로 인기를 끈다니 희한한 일이다. 그녀는 2020년에 프랑스 문화훈장을 받았다.

재즈를 자주 접하지 않는 사람으로서는 재즈가 혼란스럽다. 연주자가 제각기 노는 것같이 들리기 때문이다. 그것도 사실에 가깝다. 큰 줄기만 있고 즉흥 연주를 많이 하기 때문이다. 그런데 이 재즈와 록이라는 대중음악의 대표적 장르가 사람들에게 아주 다른 영향을 준다는 것이 주목된다.

미국의 교육학 박사이며 한 인지연구소(認知研究所) 소장직을 맡고 있는 디 콜타라는 심리학자는 음악의 양식과 신경학적인 발달 사이의 관계가 어떤지를 연구하는 전문가이다. 이분은 캘리포니아대학에서 IQ와 공간지능[1] 관계를 실험하는 데 모차르트 음악을 사용했더니 피실험자의 뇌파에서 양질의 베타(β)파가 발생했고, 아주 정상적인 의식 상태가 되었다고 했다. 이른바 모차르트 효과(Mozart Effect)[2]일까?

베타파란 알파(α)파에 새로운 자극이 가해지거나 정신적인 활동을 하

---

1) 일정한 공간 내의 사물들 사이의 관계를 알아차리는 능력을 말하는데, 공간을 지각하고 문제를 해결하는 능력이다. 예컨대, 우리가 흔히 길눈이 어둡다든가, 눈썰미가 있다든가라고 말할 때의 능력, 건축이나 복잡한 디자인을 하는 능력 따위가 바로 이 공간지능이다.

2) 모차르트 음악이 가지고 있는 자연스러운 정신 치유 효과를 말한다.

거나 어떤 이에 집중할 때면 나타나는 뇌파형(腦波形)이다. 주파수가 초당 14~30헤르츠로 나오는 뇌의 전자파이다. 참고로 말하면, 알파파란 초당 8~14헤르츠로 나타나는 뇌파인데, 창의적인 일을 할 때 가장 잘 나타나는 파형이다.

그러나 최적의 창의성을 발휘하기 위해서 단순한 선형적(線型的)인 문제(단순한 논리-수학적 문제)와 씨름하기 싫으면, 콜터 박사는 재즈 음악을 연주하거나 들으라고 권고했다. 재즈는 사람의 마음을 혼돈(카오스)으로 이끈다. 그리고 이 혼돈에서 질서를 창조한다는 것이다. 마일스 데이비스(미국의 재즈 밴드의 트럼펫 연주가), 존 콜트레인(미국의 재즈 밴드의 색소폰 연주가 및 작곡가), 그리고 전위적인 작곡가이자 연주가인 존 케이지가 88 서울올림픽 때 한국에 와서 현대무용가인 머스 커닝햄과 세종문화회관에서 공연했다. 백남준과 친한 사이다. 나는 이들의 공연을 봤다. 케이지 같은 음악가는 음악을 듣는 사람들, 즉 감상자로 하여금 뇌파가 세타(θ)파, 초당 주파수 4~7헤르츠)가 되게 해서 세타 의식 상태로 유도한다고 한다. 세타 의식 상태란 잠의 초기 단계에 해당하는 몽롱한 상태를 말한다. 고도로 예술적이고 영적인 통찰력과 연합된 창의적 뇌파 상태가 되게 한다는 것이다.

콜터 박사는 이와 반대로 록 음악이나 랩, 또 다른 형태의 비트에 중심을 둔 음악은 '시간'을 잘 지키라고 강렬하게 주장한다. 이들 음악에서는 시간을 어기면 음악이 망가진다. 박자를 놓치거나 미리 나가면 안 된다. 호흡을 맞추어야 한다.

특히 이런 강압적인 시간 관념을 요구하는 환경 속에서 노동을 하는 어린이들의 노동 능력을 향상시키는 데는 아주 안성맞춤이라고 한다. 그의 말을 들어보자. 즉 "대도시 빈민촌의 열악한 환경은 마치 전쟁터와 같다. 여기서 살아남기 위해서는 아이들은 정신을 바짝 차려야 한다. 이 음악은 그 아이들의 의식을 집중시켜준다. 혼란스럽고 예측 불허의 환경 속에 사는 아이들에게 록이나 랩은 조직화하는 능력을 높여준다.”

2) 뉴에이지 음악의 영향

그러나 뉴에이지 음악, 감싸는 음악은 시간이 아니라 '공간'을 중심으로 조직화된다. 뉴에이지 음악이란, 고전음악이나 포크음악 등 여러 장르의 음악을 골고루 융합시킨 연주음악인데, 환경음악이라고도 한다. 듣기에 부담이 없고 청소년들의 정서에도 해가 되지 않는다는 점에서 무공해 음악으로 알려져 있다. 이런 음악은 시간(템포)에 엄격하지 않다. 장르를 두루 포용한다. 이런 음악은 고도의 정신적 삶을 추구하는 사람들에게는, 그들로 하여금 좀 더 이완시키고, 자유롭게 부유(浮遊)할 수 있게 해준다.

록과 랩은 뿌리가 같지만, 재즈는 생존을 위한 도구가 아니었다. 콜터 박사에 의하면, 재즈는 몰아붙이는 것도 아니고, 그렇다고 긴장을 전적으로 풀게 해주지는 않는다고 한다. “어떤 점에서 재즈는 그 자체가 이상적인 상태이고, 여러 사람들이 있을 때에는 주의를 끌지만, 다음에 무엇이 나올지에 대해서 몰라도 반응할 수 있는 괜찮은 음악이다. 대체로 재즈는 상세히 그려진 스코어가 없다. 우리의 삶이란 재즈의 그런 점과 유사하지 않은가? 우리가 오늘날들을 잘 살아가는 방법을 배우고 싶으면 재즈에 끌리는 것이 좋을 것이다”라고 했다.

재즈는 그 속에 삶의 여정을 담고 있기 때문이란 이야기다. 삶에는 기복이 있지 않은가? 온갖 풍파란 것이 있게 마련이다. 파도가 치고, 비바람과 눈보라가 치기도 하지만 거울같이 청명하고도 조용할 때도 있기 때문이다. 재즈 음악이 그렇다. 예측불허다.

돈 캠벨(『모차르트 효과』라는 책을 써서 유명해진 전문가)이 재즈 아티스트인 윈턴 마살리스와 인터뷰한 것이 있다. 마살리스는 뉴욕의 링컨센터의 재즈 밴드의 트럼펫 주자인 동시에 디렉터인 거장인데, 그가 인터뷰에서 이렇게 말했다. "재즈를 연주한다는 것은 비록 반대편에 서 있는 사람이라도 어떻게 하면 서로 차이를 인정하고 타협할 수 있는지를 배우게 해준다." 어떻게 대화하고 서로 통합하는지를 가르쳐주는 예술이라고도 했다. 아마도 우리 내부의 어떤 질서는 모차르트 같은 음악가의 곡을 듣고 싶어 할지 모르지만, 한 발자국 밖으로 나가보면, 공항에서는 무수히 많은 각종 인종의 사람들을 만나고, 텔레비전을 보는 데 상당히 많은 시간을 보내고, 쇼핑몰에서 이것저것 쇼핑을 하고, 인터넷을 검색하고…… 이렇게 사회생활을 영위해가는 동안, 우리는 많은 경우 타협하고 협조하고 양보하고 해가면서 살아야 한다. 이때 재즈는 우리에게 좋은 기능을 해준다. 세계의 밖으로 나갔다가 다시 세계 안으로 들어오게 만든다. 그래서 우리로 하여금 신경증 환자가 되는 것을 막아주는 것이다. 즉, 나 자신으로 다시 돌아오게 만든다는 것이다.

3. 다이아몬드 박사의 록 실험

1) 음악이 때로는 근력을 약화시킨다

오스트레일리아의 정신과 전문의이자, 미국 뉴욕의 시나이병원 정신과에서 치료, 연구하며 저술을 해온 존 다이아몬드 박사가 1997년에 『당신의 몸은 거짓말을 하지 않는다』를 출간했다. 다이아몬드 박사는 '운동요법'이라는, '마음과 몸의 불균형을 함께 치료하는' 새로운 치료법을 개척한 전문가이다. 이 책 속에 들어 있는 내용을 잠깐 소개하겠다.

하루는 그가 뉴욕의 한 백화점의 레코드 가게에서 이상한 경험을 했단다.

쇼핑을 하고 있었는데, 갑자기 마음이 불안해지고, 몸에서 힘이 빠지고, 기분이 안 좋아지게 되었다는 것이다. 그런데 자세히 보니, 그 레코드 가게에서 틀어주고 있는 음악이 모두 록 음악이었다는 것이다. 그는 연구소로 돌아와서 나중에 그 록 음악의 효과를 실험적으로 연구해보기로 했다.

몇백 명의 피실험자에게 록 음악을 틀어주고 그 반응을 조사해보았더니, 록 음악을 듣는 동안 모든 피실험자의 근육의 힘(筋力)이 약해진다는 것을 알게 되었다. 그리고 성인 남성의 강한 삼각근(三角筋, 어깨 곡선을 만드는 근육)의 힘이 약해진다는 것도 발견했다. 성인 남성의 삼각근 힘을 당해내려면 적어도 49~50파운드(약 18~20kg)의 압력이 필요한데, 록 음악을 듣고 있는 동안 실험을 해보면, 10~15파운드(4.5~6.8kg) 정도만 필요하다는 것을 알게 되었다. 다른 말로 하면, 우리가 록 음악에 빠져 있으면 에너지, 기운, 정력이 몸에서 빠져나간다는 것이다. 다이아몬드 박사는 정신을 치유하려면 의학적 기술뿐 아니라 문학적·영적·철학적 지혜를 통합해서 생명력과 내적 힘을 키워주어야 한다고 주장한다. 그리고 음악과 정신 치료의 관계를 깊이 연구하기도 했다. 그래서 그가 낸 책을 보면 오케스트라 지휘자가 왜 오래 사는지를 분석한 것이 있다. 우리나라의 유명인사의 수명에 관한 조사는 필자가 쓴 『예술이 어떻게 사람과 사회를 변화시키는가?』라는 책에 소개되어 있다.

물론 다이아몬드 박사는 모든 록 음악이나 대중음악이 나쁜 영향을 준다는 뜻은 아니라고 했다. 또 어떤 특정 음악이 특별한 효과(좋은 효과나 나쁜 효과)를 언제나 가지고 있다는 뜻도 아니라고 했다. 대체로 일반적인 경향성이 있다는 뜻이란다. 어떤 특정 장르의 음악이나 특정 곡이 정신과 육체에 영향을 주기는 하지만, 어떤 환경에서 어떤 매체를 통해서 얼마나 크게, 혹은 작게 들려주느냐가 관련이 있기 때문이라고 한다. 어떤 보컬 그룹이나 가수들은 우리의 근육의 힘을 약화시키지만, 또 다른 보컬 그룹이나 밴드의 음악은 그렇지 않다고 했다.

다이아몬드 박사의 분석에 의하면, 우리 근육의 힘을 약화시키는 보컬 그룹이나 가수로, 1980년대에 활약한 악단과 보컬을 예거했다. 제니스 조플린, 퀸, 아메리카, 앨리스 쿠퍼, 바크먼-터너 오버드라이브, 레드 채플린 등. 이와는 대조적으로 비틀즈의 음악은 그렇지 않았다고 한다.

우리가 기억해야 할 점은, 여기서 말하는 록 음악이란, 어떤 특정한 타입의 음악을 말하는 것이고, 로큰롤, 컨트리 웨스턴, 재즈 그리고 다른 형태의 대중음악을 모두 말하는 것이 아니라는 점이다. 이 리스트에 퀸도 들어있다.

2) 록 음악이 근육의 힘을 약화시키는 이유

록 음악이 과연 근육의 힘을 약화시키는지를 알고 싶으면, 전자오르간의 리듬박스의 여러 가지 비트 키를 눌러서 실험을 해보면 된다. 가령 왈츠, 행진곡, 룸바, 트로트 등을 이용해도 된다.

이런 비트의 음악을 틀어놓고 엄지와 집게손가락으로 O형을 만들어 다른 사람으로 하여금 자기의 그 O링을 풀어보라고 한다. 이것을 'O링 테스트'라고 한다. 다른 음악에 비해서 록 음악을 들었을 때에 링을 더 풀기 쉬워졌는지 어려워졌는지를 확인해보면 된다. 그런데 다이아몬드 박사의 실험에서는 록 음악을 들었을 때 훨씬 풀기 쉬웠다고 한다. 그 이유는 록 음악이 근력을 약화시키기 때문이다.

이른바 록 비트의 어떤 특징이 사람의 근력을 이와 같이 약화시키는지 다시 실험해보았다. 많은 록 음반을 주의 깊게 듣고 실험해보면, '딱딱쿵 비트(da-da-DA beat)'라는 것을 알 수 있다. 강세(악센트)가 거의 뒤쪽에 붙고 소리가 끊어지게 되어 있다. 특히 타악기가 그걸 선도한다. 물론 록 비

제3부 예술과 힐링

트가 모두 이런 비트를 가지고 있는 것은 아니다. 시(詩)에서는 약약강(弱弱強)이나 혹은 단단장(短短長)의 운율을 가지고 있는 시가 있는데, 록 비트가 바로 그런 시의 운율과 흡사한 것이다.

> 껍데기는 가라
> 4월도 알맹이만 남고
> 껍데기는 가라
>
> 껍데기는 가라
> 동학년 곰나루의
> 그 아우성만 살고
> 껍데기는 가라

시인 신동엽이 1967년에 발표한 「껍데기는 가라」라는 유명한 시의 일부분이다. 여기서 리듬은 앞쪽에서 약약(껍데기는)으로 가다가 뒤쪽(가라)에 강세가 온다. 그러니까 아주 단호한 호흡이다. 이 박자를 손뼉으로 치거나 두들겨도 전자오르간 연주나 레코드의 록 비트를 들을 때와 같은 효과를 준다. 그러나 이 비트를 아주 빨리 치면, 그 유해한 효과(근력 저하)는 상쇄되고 만다. 왜냐하면 이 약약강 비트의 특징 중 하나는 호흡이 각 소절의 끝에서 멈춘다는 데 있고, 록 음악이 특히 근육 약화의 효과를 주는 이유가 바로 '끝에서 강하게 치고 갑자기 멈추는 데' 있기 때문이다. 그러니까 음악을 듣는 사람이나 하는 사람은 잠재의식적으로 '갑자기 멈추었다가 다시 시작해야겠군' 하거나 '소절 혹은 박자의 끝에 가서는 멈추어야겠군' 하는 생각을 하게 된다는 것이다. 그래서 약약강의 리듬은 왈츠나 강약약 (Da-da-da) 리듬과는 반대 효과를 주게 된다는 것이다. 왈츠나 강약약의 리듬에는 소리의 고른 흐름이 있다.

동맥 속 혈액의 흐름을 전자기계로 기록해보면, 왈츠 음악을 들으면 혈액도 왈츠 리듬과 같이 3박자의 강약약으로 흐른다. 청진기로 심장박동 소리를 들어보면, 왈츠 비트와 같이 강약약 3박자의 리듬을 가지고 있다. 세 번째 약 박자는 거의 소리를 내지 않는 상태의, 아주 약한 비트가 된다. 그래서 '쿵-딱-쉼, 쿵-딱-쉼'과 같은 패턴으로 뛴다고 한다. 매우 흥미로운 사실이다.

그래서 약약강 리듬(혹은 끊어지는 리듬)에 우리가 노출되면 경고성 반응이 나타나서 근육이 약화된다는 것이다. 이렇게 근육을 약화시킨다는 것은 신체의 정상적인 리듬에 확실히 배치되는 것이다.

이런 이유로 해서 비트나 멜로디가 자유로운 재즈 음악과 록 음악은 비교된다. 록 페스티벌 현장에서는 실신하는 사람이 생기지만 재즈 페스티벌에서 그런 사례가 발생했다는 소식은 아직 접하지 못했다.

4. 록과 청각 문제

옥스퍼드 영어사전에 의하면 'rock'이란 낱말은 '바위'라는 뜻이지만 '앞뒤로, 옆으로 흔든다'는 뜻도 있다. 영어로 흔들의자를 'rocking chair'라고 하지 않는가? 또 '진동시키다', '흔들거리다'라는 뜻도 있다. 그리고 세 번째 뜻으로는 '전기기타로 연주하는 격렬한 박자의 대중음악'이라고 적고 있다. 그리고 'rock-n-roll은 같은 뜻'이라고 했다.

미국에는 지금 약 6,000만 명의 난청자가 있다고 한다. 우리나라도 마찬가지지만, 지금의 부모 세대보다 자녀 세대가 몇백 배 많은 소리 진동 정보에 노출되고 있기 때문이다. 미국의 경우, 인구의 3분의 1은 큰 소리(loud sound) 때문에 청각 장애를 갖게 되었다고 한다. 원인은 여러 가지일 수 있으나 그 원인 중 하나에 음악도 들어간다고 한다.

제3부 예술과 힐링

옛날(1980년대 이전쯤) 학교에서 수학여행 같은 것을 갔을 때 숙소인 불교 사찰이 있는 마을 어귀에서 밤에 잠자리에 들려고 하면 풀벌레 소리에 감동하는 경우가 있었다. 그러나 지금은 도농(都農)의 구별 없이 소음 천지다. 그런 풀벌레나 귀뚜라미 우는 소리를 지금은 듣기 어렵게 되었다.

전쟁 시에 폭발하는 총포의 폭발음, 폭격기에 의한 공중 폭격음, 상업시설의 선전 스피커 소리, 공장이나 자동차 등에서 나는 소음 등 외부 조건도 있지만, 집 안 냉장고 등의 모터 회전 소리, 텔레비전 등 가전제품들이 울리는 소리는 우리의 소리 환경을 아주 열악하게 만들고 있다.

그런 가운데 미국에서 발표한 학자들의 논문을 보면, RRAD라는 증후군이 있단다. 이것이 무슨 약자이냐 하면 'Rock & Roll Affective Disorder'라는 것이다. 즉 '로큰롤 정서장애'라는 뜻이다. 로큰롤을 일생 동안 들음으로써 생기는 증후군인데, 청력을 떨어트리고, 스트레스와 불안을 증가시키고, 피로감을 몰고 오는 심리 · 생리적 이상 증상이다. 뉴욕에 있는 청각 전문가 새뮤얼 로젠 박사가 세계 여러 나라의 시민들의 청각 능력을 비교 연구했더니 전통적 아프리카 사회에서는 60대가 되어도 미국 20대 청년의 청능(聽能)과 같거나 그들보다 더 좋았다는 것이다.

학자들의 견해는 이렇다. 청각장애를 일으키는 원인에는 여러 가지 요인이 있지만 그중에 록 콘서트도 포함된다고 한다. 세계적인 명성이 있는 음악치료 전문가인 돈 캠벨은 여러 청각장애를 유발하는 요인 중 록이 아마도 가장 위협적인 요인이 아닐까 하고 분석했다.

캠벨의 연구를 보면, 록 콘서트의 이와 같은 영향에 대해서 팬들이 잘 모르는 이유는, 대부분의 록 뮤지션들은 그들이 공연할 때에는 귀마개를 하고 있다는 사실을 모르기 때문이다. 헤비메탈 밴드 모틀리의 크루는 자기들은 공연 때 귀마개를 한다는 것을 실토했다. 그뿐 아니라 대중공연 때에는 관중들에게 귀마개를 판다고 고백하기도 했다. 보컬리스트들도 자기 자신의 증폭된 음성으로 인해 귀가 위험에 처해진다. 대개는 연주 시의 소리 크기는 100~120데시벨이고, 어떤 때에는 자갈 위를 달리는 제트 엔진 소리에 가까운 140데시벨을 넘는 경우도 있다고 한다. 오페라 스타였던 마리아 칼라스도 한때 자기 노래로 인해서 부분 청각장애를 겪은 일이 있었다.

일반적으로 나누는 대화의 소리 크기는 약 60데시벨이다. 지하철이나 공장의 소음은 80~90데시벨인데, 85데시벨만 넘어도 불쾌감을 느낀다. 130데시벨 이상이면 귀에 통증을 느끼게 된다.

미국 루이스빌 의과대학에서 헤드폰이나 이어폰으로 인한 청각 손상에 대해 연구한 것을 보면, 뉴욕, 모스크바, 도쿄의 대로에서부터 나이로비, 방콕, 리우의 뒷길에 이르기까지 전 세계 도처에서 매일 수천만 명이 조깅을 하거나 사이클을 타면서, 혹은 일을 하면서 스테레오 헤드폰을 끼고 한다. 헤드폰은 편리하고 쉽게 구할 수 있고, 보통 사람들이 값싸게 음악에 접근할 수 있는 가장 쉬운 방편이다. 그러나 이것이 결국 청각장애를 가져온다는 사실을 의외로 잘 모르고 있다고 했다.

예를 들어, 우리가 에어로빅을 하고 있는 동안은, 우리의 신체 펌프는 피와 산소를 주로 팔과 다리로 보낸다. 그러나 이때 우리 귓속의 아주 미묘한 내부 구조 속으로는 피와 산소를 잘 안 보내게 된다. 위험하게도 귀는 보호를 못 받게 된다는 것이다.

이런 이치로 헤드폰은 근본적으로 저주파 소리를 전달하게 된다. 그런데 이 저주파 소리가 우리 인체 기능에 강력한 영향을 미친다는 것이다. 우리가 들어서 알게 되는 가장 낮은 주파수는 20헤르츠 정도이다. 그러니까 1초 동안에 20번 떠는 소리인데, 콘트라베이스의 가장 낮은 소리나 피아노 건반의 가장 아랫소리로서 진동수가 그 이하로 내려가면 우리는 못 알아듣는다. 이 저주파 소리가 귓속을 울리면서 청각을 둔하게 만든다는 것이다. 그리고 드디어 난청으로 만드는 것이다.

이런 이유로 프랑스 국회가 개인용 스테레오(공개 연주용이 아닌)는 100데시벨 이하로 낮추라는 법을 통과시켰다. 그전에는 126데시벨까지 허용했다고 한다.

5. 팝 음악의 치유력

1) 우리나라 팝 음악의 약사

팝 음악(popular music)은 1950년대 중반 미국과 영국에서 시작된 대중음악의 한 장르이다. 이 음악 장르는 영화, 음반, 라디오, 텔레비전이 보급됨에 따라서 많은 팝스타를 탄생시켰다. 유럽은 미국과 느낌이 달라서, 내가 들은 바로는 카리브해 출신의 4인조 '보니엠', 스웨덴의 4인조 '아바'가 우리가 쉽게 접한 유럽 팝이었다. 아바가 유명해진 것은 1974년 〈유로비전 송 콘테스트〉에서 올리비아 뉴튼 존을 제치고 〈워털루〉로 그랑프리를 받으면서부터다. 그 이후 아바는 세계적인 팝 그룹으로 발전한 것이다.

미국에서는 우리가 지금까지도 따라 부르는 노래 〈Don't cry for me argentina〉를 부른 마돈나, 마이클 잭슨, 1990년대 이후는 비욘세, 2000년대에 들어와서는 레이디 가가 등이 팝가수의 대표이다.

우리나라의 경우는 해방 후 미군이 주둔하고, 6 · 25전쟁 때 미국이 참전하고, 미 제8군이 용산에 주둔하면서 제8군 안에 AFKN 방송국이 생겼다. 그때 여기를 통해서 팝과 록 음악이 한국에 퍼지기 시작했다. 클래식, 예술음악, 민속음악과 구별되는 이를 제외한 모든 음악이 팝 음악이다. 대중적인 록, 컨트리, 레게, 힙합 등을 포함하지만 록 음악과는 달리 공격적이거나 실험적인 것은 아니다. 우리나라에서는 1964년 AFKN이 FM방송을 시작하면서 미국 밴드와 가수들이 출연해서 연주도 하고 노래를 불렀고, 이때부터 국내 가수들이 투입되기 시작했다.

이때 미국 곡들을 편곡하거나 가사를 바꿔 불렀는데, 김치 캣과 이시스터즈가 인기였다. 1967년에 차중락이 엘비스 프레슬리의 노래를 번안하여 부른 〈낙엽 따라 가버린 사랑〉이 대인기를 얻었으나, 차중락은 몇 년 후 낙엽 따라 가버렸다.

1960년대에 미 제8군 출신의 가수들로 한명숙, 최희준, 자니 리 등이 활동했고, 1968년에 듀엣 트윈폴리오가 등장했으며, 대학생이던 윤형주, 김세환, 조영남, 송창식 등이 쎄시봉 시대를 열었다. 그들은 주로 미국의 팝송과 컨트리 등등을 번안해서 불렀고, 그들은 지금까지도 50년간 음악 활동을 계속하고 있다.

한번은 조용필이 이비인후과 전문의에게 가서 청력검사를 받는 장면이 방송된 적이 있는데, 청력이 아주 떨어져 있었다. 무대에서 그가 노래할 때 악단 '위대한 탄생'이 내뿜는 엄청난 음량의 오디오 효과가 귀를 나쁘게 만든 것이다. 몇만 명이 운집한 공연장에서 오디오가 시원찮으면 그 공연은 실패하기 쉽다. 보통 140데시벨이 넘는 드럼과 일렉 기타의 진동은 연주자가 감당해야 하는 조건이다. 그러니 귀는 나빠질 수밖에 없다.

2) 팝 음악과 춤의 콜라보

음악이 정신치유력을 갖자면 율동이 수반되어야 한다. 부동자세로 노래를 부르던 옛날 트로트 가수들과는 달리, 지금은 율동과 춤과 퍼포먼스가 함께 콜라보가 되어야 흥과 신명과 즐거움이 더해진다. 21세기에 들어와서 우리의 K-Pop이 세계적인 인기를 끄는 것은 댄스 음악 때문이다. 노래

제3부 예술과 힐링

는 언어에 대한 이해가 필요하지만 춤에는 그것이 필요 없어서 쉽게 공감에 이른다.

움직임(운동)과 춤은 가끔 음악이 갖는 치유력을 드높여준다. 옛날부터 치료적인 연극(사이코드라마와 같은 심리극)은 원래 신화적인 이야기에서 유래했다. 특별한 움직임 양식과 토착적인 소리(음악)가 관객들의 마음을 다 잡아주고, 위로해주고, 웃음과 해학으로 즐겁게 해주었던 것이다.

20세기 초 오스트리아의 신비주의자 루돌프 슈타이너는 율동체조(신체동작의 조화를 꾀하는)로 알려진 새로운 치유성 운동 양식을 만들어냈다. 이것은 움직임과 음악과 시를 결합한 아주 독특한 형태인데, 이 율동체조는 의식(儀式)을 격조 높고 품위 있는 형태로 만드는 데 목적을 두었다.

느리고 우아한 움직임은 일반적 건강과 웰빙을 증진하는 데 아주 유익하다고 하며 천식, 말더듬이, 호흡기 질병 치유에 효과가 있어서 늘 사용되어왔다고 한다. 이 프로그램에 참여하는 사람들은 지도자가 피아노를 연주하는 동안 원형을 만들어 돌면서 음악의 리듬과 음색에 맞추어 몸짓을 하는 것을 배운다.

여러 현대의 심리치료에서는 이와 같이 음악과 노래 부르기와 가락에 맞추어 춤추고 움직이는 것을 결합해서 몸속에 간직하고 있던 정보를 의식화(意識化)하게 하고, 치유의 전 과정에서 그 정보가 어떤 역할을 하도록 해서 목표에 이르도록 한다.

팝 음악을 두고 맹세컨대 그걸 애호하는 사람의 수로 판단해볼 때, 현대의 사운드는 현대의 음악치료사나 토착 개업의사나 전문가, 심신치료사에게는 치유와 변화를 가져다주는 효과적인 음악이라고 할 수 있다. 확실히 록이라는 음악에는 신비스러운 함축성이 있는 것 같다. 미국의 밴드 리더이고 보컬리스트인 브루스 스프링스틴(1949~)은 그래미 최우수 솔로곡 보컬상을 받은 경력의 가수이다. 이 사람은 현대의 오르페우스이다. 그는 사랑하던 사람을 찾아 헤매고, 수없이 많은 실수를 하고, 잘못된 행동의 결과로 인해서 무거운 발걸음으로 암흑가를 걷고 있는 현대의 젊은이들에게 그들이 처한 곤경 상황을 그대로 구현해 보여주고 있다.

도시 무당으로서의 디제이(DJ, Disk Jockey)의 이미지는 현대 신화의 주요 산물인 셈이다. 돈 캠벨이 음악치료를 하면서 펄 잼이나 엘비스 프레슬리나 엘튼 존의 음악이 과연 모차르트 효과(정신안정의 효과)를 낼 수 있는지에 대한 질문을 받고 "그 대답은 참 복잡합니다. 록에도 다양한 종류가 있어서요"라고 대답했단다. 헤비메탈은 필 콜린스(영국 가수, 밴드 멤버)와는 다르고, 50대 사람들에게는 오늘날의 밴드가 리틀 리처드(미국 가수)나 제리 리 루이스(미국 가수)의 음악이 궁전적(宮殿的)인 바로크 음악으로 들린다. 내가 1970년 미국에 공부하러 갔을 때 미국 대학생들 중에 모차르트나 하이든 같은 음악가의 이름을 모르는 친구들이 의외로 많다는 사실을 알고 지극히 놀랐다. 그 대신 엘비스나 톰 존스 같은 대중음악가들의 이름은 줄줄이 외우고 있었다. 그러니까 그들에게는 역시 현대의 대중음악이 더 친밀하게 들리고 그런 팝 음악이 음악 흐름을 주도하고 있는 것으로 알았을 것이다.

3) 동전의 양면 같은 록

일반적으로, 큰 소리로 난타(亂打)를 날리는 음악은 확실히 귀에는 파괴적이다. 그래도 우리의 몸은 북을 치고, 노래하고, 춤추고, 움직여야 내적으로 받는 압력(스트레스성)이 해제되고, 자신에게 맞는 자연스러운 리듬을 발견하게 된다. 그러나 현대사회가 언제나 이런 욕구들을 충족시켜주는 것은 아니다. 그래서 이 빈자리를 채우기 위해서 새로운 형식의 음악이 나타난 것이다. 이때 사회에 나타난 것이 골반 춤의 명수인 엘비스이다. 그는 록 음악을 가지고 나타났다. 록 음악은 한편으로는 긴장과 욕구불만을 증폭시켜주고, 다른 한편으로는 그것들을 풀어준다. 누군가가 말하겠지만, '록 음악은 튕겨서 날아오른 동전의 양면과 같은 것'이라고.

1983년에 미국 하버드대학 교육심리학 교수인 하워드 가드너 박사가 『정신의 틀』이라는 책을 냈다. 나는 1985년에 이 책에 접했다. 그 속에서 심리학자뿐 아니라 일반인도 100년 동안 믿어왔던 중요한 심리학적 원리가 무너지는 것을 발견했다. 즉 지능에는 꼭 수학−논리적, 언어적·공간적 기능을 합한 IQ라는 용어 하나로 표시할 수 없는 다중(多重)한 지능이 존재한다는 것을 주장하는 내용이다. 그 속에는 처음으로 '음악적 지능'이라는 용어가 들어 있다. 음악과 지능은 서로 어울리지 않는 개념이다. 일반적 지능(IQ)은 이제 별 효능이 없는 개념이 되었다. 이 새로운 이론을 다중지능이론이라고 한다.

가드너 박사는 2000년 초에 한국에 왔는데, 그때 이화여대에서 특강도 했다. 그는 2020년을 기준으로 77세의 심리학자인데, 40세 때 이 역사적인 이론을 발표해서 지금 전 세계의 심리학계에서는 거의 공인된 이론으로 받아들여지고 있다. 현재 한국에서는 '가드너의 다중지능검사'가 유행이다.

그는 아프리카의 전통음악 교육을 연구하기 위해서 나이지리아의 아낭이라는 곳에 갔다. 이 사회에서는 아이가 태어나자마자 1주일만 되면, 엄마가 아기에게 전통음악을 들려주고, 춤을 보여준다. 이때 아버지는 북을 만들어 두들겨 아기에게 북소리도 들려준다.

만 2세가 되면, 아이들은 어른들 틈에 끼어서 노래 부르기, 춤추기, 악기 연주하기 등의 기초 문화 기능을 학습한다. 만 5세가 되면, 어린 아낭 주민들은 이미 수백 곡의 노래를 부를 수 있게 되고, 몇 가지의 타악기를 다룰 수 있게 되고, 아주 정교한 동작의 춤도 10여 가지를 출 수 있게 된다.

물론 아프리카가 다 그런 것은 아니다. 가나의 어떤 종족은 재간이 좀 모자라는 사람은 땅바닥에 눕혀놓고, 스승 음악가가 그 위에 올라타서 누워 있는 사람의 몸속으로 리듬을 주입하는 전통이 있다. 즉 자기 종족의 영혼을 주입하는 것이다.

이렇게 원시사회일수록 음악을 영혼을 움직이는 매개로 보는 것이다. 지금 세계적인 음악의 주류가 된 재즈나 스윙, 로큰롤 같은 음악의 태생이 아프리카인 것은 우연이 아니다. 그만큼 그들은 음악의 정신적 치유력을 믿었던 것이다. 지금도 그렇다.

제11장

뇌는 리듬에 약하다

1. 음악은 소리 이상이다

1) 흔들어주어라, 그러면 잠들 것이다

젖먹이를 어른들이 안고 흔들어주거나 유모차나 요람에 태워 흔들어주면 몇 초 안에 잠든다. 참 희한하지 않은가? "아가 아가 우리 아가 잘도 잔다…" 하고 읊으면서 등에 업은 채로 흔들어주어도 금세 잠든다. 어른들은 어떤가? 장거리 여행을 위해 고속버스에 올라타자 마자 10분도 안 돼 잠든다.

몸을 흔들어주거나 흔들리면 뇌가 여기에 호응해서 편안해진다. 일종의 연동현상(連動現象)이다. 이것을 불어로 entrainment라고 하는데, 이끄는 힘이란 뜻이다. 즉 자동차의 구동장치와 같은 것이다. 바깥에서 감각 정보 (모두가 물리적 속성을 가진 에너지)가 들어가면 똑같이 뇌 속에서도 유사한 변화가 일어난다는 뜻이다. 감각기관의 리드미컬한 움직임은 뇌에도 그 리듬과 유사한 뇌 전기활동이 리드미컬하게 일어난다. 이것을 '뇌 연동현상'이라고 한다.

아프리카나 아마존 유역, 오세아니아의 원주민들은 일이 있을 때마다 춤을 춘다. 이 일이란 수렵에 나가기 전, 갔다 와서, 잡은 사냥감을 나누어 먹으면서, 부족의 경조사 등이다. 부족 전체의 행사 때에도 물론 춤을 춘다. 한번은 김병만이 출연하는 〈정글의 법칙〉에 나온 남방의 한 원시족 세 명이 방송사 초청으로 한국에 왔는데, 인천국제공항 출구를 나오면서부터 춤추기 시작하는 것을 보았다. 외국 친구가 초청받아 방문한 나라에 도착하면서부터 춤추기 시작하는 것은 흔한 일이 아니다.

이들이 마을에서 춤을 출 때에는 봉고 같은 타악기를 두들기면서 춤을 춘다. 그 타악기의 리듬은 시종일관 똑같다. 물론 춤사위의 형식도 똑같다. 똑같은 리듬에 맞추어서 똑같은 춤을 춘다. 이렇게 20~30분쯤 추면 황홀지경에 이른다. 영어로는 트랜스(trance) 상태라고 하는데, 무아지경에 빠진다는 말이다. 엑스터시의 경지에 이르는 것이다. 이런 상태를 '정신이 나갔다'고 한다.

터키의 이슬람의 한 종파인 수피파에서는 수도자들이 그 유명한 회전춤을 춘다. 성직자들이 빨간색의 통모자를 쓰고, 10여 명이 몇 시간씩 춤을 춘다. 신과의 합일의 상태를 경험할 때까지 춘다. 이 춤은 어릴 때부터 훈련을 받아야 출 수 있다. 초월의 상태에 들어가야 한다. 거기에는 움직임과 명상이 함께 존재한다. 한 군데에 못 박히듯이 같은 위치에서 돌면서 최상의 고요의 상태에 들어간다. 비움으로써 채우는 종교 체험이다. 몸은 몸이고 뇌는 뇌가 아니다. 이와 같이 같은 동작을 되풀이하면 누구나 어떤 엑스터시에 이르게 되는 것은 본래 뇌의 기능에 기인하는 것이다.

위에 든 여러 사례들은 모두가 신체의 움직임이 반복됨으로써 수면 상태, 가면 상태, 환희의 상태로 빠져들게 되는 현상을 말해주는 실제적 현상들이다. 수면제를 먹은 것도 아니고 신경안정제나 마약을 복용한 것도 아닌데 어떻게 몸을 리드미컬하게 움직임으로써 황홀 상태나 극한적 환희

제3부 예술과 힐링

의 상태에 이르게 되느냐에 대해서는 지금까지 과학적 설명이 분명치 않았다. 다만 경험론에 의지했을 뿐이다. "몸을 흔들어라, 그러면 천당 문 앞에까지 갈 수 있다"는 것이 내 주장이다.

2) 대뇌에 음악의 리듬이 미치는 영향

보통 사람들은 이 현상을 별로 의식하지 않고 '그냥 음악의 리듬이 좋으면 기분도 좋아지고, 춤도 추고 싶지'라고 생각하는 게 일반적인 반응이다. 프랑스의 신경과학자 알렉산드르 미랄이 「대뇌에 미치는 음악의 리듬의 영향」이라는 실험 논문을 썼다. 논문은 다음과 같이 시작한다. "우리가 음악 공연을 감상하기 위해서 뮤직홀에 갔을 때, 사람들이 우리에게 음악이 나오면 곧 뒤따라 리듬에 맞추어 박수를 치라고 권했다고 하자. 모든 청중들이 박자에 따라 박수를 치기 시작한다. 그 음악의 박자에 맞추어서. 이때 사람들의 움직임(박수 치는 행동)과 음악 사이에 일어나는 동시화(同時化, synchronization)는 하찮은 현상이 아니다. 의미가 깊다. 왜냐하면, 음악은 소리를 넘어서(beyond the sound) 가기 때문이다. 음악은 소리 이상의 것이다. 음악은 다중감각적(多重感覺的) 자극이다. 즉 시각, 청각, 운동감각, 피부감각 등의 덩어리이기 때문이다."

음악을 귀로만 듣는 자극이라고 생각하면 큰 오해이다. 귀를 막고도 소리(음악)는 피부를 통해서 그 자극이 뇌로 전달된다. 청각장애인 악단도 있지 않은가? 그들은 소리를 피부로 듣고 리듬을 맞춘다. 또한, 소리를 못 들어도 다른 사람들의 반응을 눈으로 볼 수가 있다. 몸을 움직인다든지 박수를 친다든지 하는 반응을 보면 음악의 리듬을 알 수 있다. 그러니까 소리는 온몸으로 느끼는 물리적 자극이지만 음악은 거기에 어떤 규칙(작곡 기법)이 따라가는 효과로 인해서 다중 감각적 자극으로 만들어지는 것이다.

어떤 음악 이야기 책을 보니 오케스트라 지휘자는 지휘를 할 때, 팔만 흔드는 것처럼 보이지만 발가락, 손가락, 머리카락까지 지휘에 동원된다고 한다. 왜냐하면 음악은 소리 이상이기 때문이다.

대뇌는 몸의 움직임과 각 감각기관을 통해서 접수되는 리듬 패턴을 동시에 처리한다. 즉 청각적, 시각적, 귓속의 전정(前庭)기관, 또 체위(體位) 감각을 맡은 고유 감각이 전해주는 정보를 모두 다 동시에 처리하게 된다. 즉 감각기관을 통해 들어가서 뇌가 접수한 정보는 뉴런[1]의 전기적 진동으로 변형된다. 그래서 입수되어 처리 중에 있는 청각적·시각적 리듬과 어울리게 뉴런의 전기적 활동으로 바뀌는 것이다. 즉 소리가 전기 에너지로 바뀐다는 말이다. 이때 감각 입력 정보는 분명한 리듬을 가진 음악처럼 그 리듬과 같이 뇌의 활동도 주기적으로 촉발하게 된다.

3) 실험 1 : 시각적 자극과 관련해서

피실험자의 머리에 전극(電極)을 장치하고, 뇌파가 진동할 때의 메아리(echo)를 뇌파 검사기(EEG)로 측정한다. 그러면 뉴런(신경세포)의 진동이 음악의 비트와 동시에 움직이는지를 알 수 있다. 음악의 비트와 뇌가 동시에 변화를 일으키느냐를 보는 것이다. 즉, 동시성이 있느냐를 알게 된다는 말이다. 소리 자극은 귀 → 귓속의 와우각(달팽이관)을 통과하고 → 연수(뇌간에 있는 연수를 거쳐) → 시상부(視床部)를 거쳐 → 피질의 청각 신경원으로 연결된다 → 이것이 다시 연상영역(聯想領域)에 이르면 여기서 그 정보의 의미를 해석한다. "아하, 재미있는 타령 리듬이 들어왔구나!" 하고 알아차리

---

1) 뇌신경세포를 말한다. 신경원이라고 하는데, 왜냐하면 신경세포는 세포체에 수상돌기, 축색돌기라는 부속이 달려 있기 때문이다.

제3부 예술과 힐링

게 된다. 밖에서 들어오는 정보(지각정보)나 밖으로 나가는 정보(운동정보)의 전달 속도는 보통 초속 60~80m이다. 1초 동안에 60m를 달리는 속도라면 1초 안에 우리 몸 전체를 관통한다. 운동선수들의 반응속도를 보면 느낄 수 있다. 얼마나 빠른가?

그러면 꽹과리 소리가 어디서 들려왔다고 하자. 꽹과리를 치면, 소리 정보가 귀에서 시작해서 뇌의 중추신경까지 가는 데(키가 180cm일 때) 30분의 1초도 안 걸린다. 얼마나 빨리 알게 되는지 모르겠다. 왜 그렇게 신경정보가 빨리 움직이느냐 하면 뇌신경의 활동은 모두 전기-화학적 성격을 띠고 있기 때문이다.

이 실험에서 주목할 점은 음악의 리듬이 뇌에 미치는 영향의 생물학적 근거를 이해하기 위한 실험이라는 사실이다. 즉 소리는 물리적 현상인데, 이것이 인간의 인체에 어떤 영향을 주는지, 즉 물리적 현상 → 정신의 관계가 어떤 것인지를 캐내기 위한 것이다.

두 번째는 이런 물리적 자극에서는 정보를 처리하는 동시적인 뉴런의 활동이 다른 종(種), 예컨대 유인원과 같은 동물에게서도 진화되어 있을까를 해명하는 데 있다.

첫째 실험은 먼저 시각적 수준에서는 비트나 운율(韻律, 비트의 다발)의 지각이 어떻게 이루어지는지를 실험한 것이다. 음악과 춤에 있어서는 음악을 듣거나 혹은 춤을 추거나 구경을 할 때, 시각적 자극(눈으로 목격하는 것)은 모든 사람에게 있어서 음악과 지각 자극, 춤과 시각 자극 간에 동시화를 이루는 데 매우 중요하다. 박자나 리듬을 귀로만 듣는 것이 아니라 눈으로도 뭔가(북을 치거나 피아노 건반을 두들기는 동작)를 보면(이것을 시각적 비트라고 한다) 이때, 뇌 속에서도 어떤 변화가 일어나는 것이다.

음악가들에게 동그라미가 3박자로 켜졌다 꺼졌다 하는 장면을 직접 눈으로 보게 하고는 뇌파 검사를 했다. 그 다음에는 왈츠와 같은 리듬으로 세 개의 불빛이 3박자로 깜빡거리는 상황을 상상하게 했다. 그리고는 뇌파 검사를 하여 두 결과를 비교했다. 그랬더니 상상으로 불빛이 3박자로 깜빡거리는 장면을 머리에 떠올리게 한 경우, 음악가들의 뇌파상 신경원(세포)의 활동이 3박자 리듬과 동시화되었고, 눈으로 직접 본 장면은 3박자 리듬과 뇌 속에서 동시화가 일어나지 않았다.

이 실험은 뇌 속에서 3박자 리듬에 해당하는 뇌파의 활동이 있느냐 없느냐를 본 결과인데, 3박자 리듬의 시각적 자극만으로는 뇌파의 변화가 없었다. 그러나 플래시(flash)가 3박자로 변하는 광경을 상상만으로도 3박자 형태의 뇌파 변화가 있었다는 것은, 상상으로 하면 시각적 상상뿐 아니라 청각적 상상, 운동감각적 상상의 장면을 다 떠올릴 수 있었기 때문이다. 그래서 뇌는 춤이나 음악으로 인해 뇌신경상의 변화를 일으키듯이, 다른 감각(촉각, 청각, 시각, 운동감각 등)에서도 이런 뇌신경상(뇌파)의 전기 활동의 변화를 준다는 것을 알아냈다.

즉, 우리는 박자와 리듬을 귀로만 듣지 않고, 상상만으로도 뇌 속의 신경세포가 상상한 것과 똑같은 양상으로 전기적 활동을 한다는 것을 알게 되었다. 서로 다른 감각에서도 뇌에는 비슷한 메커니즘이 적용되고 있다는 것을 보여준 실험이었다. 순간적으로는, 춤과 음악은 서로 다른 표현 방식의 예술이지만 머릿속에서는 같은 변화를 일으킨다는 놀라운 사실을 알게 되었다.

4) 실험 2 : 듣기에서

두 번째 실험은 소리의 측면에서 리듬을 어떻게 지각하는지 알아보려는 것이다. 우리가 음악 홀에서 오케스트라의 교향곡 연주를 듣는다고 가정하자. 더블베이스나 튜바 등 느리고 묵직한 소리를 내는 악기를 무대의 오른쪽에서 보게 된다. 반면에 높은 소리를 내는 바이올린이나 플루트의 연주를 왼쪽에서 빠르게 울리는 소리로 듣는다고 하자.

이 공간 안에서의 빠르고 높은 음의 리듬과 낮고 느린 리듬의 소리를 내도록 한 장치에서 감상을 했는데, 사람의 귀는 서로 다른 비트와 음률을 연결 통합해서 하나의 리듬으로 듣는다는 것이다.

음악가와 비음악가 그룹에게 오른쪽 악기군과 왼쪽 악기군을 번갈아가면서 3박자 음악을 들려주고, 뇌파검사를 했다. 음악 전문가의 뇌파가 비음악인보다 신경세포의 동시화가 훨씬 정확하게 일어났다. 그러니까 3박자 리듬으로 연주한 음악의 경우, 음악을 공부한 사람의 신경활동의 동시화는 비음악인보다 소리의 진동수와 뇌파의 전기 활동이 더 가깝게 일어난다는 것이다. 심지어 음악가의 경우는 실험 중에도 옆에서 무성영화를 틀어놓고 보여주었다고 한다. 말하자면 주의 집중을 방해한 것이다. 그럼에도 음악가의 경우는 일치도가 항상 높았다. 공간상의 변화(음악을 어디서 듣든지)에도 불구하고 리듬에 대한 뇌의 연동반응은 언제나 일어나며, 리듬이 뚜렷한 소리를 듣거나 동작을 보기만 해도 우리 뇌의 신경세포의 전기활동이 그 리듬과 똑같은 모양으로 변화한다는 것은 의미 있는 결과이다. 그래서 리듬 또한 춤 동작을 보기만 해도 뇌 속에 뇌파도 그 리듬을 따라 변한다. 정말로 신기한 현상이다.

2. 진화(進化) 현상에 관하여

앞에서 음악의 리듬이 소리의 한계를 넘어선다는 것을 보았다. 음악은 단순한 소리가 아니다. 음악의 리듬에 있어서는 앵무새나 바다사자도 소리의 박자와 동시화할 수 있다는 것을 발견했다. 정상적 리듬의 비트를 구별할 수 있는 명금(songbird)도 있다. 손과 발가락으로 리듬에 맞추어 톡톡 칠 수도 있다. 실험은 이렇다.

쥐에게 규칙적 리듬과 불규칙적 리듬을 구별하면 긍정적 강화를 주는 훈련을 했다(간식이나 먹이를 준다). 리듬의 속도를 계속 변경해가면서 음악을 들려주었을 때, 쥐가 일시적 규칙성을 알아냈던 것이다.

두 번째 연구에서는 쥐들에게 노래 〈Happy Birthday〉 일부를 친숙하게 만들어주었다. 그다음에 노래의 일부에서 각 음표의 길이를 달리한 여러 가지 리듬을 만들고 음표의 순서는 그대로 유지하도록 한 혼합 버전의 노래를 만들어 들려주었다. 그랬더니 쥐들은 다르게 반응했다. 그러나 단음(하나의 음표만을 사용한 노래)으로만 된 노래에 리듬을 넣어 만든 노래를 들려주었더니 또 다른 반응을 보였다.

이 현상은 무엇을 의미하느냐 하면, 노래에 대해 리듬의 구조를 듣고 구별한다는 뜻이다. 쥐도 소리의 규칙성과 리듬 구조에 대해서 매우 예민하다는 것을 말해주는 것이다. 그리고 이런 현상은 음악이란 인간이라는 종(種)을 넘어선 생명체의 보편적인 현상이 아니겠는가 하는 결론을 내리게 한다. 그래서 우리가 음악회에 갈 때마다 인간이 음악의 리듬을 즐기는 유일한 동물이 아닐 것이라는 상상을 하면서 음악 감상을 하는 것은 흥미로운 일이다.

앵무새나 바다사자 같은 동물도 지저귀는 새들처럼 노래의 박자를 구별할 수 있고, 쥐도 그런 능력을 가지고 있다는 것은, 리듬은 동물의 온몸으로 파고들어 뇌 속에서 전기 활동에 영향을 주는 음악 이상의 기능을 갖고 있다는 뜻이다.

뇌는 리듬 속에 있고, 인생도 그렇다. 그 리듬이 깨질 때 생명에 위협이 오는 것이다. 리듬이 음악에서 멜로디나 화음과는 다른 기능을 갖는다는 것을 간접적으로 말해준다.

3. 왜 우리는 춤추기를 멈출 수 없는가?

1) 리듬의 힘

신경과학자 피터 켈러가 "대뇌에 미치는 리듬의 효과 : 왜 우리는 춤추기를 멈출 수 없나?"라는 연구를 위한 실험을 했다(2016).

사람들은 비트(beat)에 접하면 움직이지 않을 수가 없다. 음악과 춤은 한가한 기분전환과는 거리가 멀다. 서양 대중음악에 힙합과 랩이 있는데 힙합은 역동적인 춤과 비트가 강한 음악이고, 랩은 강렬하고 반복적인 리듬에 맞추어 읊듯이 노래하는 음악이다. 이 두 가지의 특징은 강한 비트이다. 힙합이나 랩을 듣고 있노라면 고개가 저절로 끄덕여진다. 그래서 음악과 춤은 표현의 보편적인 형식이 되어 있지 않은가? 한국의 K-Pop이 어째서 세계에 통할까? 민속적이고 국민적인 한계를 넘어서는 보편적 표현이기 때문이다.

음악과 춤은 다양한 사회적 기능을 달성시키는 아주 무게감 있고 기능성이 강한 보상 활동이다. 음악과 춤은 세계의 모든 문화권과 역사를 통해서 인기 아이템으로 발전해왔다. 서구나 동양에서도 궁중에서 음악을 매우 중요한 궁중 이벤트의 항목으로 여겼다. 음악과 춤의 공통 특징은 '리듬 있는 움직임'이라는 점이다. 영어로는 rhythmic movement이다. 이 움직임은 정상적인 심장박동과 장단에 맞춰진다. 그러나 리듬에 대한 인간의 능력은 수수께끼 같은 데가 있어서 설명하기가 매우 난처하다.

이와 같은 리듬의 조화능력은 인간에게 있어서 본질적인 것으로 보이기는 하지만, 사람마다 그 조정 능력에 있어서는 개인차가 크다. 마이클 잭슨은 기계 같은 엄밀성으로 춤을 추었지만, 프랑스 여가수 미레유 마티외의 경우와 같이 박자를 못 맞추는, 이른바 박치(拍癡)인 사람도 있다. 더구나 가수가? 이런 개인차의 기저 원인은 무엇인가? 뇌가 리듬에 반응하는 양상을 보면, 사람들이 박자를 들으면 움직이지 않을 수 없는 이유를 알게 될 것이다.

리듬은 강력한 힘이다. 생명력과 관련된 힘이다. 1980~90년대에 한창 바이오리듬이 유행했었다. 아침에 자기 바이오리듬을 체크하고 출근하는 사람이 꽤 있었다. 인간의 생명활동에는 주기가 있다. 신체건강(physical) 주기는 23일, 지성(intellectual)의 주기는 33일, 감정(sensitivity)의 주기는 28일인데, 그 중간 날은 가라앉는 시기에 해당된다고 한다. 어떤 책에는 운동선수들이 사고를 치거나 사망했을 경우에 계산을 해보니 이 세 가지 리듬축이 한꺼번에 저조했을 때 일어났다는 것이다.

리듬은 우리의 기분을 잘 보전해준다. 군악대가 북을 두들겨서 병사들을 각성시키는 효과부터, 아기를 부드럽게 흔들어주어 편안하게 해주는 효과도 있다. 영적 의식을 치를 때나 무당이 황홀지경을 만들 때와 같이 변형 의식 상태에 이르는 길에도 이 리듬은 결정적 역할을 한다.

리듬과 음악은 파킨슨병이나 뇌졸중에 의해 운동기관 손상으로 인한 장애의 재활에서 치료적 방법으로도 쓰이고, 더 근본적으로는 음악과 춤에서 보여주는 리듬 기능은 인간으로서의 종의 진화에서 본질적인 요소로 볼 수 있다.

다윈은 1871년에 쓴 『인간의 후예』라는 저서에서 "인간의 조상이 남성이든 여성이든 양성이든, 정교한 언어로 서로 사랑한다는 것을 표현하는 능력을 획득하기 전에 음악적 기호와 리듬으로 서로의 매력을 전달하려고 노력했다"고 밝혔다. 언어 이전에는 손짓 발짓만 있는 줄 알았는데 음악과 리듬이 있었다? 흥미로운 일이다.

리드미컬하게 잘 조절된 신체운동은 한 사람의 건강과 피트니스(신체적

성)에 대한 속일 수 없는 정직한 신호로서 성적 매력에 불을 지피는 역할도 한다. 음악과 춤을 통해서 다른 사람과 조절하면서 사랑의 대상을 찾는 경쟁적 광장 밖에서는, 대인관계의 유대감과 신뢰감과 협력을 촉진함으로써 사회적 결속을 촉진한다.

이와 같은 음악과 춤의 친사회적 효과는 원시사회에서 반사회적 폭도가 되는 것을 막아줌으로써 인류의 문화를 꽃피우게 하는 데 공헌해왔다. 오늘날 원시사회 종족들은 최대로 안정된 감독(각국 정부에서 보호하고 있는 원시 종족들, 아메리카 인디언들처럼)에서조차도 믿을 수 있는 잠재력(그들의 발전 가능성은 아직 시험되지 않았다)을 지닌 집단으로 인정되고 있다. 아프리카의 원시음악이 현대음악의 원류가 되지 않았는가?

2) 신경의 연동현상

만일 음악과 춤이 보편적인 현상이라면, 왜 사람들 중에 리듬을 타지 못하는 사람, 일명 박치(拍痴)가 생겨나는 것일까? 이 질문을 해결하려면 인간의 뇌가 어떻게 외부 환경 속에 있는 리듬을 타는지 아는 것이 필요하다. 그리고 신경의 연동과정이 어떻게 신체운동의 조절을 뒷받침해주는지를 아는 것도 필요하다.

우리가 밖에서 규칙적으로 감각 입력(소리를 듣거나 구경을 하거나)을 하게 되면(예를 들어 비트가 또렷한 음악, 뽕짝 음악과 같은 것을 반복적으로 들으면) 대뇌 속에서도 동시화된 뇌 활동의 주기적 격발(擊發)을 불러일으키는데, 이것을 신경적 연동현상(neural entrainment)이라고 한다. 이 주기적 뇌 활동은 밖에서 들어가는 리듬의 입력과는 관계없이 독립적으로 계속 일어나게 된다. 그것은 이미 흥분되어 있는 신경원들 사이의 상호작용 때문이다. 일종의 여운(餘韻)과 같은 것이다. 이 대목이 굉장히 중요하다. 한번 '흥'이 오르면 '못 말리는' 지경이 된다. 그래서 흥은 한동안 분위기를 장악한다. 바로 '흥풀이'다. 왜 뇌가 리듬에 약한가에 대한 해답을 찾다가 드디어 2017년에 발표한 켈러의 이 논문에서 해답을 얻은 것이다. 즉 비트가 강한 음악이나 춤은 뇌에 효과적인 연동작용을 일으켜서 신경원 간의 전기 격발(pulse)을 계속하는 힘을 준다는 사실은 충격적이었다. 비트가 강한 음악은 일단 음악이나 춤이 끝나도 뇌의 연동작용이 계속된다고 하니 그 춤과 음악의 효과는 계속 남아 있다는 말이다. 그래서 뇌가 리듬에 중독 상태가 되면 사람은 자연히 그 리듬에 취하는 것이다. 리듬의 비트로 인해 엑스터시가 된다는 말이다.

신경의 연동관계는 그래서 신경 자원을 올바른 시간에 올바른 장소(대뇌 부위나 신체 운동신경)에 배분함으로써 입력되는 정보의 처리를 신속하고 정확하게 진행시킬 수가 있다. 최근에 이 리듬 기술에서 개인차가 있다는 연구가 있는데, 여기에 보면 대뇌신경의 연동기능의 힘과 음악적 리듬을 동반한 신체운동을 동시화하는 능력 사이에 관계가 있음이 확인되었다. 즉 음악적 요소로서의 리듬만이 아니라 신체 움직임, 즉 퍼포먼스나 춤도 똑같은 리듬으로 계속 움직이거나 춤을 추면, 신경 연동현상을 일으켜 신경 세포 내에서는 신경-전기에너지의 활동이 촉발되어 동작이 끝나도 뇌는 같은 활동을 한동안 계속한다는 것이다. 그러니까 원시사회의 주민이나 종교집단에서 동일 형태의 춤을 반복하게 되면 희열, 무아지경, 엑스터시로 이어지는 이치를 이제야 터득하게 된 것이다.

연구자들은 음악적 리듬과 신경적 리듬 두 가지 리듬에 뇌파측정기(EEG)를 사용해서 뇌파를 측정했다. 음악에 깔려 있는 박자와 뇌가 활동하는 연동기능의 강도를 뇌파측정기로 측정한 것이다. 이 뇌파측정기는 신경활동을 반영하는 전기신호를 기록하는 장치이다.

실험에서 두 가지 리듬을 사용했는데, 한 가지 리듬은 주기적으로 일어나는 소리로 기록되는 규칙적 비트를 가진 리듬이고, 다른 하나는 다소 복잡한 재즈와 같은 싱커페이션이 많은 리듬이다. 이 음악에서는 리듬을 반드시 소리로 나타내는 것이 아니고 비트와 소리가 울리지 않고 침묵할 때도 있다. 말하자면 규칙적인 리듬과 싱커페이트된 음악 사이를 비교한 것이다. 다른 말로 하면, 어떤 사람은 비트를 알아차리는 데 물리적인 외부 자극이 필요했고, 반면에 다른 사람은 그 비트를 내부적으로 생성해낼 수 있는 사람들이다(두 번째 음악을 듣고도 거기서 리듬을 파악할 수 있는 사람). 특히 이런 사람은 싱커페이션에서도 잘했고, 음악 시퀀스에서 템포의 변화를 잘 예측하기도 했다.

그래서 내적 비트 생성 능력이란, 곧 리듬 기능(rhythmic skill)의 믿을 수 있는 표본이 될 수 있다. 이것은 마일스 데이비스(Miles Davis)가 격언으로 말한 것처럼 "음악에서는 소리보다 침묵이 더 중요하다"했으니 침묵, 쉼표도 새로운 의미를 더할 수 있게 된다.

그러나 아직도 알 수 없는 것은 신경 연동현상의 강도(强度)에서 개인차가 생기느냐이다. 그것은 아마도 청각 생성과정 초기 수준(어릴 때의 청각 환경과 소리 경험)에서 신경 반응의 효율성이 결정되기 때문이라는 것이다. 또 다른 질문은, 리듬 기술이 뇌 과학의 발전에 의해서 증폭될 수 있을 것인가인데, 최근의 경향으로 미루어보면 뇌 활동의 동시성을 유발할 수 있는 뇌 기술이 발전되리라고 예측하고 있다. 그래서 개인의 리듬 능력을 향상시킬 수가 있다는 것이다. 뇌과학 연구가 매우 활발하기 때문이다. 그렇게 되면 개인차의 문제는 저절로 해결된다.

4. 뇌는 시각적 리듬에도 주파수를 맞춘다

1) 뇌의 연동은 세타(θ)파일 때가 좋다

인간의 뇌는 리듬이나 사이클(cycle) 속에서 작동한다. 우리가 '리듬' 하면 음악을 생각하는데, 가장 많이 접하고 언급되는 리듬이 음악의 리듬이기 때문이다. 그런데 귀로 듣고 리듬을 느끼는 것이 아니라 눈으로 보고도 리듬을 느낄 수 있다면 어떨까? 리듬을 느낀다는 말은 궁극적으로는 우리 인간의 뇌가 그걸 느끼고 받아들인다는 뜻이다.

사람이 어떤 특별한 일을 할 때, 뇌의 어느 부위가 활성화되고 있는지를 보면 이들 리듬이나 주기의 패턴이 작동하고 있음을 알 수 있다. 지금은 복잡하고 정교한 MRI나 CT기기가 있어서 뇌의 어떤 부위가 어떤 작용을 하는지를 영상으로 읽을 수 있게 되었다.

앞에서도 말했지만 지금까지는 '리듬' 하면 음악적 리듬만 챙겼는데, '뭘 보고도 리듬을 탄다'고 하면 새삼스러운 일이고, 특히 청각장애인에게 있어서는 시각적 리듬은 아주 중요하다. 보통 사람은 음악에서 리듬을 타면 춤도 추고 떼창도 한다. 청각장애인은 언제 무엇으로 리듬을 타지? 만일 리듬을 탄다면 바깥 풍경을 "보고" 리듬을 타지 않겠는가?

청각장애인이 수화를 할 때 뇌는 시각적 리듬(눈으로 보고)에 주파수를 맞춘다. 마찬가지로 이 바깥 세계에도 리듬과 사이클이 있다. 사람들은 그 리듬과 사이클에 맞추어 살려고 한다. 그것을 잘 맞추지 못하면 그 사회에서도 도태당하기 쉽기 때문이다. 과거 20년 동안 과학자들은 이 바깥 세상에서 일어나는 리듬의 패턴과 연동하거나 그것들과 조율해가려고 하는 뇌의 능력에 대해서 크게 궁금해했다.

언어도 과학자들이 신경의 연동현상을 관찰할 수 있는 영역의 하나이다. 사람들이 다른 사람이 말하는 것을 듣고 있을 때, 그들의 뇌파는 그들이 듣는 소리(연설자의 소리)의 크기에 기초한 리듬에 딱 갇혀버린다. 그러니까 일정한 크기의 소리에 따라 그 크기에 어울리는 리듬을 만나면 거기에 귀가 솔깃하게 꽂히는 것이다. 사람들이 주위에서 일어나는 모든 일들에 동시에 관심을 쏟을 수가 없으므로, 이런 가두는 측면(locking phase)은 중요한 정보가 나타날 것 같을 때 미리 예견하는 데 도움이 된다고 생각한다. 속된 표현으로는 "꽂힌다"고 한다. 강연자의 말에 꽂히면 주의집중력이 높아지고 의미의 터득이 쉬워진다. 말소리가 클수록, 그 말에 리듬이 살아 있을수록 연동현상이 잘 일어나는 것일까?

많은 연구자들이 언어 처리 과정(듣거나 읽은 내용을 이해하고, 말하는 사람과 듣는 사람이 서로 소통하고, 정보를 공유하고 저장하고 인출하는 전 과정)에서 이런 꽂히는 현상이 일어난다고 주장하기도 한다. 그러나 과연 말하는 사람의 말투와 듣는 사람의 뇌가 호흡이 맞을 수 있겠는가의 문제는 남는다. 신경의 연동현상이 구두언어(말)의 경우 특화되어 있느냐는 것은 단정하기 어렵다. 책을 읽거나 글을 쓸 때에도 그런 연동현상이 있을까? 이런 새로운 과학적 연구를 보니, 시카고대학 교수들이 이 문제에 답을 얻기 위해서 수화(手話)를 이용해서 실험을 한 것이 있다.

"언어에 대한 신경 연동현상이 구두 언어(말)에 특화되어 있는지 아니면 시간적으로 예측이 가능한 무슨 일에도 사람들이 사용할 수 있는, 일반적으로 쓸 수 있는 도구인지를 결정하기 위해서는, 언어 밖으로 나가봐야 하고, 또 청지각 밖으로도 나가봐야 한다"고 브룩샤이어 박사가 말했다. 즉 언어의 문제를 언어학에서만 다루기 어렵다는 말이다. 언어나 청지각에 머물고 있는 한은 해답이 안 나올 수도 있기 때문이다. 이 문제는 다른 시각에서도 바라보아야 한다는 것이다.

여러 심리학자와 언어학자들이 수화를 이용해서 이 문제에 대해 연구한 것이 있다. 주로 수화와 제스처의 관계를 종합해서 연구를 했다. 사람들이 다른 사람의 신호(sign, 몸짓 사인)를 봄으로써 뇌가 일반적으로 언어를 어떻게 정보 처리하는지를 알 수 있는데, 이 연구는 지금까지 구어(말) 한 가지만 가지고도 몰랐던 문제를 해결해주었다. 즉 신체언어에서는 어떤 현상이 일어나는지를 알고 싶은 것이다.

다른 사람이 말을 할 때, 뇌는 자동적으로 철자, 낱말, 구절(phrase) 순으로 꽂히게 된다. 이때 말하기에서 얻는 리듬은 뇌파가 초당 8Hz 이하나 초당 8펄스(박) 이하에서 파악된다. 뇌파 진동수가 이와 같을 때는 강한 흥분상태가 아니면 얕은 수면 상태일 것이다. 창의력이 폭발하고, 자발성이 높아지고, 즐겁지만 졸음 상태이고, 경계심이 약해서 깊은 명상에 빠질 수도 있는 뇌파 상태이다. 시각에서도 대체로 같은 경향을 가진다고 한다. 말하기에서도 뇌의 연동현상이 일어난다는 것이다.

그러니까 리듬은 뇌파 상태로 보아서는 말이 너무 빠르거나 느리면 이해하기가 어렵고 못 알아듣기도 한다는 말이다. 이렇게 귀로 듣는 말소리는 그렇게 리듬을 타는데 시각에서도 그런 리듬이 잡힐까? 연구자들은 뇌의 기능으로 청각과 시각 사이에는 차별이 없을 것이라 한다. 마찬가지일 것이란다. 듣는 거나 보는 거나 같다는 것이다.

시각에서도 뇌가 선호하는 리듬에 달라붙는 진동수가 있다. 만일 우발적으로 반짝거리는 플래시 불빛을 보았다고 하자. 우리의 뇌파가 10Hz 상태일 때 그 불빛을 열심히 쳐다본다는 것이다. 마찬가지로 수화를 읽음으로써 우리 뇌가 연동현상을 일으킨다면 이때 어떤 감각기관을 주로 사용하는지, 이때 어떤 정보를 얻게 되는지를 아는 것이 중요하다. 그러니까 눈으로 보고도 뇌가 그 현상과 연동하는지를 안다는 것이다. 맞장구를 친다고나 할까? 사물놀이는 눈으로 안 보고 소리만 들어도 신명이 난다. 소리는 안 듣고 사물 팀의 몸짓을 보기만 해도 신명이 날까? 말하자면 이런

제3부 예술과 힐링

질문을 하는 것이다. 수화로 실험을 해서 결론을 얻은 최근의 연구에 의하면 그렇다는 것이다.

2) 시각적 리듬이란

만일 사람들이 말하는 것을 듣고 청각적 리듬에 꽂힌다면, 시각적 리듬에도 뇌가 꽂힐 수 있는지를 알아보는 것은 유익한 일이 될 것이다. 이것을 알아보기 위해서 연구자들이 실험을 했다. 영어로 된 이야기(story)를 수화로 녹화한 비디오를 능숙한 수화 전문가 몇 사람에게 보여주었다. 그리고 그 비디오를 보는 동안 그들 수화 전문가들의 뇌 활동을 쟀다. 즉 뇌파 측정기(EEG)로 뇌파를 측정했다. 그리고 수화 속에서 시각적 리듬도 잴 필요를 느꼈다. 과연 시각에서도 리듬이란 것이 있는 것일까?

말하기의 리듬을 재는 방법이 있는 반면, 수화의 시간적 구조를 재는 자동적이고 객관적인 방법은 아직 없다. 그래서 연구자들이 한 가지 방법을 고안했다. 즉각적인 시각적 변화를 재는 측정 방법인데, 수화를 하고 있는 동안 매 시간 일어나는 시간상의 변화를 재는 것이다. 실험용 비디오를 틀어놓고, 그것을 수화 전문가들이 보고 비디오 화면(frame)과 화면 사이의 시각적 변화의 최고점과 최저점을 알아내는 것이다. 변화가 제일 많은 화면과 제일 적은 화면을 골라낸다는 말이다. 변화가 많은 최고점에 해당하는 화면은 비디오상의 화면에 나온 수화자의 동작이 빠를 때라는 것을 알아냈다.

수화 비디오를 보는 동안 매 시간마다 시각 변화의 크기를 즉각적인 방법으로 쟀다. 그러니까 뇌파상으로는 파장의 진폭의 크기를 말하는 것이다. 뇌파는 전자파의 진동수를 말한다. 그리고 수화 전문가인 피험자 여러 사람의 뇌파를 겹쳐 보았다. 과연 정상적인 뇌 연동 뇌파인 10Hz 전후에서 연동이 잘 일어나는지를 보았다. 아니면 2Hz 정도의 아주 낮은 파장에서 일어나는지도 보려고 했다.

여기서 얻은 결론은, 말하기의 뇌 연동작용은 관찰자(수화를 읽고 보는 사람)가 눈으로 보느냐 귀로 듣느냐에 따라 달라지는 것이 아니고 신호(수화, 혹은 말하기) 속의 정보 여하가 결정한다는 것이다. 수화에서는 피실험자(수화 전문가)의 뇌파는 시각(눈)이 선호하는 높은 진동수가 아니고 특별한 진동수에 꽂힌다는 것이다.

중요한 결론은, 우리 인간의 뇌는 청각에서만 연동현상이 일어나는 것이 아니고, 일반적인 감각경험으로도 일어난다는 것이다. 또 인간의 전체 지각 영역에서 리듬을 따라가는 능력이 있음을 알아낸 것이다. 그리고 이것으로 어떤 감각에서도 시간적 예측이 가능하다는 것을 알게 되었다. 왜냐하면 리듬이란 시간상의 변화이기 때문이다.

인간이 언어생활에서 새로운 언어와 어떻게 의미를 창조하고 지각하는지를 알게 되었고, 이 과정에서 뇌의 연동작용도 한몫한다는 것도 알게 되었다. 그리고 이 연동작용은 인간 뇌의 전두엽에서 주로 일어난다는 것도 알게 되었다. 전두엽은 주로 인식 능력을 담당하는 중추이다.

3) 음악의 비트와 연동현상

노방브르와 이아네테라는 두 신경과학자가 한 연구를 소개한다. 청중이 낮은 주파수의 소리(1~90Hz)에 주의를 집중했을 때, 리듬을 넣은 청각 자극을 주면 이로 인해 유발되는 생리적 안정 상태가 높아진다는 것이 밝혀졌다. 특히 이 소리들이 비트나 운율처럼 특출한 주기성(cycle)을 반영할 때 더 안정적으로 된다는 것이다. 이런 결과는 우리 몸의 움직임을 계획하고 통제하는 데 중요한 구실을 하는 감각-운동적 네트워크의 연동현상으로 보는 것이다. 인간이 음악만 들으면 자발적으로 움직이고, 특히 베이스나 드럼 같은 악기가 만들어내는 고주파보다 저주파 소리에 몸을 더 많이 움직이는 경향 때문이라고 한다.

대뇌의 활동은 역동적인 감각 자극의 리듬을 잘 탄다. 예컨대 연설이라든가 음악이라든가 하는 것이 만들어내는 신경 연동현상 때문에 그렇다. 특히 저주파 신경 연동현상은 델타파(4Hz 미만)나 세타파(4~7Hz) 영역에서 그렇다.

대뇌피질[2]의 신경원들은 외부의 자극(소리나 빛)이나 시각적 자극(영화, 춤, 연극)의 주기적 진동(vibration)에 잘 적응한다. 그러니까 소리나 빛에 대해서 뇌 신경세포인 뉴런은 아주 효과적으로 신속하게 활동해서 신경전달물질을 잘 만들어낸다. 우리의 뇌 속에 저장되어 있는 정보의 90%는 시각 정보이다. 그래서 청각만큼 시각도 리듬을 재빨리 탄다. 일상적인 상황에서 경험하는 시각적 리듬이란 통근버스가 제시간에 나타난다든지, 교차로에서 교통신호가 일정하게 바뀐다든지 하는 것이다. 그런데 대뇌피질이 정보를 전달하는 속도는 전기의 속도에 맞먹는 속도이고 피질의 정보 처리 용량도 엄청나고 굉장히 빨라서 대뇌피질 속의 신경원의 총체적 정보 처리 효과는 동시적 활동으로 작동하게 되는 것이다. 한꺼번에도 많은 정보를 처리할 수 있는 것은 뇌의 연동 능력과 관계가 있기 때문이다.

4) 뇌는 환경에 적응하게 되어 있다

바깥 정보를 수용해서 효과적으로 처리하여 대응하려면 뇌의 연동 능력

---

2) 뇌의 제일 바깥쪽을 감싸고 있는 조직. 여기서 인간의 모든 감각, 신체 운동, 정서, 인식 등 기능 그리고 이 모든 정보를 총괄한다.

이 확보되어야 한다. 끝으로 뇌의 연동작용과 환경적응 문제를 다루어보겠다.

'뇌파의 연동현상'이란 말과 '신경 연동현상'이란 말은 같은 뜻으로 쓰인다. 대뇌피질을 이루고 있는 신경원의 집합체 안에서 동일 주파수로 활동하는 전기활동이 집체적 진동수를 만들어낸다. 비슷한 자극을 받은 신경세포끼리 합동으로 진동수를 결정하는 것이다. 이 진동을 뇌파라고 한다. 뇌는 완전히 전기-화학적 진동으로 정보를 처리한다. 뇌파는 신경원의 격발(firing)로 인해 생기는 뇌의 전기활동을 말하는 것이지만, 그 격발의 속도에 따라 인간의 정신활동 상태를 점검할 수 있다. 이 집체적 진동수란 어떻게 외부 자극의 주기적 진동이 동시에 일어나서 외부에 적응해 가는지를 말해주는 용어이다. 그 외부적 자극이란 지속적으로 울리는 청각적 진동수로 지각되는 음고(音高, pitch)라든가, 간헐적으로 울리고 규칙적으로 반복되는 소리의 패턴으로 지각되는 리듬이라든가, 간헐적·규칙적으로 번쩍거리는 플래시의 불빛 같은 것이다. 말하자면 우리의 감각기관에 와 닿는 외부 환경 속의 일정한 규칙으로 점멸하는 물리적 자극에 대해서 뇌가 어떻게 대응해가는지를 설명해주는 개념이다.

뇌신경은 외부 자극에서 들어오는 전기-화학적 에너지에 대해서 일종의 진동 상태를 만든다. 이 진동은 뇌와 중추신경계에서 리듬이 있고 반복적인 전기-화학적 활동으로 생기는 것이다. 이런 진동은 빈도, 크기, 위상(位相) 등으로 특징지어진다. 즉 얼마나 자주, 얼마나 크게, 어떤 상태에서 진동이 일어나느냐이다. 신경조직이 진동을 생성하게 되는데, 이것은 피질 속 신경원의 메커니즘으로 만들어지는 것으로, 신경원끼리 상호작용하면서 이 진동이 만들어진다. 이 신경원들은 외부에서 오는 청각과 시각 자극의 주기적 진동(vibration)에 주파수를 맞추게 된다.

뉴런(신경세포)의 활동은 전류를 만들어낸다. 그리고 대뇌피질 안에 있는 아주 큰 수의 신경다발이 동일 주파수로 활동하면서 현미경적인 미세한 진동을 만들어낸다. 이 진동은 뇌파 탐지기(EEG)로 모니터링하고 문서로 만들어낼 수도 있다.

결론적으로 하고자 하는 말은, 인간의 뇌는 외부 세계에 있는 자극을 받아들일 때에도 그 자극이 만들어내는 전기−화학적 진동(리듬)이 우리 뇌의 연동현상에 부응하는 것일 때 사람들은 감동한다는 점이다. 모든 지적ㆍ감정적ㆍ과학적ㆍ예술적 인식과 창조는 이런 연동 메커니즘을 타야 성취될 수가 있다는 말이다. 모든 자극이 우리의 감각기관을 흥분시키는 것이 아니다. 거기에 리듬이 있으면 더욱 좋다. 그래서 우리가 음악이나 춤에서 리듬을 잘 타면 행복감에 이르게 된다. 뇌는 리듬에 약하니까.

예술과 엑스터시

제12장
예술과 엑스터시

1. 엑스터시란?

1) 엑스터시와 절연된 사람들

2019년 3월 22일, 중국의 공산당 주석 시진핑이 이탈리아를 방문했다. 그리고 이탈리아에서 차세대 정치지도자로 촉망되는 45세의 하원의장 피코를 만났다. 45세에 하원의장이 된다는 것은 선진국에서는 상당히 인기가 높다는 증거이다. 시진핑을 만난 자리에서 피코가 시진핑에서 이런 질문을 했다. "호기심으로 묻습니다. 국가주석으로 당선되었을 때 심정이 어떠했습니까?" 이에 대해서 시진핑 주석이 "큰 나라의 책임은 무겁습니다. 업무도 막중합니다. 나는 장차에 내가 없습니다. 인민을 저버리지 않겠습니다." 이어 "무아상태에서 중국의 발전을 위해서 나 자신을 바치기를 원합니다. 나의 노력과 전 중국의 13억 인민이 육력동심(戮力同心)으로 나라를 잘 건설하리라고 믿습니다."라고 대답했다.

여기서 관심이 가는 대목은 "나는 장차에 내가 없습니다"와 "무아상태에서"이다. 내가 없는 것과 무아상태는 같은 경지이다. 정치적 수사(修辭)

이기는 하지만 명언이라고 생각한다. 망아지경(忘我之境)과 무아지경(無我之境)은 같은 말인데, '나를 잊고 열심히 하겠다'는 뜻과 '사사로운 이익을 넘어서다'라는 뉘앙스도 있다. 과연 어떤 때에 우리는 이와 같이 나를 잊고 몰두할 수 있는 상태에 들어갈 수 있을까? 나를 잊어버릴 수 있는 상태로 들어간다면 우리는 행복한 것이다. 고통(통증)도 의식의 각성상태가 높을 때 더 많이 느끼게 되는 것이니까. 자의식이 강할수록 고민거리가 많아지게 된다. 나의 친지 가운데 시인이나 소설가들을 보면 표정이 밝은 사람이 거의 없다.

이런 뜻의 서양 말에는 엑스터시(ecstasy)라는 말이 있다. 마약 이름에도 있는 용어이다. 황홀경이나 무아지경을 말하는데, 원래의 그리스어 어원을 보면, 'ekstasis(밖에 서다)'라는 말에서 발전한 말이다. 즉 '영혼이 육체를 떠나서'라는 뜻이다. 그러니까 육체의 영향에서 벗어난 경지이다. 그것이 무아지경이다.

엑스터시를 종교에서 사용하는 용법으로 보면, 종교적 신비 체험의 최고의 상태에 이르는 것을 말한다. 불교에서는 법열(法悅), 기독교에서는 은총(恩寵)을 입은 상태나 성령 강림한 상태를 말하고, 무교에서는 신내림을 받은 상태를 말한다. 신에게 사로잡혀야 그 신이 내려주는 신탁(神託)으로 고객을 위해 서비스할 수 있다. 『신약성서』의 「요한계시록」에는 '새 하늘과 새 땅의 환상'이 그려져 있다. 이슬람의 수피파의 전통에서는 '회전춤'을 통해 신과 일체가 되고 황홀지경에 이른다고 한다. 그 밖에 선이나 요가, 신비 경험을 통해서 이런 경지에 이를 수 있고, 반복된 춤과 노래나 동작, 주문(呪文) 외우기, 고행, 약물 복용 등을 통해서도 엑스터시에 이를 수 있다. 그리고 예술적 경험도 여기에 들어간다.

자기를 잊는 상태, 혹은 자기가 없는 상태란 어떤 것인지는 차츰 이야기하기로 한다. 영어의 엑스터시는 옥스퍼드 사전을 보면 "feeling of great joy and spiritual uplift"라고 되어 있다. 즉 엑스터시는 "큰 기쁨의 감정과 영적 고양상태(高揚狀態)"를 말한다. 심리학계에서는 절정적(絶頂的) 경험(peak experience)이라고도 한다. 극한에 도달한 감정 상태이다.

왜 여기서 엑스터시 문제를 끄집어냈느냐 하면, 요즘 사람들은 즐겁게 사는 방법을 모두 외주(外注)에 의존하고 있기 때문이다. 돈 주고 즐거움을 사는 것이다. 그래서 그렇게 안 하고도 스스로 이런 절정적 경험을 할 수 있는 방법을 생각해보기로 했다.

불교의 법열이란 말은 법(진리)을 깨침으로 얻는 기쁨이다. 무아지경이란 자신을 잊어버리는 경지이지만, 시진핑의 말은 '생명을 다해서'라는 뜻이고 종교나 예술 쪽에서 자기를 잊는 망아(忘我)는 '몰입한다'는 뜻이다. 우리는 이 무아지경을 야구장과 축구장에서, 극장이나 공연장에서 맛보면서 산다.

이 무아지경 혹은 절정적 경험이 예술에서는 어떻게 경험되는 것일까? 예술에서는 그런 기쁨을 얻는 원천이 두 갈래로 나누어진다. 소설이나 미술 작품처럼 작가의 작품을 직접 접함으로써 얻는 경우와 작품을 시연하는 사람, 즉 연주자와 공연자를 통해서 얻는 경우이다. 이때 직접적 경험은 매우 지속적이나 간접적 경험은 단기적이라는 특징이 있다. 여기서 창작자는 빠진다. 왜냐하면 창작의 과정은 훨씬 더 고통스럽기 때문이다.

시, 소설, 회화, 조각 같은 작품은 언제나 다시 읽고 보고 즐길 수가 있다. 그러나 음악, 연극, 무용은 공연장으로 가야 된다. 물론 CD나 비디오테이프나 VOD로도 또 온라인으로도 재생할 수는 있으나 현장적 감동은 떨어진다. 작가 쪽에서 생각해본다. 베토벤의 교향곡 제5번은 〈운명〉이라고 이름 붙여진 교향곡인데, C minor 작품 67번이다. 이 곡의 제1악장 제1테마의 네 개의 음표, "다다다다…"는 제1악장 전부를 지배하고 모든 것이 여기서부터 시작되는 듯한 소리다. 심각하고 강력한 느낌을 주는 악장이다. 이 네 음표에 대해 마치 "운명은 이같이 문을 두드린다"라고 나중에 해설자가 해석을 붙였다. 어느 음악가는 서양 음악사에서 고전주의를 끝내고 낭만주의로 들어가는 신호라고 했다. 최종적으로 완성되기까지 제1악장 제1테마를 완성하는 데 열네 번을 고쳐 쓴 물적 증거가 나왔다. 그 네 개의 콩나물 대가리가 그냥 탄생한 것이 아니라 고뇌에 고뇌를 거듭하고, 구겨서 버리고, 또 구겨서 버리고를 반복해서 태어난 결과물이다.

작품을 쉽게 만드는 사람도 있다. 조병화 시인은 매일 시를 쓰고 매년 시집을 냈다. 그의 시집은 100여 권에 이른다. 이병주 작가도 많은 작품을 썼다. 반면에 박경리 작가는 1969년 40대 초반에 쓰기 시작해서 26년에 걸쳐 20권에 이르는 우리 문학사상 불멸의 대하소설인 『토지』를 일흔의 나이로 완성했다. 그분은 통영에서 작업을 하다가 원주로 이사해서 그 일을 계속했는데, 후배들이 문안차 찾아가도 잘 안 만나주었다. 작업에 몰입하기 위해서였다. "작가란 피와 잉크, 이 두 가지로 되어 있는 사람이다"라고 요하임 리들이 말했듯이, 피를 말릴 만큼 온갖 정력과 상상력을 쏟아부어야 하는 사람들이다. 조병화 선생이나 이병주 선생은 언어 유창성이 뛰어난 분들이고, 박경리 선생 같은 분은 시각적 상상력이 뛰어나며, 저장된 언어 레퍼토리가 굉장히 풍부한 분이다. 상상력이 풍부하면 한 줄의 글을 쓰는 데 한 시간이 걸리고, 상상력이 부족하면 1분밖에 안 걸린다. 왜냐하면 더 나올 것이 없기 때문이다.

이렇듯, 모든 예술 창작자는 세상을 향해 하고 싶은 말을 가지고 있어야 하고, 그것을 효과적으로 표현하는 수단도 가지고 있어야 한다. 그렇지 않으면 시정(市井)의 장삼이사(張三李四)와 다를 바가 없다. "작가가 되는 데는 세 가지 이유가 있다. 첫째, 당신은 돈이 필요하다. 둘째, 당신에게는 세상이 들어야만 하는 할 말이 있다. 셋째는 당신은 긴긴 겨울밤에 무엇을 해야 할지 모른다."라고 약간 비꼬는 투로 논평한 비평가도 있다. 어쨌든

제4부 예술과 엑스터시

창작은 고통스러운 과정이고 창작물이 생산되어도 전문가의 혹독한 비평의 도마에 올라가야 하는 불안감을 안게 된다.

창작자뿐 아니라 연주가나 공연자도 마찬가지다. 정경화 집안의 사정을 어머니인 이원숙 씨가 책으로 써냈다. 『통큰 부모가 아이를 크게 키운다』(2005)라는 책이다. 그 집안에서 정명화(첼리스트), 정경화(바이올리니스트), 정명훈(피아니스트) 등 세계적 음악가가 배출되었는데, 그 책에 보면, 이들 예비 음악가들이 보통 하루에 5~7시간씩 연습을 했다고 한다. 그러기를 약 15~20년간 해야 한다. 정명훈은 5세 때 피아노를 배우기 시작해서 1973년 20세 때 차이콥스키 국제 음악 콩쿠르 피아노 부문에서 1등 없는 2등상을 받았다. 피아노를 시작하고 15년 만이다.

연주자나 공연자는 창작자와는 달리 극작가, 작곡가, 안무가가 만든 텍스트를 재현하는 예술가이다. 다른 사람이 만든 텍스트라고 해서 그걸 표현하는 게 쉬운 일이 아니다. 극작가나 작곡가는 직접 구경꾼과 해후하지 않는다. 그러나 공연자는 직접 구경꾼과 대면한다. 그리고 한번 활을 잘못 내려 그었다든지, 건반을 잘못 두들겼다든지, 동작을 잘못 보였다든지 했을 때 구경꾼은 용납하지 않는다. 즉각 반응을 보인다. "연습 부족이야!"

이런 실화가 있다. 20세기 바이올린의 거장 메뉴인이 뉴욕의 메트로폴리탄 오페라 극장 공연을 하기로 한 전날 기자와 면담하는 과정에서 "이놈의 극장 오늘밤 불이나 났으면 좋겠다"라고 긴장된 심정을 토로했다. 아무리 거장이라 하더라도 공연을 앞두고 긴장하는 것이다. 능력의 부침(浮沈)에 따른 자신감의 상실이라든가 자신에 대한 절망감 같은 것이 누구에게나 있겠지만, 공연이 성공했을 때나 공연 중에도 엄청난 몰입과 희열감을 갖게 된다. 정경화 씨의 바이올린 공연을 현장에서 몇 번 봤는데, 연주 중 오만상을 다 찌푸리고 눈을 감았다 떴다 하면서 활을 그었다.

이와 같이 창작의 과정에서 겪는 고통은 역설적으로 자기를 잊게 만들고 고도의 집중력을 발휘하게 만든다. 이런 과정은 도리어 육체적 고통을 잊게 해준다. 시인 홍윤숙 선생은 지병으로 여러 해 투병하고 계셨는데 "고통이 나를 성숙하게 했다"고 하셨다. 사람들이 사랑을 하고 있다거나 사랑을 받고 있다든지 하는 경험을 하고 있는 동안은 대뇌의 통각(痛覺) 중추가 통증을 완화시켜준다고 하지 않는가? 내 친구 시인 석용원은 위암 수술로 위를 몽땅 들어냈다. 그래서 체중이 30킬로그램이 안 될 정도로 야위었는데, 피골이 상접한 상태에서도 시를 썼다. "위야, 고맙다. 70년 동안 나를 먹여살려 주어서"하고 읊었다. 생각 나름이다. 이제 위와는 인연을 끊게 되었으나 그동안 자기를 살려준 존재이다. "위야, 고맙다"고 한 그의 시상은 감동적이다. 그리고 그는 세상을 떠났다. 나도 위암 수술로 위의 3분의 2와 십이지장을 잘라냈으나 지금 17년째 살고 있다. "위야, 고맙다."

2) 창작예술 · 공연예술 그리고 엑스터시

필자의 장인이 서울시향의 비올라 주자로 일하시다가 정년을 하셨고, 막내 처남인 임유직 군이 스웨덴의 로열 심포니 오케스트라의 악장을 지낸 바이올리니스트여서 오케스트라 연주 실황을 자주 보아왔다. 그분들이 보통 하루 6~7시간을 연습하는 것도 보았다. 공연을 할 때에는 표정의 변화가 두드러진다. 소리에 몰입하기 때문이다. 몰입(沒入)한다? 그건 자기를 잊고 소리의 아름다움에 빠져들기 때문이다. 연주자의 입장에서는 내 연주가 과연 구경꾼들에게 감동을 주고 있는지 어떠한지가 최대의 관심사이다. 연주자가 감동받지 않으면 구경꾼도 감동이 없다.

창작자는 어떠한가? 창작자는 연주자에 비해서 보통은 마음이 그리 편치 않은 편이다. 왜냐하면 1차적으로는 다른 사람의 작품과는 차별화되는 작품을 만들어야 하고, 자기의 창작물을 누군가가 읽어주거나 연주해주어야 하고, 춤을 춰주어야 하고, 무대 위에 올려주어야 하기 때문이다. 말하자면 좋은 손님(연주자나 독자)을 만나야 빛이 난다. 신춘문예 희곡 당선작이 무대에 올려졌다는 이야기를 별로 들어본 적이 없다.

우리나라의 경우, 세계적으로 알려진 작곡가로 안익태, 윤이상, 진은숙 등이 있으나 연주자에 비해서 그 수가 엄청나게 차이가 난다. 음악의 연주자는 인쇄된 총보를 사서 연습하면 되는데, 작곡의 경우는 그 곡을 불러줄 사람, 혹은 연주해줄 사람을 구해야 하고, 교향곡 같은 대작은 작곡 발표회를 하려면 오케스트라를 사야 하니까 돈이 너무 많이 든다. 그리고 클래식의 경우는 미국과 유럽 시장을 뚫고 들어가기가 용이하지 않다. 우리가 바흐, 하이든, 모차르트, 베토벤, 쇼팽 등의 음악으로 유럽 시장을 비집고 들어가려면 역량이 굉장히 뛰어나야 되고 인맥이 든든해야 한다. 서양인이 한국 음악으로 한국 음악 시장에 데뷔하려면 쉬운 일이 아니듯이 말이다.

그러나 연주의 세계는 조금 다르다. 연주계에는 세계적인 인물이 많지 않은가? 그만큼 예술은 창작이 어렵다는 말이 된다. 고객은 공연장에 와서 작곡가가 아니라 연주자들을 만나는 것이다. 옛날에는 유럽에서 궁정, 귀족, 고위직 사제들이 작곡가에게 신곡을 발주했다. 그러니까 궁정이나 귀족들 사이에서 인기가 있으면 극장에서도 고객을 만나기가 쉬웠다.

춤의 경우는 두 가지 형태가 있는데, 고전 발레는 대개 이야기 대본이 있고, 그것을 바탕으로 작곡가가 음악을 만든다. 안무가는 이 두 가지를 참조해서 춤을 꾸민다. 그런데 고전 발레에서는 대본 작가는 그리 중요시하지 않는다. 주로 음악 작곡가에게 관심을 쏟는다. 그리고 다음으로는 안무가에게 관심을 둔다. 우리나라에서 자주 공연된 고전 발레 작품을 보면 〈백조의 호수〉 〈호두까기 인형〉 〈잠자는 숲속의 미녀〉 등 모두가 차이콥스키 곡이다. 그러나 보통 "아! 차이콥스키?" 하지 대본 작가나 안무가가 누구더라? 하는 것은 2차적 관심사이기 때문이다. 연극도 그러하다.

그러나 현대무용은 안무가가 곧 창작가이다. 미국 현대무용의 대가인 머스 커닝햄이 "안무가는 창조자(creator)다"라고 한 것을 보면 그렇다. 음악 없이도 춤은 출 수 있지 않은가?

관객의 입장에서 보면 공연장에 가면 전면의 전광판에 오페라나 고전무용의 경우 시놉시스가 흘러나오고, 프로그램에도 간단히 설명이 되어 있어서 내용을 대강 알고 홀에 들어간다. 그러나 막상 공연이 시작되면 우리는 기악 연주자나 오페라 가수나 무용수에게 시선을 집중하게 되지 작곡가나 안무가에게는 그리 관심을 두지 않는다.

그래서 문학이나 미술 등과는 달리 연극, 무용, 음악은 감동을 주는 매개가 다른 것이다. 연극에서는 배우에게, 무용에서는 무용수에게, 음악에서는 연주자에게 집중한다. 그러나 그들은 남의 작품을 2차적으로 표현에 집중하는 예술가이지 창작가는 아니다. '연주도 창작이다'라고 주장하기도 한다. 물론 일리는 있다. 그러나 문학이나 미술은 감상자가 작품에서 직접 감동을 받지만 음악, 무용, 연극은 해석된 작품으로 감동을 받는다는 점에서 차이가 있다.

영어로 문학과 미술은 'creative arts'라고 한다. 말하자면 창작예술이라는 것이다. 연극, 무용, 음악 연주는 'performing art'라고 한다. 공연예술이라는 말이다. 연극은 연출가마다, 고전 발레는 안무가마다, 음악은 솔로가 아닌 경우 지휘자마다 같은 작품을 가지고도 다르게 표현한다. 이들은 모두 해석자이다. 텍스트가 있어도 다른 텍스트로 연출한다. 이윤택이 오태석을 보고 이런 말을 했다. "그 사람은 영원한 아방가르드야."

영국 스코틀랜드에는 여러 축제 중 '브래머 페스티벌'이라는 것이 있다. 여기에 오태석이 〈로미오와 줄리엣〉을 가지고 참가한 일이 있다. 페스티벌 관계자가 그의 연극을 보고 5년 후에 그를 다시 초청했다. 5년 후에 연출된 〈로미오와 줄리엣〉은 셰익스피어의 것도 아니고 5년 전에 보았던

〈로미오와 줄리엣〉도 아닐 뿐 아니라, 축제 기간 동안 공연 때마다 매일매일의 〈로미오와 줄리엣〉이 달랐다고 한다. 그는 자기 자신을 평하기를 "나는 아마추어이고, 내 작품은 습작이다"라고 했다. 그는 작품마다 습작이라고 생각하고 연출한다. 나는 오태석의 〈태(胎)〉를 보고 감동받은 일이 있었다. 그때 내 반응은 "연극은 저렇게도 하는구나!"였다. 나는 세 가지의 〈리어 왕〉을 보았다. 볼 때마다 '연출가란 제멋대로군!' 하는 것이 내 반응이었지만 그 '제멋대로'가 중요한 것이다.

그러면 구경꾼들은 무엇에서 감동을 받는가? 셰익스피어의 희곡에서인가 아니면 오태석의 연극에서인가? 구경꾼들보다는 연기자 자신이 더 몰입하고 짜릿한 감동을 받을 것 같다. 이른바 정통예술 장르의 구경꾼들은 조용한 반응을 보일 뿐이고 홀(전시장, 극장)을 나오면서 동행자와 속삭이듯이 주거니 받거니 하면서 자기의 반응을 언표(言表)한다. 때로는 상당한 조예로 비평도 한다. 대개는 전통적으로 유럽의 상류층들의 고품격 비평이 그 공연의 성패를 좌우하기도 한다. 그들이 공연 결과에 대해서 나쁜 평을 퍼트리면 그 공연은 곧 커튼을 내려야 한다.

윈스턴 처칠과 버나드 쇼 사이의 유명한 일화가 있다. 1923년 잔다르크를 주제로 한 버나드 쇼의 희곡 〈Saint Joan〉이 대히트를 쳤다. 그래서 그 여세로 그는 1925년 노벨문학상을 받았다. 그런데 평소에 쇼가 정치가들을 혹독하게 욕하는 풍자를 자주 날려서 처칠과도 사이가 안 좋았다.

쇼가 이 연극 〈Saint Joan〉의 첫 공연을 보러 오라고 처칠에게 초청장을 보냈다. 봉투에는 두 장의 초청장과 "한 장은 당신에게, 또 다른 한 장은 친구에게—만일 친구가 있으시다면" 하는 메모가 같이 들어 있었다. 처칠은 이에 대해서 "혹시 첫날 공연에 참석 못 할 경우를 위해서 둘째 날 공연 표를 구할 수 있을까요?" 하고 묻는 답장을 보냈다. 그러면서 끝에 "만일 둘째 날까지 공연이 있다면"이라고 응수했다. 쇼는 처칠에게 돈독한 친구가 없다는 것을 비꼬아서 한 말이고, 처칠은 그 연극이 하루 만에 끝날 텐데 하고 비꼰 것이다. 얼마나 멋있는 수사법인가? 당시 처칠은 재무 장관이었다.

이와 같이 공연을 하루 만에 내릴 수도 있는 상황에서 작품을 무대에 올린다고 하는 것은 큰 모험이다. 왜냐하면 티켓의 예매 성적을 보면 알 수 있기 때문이다.

여기서 내가 이야기하려고 하는 것은, 예술적 경험에도 이런 절정적 경험이 있는가이다. 기악 연주자는 연주 중 자신과 소리가 하나가 되는 것이 절정적 경험이다. 종교인들이 신이나 부처와 내가 하나가 되는 상태를 경험하는 것처럼 배우들은 연기 중 자기 배역의 인물(캐릭터)과 하나가 된다. 무당이 굿을 할 때에는 자기가 받드는 신과 하나가 되어야 그 신의 힘으로 의뢰자(고객)의 문제를 해결해줄 수가 있다.

이러한 경험은 일상적으로는 잘 일어나는 것이 아니다. 한번은 백남준이 요제프 보이스 추모 굿판을 벌이는 것을 보았다. 이것은 퍼포먼스이지만, 그때 무속인도 불러와서 굿을 했다. 최첨단 예술을 하는 사람이 무당을 불러 굿을 한다? 그것은 플럭서스 운동을 같이 한 음악가 친구를 위한 진혼굿의 의미도 있고, 구경꾼들에게 호기심과 재미도 주고, 또 서양 문화에 한국 전통–민족문화를 접목시키는 일이기도 하고, 또 예술적 영감의 원천이 될 수 있다고 여겼을 것이다.

2. 극치의 경험의 원천

1) 유레카(eureka)

이 '유레카'라는 말은 중고등학생들도 잘 안다. 이 말이 아르키메데스의 일화에서 유래되었다는 것도 안다. "아하! 그렇구나! 됐다, 됐어! 찾았어!"와 같은 말로 표현할 수 있는 감탄사가 터지는 경험이다.

고대 그리스의 시라쿠사의 통치자가 한 금제 공장(工匠)에게 일정량의 금을 주면서 왕관을 만들어달라고 주문했더니 금을 일부 빼돌리고 은을 섞어서 만들어 왔다는 소문이 돌았다. 그래서 왕은 수학자요 과학자인 아르키메데스에게 그것이 왕관이 순금인지 아닌지 증명할 수 있는 방법이 있는지를 물었다. 그래서 문제 해결을 위해 고심하던 아르키메데스가 하루는 목욕을 하다가 그가 욕조로 깊이 들어갈수록 물이 밖으로 더 많이 넘쳐흐르는 것을 보고, "아하, 알았다!" 하고 기뻐 외치면서 시가지를 벌거벗은 채로 질주했다는 것이다. 이때 그가 외친 말이 그리스어로 "유레카"였다. 유레카는 뭔가 새로운 것을 발견했을 때 외치는 감탄사이다. 그가 이때 발견한 원리가 '아르키메데스의 원리'이다. 이런 경지에서는 부끄러운 것도 잊을 만큼 큰 희열을 느끼게 된다.

2) 스포츠 게임에서 승리했을 때

1990년대 초 천하장사 씨름 대회에서 이만기가 승리하자, 그때 두 팔을 치켜들고 눈을 감고 울부짖으면서 승리의 기쁨을 나타내는 사진을 동아일보에서 발견했다. 당시 체육 담당 기자로 있던 후배에게 사진을 한 장 보내달라고 부탁해서 한동안 그 사진을 내 연구실에 걸어놓고 봤던 일이 있었다. 그건 왜? 바로 황홀지경을 음미하기 위해서였다. 큰 게임에서 승리했을 때의 선수나 관계자들이 펄펄 뛰고 부둥켜안고 난리를 치는 광경은 낯설지가 않다. 이때의 기쁨도 일종의 엑스터시이다.

2019년 8월 27일 미국 뉴욕의 빌리진 킹 센터에서 열린 US 오픈 테니스 대회 남자 단식 1회전에서 어네스토 에스커베이도(미국, 206위)에게 3대 2로 역전승을 거둔 정현이 1회전에서 성공한 뒤 포효하는 모습이 조선일보에 크게 나왔다. 그의 표정을 보면, 승리의 기쁨이 어떤 것인지를 설명 없이도 알 수가 있다. 나는 그 사진을 스크랩해 보관하고 있다.

3) 예술적 표현의 극치를 맛보았을 때

앞서 말했지만 황홀지경이나 무아지경은 음악 연주자들에게도 자주 관찰할 수 있다. 1954년부터 베를린 필을 지휘해온 헤르베르트 폰 카라얀(1908~1989)은 지휘할 때 눈을 지그시 감는 습관이 있다. 그는 오스트리아 출신인데, 처음에는 1938년 베를린 국립 오페라단 오케스트라를 지휘하기 시작해서, 다음에 빈 국립 오페라하우스 지휘자로서 활약했고, 그리고 1954년부터 베를린 필하모니 오케스트라를 35년간 지휘했다. 그런데 그가 왜 지휘할 때 눈을 감느냐? 그것은 소리에 집중하기 위해서인데, 단원의 얼굴 표정이나 연주 태도에는 신경을 쓰지 않겠다는 것이다. 물론 그는 50년간 지휘를 했으니 총보(總譜)를 외우는 것은 당연한 일이다.

내가 한번 장난삼아 베토벤의 피아노 소나타의 전집 중 각 작품별로 콩나물 대가리 수를 세어본 일이 있었다. 코다의 경우도 모두 포함시켰다. 소나타 한 곡에 대략 7,000~8,000개의 콩나물 대가리가 있었다. 그렇다면 이 소나타 한 곡을 치려면

① 7,000~8,000개의 건반을 우선 정확하게 두들겨야 한다.(소리의 위치 정보)
② 그리고 그 음표에 해당되는 힘의 강도를 맞추어야 한다. f냐 p냐, f냐 pp냐 혹은 ppp냐를 파악해야 한다.(소리의 크기 정보)
③ 소리의 길이가 정확해야 한다.(시간 정보)
④ 거기에 연주자의 감정을 넣어야 한다. 이때 몸짓에 다양한 바리에이션이 나타난다(감정 정보)

그런데 건반에 손가락이 닿는 순간 이 네 가지 정보가 동시에 작동해야 정확하고 감동적인 연주가 된다. 인간의 뇌는 몇십분의 1초 사이에 그런 것을 종합적으로 결정하는 능력을 가지고 있다.

그런데 사실 좀 더 따지고 보면 지휘자가 현란한 몸짓을 해도 결국은 소리의 속도나 강약, 그리고 악기군 간의 조화를 조절하는 것일 뿐이다. 몸짓은 그리 중요하지 않다. 유명한 명지휘자 토스카니니는 거의 몸짓이 없다. 작곡가가 뭘 표현하려고 했느냐에 집중하기 때문에 작곡가가 악보에 적어놓은 속도와 강약 기호 등을 충실히 재현하는 것을 목표로 했다는 것이다.

그렇다면, 한 피아니스트가 〈베토벤의 피아노 소타나의 밤〉이라는 콘서트를 연다고 하자. 대개는 최소 6~7개 곡은 쳐야 한다. 나는 1964년, 이화여대 강당에서 열린 아르투르 루빈스타인의 피아노 콘서트에 직접 가본 적이 있다. "선생님은 사후에 하늘나라에 가게 된다면 무엇을 가지고 가시겠습니까?" 하고 기자가 물으니까, 그가 "베토벤의 피아노 소나타집"이라고 대답하는 것을 방송을 통해서 들었다.

소나타 6~7개 곡을 연주하려면 대략 7,000×7=49,000개의 음표를 두들겨야 한다. 그 많은 음표를 악보도 보지 않고 연주해야 진짜 쟁이다. 이

어마어마한 양의 음표를 다 기억해야 한다. 악보를 보지 않고 연주해야 거장이 된다. 그 점에서 피아니스트의 기억력은 전문직 중 최고이다. 그들은 기억의 천재이다. 내 처제 중 한 사람도 동덕여대 피아노 교수인데 기억력이 비상하다. 그뿐 아니라 머릿속의 정보를 손가락으로 전달하려면 '소리 정보를 입력하는 능력+기억 장치에 저장하는 능력+저장한 정보를 출력하는 능력+손가락으로 그 정보를 전달하는 능력, 감정 표현 능력=연주 능력'이 된다. 이 과정에서 한 군데라도 고장이 나면 절대로 훌륭한 연주가는 될 수 없다.

내가 어떤 오페라단의 마스카니의 〈카발레리아 루스티카나〉 공연을 관람한 적이 있는데, 프리마돈나가 가사를 중도에 자꾸 까먹어서 그 오페라는 중도에 커튼을 내리고 환불 소동이 일어나기도 했다.

오케스트라는 대개 교향곡인 경우 총보에 약 7~8개에서 10개 정도의 악기 그룹마다의 보표가 있다. 교향곡인 경우, 차이콥스키의 교향곡은 대개 한 곡당 연주 시간이 30~50분 정도의 긴 음악이다. 베토벤의 음악도 마찬가지다. 그러면 지휘자가 교향곡 한 곡을 지휘하려면 수십만 개의 소리를 다는 아니라도 대체로 기억해야 한다. 그러니까 그 소리 하나하나에 감각을 보내려면 눈을 감을 수밖에 없다. 그러나 감상자들은 지휘자의 몸짓도 하나의 퍼포먼스로 보고 즐긴다. 너무 몸짓에 변화가 없으면 재미가 없다. 연주 시간이 30~50분쯤 걸리고 악기별 스코어도 10개에서 24~25개쯤 되는 음악도 있다. 베를리오즈의 〈환상 교향곡〉은 24개 악기별 스코어가 준비되어 있다. 어마어마한 양이다.

카라얀은 지휘하다가 악단이 소리가 마음에 안 들면 지휘봉을 내던지고 나가버리기도 한다. 얼마나 소리에 예민하게 반응하면 그럴까? 그러고는 다시 포디엄으로 안 돌아오기도 한단다. 관객은 어떻게 하고? 환불해주고 그날 연주는 기록에 없던 것으로 한단다. 정말도 대단한 지휘자다. 간혹 지휘자가 소리가 마음에 안 들어서 도중에 지휘봉을 부러뜨리는 것을 나도 본 적이 있다.

3. 또 다른 현실로 들어가는 발걸음 : 의식의 흐름

1) 이성에서 감성으로

17세기 영국에서 시작해서 18세기 유럽 대륙으로 번진 계몽주의 사상이 유행할 때에는 뭐든 선입견이나 미신에서 벗어나서 합리적으로 관찰하고 생각해야 한다는 사상이 강했다. 그후 20세기 초까지 이 합리주의는 여러 사상 체계나 과학 발전에 크게 기여했지만, 인간을 인간답게 보는 데 실패했다. 그러다가 인간이 인간다운 점은 이성(理性, reason, 생각하는 기능)보다는 감성(感性, sensitivity, affectivity, 감정을 느끼는 기능)이 더 강하다는 점을 강조하는 심리학자들이 들고 일어났다.

예를 들면 이 이성주의가 진화하고 있는 동안 심리학이 철학에 붙어 있다가 과학 쪽으로 진로가 바뀌기 시작했다. 과학이 발달하면서 과학적 방법으로 연구하기 시작했다는 말이다. 그러나 연구 주제는 주로 감각과 지각에 집중되어 있었다. 그런데 심리학에서도 다른 한편으로는, 이런 감각이나 지각을 연구하는 분야 말고도 주로 인간의 감정을 다루는 분야인 임상심리학이 발달하기 시작했다. 이 임상심리학은 인간의 '정신장애', '무기력증'의 진단, 분류, 처치, 예방 등의 문제를 다루는 분야이다. 다만 그후에 발달하기 시작한 이상심리학이란 분야와는 구별되어야 한다. 이상심리학은 정신장애에 대한 과학적 진단, 치료, 그 원인의 규명 등을 주로 연구하는 분야이다. 임상심리가의 유명 학자로서는 우리에게 잘 알려진 에

리히 프롬, 에이브러햄 매슬로, 칼 로저스 등이 있다.

이들은 인간을 정신 따로, 육체 따로, 생각 따로, 감정 따로, 지능 따로, 성격 따로 보는 경지에서 벗어나, 사람을 전체적이고 통합된 하나의 총체적인 존재로 보는, 인본주의적 입장에서 사람을 바라보게 했다. 실존주의와 현상학의 영향을 받아서 개인의 자유의지, 책임의식, 자기실현을 강조하는 입장을 취했다. 그래서 인간이 앓고 있는 우울증, 불안증, 강박증과 같은 정신적 문제로 인한 불건강 상태를 단순히 완화시켜주는 것이 목적이 아니라, 이런 문제를 가진 사람들을 행복하게, 선한 삶을 살 수 있도록, 그들의 인격을 긍정적으로 변화시키는 데 중점을 두고 도와주자는 것이 목적이다.

2) 흐름에 맡겨라

이러한 심리학자들의 새로운 움직임의 핵심은, 미하이 칙센트미하이라는 이탈리아 태생(지금은 크로아티아에 속하게 되었지만)의 미국 클레어몬트대학 심리학 교수가 1970년대에 고안한 '흐름'이란 개념(용어)에 있다.

10대 때, 미하이는 스위스에서 칼 융의 강연에 우연히 참석하게 되었는데, 거기서 그로부터 심리학을 공부해보라는 권고를 받게 되었단다. 그 후 미국의 시카고대학에서 입학통지서와 장학증서가 날아와서 1959년 심리학 학사가 되고 1965년에 박사 학위를 받았다.

그는 시카고대학에 남아서 가르치면서 1969년부터 2000년까지 그의 중심 사상인 '흐름'에 관해서 계속 연구를 했다. 그 후 캘리포니아에 있는 클레어몬트대학 대학원에서 심리학과 경영학을 가르치고 있다. 2010년대 중반 한국에서 와서 강연을 한 적이 있다. 창의성 연구의 세계적 권위자로도 인정받고 있다.

그가 '흐름(flow)'이라는 아이디어를 발견하게 된 것은 『최적의 경험심리학』(1990)이란 책을 쓰면서부터였다. '최적의 경험'이란 익숙지 않은 말인데, 그에게는 매력 있어 보였던 것이다. 그는 많은 사람들과 인터뷰하면서 "자기가 하는 일에서나 여가 시간에, 인생에서 최대한 많은 것을 얻어내려고 한다"는 사실을 깨닫고 이 아이디어를 발견하게 되었다. 물론 미술가나 음악가처럼 창조적인 일을 하는 전문인들뿐 아니라 외과 의사나 기업 지도자나 스포츠맨이나 게임에서 성공한 사람까지도, 많은 영역의 사람들이 그렇다는 것에 주목하게 되었다.

미하이가 또 발견한 사실은. 사람들은 자기가 하는 일에서 즐거움을 느끼고 그것을 잘할 수 있는 활동을 할 때나 그 일에 전적으로 몰두하고 있을 때 그의 모든 감각기관의 움직임에 통일성이 보인다는 것이었다. 이때 사람들은 '자기에 대한 감각(sens of self)', 즉 자아를 잃어버리는 무아지경에 이른다고 보고하고 있다. 그리고 그들이 하는 일은 거의 자동화되어, 스스로 굴러가듯이 느껴졌다는 것이다. 이것이 '흐름'이라는 느낌이다. 이 '흐름의 경험'은 아주 분명하게 정해진 목표를 향해 주의집중이 되는 데서 출발한다. 이때 우리는

① 자기가 여기에 관여하고 있구나(이 일을 하고 있다는 자의식)
② 그리고 이 일에 집중하고 있구나
③ 그리고 거기에 홀딱 빠졌구나

하고 느끼게 된다는 것이다.

이렇게 뭔가에 홀딱 빠지려면 첫째로 자각(awareness)을 해야 하고, 다음으로는 그 일을 더 잘해내기 위해서는 어떻게 피드백(feedback)해야 하는지를 알아야 된다. 그래야 되돌아보고 다시 수정하게 된다. 음악가들은 만일

자기가 연주하는 곡을 꼭 악보대로 연주했는지, 연주하고 있는지를 금세 알아차리게 된다.

재미있는 현상은, 류현진과 같은 세계적인 선수에게도 이상한 버릇이 있다는 것이다. 그는 공을 던지기 전에 포수와 사인을 주고받다가 1루나 2 주 주자를 힐끔힐끔 돌아보다가 포수 쪽으로 돌아서면서 순간적으로 공을 던진다. 다시 자세를 가다듬는다거나 하지 않는다. 그러면 과연 정확하게 던질까 싶지만 야구는 그런 점이 재미있다. 즉 투수의 머릿속에는 이미 계 산(높이+각도+힘+타자의 능력+습관+심리=합한 계산)이 이미 끝나 있으니까 판 단이 서 있는 것이다. 이때 모든 감각기관이 순간적으로 총동원되어 집중 한다. 이것이 하나의 흐름(flow)이다.

4. 최적의 경험상태란?

최적의 경험, 즉 '흐름'을 경험하게 된 사람은 비시간적 경험(즉, 시간이 가 는 걸 잊어버리고, timelessness)에 몰두하게 되고, 하고 있는 일이 더 명확해지 고, 고요(serenity)의 상태에 들어간다. 이것이 바로 엑스터시의 경지이다. 제정신이 아닌 상태이다. 이 흐름에서 얻는 기쁨의 주된 내용은 일상적인 현실로부터 탈출하는 감정이다. 일상적 근심, 걱정으로부터 벗어나는 것 이다. 흐름이란, 어떤 활동에서도 최적의 기쁜 상태이며, 결과적으로 삶을 완성시키고 자기 실현하게 하는 것이라고 미하이는 말하고 있다.

그러면 어떻게 해야 이 흐름 상태에 진입할 수 있을까? 미하이 박사는 이 엑스터시 상태, '절정적 기쁨의 상태'에 규칙적으로 진입한 인사들을 인터뷰하고 그들을 추적 연구했다. 거기서 얻은 결론은 세 가지이다.

① 자기에게 맞는, 자기의 기능에 어울리는(이른바 매치된) 활동에 도전할 때 이런 사태가 된다는 것이다. 쉽게 말하면, 하고 싶고, 잘할 수 있는 일에 도전할 때 온다는 것이다.

② 하려는 일이 '할 만한 것'일 때 더욱 좋다. 그럼에도 여전히 뒷받침되는 능력과 총체적 주의집중이 필요하다. 할 가치가 있거나 자기 적성에 가까울 때를 말한다.

③ 이 기본 능력이나 소질과 일이 가지고 있는 난이도 사이의 균형이 맞아야 한다. 아무리 하고자 해도 키가 작으면 농구선수가 되기 어렵고, 피아니스트가 되고 싶어도 손가락이 짧으면 어렵다. 그러나 예외도 있다. 학교 교육(전문 교육)을 전혀 안 받고도 화가가 될 수 있다. 옛날에는 어디 학교 교육을 통해서 미술가가 되고 음악가가 된 것은 아니다. 도제 제도가 학교 교육을 대신한 셈이다. 물론 혼자서 자학 자습으로도 예술가가 될 수 있다. 그런 경우는 인정받기까지 시간이 많이 필요하다. 그러니까 목표와 가능성 사이의 균형과 타협이 필요하다. 그만둘 것인가 계속할 것인가는 모든 예술학도들의 공통된 고민이다. 그래서 한예종 학생들이 더러 자기 한계를 넘어서지 못해서 자살을 하기도 한다. 예술가로서 입신하려면 얼마나 오랜 시간과 많은 자원(돈)과 인내심과 의지력과 건강과 노력이 필요한가?

이 엑스터시 경험은 비단 예술에서만 경험할 수 있는 경험이 아니다. 인간의 모든 활동 영역에서 경험할 수 있고, 특히 학습에서 이 경험은 성공적인 학습이 되게 하는 데 결정적으로 중요한 요인이 된다. 쉽게 말하면 '공부가 재미있도록' 하는 것이다. "공부가 너무 재미있어!" 한다면 그 공부의 결과는 오랫동안 기억장치에 저장되고, 쉽게 활용될 것이다. 시험도 잘 치고, 기술도 늘고, 승진도 잘하고, 따라서 월급도 올라가고 '성공한 삶'을 살 수가 있다. 이것이 자기 실현이다.

예술과 엑스터시

엑스터시 상황에 이르는 경로를 요약해서 표현하면 대략 다음과 같다.

① 우리가 즐기면서 하는 활동(일)에 참여하고 있을 때, 그 일이 우리의
능력에 좀 도전적인 자극(해볼 만하다고 생각되는 일)이 될 때,

↓

② 그 일에 매달리게 된다. 그리고 거기서 큰 기쁨, flow, 엑스터시를 맛
보게 된다.

↓

③ 이때, 우리는 그 일에 총체적으로 집중해야 되고, 안정감과 평온함
을 느껴야 하고, 초시간성의 감각이어야 되고(시간 가는 줄 몰라야
되고), 내심 하는 일이 분명해야 한다.

↓

④ 특히 우리 자신에 대한 의식이 없어지고(무아지경) 혹은 주변 세상
일에 무감각해지고

↓

⑤ 그러면 엑스터시 상태에 이르게 된다. 법열, 견성(見性), 득도, 도통,
은혜 충만, 신과의 합일을 경험하게 된다.

5. 엑스터시의 효용가치

1) 피그말리온 효과

인간의 대뇌피질은 무한한 가능성을 가진 인체 조직이다. 아인슈타인도
그 기능의 3분의 1밖에 못 썼다고 한다. 아인슈타인의 뇌는 미국 프린스턴
대학교에서 보관, 연구하고 있다. 뇌 과학자의 연구에 의하면, 아직은 아
인슈타인의 뇌가 일반인의 뇌와 크게 다르지 않다고 보고 있다고 한다. 다
만 아인슈타인의 뇌에 기록된 흔적으로 보면 30%정도밖에 안 썼다고 한

다. 그러니 보통 사람의 뇌는 10분의 1도 안 썼을 것이라고 본다.

한 가지 예를 들겠다. 언어를 연구한 학자들의 연구 결과를 보면, 저소득 무교육 시민들은 일생 동안 500개의 낱말을 가지고 모든 문제를 다 해결한다고 한다. 그런데 재미있는 현상은 유치원 교육을 제대로 받은 5세가 쓰고 알아듣는 말을 조사해보면 약 500개 단어쯤 된다고 한다. 그러니까 다섯 살짜리가 교육받지 못한 시골 어른들과 비슷한 소통 능력을 가지고 있다는 말이다. 특히 도시에서 생활하는 아이들의 디지털 관련 용어까지 포함하면 도시 5세 아이가 훨씬 신진적일 것이다.

인간 성장의 가능성에 대한 신뢰가 얼마나 사람들의 삶에 큰 영향을 주는지를 실험한 것이 있다. 미국 캘리포니아주의 남샌프란시스코에 있는 초등학교에서 심리학자인 로버트 로젠탈과 함께 레노어 제이콥슨이 실험한 보고서 「교실 안에서의 피그말리온」 속에 소개되어 있는 내용이다. 이 실험은 심리학 교과서에 실려 있을 만큼 유명한 실험이다.

제이콥슨은 전교 650명 전원에게 지능 테스트를 실시했다. 그리고 교사들에 대해서는 이 테스트의 성적으로 장래에 지적으로 크게 성장할 아이들이 누구인지를 알 수 있다고 말하고는 전체 피검사자 중 20%를 검사 결과와는 관계없이 무작위로 뽑아서 명단을 만들었다. 물론 아이들과 학부모에게는 그 명단을 비밀로 하고, 교사에게만 그 명단을 건네주었다. 이들 아동은 지능 테스트 성적이 특히 우수한 아동을 뽑았다고 말했으나 실은 전체 아동 중 학력의 차별 없이 무작위로 20%를 뽑은 아이들이다.

그러나 그 결과, 이렇게 무작위로 뽑힌 아이들이 8개월 후 학교의 지능 테스트와 학업 성적이 크게 향상되었다. 예컨대 명부에 올라 있던 1학년 아동의 성적은 학년 말에 가서 학업성취도 테스트 결과를 보면, 평균적으로 일반 학생의 성적이 12점이었던 데 비해서 24.4점이 나왔다. 더욱이 이

성적은 보통의 교육기술로 달성된 성과였던 것이다. 특별 수업을 한 것이 아니란 말이다.

다만 교사가 그렇게 지명된 학생들의 가능성과 능력을 신뢰하고 관심을 가져주는 것만으로도 아이들은 자기가 능력이 있다고 믿고, 열심히 공부했던 것이다. 이것을 '피그말리온 효과'라고 한다.

피그말리온은 그리스의 전설에 나오는 왕이라고도 하고, 조각가라고도 하는데, 자기가 빚은 아름다운 조각상과 같은 여인을 점지해달라고 아프로디테 신전에 가서 간절히 빌었다. 그리고 돌아와서 그 아름다운 여인 조각상을 껴안고 있는데, 드디어 그 조각상이 서서히 아름다운 여성으로 변했다. 그래서 이 이야기는 인간에 대한 신뢰가 그만큼 큰 영향을 준다는 것을 입증한 실험의 제목이 된 것이다. 뭐든 간절히 소원하면, 이루어진다는 신화에서 따온 말이다. "나도 할 수 있구나"라는 교훈을 주는 실험이다.

『백년의 고독』으로 노벨문학상을 받은 가브리엘 마르케스도 "정말로 간절히 원하면 이루어진다"고 했다. 타인에 대한 신뢰는 그를 격려해주고 자신에 대한 신뢰는 인격을 완성시켜준다.

이 이야기는 결국 학습과 교육에서 엑스터시의 효과가 크다는 이야기를 하려고 한 것이다. 학습(공부)에서 엑스터시, 즉 기쁨을 느끼고 환호를 할 수 있는 절정적 경험(아난다)에 이른다면, 학습의 효과는 단순히 지식의 획득이 아니라 자기 실현에 더 가까이 갈 수 있는 것이다. 이 엑스터시는 새로운 교육 방법의 원천이 될 수 있다. 학습을 내 것으로 삼자는 것이다.

2) 정서적 가치

이런 정서적 가치를 마치 반이성적인 것으로나 반질서적인 것으로 인식하고 있으나, 인간이 어떻게 이성적으로만 살 수 있는가? 인본주의 교육학자들은 인간에게 있어서 감정-정서를 이성보다 더 중요한 가치로 본다.

출판사 문학과지성사의 창립자이자 사장을 지낸 문학평론가 김병익 씨가 조선일보에 실린 「인간 이해의 착잡함」이라는 대담에서 이완용에 관한 이야기를 하면서 이렇게 말했다. "어떤 악한이라도 인간적인 모습을 보이기도 하고, 아무리 성자적인 생애를 살았던 사람도 범용한 인간다움을 가지게 마련이며, 인간은 어쩔 수 없는 존재론적 한계가 있는 겁니다." 이 말은 인간의 한계를 말해주는 대목인데, 전적으로 이성적일 수도 전적으로 감성적일 수도 없다는 말과도 통한다. 독일의 철학자 포이어바흐는 『우주에서의 인간의 지위』라는 책에서 인간은 동물적 세계 → 인간적 세계 → 천사적 세계를 다 살고 있어서, 짐승과 천사 사이를 왔다 갔다 한다고 보았다.

그러니 사람이 환희를 즐긴다고 유치하고 꼭지가 덜 떨어지고, 촌스럽다고 할 것이 아니다. 인간의 뇌에는 두께가 약 3밀리미터쯤 되는 대뇌피질이 맨 바깥쪽에 있는데, 이것은 주로 지적인 행동과 관계가 있으며, 신피질이라고 한다. 왜 신피질이냐 하면, 진화적으로 보면 '호모 사피엔스'가 되면서 발달하기 시작한 뇌세포들이기 때문이다. 그 층 밑에 변연계라고 하는 두꺼운 층이 있는데, 이것을 구피질이라고 한다. 구피질은 인간의 원초적 동기, 원시적 행동, 자율신경 등을 관리한다. 두꺼운 구피질이 인간의 삶에 더 큰 영향을 주며, 환희와 같은 감정 상태나 즐거움의 경험을 담당하는 것이다. 이 변연계가 실은 인간의 근본적인 행동동기의 원천이기도 한 것이다.

"인체의 자연적인 상태는 환희와 기쁨에 있다." 이 혁명적으로 들리는 말도 진실에 가깝다. 오늘날의 교육은 이성 면만 강조하고 감성 면을 소홀히 한다. 그 증거가 대학입시 정책이다. 감성 면을 측정하기 어렵기 때문이라고 한다. 어떤 심리학자는 엑스터시가 핵에너지와 같아서 위험을 수반할 수도 있다고 한다. 그러나 더 큰 잘못은 이런 기쁨과 즐거움과 환희를 잊고 살며, 그걸 배격하는 사회나 교육 시스템이 더 무서운 것이다. 그런 데서 사이코패스도 나오게 된다.

6. 엑스터시 그 자체는 도덕적이지도 비도덕적이지도 않다

물론 전체주의하 이탈리아의 파쇼당이나 독일의 나치당, 소련의 볼셰비키당, 북한의 노동당 같은 1인 체재하에서는 지도자를 위한 광적인 몸짓이 공식적으로나 사적으로 횡행한다. 또 이런 류의 엑스터시가 광신적인 종교집단에서는 죽음도 불사하는 무서운 파괴력을 지니게도 된다.

히틀러 치하의 제3제국 독일에서는 광적인 엑스터시 표현을 발명했다. 특히 괴벨스라는 선전상(장관)은 히틀러 띄우기의 천재였다. 그래서 옛날 필름에서 보이는, 1933~1945년 당시 히틀러에 보여주었던 광적인 사랑과 존경의 엑스터시가 지금도 북한에서 그대로 연출되고 있지 않은가?

히틀러에 대한 광적인 환희는 낡은 체재를 강화하고, 경쟁심을 유발하고, 약탈, 공격성에 의한 파괴 활동을 격화시켰지만, 결국에는 옛 체재를 대신할 새로운 질서를 만들지 못했다. 그것은 중국 공산당의 정책을 봐도 알 수 있다. 1948년에 김일성이 북한 정권을 잡은 후 70년 동안 정치 슬로건은 3대째에도 별로 변한 것이 없지 않은가?

엑스터시는 강력한 에너지원이다. 이성(理性)에는 심적 에너지란 게 없다. 원래 이성은 냉철하다고 하지 않는가? 차가운 논리로 문제를 해결해야 한다. 1980년 4·19항쟁 때 교수들도 많이 참여했는데, 어떤 대학 교수

제4부 예술과 엑스터시

에게 "선생님은 철학 교수이면서 왜 데모에 참여하지 않았는가?" 하고 기자가 물으니까 "철학은 원래 냉철한 학문이 아니오? 좀 더 생각해볼 필요가 있어요"라고 대답한 것을 지금도 기억한다.

이 엑스터시의 심적 에너지가 파괴적이 되거나 폭력성을 띠지 않게 하려면 그 에너지의 분출 통로(채널)를 만들어주어야 한다. 그래서 정치 테크놀로지스트들은 성의 자유분방을 눈감아준다든지, 종교에 미치게 만든다든지, 예술과 유흥을 진흥한다든지 해서 반체재적인 폭력이 안 되게 예방하고 있다. 그중에서 가장 합리적이고 창조적인 방법이 예술과 스포츠이다. 공산국가에서 예술 활동에 크게 투자하는 것도 이런 경우에서이다.

스포츠는 순간적인 행위여서 환희가 영구히 보존되지 않고 현장적이다. 특별한 기록 매체가 발달되어 있어서 언제든 환희의 장면을 재생할 수는 있다. 그런 기록물들은 일종의 추억일 뿐이다. 반면에 대부분의 예술 활동의 흔적은 영구히 남는다. 문학과 연극은 책으로 남고, 음악과 고전 발레는 악보와 무보로 남고, 음악 연주와 춤은 비디오로 남는다. 미술은 작품으로 남기 때문에 생명력이 가장 강하다.

엑스터시가 자칫하면 향락주의에 빠지게 할 수도 있고, 마약 효과가 있어서 중독 상태를 만들 수 있다. 대중음악을 하는 유명 연주자들 중 마약으로 구속되고, 중독에 빠지고, 사망한 사람들도 많다. 예술에는 그런 악마적인 요소도 있는 것이다. 프레디 머큐리는 어떠한가? 엘비스 프레슬리, 마이클 잭슨은?

헨델이 오라토리오 〈메시아〉를 작곡할 때 할렐루야 합창곡을 다 끝내고는 "나는 확실히 이 눈으로 천국과 숭고한 신의 모습을 보았다"라고 하인에게 말했다. 또 철학자 니체가 그 역사적 저작물 『차라투스트라는 이렇게 말했다』를 완성했을 때의 감격을 이렇게 말했다. "엑스터시가 긴장의 극한에 이르렀을 때, 나는 눈물로 뒤범벅이 되었소. 갑자기 뛰어다니기도 하고, 가만히 서 있기도 했소. 나는 거의 자제력을 잃었고, 무수히 많은 절묘한 감동으로 전신에 전율이 흐르는 느낌을 가졌소."

갓난아기, 대체로 유치원에 들어가기 전까지는 아이들의 생활은 온통 경이로움으로 가득 차 있다. 이 세상 모든 것은 경험하지 못했던 것이므로. 그러나 제도 교육 시스템에 들어가면 이 경이감은 슬슬 줄어든다. 규칙이라는 것이 있다는 것을 알게 될 때부터. 그러나 그 이전의 생활은 엑스터시 순간의 연속이다. 그 아이 앞에는 모든 가능성이 열려 있지 않는가? 미래는 그들의 것이기 때문에, 우리가 아이들의 엑스터시를 맛볼 수 있는 학습 기회를 빼앗고 있지는 않은가?

아인슈타인은 초등학교 학생일 때, 학기말 시험이 끝나고 난 후 1년 동안은 과학적인 문제에 대해서 생각조차 할 수 없었다고 하며 그 이유를 전기에서 다음과 같이 적었다. 즉 "현대의 학교 교육이 아이들의 신성한 과학적 탐구심을 말살시키지 않고 있는 것은 전혀 기적이라고밖에 말할 수가 없다. 관찰이나 탐구의 기쁨이 의무적이거나 강요에 의해서 촉진된다고 생각하는 것은 터무니없는 잘못이다." 희열, 환희, 유레카를 인위적으로 조직해서 만들어낼 수가 있다고 생각하는 것은 인간성에 대한 모독이고 전체주의 사상적 발상이라고 생각된다. 탐구의 기쁨은 극히 자발적 경험이다.

그러나 생명력과 환희는 억눌려서 꺼지는 것이 아니다. 아주 작은 오랑캐꽃이나 민들레 씨앗 하나가 콘크리트 틈바구니에서 피어오르면 그걸 파괴할 수는 있다. 봄이 되면 원폭피해를 입은 히로시마에서도 꽃이 피고, 산불로 숯검둥이가 된 영동 지방의 민둥산에도 꽃씨들은 싹을 피운다. 생명력과 환희는 친족 관계에 있다고 할 수 있다. 환희가 없는 삶에는 어둠이 있을 뿐이다.

우리에게 궁극적으로 가르쳐주는 것은 모든 것을 긍정적이고 창조적으로 보고 느끼고 만들어가는 "예스!"라는 한 낱말 속에 다 들어가 있다는 것. 21세기의 새로운 교육 시스템이 긍정적 "예스"로 바꿀 수 있으면 좋겠다고 생각한다.

제13장

엑스터시와 축제와 초월의 세계

1. 축제란 무엇인가?

1) 동양의 축제와 서양의 축제

우리나라에는 근래에 와서 전국적으로 축제가 차고 넘친다. 지방마다 자치단체가 전래되어오던 축제를 확대 발전시킨 것도 있고, 새로 개발해서 성공한 예도 있으나 실패한 사례도 있다. 고을마다 "무슨 무슨 축제" 하고 이름을 붙이고 있으나 잘못 붙인 곳도 있다.

축제란, 축의와 제의의 합성어이다. 축의는 즐기는 잔치고, 제의는 제사 지낸다는 뜻이니 엄숙한 행사다. 그러니까 한자를 사용하는 아시아권에서는 축의와 제의가 미분화되어 있는 셈이다. 우리나라의 경우 신라시대부터 전해 내려오는 축제로는 한가위(仲秋節)가 가장 유명하다. 이날은 풍년 들게 해달라고 조상과 자연신에게 기원하는 제사를 올리고, 각종 잔치를 벌였다. 그 종류도 다양했다. 오늘날에는 명절을 쇠는데, 조상 제사와 잔치를 함께 치른다. 대보름이나 단오, 추석에는 놀이가 아주 다양하다. 대보름만 해도 그 전후로 놀이 행사가 40가지가 넘고, 음력 정월에만 80가지나 되는 놀이 행사가 열렸다고 한다. 임동권 선생이나 최상수 선생의 책에 기록되어 있다.

조상 제사로는 기제(忌祭)와 시제(時祭)가 있는데, 음식을 다 장만하고 제사 절차를 시행하고 그 음식을 나누어 먹는다. 제삿날이 잔칫날이다. 그래서 아낙네들이 제사 치르느라고 과로해서 '명절 증후군'이란 것을 앓는다고 하지 않는가? 조상 제사는 엄숙하게 치르고 잔치는 즐겁게 치러야 하는데, 우리에게는 이 두 가지가 뒤섞여 있다. 그래서 자연스럽게 축제가 된 것 같다. 뜻을 잘 모르고 붙인 예도 있다.

또 우리나라에는 마을마다 수호신이 있어서 그 수호신에게 제사를 지냈다. 삼신할매, 천신, 지신, 해신, 산신 등의 자연신과 토템적인 신, 즉 당목, 당석 등에도 제사를 올렸다. 마을의 안녕과 풍년 기원, 악귀 퇴치의 목적으로 제사를 지내고 잔치를 벌였다. 음주가무와 각종 연희도 벌였다. 이런 행사 일부는 시골에 남아 있기도 하다.

서양(주로 유럽)은 축하를 하는 행사와 제사를 지내는 행사가 분화되어 있다. 페스티벌(Festival)이란 말은 명절(날), 잔칫(날), 축제(날 혹은 시즌), 축전, 흔히 정기적으로 시행하는 발레 페스티벌, 뮤직 페스티벌 등 공연예술의 행사, 그리고 그 '날'을 표시하는 말이다. 어원이 같은 페스티비티(festivity)라는 말은 환락, 환희, 축연, 떠들고 놀기 축제나 축하 행사를 일컫는다. 특히 불어의 페테(fête)는 축연, 향연, 교회의 축일, 기념일과 함께 축하의 기분, 환희, 즐거움을 경험하고 기뻐하고, 춤과 노래로 그 기쁨을 표현하는 잔치를 말한다. 이것이 '축(祝)'의 의미다. 즐기고 기뻐하고 행복해지는 행사이다.

여기에 재미있는 현상이 있다. '카니발'이란 것이다. 세계적으로 제일 유명한 축제는 브라질의 '리우데자네이루 카니발'이다. 보통 '삼바 축제'로 통하는데, 삼바는 브라질 흑인 원주민들의 음악인 4분의 2박자짜리 춤곡이다. 리우 축제 때 주로 이 음악을 많이 연주하니까 삼바 축제로 알려져 있으나 정확하게는 '리우 카니발'이다.

카니발은 기독교에서 유래한 축제다. 우리말로는 '사육제(謝肉祭)'라고 하는데, 따지고 보면 이것도 제사다. 유래는 로마 시대까지 올라가지만 이 런 뜻이 있다. 예수 부활 40일 전부터 '사순절(四旬節)'이라고 해서 예수의 고난에 동참한다는 뜻으로 금식, 단식, 금주, 절제 생활을 하고, 육식을 삼 가고 기도와 명상과 경건한 묵상으로 주님의 은혜에 감사한다는 뜻으로 지키는 절기가 있다. 이런 사순절 전 3~7일간 마음껏 고기를 먹고, 술을 마시고, 춤추고 즐겁게 노는 행사가 카니발이다. 따라서 가톨릭의 행사로 시작된 축제니까 가톨릭 국가에서만 행해지고 있고, 북유럽 같은 신교국 가에서는 채택하지 않는다. 로마 시대에는 유대인들을 달래기 위해 시행 했던 축제이다.

원래는 종교적 의미에서 시작되었으나 지금은 완전히 세속화되어 도리 어 비종교적이 되었다. 삼바 축제는 엄청난 경제적 효과도 가져오고, 백성 들을 고달팠던 삶에서 잠시나마 해방시켜주는 효과도 있고, 백성들을 뭉 치게 하는 매우 효과적인 행사이다. 그러나 그 후유증도 만만치 않다. 성 병의 만연, 축제 베이비 탄생, 폭력, 강도 등 문제도 많다. 축제의 이면에 는 이런 후유증도 뒤따르게 된다.

2) 번제(燔祭)

반면에 '제(祭)'는 sacrificial rite라고 한다. 즉, 희생의 의식이다. 왜 희생 적인 의식인가 하면, 고대로부터 신에게 제사를 지낼 때 어린 생명(대개 사 춘기 이전의 젊은 아이들이나 어린 양)을 제물로 바쳤기 때문이다. 구약성서에 보면, 유대인의 조상 아브라함이 야훼신에게 제사 지내기 위해서 자기 아

　　　　　　　　　　　　　제4부 예술과 엑스터시

들 이삭을 제물로 바치려고 산 위의 제단으로 데리고 올라갔다. 장작 더미 위에 아들을 눕혀놓고, 막 이삭의 배를 가르려는 순간, 야훼신이 그의 정성을 인정하고 어린 양을 대신 제물로 바치라고 명해서 이삭은 생명을 건졌다. 그 이후부터는 사람을 제물로 쓰지 않게 된 것이다. 이때의 제사는 일종의 원시종교 의식에 속한다. 이것을 번제(燔祭)라고 한다. 제물로 바친 짐승을 태워서 그 향기를 신에게 보낸다는 뜻이다. 하나님과 관계를 회복하고, 예배자의 인격을 모두 바치는 속죄의 의미를 지닌다. 그래서 영어로는 '희생의 의식'이 되었다. 물론 지금은 이런 관습은 소수의 원시 종족 이외에는 없어졌다.

옛날 미얀마인들은 매년 초경 전의 젊은 처녀를 종족 중에서 고르거나 포로들 중에서 골라서 신께 제물로 바치는 제사를 지냈다. 최근에 고고학자들이 남미 아마존강 유역의 선주민 마을 유적을 발굴하다가 소년들의 유골 20여 개를 발견했다. 그것도 신께 바쳐진 제물들이었다.

축제가 인간을 제물로 삼는다면 이건 현대적으로 보면 끔찍한 살인 행위이다. 그러나 그 당시에는 축제의 제물로 바쳐지는 것을 가족은 영광스러워 했단다. 지금의 이슬람 쪽의 IS나 지하드(聖戰)의 헤즈볼라들이 믿는 신조와 똑같다. 지하드에 참여해서 자폭 테러로 전사하면, 온 가족이 하늘나라의 영원한 축복을 받는다는 믿음이다. 이것은 일종의 축제의 한 연장선상에 있다.

유럽은 아시아와 달리 기독교의 전통이 있어서 가정에서는 가족의 기일에도 제사 같은 것을 잘 치르지 않고 간단히 추모 기도를 올리거나 친지들과 무덤에 꽃을 바치는 것이 고작이다. 유명 인사의 경우 관련 단체에서 추도 모임을 갖는다. 이때 대개는 묘지에서 행사를 한다. 묘지가 모두 도심 한복판에 있어서 가능하다. 한국처럼 음식을 차리고 술을 준비하고 절을 하는 행사는 없다.

3) 축제의 기능

축제가 예능을 중심으로 이루어지고 많은 사람들이 동참해준다면, 그 축제는 성공적일 것이다. 그러나 간혹 보도되는 남북미나 유럽 어디선가의 축제장에서는 총기 난사가 축제를 망칠 뿐 아니라 인륜까지도 유린하는 끔찍한 현장으로 바뀌기까지 하는 현실을 어떻게 해석해야 할까? 축제는 비극으로 마감하고 현장은 생지옥이 된다. 왜 그럴까?

축제라는 개념이 여러 가지 다양한 의미로 쓰이나 근본적으로는 두 가지 기능을 한다. 하나는 즐기는 일이요, 다른 하나는 종족이나 공동체나 국가의 안녕을 위해서 신(인격신과 자연신 모두)에게 기원하는 기능이다. 그런데 동양에서는 이 두 기능이 미분화되어 있고, 서양은 독립되어 있다는 차이가 있을 뿐이다.

특히 즐기는 축제는 궁극적으로 정신의 고양과 흥분과 황홀지경을 경험하려는 것이 주요 목적이다. 축제에는 반드시 술이 동반되고 술은 정신을 새롭게 한다. 그래서 독한 술이나 알코올을 일명 'spirits'라고 하지 않는가? 축제에서 황홀지경을 경험하거나 알코올로 정신의 고양 상태가 되면, 이때 인간의 의식은 변형된다. 다른 사람이 되는 것이다. 심리학에서는 이것을 변성의식(altered consciousness) 상태라고 한다. 물론 그 반응은 양면성을 지닌다. 창조적인 의식과 발상으로 새로운 가치를 창조해낼 수도 있는 정신으로 바뀔 수도 있고, 반면에 정신의 병리적 이상 현상을 보일 수도 있다. 축제가 가져오는 엑스터시는 이런 양면성을 갖는다.

옛말에 "너무 좋아도 죽는다"라는 말이 있다. 엑스터시의 극치는 바로 죽음, 황천, 저승, 좋게 말해서 '행복하게 죽기'도 한다. 그러나 축제의 엑스터시는 일시적인 경험이다. 후일 가끔 추억으로 미소 짓게 하기는 하겠지만, 그 경험은 영속적인 인격의 변화를 주는 경험이 아니다.

순수한 디오니소스적인 엑스터시는 종교적 수행의 결과로 얻어지는 기쁨과 예술 창조의 과정에서 얻는 고뇌가 섞인 희열이다. 대중 축제적 희열은 행사적인 성격이 강하지만, 다분히 치유적인 역능(力能)도 가지고 있다. 록 페스티벌, 재즈 페스티벌, 혹은 국악 잔치, 마을 잔치가 그렇다.

2. 축제의 여러 형태

1) 축제의 다양성

축제의 종류나 형태는 수백 가지다. 그러나 크게 나누어보면, 원시시대부터 내려온 큰 수확을 기원하는 축제, 수확에 대한 감사의 축제, 마을을 단결시키는 축제, 죽은 조상의 혼령을 위로하는 축제, 마을의 안녕을 기원하는 축제, 종족 간의 전투에서 승리하게 해달라고 기원하는 축제, 전승 축제, 그리고 마을에서 일어나는 여러 종족 구성원의 개별적 축의와 제의에 동참하는 축제 등이 있다.

이것이 현대에 와서는 신에 대한 감사와 소망 기원을 위한 축제, 공동체의 안녕과 번영을 위한 축제, 생활상의 난관과 고통에서 벗어나게 해달라고 축원하는 축제 등으로 나누어진다. 그리고 종족마다 고유한 역사적 사건을 중심으로 시행하는 축제도 많다. 그러나 이 모두를 꿰뚫고 있는 심리적 기능은 안녕 기원과 감사이다. 그리고 현대에는 수익을 위한 오락과 여흥, 지역민의 단결을 위한 축제가 대종(大宗)이다.

고대 희랍 철학자 플라톤이 쓴 『향연(Symposion)』이라는 책이 있다. 이것은 플라톤이 제자들과 아테네의 아카데미아 숲을 거닐면서 여러 주제에 대해서 토론한 것을 모은 책이다. 석가모니도, 공자도, 예수도 제자들과 나눈

이야기를 소중히 여겨서 기록으로 남긴 것이 오늘날 경전이 되었다. 여기서 공개 토론 내용에 '향연'이라고 표제를 단 것이 흥미로웠다. 한마디로 말하면 지적 토론도 잔치처럼 즐기면서 하는 여유가 부러운 것이다.

잔치나 향연은 즐거움을 위한 행사이다. 향연의 글자를 분석하면 재미있는 현상이 보인다. 향(饗) 자는 고향이나 시골을 뜻하는 향(鄉) 자에 먹을 식(食)이 받치고 있다. 잔치에는 먹는 것이 우선이다. 임금도 가끔 신하들과 경회루 같은 곳에서 주연을 열고, 풍악을 울렸다. 향연의 연(宴) 자도 편안할 안(安) 자 사이에 날 일(日) 자가 들어 있다. 자원(字源)을 찾아보면, 연 자는 이주식상향(以酒食相饗)하고 편안하다는 뜻이다. 그래서 잔치는 뭐니 뭐니 해도 술과 음식을 즐기면서 편안해야 한다.

반면에 제의는 죽은 자에 대한 제사나 자연신(自然神)에 대한 숭배 형식, 또는 신화의 주인공에 대한 배향과 같은 것이 대부분이다. 조상에 대한 제사가 제일 많고, 기타 자연신에 대한 제사가 있고, 서양에서는 아폴론 신에 대한 제사, 디오니소스 신에 대한 제사 등이 있다. 대개 어떤 제의 행사에서도 마지막 절차에 가면 술과 가무가 동반된다.

가톨릭에서는 순교자나 성인을 기리는 행사가 늘 있다. 순교자는 천주를 믿는다는 이유로 고문당하고 처참하게 죽임을 당한 성직자와 신자이고, 성인은 특별히 일생 동안 성스러운 일을 함으로써 그리스도의 사랑을 실천적으로 행해서 교회를 빛낸 사람, 예컨대 마리아 테레사 같은 성직자들에게 주는 최고의 호칭이다. 일 년 내내 지역마다 순교자와 성인과 관련된 축성(祝聖) 행사를 한다. 미사는 기본이고, 가장행렬도 하고, 음악회도 하고, 연극도 해서 그분의 성스러운 업적을 기린다. 작고한 사람이니까 일종의 제삿날인 셈인데 즐겁게 행사를 치른다. 그래서 축(祝)과 제(祭)가 하나로 묶여진 것은 당연한 일이다.

축제란 개인적 차원에서 보면, 이렇게 춤추고 노래하고 퍼포먼스하면서 즐거움에 겨워서 행복해지는 일이다. 종족이나 부족, 혹은 한 집단의 입장에서 보면 집단의 단합을 굳건히 하고, '나도 결국 이 집단의 일원이다'라는 의식을 강하게 간직하도록 하는 효과가 있다. 셋째는 힐링적 기능을 수행하는 일이 이 축제의 또 다른 목적이 될 수 있다. 그런데 축제가 다 즐겁고 긍정적인 행사인가?

2) 축제가 전쟁으로

다음은 미국『샌프란시스코 크로니클』이 1987년 게재한 기사 내용이다.

> 몇몇 부두지역 사회에서 일어나는 간헐적인 폭력은 어저께 총을 쏘고, 서로 칼부림하고, 서로 폭력을 사용함으로써 새해의 약속과 희망을 손상시켰다.

정월 초하루 새해맞이를 축하하기 위해 모인 모임이 부두 근로자들 사이의 세력 다툼으로 번져 총질까지 하게 되어 축제 마당이 전쟁터가 된 것이다. 이것은 '신년의 축복행사'가 아니다. '폭력행사'이다. 그러나 대형 집회와 술과 총기가 합쳐지면 이런 이런 폭력적 문제를 일으킨다. 선의와 악의는 항상 같이 다닌다. 정의를 위해 총을 쏘았다고 하겠지? 축제의 뒤통수가 이렇다. 한국은 비교적 폭력이 적은 나라에 속한다. 총기 소지가 금지되어 있고, 집에서 부모가 아이를 때리는 것도 금지시키고 있으니 그런 영향이 있다.

'축구 전쟁'이라는 희한한 전쟁이 있었다. 옛날 역사에 보면, '물 전쟁'은 여기저기에서 있었다. 특히 이란-이라크 전쟁이 그 대표인데, 1980년부터 1988년까지 9년간 물(영토), 석유로 인해 전쟁을 했다. 티그리스, 유프라테스 강을 둘러싼 물 전쟁도 그중 하나의 원인이다. 아편 전쟁, 후추 전쟁, 차(茶) 전쟁도 있었다.

1969년 6월, 온두라스와 엘살바도르의 제9회 멕시코 월드컵 예선전이 열렸다. 온두라스에서 벌어진 1차전에서 엘살바도르가 패배한 것이 분해 18세 여성이 권총 자살을 했다. 엘살바도르에서는 그 여성을 국가적으로 애도하였다. 6월 15일 2차 예선전 때, 엘살바도르 수도 산살바도르에서 두 나라가 붙어서 불꽃 튀는 응원전을 전개했다. 이번에는 엘살바도르가 이 겼다. 3차전은 제3국인 멕시코에서 열렸고, 연장전 끝에 엘살바도르가 승 리했다. 그러자 응원단 사이에서 장외 난투극이 벌어지고, 여기서 온두라 스 응원단 2명이 사망하자, 이에 격분한 온두라스는 자기 나라에서 엘살 바도르로 이주한 사람들을 폭행하고 국외로 쫓아냈다. 이에 엘살바도르에 서 공군, 보병부대 12,000명을 동원해서 온두라스를 침공하여 4일간 전쟁 을 치렀다. 이때 17,000명이 사망하고 15만 명의 난민이 생겨났는데, 사상 자는 대부분 온두라스의 농민들이었다. 축구 경기가 전쟁이 된 것이다.

소말리아 내전 때는 반군이 소년병을 훈련시켜 자기 부모를 총살하게 하였다. 근본적으로 문명과 관계없이 인간의 본성 속에 숨어 있는 원시적 충동 에너지가 말썽을 부리게 되기 때문이다. 즉, 그 에너지는 집적(集積) 되고 억제될수록 분출의 모멘텀이 커진다. 인간의 원형적인 심적 에너지 (psychic energy)는 소진되거나 고갈되는 에너지가 아니기 때문에 잘 써야 하 는 것이다. 제2차 세계대전 때의 일본이나 독일처럼 그 에너지를 잘못 사 용하면 나라가 거덜 나게 된다.

3) 이런 전쟁과 집단 무의식

칼 융이 이런 집단 무의식의 발동이 어떤 일을 하게 되는지에 대해서 한 말이 있다.

우리를 위협하는 거대한 재앙은 물리적이고 생물학적인 것이 아니고, 정신적인 것에서 연유한다. 전쟁이라든가, 혁명과 같은 현상으로 사람들을 크게 공포에 떨게 하는 방법으로 우리를 위협한다. 그러나 그것은 정신적 유행성 질병에 불과한 것이다. 어느 순간에도 몇백만 명의 사람들이 정신병에 사로잡힐 수 있고, 또 다른 전쟁을 치르게 된다. 히틀러가 1933년에 힌덴부르크 장군 휘하에서 총리가 된 후 1945년 4월까지 광적으로 전쟁을 일으켜서 불과 12년 만에 8,000만 명의 희생자를 냈다. 이 숫자는 당시 유럽 인구의 약 4분의 1에 해당하는 숫자라고 한다. 한 미치광이의 전쟁 놀음으로 유럽은 엄청난 대가를 치른 것이다. 히틀러 정신의 밑바닥에 숨겨져 있던 에너지의 원천은 유대인이나 슬라브족에 대한 아리안족의 우월감이다. 그래서 더욱 전쟁을 치열하게 전개해서 다른 종족을 말살시키거나 복속시키는 것을 목적으로 한 것이다. 또 세계를 황폐화시키는 혁명이 일어나게 만든다. 이렇게 야생동물이 설치고, 바위가 굴러떨어지게 하고, 물이 온 세계를 범람케 함으로써 오늘날의 사람들은 자기 정신의 본질적 요소에 노출되기가 쉬워졌다.

사람들은 왜 전쟁이란 것을 하는가? 전쟁이란, 승산이 있다고 해서 손실이 없는 것은 아니다. 전쟁에서 이겨도 막대한 인적 물적 손실이 따른다. 그런 사실을 알면서도 전쟁을 한다. 그 이면이 있다. 통치자는 그걸로 돈을 벌기도 하기 때문이다. 외국에서 무기를 대주고, 자금을 도와준다. 그걸 빼돌려 팔아서 이익을 취한다. 그러고 보면 전쟁은 일종의 거래이다. 이런 말이 있지 않은가? "전쟁은 군주 간의 거래이다"라고.

지금 (2020년 현재) 전 세계에서 69개의 내전이 계속되고 있다. 특히 중동이나 아프리카 지방에서 벌어지는 내전에는 어린아이들의 희생이 막대하다. 먹을 것, 마실 것 없고, 물론 학교에도 못 간다. 전염병에 시달리다가 죽어가는 아이들이 많다. 그러고 보니 이런 밑바닥 인생은 통치자의 관심 밖에 있는 것 같다. 시리아 내전으로 국토의 70%가 파괴되어도 휴전을 않는 이유는 권력자들은 백성들의 삶보다 권력투쟁에 목숨을 내걸고 있기 때문이다.

3. 감각의 유물주의

1) 감각을 되살린 패션 디자이너

자기가 사는 이 세상 속에서 잘 적응하고 사는 것이 보통 사람들의 삶의 목표이다. 그런데 내가 사는 이 사회(현실)에 적응한다는 것은 그 사회의 좋은 점, 나쁜 점을 다 배워야 하는 것을 의미하기도 한다. 적응심리학이 당면한 문제가 바로 여기에 있다. 술 먹고 운전하는 사람이 많다고 자기도 그렇게 하면 큰일 나지 않는가? 남들이 한다고 거기에 적응하기 위해서 따라하다가는 감옥 가기 십상이다.

적응한다는 말에는 두 가지 뜻이 있다. 내 능력 끝 자기 나름대로 그 사회의 관례를 배워서 사는 것과 내가 변화하는 것을 의미한다. 앞의 경우를 동화(同化)라고 하고, 뒤의 경우를 조절(調節)이라고 한다. 외국에 이민을 갔을 때에는 이 동화와 조절이 동시에 작동되어야 한다. 우선 그 사회가 어떻게 돌아가는지를 빨리 배워야 한다. 이것은 동화이다. 그리고 그 나라 시민이 되기 위해서는 말투, 생각하는 방식, 심지어 패션까지 그 환경에 맞게 바꾸어야 한다. 이것이 조절이다. 그런데 이 동화-조절에서 실패하면 그 사회에 살아가기 어렵다. 탈북자 중에는 돌아가고 싶다는 사람도 있다. 처벌만 안 한다면 정말로 돌아갈 기세이다. 왜냐하면 동화가 잘 안 되고, 살아가는 책임이 자기에게 있는 사회에서 살아가자니 부담이 너무 크기 때문이다. 그러나 세상에 맞추어 살 때나 내가 변할 때에도 부정적인 방향으로 나가면 망한다.

스마트폰이 만사를 해결해주는 해설사가 되어가고 있는데, 엄지손가락 이외에 우리의 다른 감각기관들은 뭘 하고 있는가? 옷 이야기를 해보자. '패션'이라는 개념이 일상화되고 일반화되면서, 세계의 유명 브랜드가 국내에 다 들어와 있다. 서울 송파구 문정동의 로데오 거리를 가보면 금세 알 수 있다. 직장인의 경우 "옷은 성공에 이르는 한 기술"이기도 하단다. "옷이 날개다"라는 우리나라 속담도 있다. "벗은 거지는 밥을 못 얻어먹지만 입은 거지는 대접을 받는다"고 했다.

패션 심리학에 관한 책을 읽어본 적이 있는데, 사람들이 입고 있는 옷에서 스무 가지의 정보를 읽어낼 수 있다고 했다. 예컨대, 우선 옷이 얼마나 값이 비싼 것인가 싼 것인가로 경제력을 짐작할 수 있고, 브랜드가 무엇인가로도 경제력과 취향을 알 수 있고, 교양 정도, 교육 수준, 심지어 출신 지역, 근면성, 심미적 감각 등을 알 수 있다고 했다. 입은 옷의 디자인으로 그 사람의 심리도 읽을 수 있고, 사고형인가 감정형인가도 알 수 있다고 했다.

거기에 몇 년 전에 서울 동대문운동장 자리에 명물 DDP(Dongdaemoon Design Plaza)가 세워지자 세계의 유명한 디자이너들이 앞다퉈 거기서 쇼를 해보고 싶어 할 정도로 멋진 공간이 되었다. 의상뿐 아니라 화장품, 백, 액세서리 등 팬시 아이템들이 세계 시장에 나가기 전에 한국 시장에서 먼저 테스트를 한다고 한다. 우리의 감각이 세련되고 고급스러워졌다고 할 수 있다.

그러나 한편 창조적 작업을 하는 사람들은 패션을 쫓지 않는다. 터틀넥에 블루진을 입는다. 구두 대신에 운동화를 신는다. 거기다가 성별도 상관없다. 남자들도 귀걸이에 팔찌까지 한다. 코도 뚫고 입술도 뚫는다. 패션 파괴이다. 어떻게 보면 새로운 패턴의 패션의 창출인지도 모른다. 빌 게이츠나 스티브 잡스가 신제품 발표 때 보면 싸구려같이 보이는 드레스 셔츠에 노타이에다 블루진을 입는다. 알고 보면 그것도 디자이너가 코디해준 것이란다. 자유로움과 다양성을 표현하는 코디인 것이다.

남자들에게 있어서 '넥타이'란 성가신 아이템이다. 넥타이는 머리와 몸체를 분리하는 경계선에 매어진다. 그래서 넥타이를 매면 생각이 자유롭지 못하다. 사고하는 과정에서 목 밑의 감각기관과 머리의 연락을 끊는다. 그러니까 하루의 일과가 끝나고 넥타이를 풀고 나면 사람들이 거칠어진다. 술 먹고는 "우리 넥타이 풀고 이야기합시다"라고 하지 않는가? 넥타이를 풀어야 비로소 본심으로 돌아간다는 말이다.

넥타이를 풀고 나면 사고가 자유로워지면서 뭔가가 다른 짓을 해보고 싶어진다. 그러다가 말싸움도 하고 폭력을 쓰기도 하고, 성희롱도 하고, 대담해진다. 몸싸움 할 때 상대방의 넥타이를 잡아당기면 중범죄자가 된다. 왜냐하면 호흡곤란을 가져오기 때문이다. 3분만 넥타이를 졸라서 당기면 목숨이 위험해진다. 그만큼 넥타이의 의미는 크다.

클래식 연주자들을 제외하면 예술가들은 넥타이를 잘 매지 않는다. 특히 작가들이나 미술가들이 그렇다. 요즘은 오케스트라 지휘자들 중에도 터틀넥을 입고 지휘하는 사람도 있다. 연미복 차림의 정장은 아무래도 딱딱한 느낌을 준다. 요즘은 보기 드물어졌다. 바지도 칼날 주름이 없어졌다. 어떤 화가가 허리띠로 넥타이를 맨 것을 본 적이 있다. 아무래도 감각의 자주화, 사고의 자유화를 위해서일 것이다. 지금 일 년 사시절 네 번쯤 풍경이 바뀌는 시골과는 달리, 도시는 하루가 다르게 외양이 달라진다. 내가 일하고 있던 여대의 정문 부근에 오래된 안경점이 있었는데, 매년 인테리어를 바꾸었다. 이유를 물으니까 그렇게 안 하면 다른 가게에 손님을 빼앗긴다는 것이었다.

2) 감각기관의 감도를 높여야

이렇게 상업문화는 우리의 행동을 계속 바꾸어주고 있어서 감각은 훨씬 예민해지고 변화에 적응을 잘 하게끔 되었다. 지금 우리는 자극 과잉 상태에서 산다. 그래서 불면증 환자가 많아졌다고 한다.

한국인의 호기심은 못 말린다. 구한말의 외국 선교사들이나 기자들이 쓴 여러 책을 보면, 한국 사람들은 호기심이 어찌나 많은지 저잣거리에서 사람들이 싸우면 말릴 생각을 안 하고 계속 구경하면서 한쪽 편을 들기도 한단다. 남이 뭔가 하고 구경하면 자기도 해야 된다.

모든 것의 외형은 규모의 전쟁이다. 매상고, 수익률, 주가, 건물의 높이, 연면적, 학력(學歷), 빌보드 차트 순위, 영화의 투자 규모 등으로 가치를 논하듯이 모든 외적, 사회적 가치 평가는 양과 규모로 이루어진다. 그러나 심미적 관점에서 보면 "작은 것은 더 아름답다"라는 말이 있지 않은가? 왜냐하면 작은 것은 손으로 해야 되고, 큰 것은 기계가 하기 때문이다. 인간의 손의 터치를 볼 수 있으면 더 감동된다. 사회주의 국가의 공공건물을 보라. 어마어마하게 큰데 본때가 없다. 건물은 그냥 권위와 힘을 보여주면 된다. 아름다울 필요가 없다. 이런 것과 비교하면, 유럽의 대성당들은 규모도 크지만 아름답기 그지없다. 왜냐하면 성당 안의 모든 장식들이 각각 그 방면의 전문가가 공들여 손으로 쪼고, 빚고, 갈고, 닦아서 만들었기 때문이다. 북한에서는 20층 규모의 아파트를 한 달 만에 지었다고 자랑하지 않는가? 그런 걸 자랑이라고 하니 한심하다. 그러다가 큰 붕괴 사고가 나서 책임자가 총살된 일도 있다.

뭐든 너무 커지면 궁극적으로 다 무너지게 되어 있다. 건물도 너무 크면 지진에 취약해지고, 공격의 대상이 되고, 사고가 나면 수습이 어려워진다. 그 좋은 예가 로마제국이다. 천 년 동안 유럽의 대부분, 중동과 북아프리카, 이집트까지 점령했으나 내분과 그들의 야만인이라고 부르던 훈족의 침범으로 무너졌다. 우리나라의 삼풍백화점 사고도 그 예에 속한다.

말초 감각기관의 만족을 추구하다 보면 사람들은 점점 비만해지고, 주의가 산만해져서 일에 대한 몰입이 안 되고, 순간적인 흥분만을 찾아다니게 된다. 거기서는 지속적이고 은근하고 한결같은 기쁨을 찾기가 어렵게 된다. 왜냐하면 그런 말초 감각적 만족을 추구하다가 보면 때로는 그것이 만족되지 않았을 때 겪는 허무감과 무료함을 해결하기가 어려워지기 때문이다. 또, 이런 감각은 주로 육체적 관능을 만족시켜주는 데 치우쳐 있기 때문이다. 이럴 때 서양 고전음악이나 국악에서도 가곡(歌曲, 한국의 전통 가곡을 말함)이나 시조, 장가(長歌) 등이 치유 효과를 줄 수 있다. 이런 장르들은 말초가 아니라 중추에, 육체가 아니라 정신에 침투하는 효과를 주기 때문이고, 심층적이고, 관조적이어서 생각을 깊이 해주고, 안으로부터 우러나오는 기쁨을 누릴 수 있게 해주기 때문이다.

BTS의 노래에 〈Fake love〉라는 곡이 있다. 가사는 대략 다음과 같다.

> 널 위해서라면 난.슬퍼도 기쁜 척할 수가 있었어
> 널 위해서라면 난/아파도 강한 척할 수가 있었어
> 사랑이 사랑만으로 완벽하길/내 모든 약점들은 다 숨겨지길
> 이뤄지지 않는 꿈속에서/피울 수 없는 꽃을 키웠어

궁극적으로 사랑의 의미를 다시 음미해본다는 노래이다. TV를 보면 카메라가 시골 부모와 연결해서 자녀들더러 화면 대면을 시도하면서 "부모님에게 한마디 하세요" 하면 의례적으로 "엄마, 아빠 사랑해"라고 한다. 정말인가? 그러나 우리나라에만 있는 '무한 리필'이라는 서비스가 있다. 모두 걱정하는 것은 '그렇게 장사를 해서 무엇이 남는가?'이다. 근본적으로는 남으니까 장사를 하는 것이다. 이윤의 폭이 문제이지만, 여기서 한

가지 문제는 그것이 과식의 습관을 부른다는 점이다.

어떤 일본학자가 쓴 일본인의 악습 열 가지 중에 '탐식(貪食)'이라는 항목이 있어서 놀랐다. 일본인은 소식을 하는 줄 알고 있었는데, 탐식이라니. 믿어지지 않았다. 그 내용은 일본인의 음식물 소비량과 자주 있는 회식 때의 식대를 계산해보면 굉장히 많이 먹는다는 것이다. 일본에는 스모라는 국기(國技)가 있지 않는가? 스모 선수의 식사량이 어마어마하다. 그러니까 150~200킬로그램 체중을 유지한다. 결국 우리가 과식 문화를 조장하면 비만을 부를 수밖에 없다. 스모 선수의 평균 수명이 일본인 평균보다 짧다고 한다. 이런 명언이 있다. "신은 공평해서 게을러서 못사는 사람에게는 배고픔의 고통을 주셨지만, 과식하는 사람에게는 다이어트를 해야 하는 고통을 주셨다".

그동안의 문명적인 발전 과정에서 우리는 멋있는 정장 문화, 맛있는 음식, 향기롭고 매력적인 커피, 멋있는 고급 아파트와 개성적인 단독주택과 그 인테리어, 그리고 우아하고 개성적이고 매력 있는 메이크업 등 매우 감각적이고 어떻게 보면 관능적인 문화에 에너지를 많이 쏟았다고 할 수 있다. 그 흐름은 계속되겠지만, 그 반동도 생겨나고 있다.

요즘 미국 방송에서는 Wild Life에 대한 매력을 보여주는 프로그램이 아주 많아졌다. '심플', '스몰', '내추럴'이 목표이다. 감각을 자극하는 메트로폴리탄의 복잡하고, 수다스럽고, 어지럽고, 거추장스럽고, 더러운 공기와 물과 차단된 햇빛 속을 떠나서 도시에서 한동안 번 돈으로 자연에서 먹을 것, 입을 것, 살 집을 얻는 생활을 추구하는 사람들이 많이 늘고 있단다. 여기서 얻을 수 있는 이득은 첫째, 말초 감각적인 행복이 아닌 정신 내적인 행복을 추구한다는 점이다. 뭔가 계산해서 양적으로 충만한 삶이 아니라 질적으로 만족스러운 삶을 추구하는 것이다. 그래서 '소확행'이라는 말도 생겨난 것 아닌가.

둘째, 소비가 위주인 도시 생활을 극복하고 소비가 주된 가치가 아니고 생산-소비가 균형을 이룬 조화로운 생활을 영위한다는 것이다. 그래서 필요 이상의 수렵, 천렵, 농업 생산을 자제한다. 자연의 가치를 만끽하면서 사는 것이 행복의 지름길이란 신념을 가지고 산다.

세 번째, 환경 문제를 해결할 수 있다는 것이다. 도시에서는 엄청난 환경 문제가 발생한다. 상하수도의 소비, 전기 사용량, 쓰레기 문제, 대기오염 문제와 교통 문제, 교육 문제, 범죄 발생의 문제, 도시 빈곤층의 문제, 총기 사용으로 인한 대량 살상 문제, 실업 문제 등등. 엄청난 비용이 들어가고도 해결이 어려운 것이 도시 문제다. 시골이나 산간에서 사는 자연인들은 이 모든 문제에서 자유롭다.

네 번째, 익명성에서 자유로울 수 있다는 것이다. 자연 속의 새로운 커뮤니티에서는 모두가 자기의 이름으로 알려지고 불리고 소통한다. 진정성이 있고 깊고 진솔한 인간적 접촉을 통해서 도리어 형해화(形骸化)된 도시의 외형적이고 일시적인 관계보다 깊이 있는 소통과 사랑을 만들어갈 수 있기 때문일 것이다. 반려동물하고 소통하고 무뇌(無腦)의 게임기와 놀고, 종일 스마트폰에 매달려 있고, 혼밥, 혼술, 혼자만 즐기고 있다는 것은 아무래도 개인적으로나 사회적으로 큰 손실이다.

어쩌다 절이 있는 시골 여관에서 묵을 때 너무나 화려하게 반짝이는 밤하늘의 별빛과 증폭되어 들리는 풀벌레 소리에 놀라게 될 때가 있지 않는가? 그때 비로소 나의 잠자던 진정한 감각이 되살아난 것이다. 그리고 아주 중요한 점은 도시 생활에서 감추고 버티고 있던 방어기제를 풀어놓아도 괜찮다는 점이다. 억제, 억압, 합리화, 공격, 승화, 전이, 보상, 투사 등 우리가 일상적으로 사용하는 심리적 방어수단을 다 내려놓고 살아도 된다. 그러니까 그만큼 정신적으로 자유로워진다는 말이다.

4. 엑스터시와 콘택트십

나는 진정하면서도 현실적인 사랑의 표현은 스킨십(skinship)이 아니라 콘택트십(contactship)에 있다고 생각한다. '스킨십'이란 말은 일본에서 유사영어로 쓰기 시작한 용어인데, 영어사전이나 심리학 사전에는 없는 말이다. 어릴 때(적어도 3세 미만) 부모가 '아이를 안아준다, 업어준다, 손을 잡아준다, 볼을 쓸어준다'는 등의 부모와 자녀 사이의 피부 접촉은 아이들의 애착행동 형성에 중요한 이유가 된다는 이론에서 쓰기 시작한 말이다. 영아는 태어나면서부터 엄마(혹은 가까운 보육자)와 가깝게 접촉하고 싶은 생물학적 욕구를 가지고 있다. 생후 6개월 내에 엄마가 아이의 이와 같은 욕구에 반응을 해주면 아이가 사회적으로 정상적으로 발달하고, 만일 '모성 박탈(母性剝奪)'을 당하게 되면 심리적으로 우울증과 시설증(施設症)[1]에 걸리고, 분리불안을 안고 살게 된다. 그러니까 어릴 때부터의 부모와의 따뜻한 피부 접촉이 아주 중요하다는 것이다. 접촉은 하는데 때려서 접촉하면 역효과를 낳는다.

이런 피부의 접촉, 요즘 방송가에서 '스킨십'을 함부로 사용하는데, 주로 남녀 간의 키스, 포옹 등을 의미하는 것으로 쓰지만 영어에는 없는 말이다. 나는 스킨십에서 더 나아가, 진정한 사랑은 다섯 가지의 접촉(콘택트)을 통해서 애정을 더 깊이 할 수도 있고, 더 깊은 정(情)을 경험하게 된다는 콘택트십 이론을 만들었다. 이 이론은 부모=자녀 사이만이 아니고 모든 인간관계에 적용될 수 있는 이론이라고 생각한다.

---

[1] 정신적인 문제로 시설에 한동안 갇혀 있으면 퇴원해서도 고립되고 소통과 사회생활이 어려워진다는 이론

엑스터시와 축제와 초월의 세계

1) 눈길의 접촉(eye-contact)

다른 사람과 좋은 관계를 가지려면 우선 눈 맞춤부터 시작해야 한다. 흔히 '눈높이'라는 말을 쓰는데, 우리나라 한 기업에서 이 말을 캐치프레이스로 사용해서 성공한 예가 있다. 원래는 미국 시인 프리스틀리가 에세이에서 쓰기 시작한 말이다. 그는 어렸을 때 뉴욕에 살고 있었는데, 크리스마스 이브 저녁 뉴욕 중심가의 휘황찬란한 크리스마스 장식을 보러 가자고 해서 엄마를 따라갔다. 다 돌고 나서 돌아와서는 엄마가 "참 좋았지?" 하고 묻자 이 다섯 살 꼬마는 울기만 했다. 엄마가 그 이유를 물으니 대답한다. "엄마, 나는 아무것도 본 것이 없어!" 쇼윈도의 턱이 높아서 그 안의 장식은 아이의 시야에 들어오지 않았던 것이다. 엄마는 열심히 눈요기를 했지만, 아이는 콘크리트 벽 외에는 아무것도 못 본 것이다. 사랑에는 눈 맞춤이 필요하다. 우리가 사랑한다고 하면 눈높이를 맞추어야 한다.

최성수의 〈해후〉라는 노래가 있는데, 나는 그 노래를 좋아한다. 그 가사 중 이런 대목이 있다.

> 창 넓은 찻집에서/다정스런 눈빛으로
> 예전에 그랬듯이/마주 보며 사랑하고파…

이 가사가 마음에 드는 까닭은 바로 "마주 보며 사랑하고파…" 이 대목 때문이다. 사랑한다고 하면서 서로의 시선이 어긋날 때처럼 어색하고 슬플 때가 없다. 눈높이를 맞추거나 같은 방향으로 눈길을 보내라. 왜냐하면 우리는 같은 목표를 향해 간다는 메시지이기 때문이다.

우리 부모님 세대(대체로 1900년대 초에 태어나신 분들)를 보면, 사랑한다는 언어적 표현은 아예 없었다. 우리 아버지의 경우, 팔꿈치로 어머니 옆구리를 툭치는 것이 사랑의 표현이었다. 유교의 엄숙주의가 작용했을 터이고,

더욱이 여성은 조신(操身)에 더 신경 써야 하는 남존여비 사상이 남아 있어서 그랬을 것이다.

2) 언어의 접촉(verbal contact)

사랑하는 사람 사이에는 말이 오고 가고 해야 한다. 우리 부모님 세대는 부부 간에도 대화란 것이 별로 없었다. 눈치, 말투, 몸짓, 손짓, 발짓 등의 신체 언어로 소통하는 예가 많았다. 옛날에는 사랑방에서 흘러나오는 기침 소리, 담뱃대로 재떨이를 두들기는 소리로 어른들의 심기를 살폈고, 부엌에서 들리는 여인네의 바가지 긁는 소리, 솥뚜껑 여닫는 소리, 아기에게 소리 지르는 톤으로 심기를 알아차렸다. 모두가 간접 소통이다.

대화의 영어 표기는 dialogue인데, 여기서 die란 '건너서'란 전치사이고, logue는 '말'이란 뜻이다. 말을 서로 건네야 대화가 되고, 일방적으로 상대에게 말을 많이 하는 것은 지시, 명령, 요구, 추궁과 같은 형태가 되기 쉽다. 그러니까 사랑하는 사람들 사이에서는 주거니 받거니 해야 하고, 가능하면 많이 듣는 쪽으로 자세를 바꾸면 좋다. "그래, 나는 너(당신)에게 관심이 있어(요)"라는 신호가 된다. 상대방 뭔가를 열심히 말하고 있는데, 팔짱을 낀다든지, 먼 산을 바라본다든지, 자기 손톱을 들여다본다든지 하는 것은 '너의 말에 관심이 없다'는 신호가 된다.

3) 표정의 접촉(facial expression contact)

말로는 "널(당신) 사랑한다"고 하면서 표정이 어둡다거나 굳어 있다거나 가짜로 말하는 것 같은 인상(lip service)을 주면 사랑은 전달이 안 되고 도리어 배신감을 느낄 것이다. 말로 슬쩍 곤경을 피해가려고 한다거나 상황을 역전시켜보려 하나 속내란 드러나기 쉬운 것이다. 사랑을 할 때에는 진심을 담아서 하라. 매일 보는 아내와 남편에게도 미소 짓는 표정으로 껴안아 주면서 낮은 톤으로 "여보, 사랑해"라고 해보면 어떨까? 내가 집에서 그렇게 시도를 하면 아내는 "웃기고 있네" 했다가도 싫지는 않은 눈치였다.

4) 정감의 접촉(affective contact)

감정 혹은 정서적이란 말을 쓸 수도 있지만 감정이나 정서에는 부정적 요소가 많다. 그래서 정감적이란 말을 쓰기로 했다. 우리말로는 정의(情意)라고 많이 번역하나, 좀 감동성을 가진 말로 쓰려고 해서 정감적이라고 했다. 정의를 느낀다는 말인데, 내가 너(당신)를 사랑하고 있다는 감정이 상대에게 전달이 되면 더 효과적이다. 정말로 사랑하고 있다는 느낌이 들도록 감정을 가다듬어서 연기하듯이 하면 더 좋다. 그러면 그 감정이 더 절실하게 느껴질 것이다. 부드럽고 따뜻한 말과 밝은 표정으로 진지하게 말하면 감정적으로도 감동을 받을 수 있다. 아이들에게 '사랑한다'고 말할 때 큰 소리로 "아이고 이놈아, 내가 너를 얼마나 사랑하는지 넌 모르지? 죽도록 사랑해!"라고 해봤자 아이들은 "엄마는 괜히 미안하니까 그러지 뭐"라는 반응을 보일 수 있다. 옛날 아이들이 초등학교 저학년 수준일 때 "××야, 이리 와 봐. 아이고, 이뻐, 내 새끼!" 하니까 "엄마, 뭐 심부름 시킬 일 있어?"라고 답한다. 아이들은 눈치가 뻔하다. 그런 가짜 사랑 말고 진짜 사랑을 표현했으면 좋겠다.

5) 신체의 접촉(bodily contact)

내가 이것을 '스킨십(skinship)'이라고 하지 않은 이유가 있다. 우리나라에서 이 스킨십이란 말이 잘못 쓰이고 있기 때문이다. 사랑은 온몸으로 하는 것이다. 악수하고, 손을 잡아주고, 손등을 토닥거려주고, 껴안아주고, 업어주고, 흔들어주고(rocking), 볼을 비벼주고, 어깨를 툭툭 쳐주고, 허리를 감싸주고 하는 등 여러 가지 표현방법이 있다. 물론 부부의 경우는 성적 접촉도 포함된다.

이상 다섯 가지를 요약하면 "사랑하려면, 눈높이를 맞추어서 눈길을 보내고, 정감을 실어서 미소 지으면서 대화하고, 손을 잡거나 어깨를 감싸주면 사랑을 전달하기에 완벽한 표현"이 된다. 이중 세 가지만 제대로 지켜도 우리는 사랑을 제대로 맛볼 수 있다.

심리학에 '친화성(intimacy)'이라는 말이 있다. '고립(감)'과 대립되는 말이다. 인성의 발달에 있어서 일생 동안 거쳐가게 되는 큰 단계마다 새로운 위기가 오는데, 발달상 20~30대에 가서는 다른 사람들과 친하게 지내느냐 고립되느냐에 따라서 후일의 인생살이에서 어려움을 얼마나 겪느냐가 결정된다는 이론이 있다. 이 친화성을 잘 나타내는 시가 있다. 「미라보 다리 아래 센 강은 흐르고」로 유명한 프랑스 시인 아폴리네르가 쓴 시 「고양이」를 보자.

> 나는 정말 내 집에 이런 것들이 있기를 바란다
> 지혜로운 아내와
> 책 무더기 사이로 오가는 고양이와
> 사시사철 드나드는 친구들
> 나는 이런 것들이 없으면 살아갈 수가 없다.

지혜로운 아내, 고양이, 친구와의 친화성이 있어서 사는 보람을 느낀다는 것이다. 요즘은 반려동물 없으면 살 보람이 없다는 사람도 있다. 친화성, 이것은 내가 적극적으로 만들어가야 한다. 상대방에서 먼저 다가오기를 기다리지 말고 자발적으로 다가가야 한다. 눈길을 다정하게 보내고, 부드러운 말로 대화하고, 만나서나 헤어질 때 악수하고, 그 순간마다 친화감을 느끼면 좋다.

만일 그럴 '사람'이 없으면 반려동물 대신 '예술'과 친화하라. 그러면 치유가 있으리라. 거기에는 사랑할수록 거기에 빠지게 되고, 미칠 수 있고, 엑스터시로 들어갈 수 있고, 행복해질 수 있다. 그러나 예술 창작 과정이 반드시 마음의 평온 상태를 가져다주는 것만은 아니다. 왜냐하면 창작에는 고뇌가 따르기 때문이다. 이럴 때에 그 고뇌 자체를 즐겨라. 왜냐하면 창작에는 결과물이 나오고 그것이 나의 분신이기 때문이다.

예술에는 마법과 같은 희한한 친화력이 있지만 때로는 슬럼프도 겪어야 한다. 새로운 세계를 만들어가야 하기 때문이다. 피아니스트 김선욱이 조선일보의 김경은 기자와 인터뷰한 기사가 있었는데(2019년 8월 19일자), 거기서 이런 말을 했다. 그는 한국을 상징하는 대표 피아니스트이고, 전 세계 피아노 음악 애호가들이 사랑하는 연주가의 한 사람이다. 그는 2020년에는 지휘자로 데뷔하겠다고까지 다짐한 야심찬 음악가이지만(31세), "어우, 요즘은 거울 보기 겁나요. 성장은 멈췄지, 치유는 느리지, 수명만 주는구나 절감하거든요"라고 말했다. 그도 한동안 슬럼프에 빠져서 음악이 듣기 싫어졌다고까지 했다. 그러던 그가 "나를 슬럼프에서 건져준 것은 바로 브람스였다"고 고백했다. 특히 브람스의 피아노 협주곡 1번이다. 9월에 정명훈이 지휘하는 독일 드레스덴 슈타츠 카펠레와 협연을 위해 준비하면서 "음악이 주는 카타르시스를 느껴주고, 희망차게 사는 데 제가 조금이라도 도움이 되었으면" 하고 말했다. 그는 브람스로 인해서 다시 마음을 가다듬게 되었다는 것이다.

나는 나이가 90이지만 아직도 2007년쯤에 마로니에(권인하, 신윤미)가 부

른 〈칵테일 사랑〉이라는 노래를 아직도 좋아한다. 그 노래 가사에

> 마음 울적한 날엔 거리를 걸어보고/향기로운 칵테일에 취해도 보고
> (…)
> 모차르트 피아노 협주곡 21번/그 음악을 내 귓가에 속삭여주며
> 아침 햇살 눈부심에 나를 깨워줄/그런 연인이 내게 있으면 (…)

이라는 대목이 나온다. 모차르트 피아노 협주곡 20번과 21번은 무척 아름답고 낭만적이다. 전율을 느낄 정도이다. 나는 아직도 이런 젊은이의 노래를 좋아해서 오늘날까지 사는가 보다.

제9회 박경리문학상 수상자인 알바니아 출신 작가 카다레 씨는 이 상을 수상하게 되었다는 소식을 듣고 조선일보 기자와 대담하면서 소감으로 "문학은 인생에서 가장 가치 있는 작업이며, 보편적이고 시공을 초월하는 일이다"라고 했다. 그러면서 "문학을 모르는 나라(전체주의 국가)에서의 삶이란 비극이다"라고도 말했다. 그러니까 문학을 안다는 것은 하나의 행복 조건이 된다. 시인이자 철학자인 진은영 씨는 "시는 누구나 쓸 수 있고, 글쓰기로 마음의 상처를 치유할 수 있다"고 했다.

이렇게 예술과 친화하면 인간 마음의 스펙트럼이 넓어지고 세상을 넓게 보고 이해하고 자기를 진지하게 성찰하고, 표현할 수 있게 되어서 좋다. 얼마나 신나는 일인가? 사람이고 예술이고 내가 먼저 도전하고, 시도하고, 다가가야만 그것과의 친화가 내 것이 된다.

5. 엑스터시를 약물에서 찾으려는 사람들

우리나라도 이제 알코올중독자 비율이 OECD 국가 중 상위에 속하는

나라가 되었다. 특히 여성 알코올중독자 수의 증가는 놀랄 만하다. 야밤에 홍대 부근 골목길에서 여성 취객이 주저앉아 있는 광경을 보는 것도 낯설지 않은 세상이 되었다.

우리는 왜 알코올이나 약물에 의존해야 하는가? 2018~2019년도에 재벌 3세나 유명 연예인들의 약물 복용 문제로 시끄러웠는데, 마약 반입과 제조가 쉬워지면서 약물 문제가 점점 더 확산되고 있다. 행복을 위해서인가? 한때 '해피 스모크(happy smoke)'라는 마리화나의 일종인 약초가 유통된 적이 있는데, 이걸 담배 피우듯이 피우면 행복해지는가? 물론 여러 가지 이유가 있지만, 결국은 근본적인 문제는 정신적인 데 있다. 향정신성 약물과 같은 의료용 약물에 자신을 내맡기게 되면 내성 때문에 중독이 되고, 중독이 되면 인성은 파괴되고, 폐인이 되는 것이다. 약물과 관련된 아티스트들 몇 사람의 이야기를 해보자.

미국의 초현실주의적 표현주의 화가 잭슨 폴록은 알코올중독으로 치료 중 음주운전으로 인한 교통사고로 사망했고(44세), 엘비스 프레슬리(42세)나 마이클 잭슨(51세) 등도 약물 과다 복용으로 사망한 것으로 알려져 있다. 1960년대 세계 연예계의 디바인 매릴린 먼로도 약물 과다 복용으로 사망했다(36세). 1930년대 미국의 대중음악계를 뒤집어놓은 빌리 홀리데이도 잘나가다가 마약 중독으로 FBI에 잡혀 2년 복역하고 나온 후 음악 활동이 부진했다.

예술가들 특히 대중예술가들 중에 마약 복용자가 더 많은 현상에는 한 가지 뚜렷한 이유가 있다. 대중예술가들은 치열한 경쟁 속에서 인기에 지나치게 예민한 반응을 보이기 때문에, 인기가 떨어질까 봐 공황장애를 앓는 사람들이 많다. 인기란 것이 자기의 존재감을 유지할 뿐 아니라 금전적 수입과도 직결되고, 또한 그 세계는 클래식 예술 쪽보다 경쟁이 훨씬 강하기 때문이다. 가끔 인기가 떨어지면 자해 소동도 벌이고, 노이즈 마케팅도 한다. 심지어 위장 이혼도 하지 않는가? 정신적 비타민의 결핍증을 돈, 재물, 알코올, 약물, 마약 등의 물질로 해결하겠다는 것은 결코 문제의 근본적인 해결책이 못 된다.

만일 알코올중독에 걸린다는 첫 증거가 현실적이고 정상적인 일상생활 세계를 포기한다는 점이다. 그리고 새로운 세계로 들어간다. 처음에는 그것이 따뜻하고 행복하게 해주는 것같이 느껴진다. 황홀지경이나 평온함을 느끼는 세계를 경험하게 된다. 그러나 여전히 모든 것이 뜻대로 되는 것이 아니다. 세속적 짐에서 벗어날 줄 알았다. 그러나 그렇지가 않다. 불행하게도 짐을 벗기 위해서 계속 알코올에 의존하게 됨으로써 세상은 어두워지고 기쁨이 없어진다. 그러나 그런 알코올에 의존하지 않고서도 신의 세계에서 엑스터시를 경험하는 사람도 있다.

한국에서는 2019년 봄, 재벌 3세나 인기 연예인, 고위 공직자 자녀의 마약 복용 사건이 여러 번 보도되었고, 세상을 떠들썩하게 했다. 명품으로 치장하고, 명품 쇼핑을 하고, 세계적 명품 리조트로만 여행을 다니고, 스타 셰프가 있는 미슐랭 레스토랑에서 우아하게 식사를 하고, 밤에는 고급 회원제 멤버십 클럽에서 춤추고 해도 여전히 정신적 공허감에 빠지게 되고, 결국은 마약에 손을 대게 된다. 미국이나 유럽은 마약에 다소 관대하고 단속이 느슨하고 접근이 용이해서 유학생 신분일 때 이런 데 손을 대는 경우가 많다. 과연 마약이 기쁨과 안식과 평화와 황홀감을 주고, 정신적 고뇌를 해결해주는 최종적 수단이 될까? 그것이 자기 파멸의 길로 가는 새로운 길목에 매설된 폭탄인 걸 모를 뿐이다.

결론은, 물질적 세계에서 한 발자국 벗어나 예술이나 종교 혹은 명상, 봉사활동 등 초월의 세계를 들여다보는 기회를 갖는 것이 자기 구원의 새로운 시각이고, 태도임을 알 필요가 있다. 그런 것들이 진정한 기쁨과 엑스터시를 경험하는 길이다. 술, 돈, 마약, 마취약(프로포폴)뿐 아니라, 권력

중독에 빠져도 공허한 정신의 문제가 결코 해결되지 않는다.

정부의 장관 출신, 국회의원 출신, 국회의장, 대법원장 출신도 구속된 경우도 보았고, 신병 고통을 못 이겨 자결하는 경우도 보았다. 전직 대통령들도 구속되고 영어의 몸이 되는 것을 보면, 우리가 영구히 기대야 할 가치에 좀 더 집착할 필요가 있는 것 같다.

프랑스의 플럼 빌리지에 명상 센터를 만들어 세계적인 영적 지도자가 된 베트남 출신의 불교 승려 및 명상 지도자 틱낫한 스님(나는 그를 1998년인가, 서울 인사동에서 한번 마주친 적이 있다.)은 언제나 "마음을 바꾸려면 깨어 있는 마음을 지녀야 한다. 깨어 있으면, 내 자신을 깊이 이해할 수 있고, 가족을 깊이 들여다볼 수 있고, 주변 상황(지금 여기의)을 제대로 이해할 수 있는 통찰력을 얻게 된다. '지금', '여기서의 경험'에 올인(mindfulness, 전심[專心])하면 마음의 평화를 얻을 수 있다"고 역설했다.

순간순간 하는 일에서 즐거움과 만족감을 찾아보면 해결될 일이 많다. 어떤 심리학자가 "결혼 전에 가졌던 '사랑'의 감정이 결혼 후 3개월이 지나면 그 유효기간이 끝난다"고 했다. 그러면 어떻게 사랑을 유지해야 하나? 그것은 매순간마다 하는 일에 전심, 즉 집중하는 것이다. 그러면 모든 하는 일에서 우리는 내적 기쁨과 즐거움을 얻을 수가 있단다. 왜 우리는 이런 초월적인 정신적 엑스터시(해피 스모크가 아닌)에 잘 이르지 못하는가? 심적 에너지를 한데 모을 수가 없는가?

제14장

엑스터시에 이르는 길

1. 고집멸도(苦集滅道)

교황 요한 바오로 2세는 84세를 일기로 선종하셨다. 교황은 암살자의 총상 후유증에서 회복되었으나 말년에 만성 심부전증과 패혈성 쇼크로 신자들과 추기경들이 지켜보는 가운데 세상을 뜨셨다. 유언은 "나는 지금 행복합니다. 여러분들도 행복하세요"였고, 마지막 말은 폴란드어로 "하나님 계신 곳으로 가고 싶다"였다. 김수환 추기경도 선종하실 때 똑같은 유언을 남기고 돌아가셨다. 가톨릭은 행복을 추구하는 것을 중요시하는가 보다. 우리 어머니는 "예수 잘 믿으래이"가 유언이었다.

불교에는 사성제, 팔정도라는 것이 있다. 네 가지 성스러운 진리의 말씀으로 고집멸도(苦集滅道)가 있고, 고통을 소멸하고 깨달음에 이르는 여덟 가지 길, 팔정도(八正道)가 있다. 고집멸도는 네 가지 거룩한 진리인데, 생로병사의 고(苦)를 안고 태어나고 집착함으로써 고통이 더하나, 수행을 통해 번뇌를 없애고 깨달음에 이르게 된다. 그것이 멸(滅)이다. 그 깨달음에 이르기 위한 수행이 도(道)이다. 팔정도는 올바로 보고, 올바로 생각하고, 올바로 행동하고, 올바로 목숨을 유지하고, 올바로 부지런히 노력하고, 올바로 기억하고, 올바로 마음의 안정을 얻으라는 지혜이다.

유대 왕국 3대 왕인 솔로몬이 「전도서」라는 지혜의 글을 썼다. 『구약성경』에 들어 있다. 그 4장에 보면, "죽은 자가 살아 있는 자보다 행복하다. 그러나 아예 세상에 나지 아니하여 해 아래서 행하여지는 악을 보지 않는 자가 이들보다 더 낫다"라고 기록했다. 인생은 태어나는 순간부터 고(苦)와 만난다. 지금 아프리카 일부 지역은 태어나는 아이들의 50%가 에이즈 보균자로 태어나고 그 아이들 중 50%는 만 3세가 되기 전에 사망한다. 그렇다면 그 아이들은 태어나지 않은 것만 못하지 않은가?

이런 생각의 틀을 가지고 인생을 들여다보면, '엑스터시'니 '행복'이니 하는 말은 사치에 속한다. 그러나 우리가 일상의 이런 고(苦)의 생활 속에서도 수행을 통하여 열반(涅槃, 일체의 미혹에서 벗어나 깨달음에 이른 상태)의 세계를 체험하고, 내심낙원(內心樂園)을 소유할 수 있다면 행복한 것이 아닌가? 엄청난 수고를 거쳐 그런 엄청난 경지에 이르기 전에도 일상의 세계에서 맛볼 수 있는 작은 기쁨이나 즐거움, 소확행(소소하지만 확실한 행복)을 누릴 수 있는 방법을 알 수 있다면 그것 역시 행복한 일이다.

정신과 전문의 이근후 박사는 근래에 두 권의 재미있는 책을 써서 대박을 쳤다. 그의 나이 1935년생이지만 2020년 기준으로는 86세이다. 그중한 책은 『죽을 때까지 재미있게 살고 싶다』이고, 다른 한 책은 『100세까지 유쾌하게 나이 드는 법』이다. 중년 이후의 사람들에게 어필한 책이고, 나는 곁에 두고 가끔 들춰본다. 인기가 워낙 많아 중쇄(重刷)를 거듭하기에, 한 번 중쇄할 때마다 점심을 사라고 해서 몇 번 얻어먹었다. 이런 일도 즐거움에 속한다.

"즐겁게 산다", "유쾌하게 산다"가 그리 쉬운 일이 아니다. 그래서 우리는 즐겁게 살기 위해 마음 맞는 사람과 즐거운 대화를 나누고, 하고 싶었지만 못 했던 취미 활동을 하고, 가보지 못한 지역으로 가족들과 여행을 하고, 맛있는 음식을 맛보기 위해 맛집 순례를 하고, 가족 행사를 멋있게 꾸미고, 여러 가지 방법이 있을 것이다. 그러나 가끔 역효과도 생긴다. 여행을 갔다 온 후 더 허전해지고, 돈 쓴 것을 아까워하고, 취미 활동을 한다고 거액의 투자를 했으나(등산, 골프, 낚시, 사이클, 자동차 경주, 요트) 돈만 계속 들어가고, 사고를 치기도 하고, 몇 번 안 해보고 폐기처분하고, 즐거움도 잠시 관심도 시들해지고 그만두게 되는 예가 많다. 이런 감각적 즐거움은 한계가 있고, 영속성이 부족하다. 근본적으로 마음가짐을 바꿔야 한다.

그러나 종교적 체험, 참선, 명상, 예술 활동은 내적 즐거움을 주고 영속성이 있다. 나는 이 글에서 이미 우리가 듣고 읽고 한 그런 것이 아닌 방법으로 기쁨의 경지에 이르는 길을 모색해보았다.

심리적으로는 엑스터시, 절정적 경험, 기쁨, 즐거움, 희열에 이르려면 무슨 실용적 방법이 있을까 생각해보았다. 세 가지를 짚어볼 수 있다.

① 적극적으로 상상력 발휘하기
② 꿈꾸거나 명상하기
③ 각종 의식과 잔치(각종 페스티벌)를 벌이거나 참여하기

등을 들 수 있겠다.

적극적 상상력과 꿈꾸기나 명상은 우리 속에서 엑스터시에 접하게 하는 놀랍고도, 누구의 도움도 없이 할 수 있는 직접적인 방법이다. 그러나 의식이나 잔치는 20세기 이후에 들어와서 무시되어왔거나 잊혀간 예가 많다. 지금 세계적으로 페스티벌이다, 카니발이다, 하고 이 나라 저 나라에서 다시 활발하게 벌이고 있는 이름 있는 잔치가 크게 늘었다. 유럽은 페스티벌이 예술과 관련된 것이 대부분이다. 연극, 영화, 뮤지컬, 음악 등이 주가 되고 있다. 영국 런던의 웨스트엔드에서 열리는 국제 복합 문

화 페스티벌은 연극, 춤, 음악 등 복합 예술 축제다. 규모가 어마어마하다. 웨스트엔드 페스티벌은 뮤지컬이 중심이다. 아마도 세계서 제일 큰 예술 페스티벌이 아닌가 생각된다. 국제적으로 시네마 페스티벌은 굉장히 많다.

반면에 아시아나 남미 등지의 페스티벌은 주로 민속적인 축제 행사가 많다. 일본만 해도 1년에 열리는 마쓰리(제의)가 전국적으로 2만 가지가 넘는다고 한다. 원래 마쓰리는 신에게 제사를 지내는 행사였다. 신사나 절을 무대로 풍작, 풍어, 사업 번창, 무사고, 무병장수, 가내 안녕 등을 비는 제사인 것이다. 일본에는 자연신이 10만 주나 있다고 하지 않는가? 그래서 마을 단위로 이런 마쓰리를 통해서 개인과 마을의 안녕과 번창을 기원하는 것이다.

우리나라에는 연극제가 도처에 있다. 특히 경남에 많이 모여 있다. 울산을 비롯해서 밀양, 거창, 함양, 부산 등에서 연극제를 연다. 영화제, 음악제, 탈춤제, 민속제 등이 1,000개에 가깝다. 부실한 것도 많다.

우리나라에서도 옛날에는 마을 축제나 행사가 많았으나 1960~70년대의 새마을 사업과 개발 사업으로 시골에 있던 당집, 서낭당, 삼신각 같은 것을 헐어버리고 당목, 솟대 같은 것도 베어버렸다. 그래서 제의 의식이 거의 다 없어졌다. 이런 현상이 벌어진 것은, 그런 것들이 미신에 속한다고 보았기 때문이며, 또한 기독교 쪽에서 그런 것을 철거하도록 부추긴 흔적이 있다. 마을 어구의 솟대나 장승도 없애버렸다가 후일 예술가들이 참여해서 민속촌을 비롯해서 복원된 곳이 많다.

옛날에는 이런 것들을 근거로 마을 축제와 의식을 집행하고, 마을 사람들은 이때 모두 신나고 행복했다. 이 마을 축제는 몇 군데 전통적 방식으로 재현해서 시행하고 있다. 이런 마을 축제와 천신제(天神祭) 의식을 통해서 '흥풀이' '한풀이'를 했고, 한국적 집단 엑스터시에 접하는 경험을 했다.

다음에 앞에서 든 세 가지 엑스터시에 이르는 길을 소개하겠다.

2. 적극적 상상력 발휘하기

1) 상상의 세계가 영원의 세계다

이 말은 정신분석학자 칼 융이 100년 전에 발전시킨 테크닉이다. 우리의 일상생활을 유지하면서도 신비로운 실제 세계(mystic reality)와 접할 수 있는 놀라운 방법이다. 적극적으로 상상함으로써 창조의 원천이 무한하다는 것을 발견하게 된다. 예술뿐 아니라 과학, 정치, 경제, 심지어 종교까지도 이 상상력은 위대한 힘을 발휘하게도 된다. 독일의 종교철학자인 슐라이어마허도 이런 말을 했다. "만일 말에게 종교가 있다면 그 말의 신은 말을 닮았을 것이다." 기독교와 유대교의 「창세기」 22장에는 야훼신이 천지만물을 창조하시고 여섯 째 인간을 창조하실 때 하나님이 최초의 인간 아담을 '자기 형상대로' 창조하셨다고 적혀 있다. 그래서 우리는 '하나님 아버지'라고 부르면서 자신의 아버지 이미지로 신의 모습을 상상하는 것이다. 일부 여권 운동가들은 하나님에게 성별이 있을 수 없으니 그냥 '하나님'이라고 부르자고 한다.

내가 어려서 교회를 다닐 때 그 교회에 묘하게도 양조장을 하면서 장로직을 맡고 있는 사람이 있었다. 조 장로라는 분이었다. 그분이 주일 기도를 할 때 경북 안동 사투리로 했다. 또 한 장로는 과수원을 경영하는 부자 장로인데, 주일 기도할 때 이렇게 했다. 처음에 시작할 때 "도레미파식으로" "아바아바지요오……(도 높이로), 아바아바지요오……(미 높이로), 아바아바지요오……(솔 높이로)"라고 성호를 불렀다. 사투리 기도도 재미있다.

하나님의 이미지는 자기 아버지 이미지에서 온다.

조 장로는 "천지를 창조하시고, 인간의 생사화복을 주관하시는 하나님 아부지요"라고 기도했다. "하나님 아부지 부탁합니다" "우리의 속마음을 다 아시지 않십니껴?"라고도 했다. 그의 기도문은 일상적인 대화체이다. 얼마나 귀여운가? 그렇다면 함경도의 야훼신은 '아바이', 평안도의 야훼신은 '아버지'가 된다.

내가 1990년대 초에 10세 미만의 아동들(서울 신촌 연세대 앞 모 교회에 다니는) 약 100명에게 주일 날 교회학교 예배와 공부를 끝내고 폐회하기 직전에 종이와 크레파스를 나누어주고, "하나님이 어떻게 생겼을까를 생각해 보고, 그려보세요" 하고 주문했다. 그 그림을 가져와서 분석을 했다. 나이별로 대략 분류하고 다시 테마별로 분류해서 얻은 결과는 이렇다.

① 6세 미만의 유치부 아동(4~6세)은 약 70%가 자기 어머니(혹은 여자)의 얼굴을 그렸다. 립스틱도 칠하고, 파마도 한 모습이 많았다. 그 이유는 이렇다. 하나님을 본 일이 없으니 자기가 가장 좋아하는 사람의 모습으로 하나님의 이미지를 떠올리는 것이다.

② 7~10세 정도의 아동은 대부분 하나님의 이미지가 흰 수염을 바람에 휘날리면서 구름을 타고 가는 신령(神靈)의 모습이 가장 많았다. 그 이유는 하나님은 무소불위하시고 전지전능하시기 때문에 하늘에서 구름을 타고 다니시면서 이 세상을 다스리신다는 것이다. 왜냐하면 주기도문의 첫머리에 "하늘에 계신 우리 아버지, 이름을 거룩하게……"라고 되어 있지 않은가? 하늘을 날아다니시려면 아마도 구름을 마음대로 움직여야 되니까, 동화에 나오는 신령님을 연상했을 것이다.

이런 현상은 상상력과 관계가 있다. 역사종교를 창시한 교조는 위대한 상상가이다. 특히 유대인은 천지창조의 과정을 정밀하게 묘사했다. 비록 신화의 영역에 속한다고 보더라도 유대인의 조상들은 위대한 상상가였다고 할 수 있다. 구약 창세기 1장 1절에 나오는 하나님이 "빛이 있으라"라고 한 것은, 바로 이른바 'Big Bang(대폭발)'이라는 우주 탄생의 시작을 알리는 물리학적 이야기와 똑같다는 것이다. 이 천지창조의 과정 이야기가 몇천 년 후 로마 교황청 시스티나 성당의 천장화로 재현되었는데, 그것은 신이 인간을 창조하실 때 자기 모습대로 만드셨다는 이야기를 토대로 미켈란젤로가 그린 그림이다. 거기에 보면 신은 수염이 긴 백인 할아버지로 묘사되고 있지 않은가? 그렇다면 어린아이들이 하나님을 구름을 타고 가는 꼬부랑 지팡이를 들고 있는 흰 수염이 긴 신령님과 비슷하게 그렸다는 이야기는 놀랍도록 미켈란젤로의 상상력과 일치한다. 어린이들의 상상력은 때로는 어른들의 상상력을 뛰어넘는다.

인류는 적극적으로 상상함으로써 많은 역사종교도 만들어내고 경전도 썼다. 예술과 과학도 발전시켰다. 7세기 마호메트는 유대교와 기독교의 신앙체계와 일신교적 개념을 받아들여서 알라신을 모시는 이슬람(신에 대한 복종이란 뜻)교를 창시했다. 모델은 유대교의 야훼신이고 코란에는 예수와 아브라함도 나온다. 그들도 이슬람교의 선지자들이다.

2) 상상의 세계에서 창조를

이런 적극적 상상력은 세계적 기업을 일으킨 창업주와 노벨상을 받은 위대한 과학자들을 만들었고, 때로는 일개 사원으로 하여금 금세 회사를 일류 기업으로 만들게 하는 원동력이기도 하다.

사람들이 문제를 해결해가는 데는, 감각하고-지각해서 사태를 파악하고-문제의 핵심을 인식하고-자료를 수집하고-검증하고-해결하는 방식은 일반적 흐름이다.

그러나 과학자나 예술가들에게는 멍하니 공상하다가, 환상에 사로잡히거나 하다가, 갑자기 해답을 떠올리는 수동적인 표상(表象)의 과정도 있다. 뉴턴, 아인슈타인, 푸앵카레 등등이 그렇게 해서 위대한 법칙을 찾아냈다.

또 다른 한편, 적극적으로 상상해서 문제를 해결하는 경우도 있다. 상상이란, 새롭게 정신적 이미지를 만들어내는 작용인데, 이미지는 시각 이미지뿐 아니라 청각 이미지, 촉각, 신체운동, 감각적 이미지 등도 있다.

작고한 작곡가 고 나운영 선생에게 내가 질문을 한 적이 있다. 그는 1,000곡 이상의 많은 성가를 작곡했는데, 그중에서도 구약성서 「시편」 23편의 시로 작곡한 〈여호와는 나의 목자시니〉는 세계적으로도 널리 알려지고 불리는 성가이다. 그는 이 성가로 인해서 서울 성남교회 앞에는 그의 〈시편 23편 기념시비〉가 세워졌다. 그가 발표한 성가 중에서도 영적 은혜를 많이 느끼게 하는 곡이다. 특히 이 성가를 그의 부인인 성악가 유경손 여사(앨토)가 나직이 무겁게 부르면 전율을 느낀다. 이 곡이 널리 알려진 얼마 후에 내가 "선생님, 이 곡을 쓰실 때 언제 어떻게 영감을 받으셨습니까?" 하고 물으니까 "나는 새벽 서너 시쯤에는 한강변(그분은 당시 압구정동의 아파트에 살고 계셨다)에 자주 나가 산책을 하면서 명상을 해요. 그러다가 어느 날 이 악상이 갑자기 떠올랐어요"라고 대답했다. 번개처럼 떠올랐다는 것이다. 청각적 상상력이 뛰어난 분이다.

상상력의 가장 중요한 특징은 감각적 자극, 즉 직접 눈으로 보거나 귀로 듣거나 손으로 만지거나 안 해도, 과거에 경험한 바도 없는 이미지가 만들어진다는 데 있다.

이 상상력은 창조력의 핵심이고, 가장 풍부한 스토리를 만드는 정신적 자원이다. 이 상상력은 모든 가능성을 향해 열려 있고 지향되어 있는 정신 전체의 기능으로, 여기저기 이것저것 단편적으로 흩어져 있던 이미지들을 한데 묶어서 어떤 뭉뚱그려진 표상을 만들어내는 기능이기 때문에 창조의 가장 핵심적인 기능이라고 할 수 있다.

칼 융식으로 말하면, 적극적 상상력을 통해서 우리는 우리 자신의 무의식 속에서 숨겨져 있던 또 다른 측면(이미지나 스토리)과 만나게 된다는 것이다. 융이 말하기를 "이렇게 해서 사고니 감정이니 감성이니 하는 것이 과거에는 가능하다고 믿지 못했던 것이 우리 속에 함께 살아 있음을 발견하게 된다."고 하였다.

그런데 과학자나 예술가들의 창조적 아이디어는 대개 뇌파가 알파파에 가까울 때 잘 떠오르는데, 이 상태는 이완된 각성상태(relaxed awakeness), 눈을 감고 조용히 생각에 잠기거나 누구의 방해도 받지 않는 상태에 있을 때이다. 상상도 마찬가지여서 일상적으로 보듯이 항상 타인의 개입이 있으면 상상과 창조는 방해를 받기 쉬우니 혼자 있거나 대화를 않거나 하는 사적 장소와 시간에 '작동'하기를 잘한다.

다음으로는 이와 같은 내적 대화나(중얼거림), 떠오르는 시각적 이미지를 어떤 식으로든 기록해두면 좋다. 그리고 스스로를 편안한 상태에서 있게 해야 한다. 개인적인, 자기중심적인, 이기적인, 이해타산적인 정신 상태를 버려야 한다. 잔을 채우려면 빈 공간이 있어야 하지 않겠는가? 더구나 그 공간이 쓸데없는 오염된 액체로 채워져 있다면 그 잔은 비워야 한다. 물리적 이치와 정신적 이치도 같다. 그래야 이미지(시각, 청각, 운동감각적)가 분출한다. 그것을 '좋다' '나쁘다' '이건 되고 저건 안 된다' 식으로 검열하지 말 것이다. 이것은 상상만 제약하는 것이 아니라 사고와 감정도 제약한다. 다만 그 분출되는 이미지는 최종적으로 다듬을 때(작품의 완성도를 높이려 할 때) 검토하는 것이 좋다. 편안하게 열린 마음으로 있어야 적극적인 상상력이 효과적으로 별 수고 없이 슬슬 분출하게 된다.

이 세상 최고의 적극적 상상가는 만화가와 복잡한 기계 설계자이다. 만화가는 자유분방한 상상가이고, 기계 설계자는 조직적이고 치밀한 공학적인 상상가이다. 미국에 〈How It's Made〉라는 TV 프로그램이 있는데, 여러 가지 제품의 제조 공정에 관한 상세한 설명이 나온다. 그 공정상 힘의 전달 과정이나 부분의 상호관계에 대한 정교한 상상력은 그저 놀라울 뿐이다. 이런 것은 머릿속에서 시각 이미지로 미리 생각해내야 한다. 특히 부분과 부분 사이의 관계는(기계적 관계뿐 아니라 시간적인 관계) 아주 중요하다.

3. 꿈을 꿔라

꿈에는 세 가지 타입이 있다. 밤에 자면서 꾸는 꿈이 있고, 대낮에 꾸는 백일몽이 있고, 미래에 희망을 걸고 있는 꿈이 있다. 자면서 꾸는 꿈은 해석이 필요한 경우가 많다. 즉, 해몽을 해야 의미를 제대로 알 수 있다는 말이다. 곰곰이 생각해보고 따져보면 그 속에 엄청난 개인 정보와 문제가 있음을 발견하게 된다.

꿈이란 정신분석학적으로 보면, 그 내용은 꿈꾼 대로가 진실한 이미지가 아니고, 해석을 필요로 하는 무의식적 정신 활동 내용이 많다. 프로이트의 오리지널한 해석 방법에 의하면

① 분명한 내용 : 과거에 경험했거나 보도가 되어 널리 알려진 것이거나 기억하고 있었던 것이 분명하게 재현된 꿈.
② 잠재적 내용 : 이것은 해석이 필요한 꿈이다. 프로이트에 의하면, 꿈

꾸는 자가 꿈 작업(dream works)을 한다는 것이다. 말하자면 꿈의 원래 의미를 작업을 통해서 재조직한다는 말이다. 그러니까 '꿈의 해석-해몽'이란 이 꿈 작업을 거슬러 더듬어 반대로 가는 것을 말한다. 프로이트가 꿈이 소원 달성에 이르는 길이라고 한 이론에 의하면, 이 잠재적 꿈을 일종의 소망(wish)을 표명한 것이라고 한다. 그 소망이 환상적 형태로 꿈으로 이루어진다고 한다.

꿈이 또렷한 내용으로 번역되는 데는 전제 조건이 필요하다. 꿈꾸는 자의 생리적 컨디션이 결정하는 경우이다. 이때 꿈꾸는 것은 말소리가 아니고 시각 영상으로 나타난다. 이 소망이 깨어 있는 자아(의식적·현실적 세계에 대응하는 나의 대표적 면모)에게는 받아들여질 수 없는 내용일 때, 이때 검열을 피하기 위하여 위장을 한다. 악몽과 불안으로 인해 나타나는 꿈들은 꿈꾸기에서 대개는 '실패한 결말'을 보인다. 즉, 이것은 트라우마적 꿈이다. 이 꿈에서 외상적 경험 같은 내용은 반복적으로 현몽(現夢)되는 경우인데, 이런 것은 예외에 속한다.

프로이트는 보통 사람들이 꾸는 꿈은 정상적인 꿈 작업이지만, 신경증 같은 비정상적인 정신 상태에 있을 때의 꿈 작업이 중요하다고 보고 여기에 관심을 가지고 오래 연구했다.

① 꿈의 내용이 긴 스토리가 짧게 압축되어서 요점만 드러난 경우(압축 기능)

② 꿈이 원래 나타내고 싶었던 내용이 다른 내용으로 바뀌어 이루어진 경우(전이 기능)

③ 꿈의 본래 의미가 다른 모습을 띠고 나타나는 경우(상징화)

④ 꿈의 내용을 금세 잊게 되는 경우(망각 기능)

⑤ 앞뒤가 안 맞거나 실제 상황과 어긋나는 경우(모순당착의 관용 기능)

그러니까 이런 여러 기능을 참작해서 해석하게 된다. 꿈에서 소망을 성취하게 됨으로써 잠자기를 유지하게 되고, 낮에 감각기관을 통해서 들어간 정보(꿈의 내용)를 처리하는 기능을 한다고 볼 수도 있다.

결국 꿈은 당신의 것이고, 당신 자신의 문제가 투영된 정신작업이니까 잘 살펴보고 전문가(정신분석가)의 도움을 얻으면 그 의미가 더욱 확실해진다.

여기서 덧붙이고 싶은 것은, 예술 창작의 근원적 에너지 혹은 샘물이 될 수도 있고, 스토리 메이킹의 엄청난 기능을 하는 것이 꿈이라는 사실이다. 그러므로 예술 창작가에게 꿈은 콘텐츠의 보물창고라고 할 수 있다.

4. 창조적 꿈 작업은 이렇게 하라

무의식과 닿은 꿈 작업은 무한한 창조적 역량과 이어진다. 작가들은 보통 사람들보다 무의식 속의 내용물을 꿈 작업을 통해서 의식화하는 데 뛰어나다. 스페인 화가 살바도르 달리의 작품들을 보면 꿈의 내용들이 많다. 꿈속의 무의식 내용들을 건드려 깨워 의식화하는 데는 어떤 방법이 있을까?

어쨌든 꿈은 당신 것이고 또 뭔가 의식 세계에서 몰랐던 내용이 많기 때문에 그 내용이 당신에게 뭔가의 의미를 던져준다. 꿈을 꾸면 일단 내용을 자세히 적어두면 좋다. 그리고 연구를 해보라. 스스로도 짚이는 것이 있을 것이다. 자기 속에 전에는 몰랐던 뭔가가 있구나 하고 발견하게 될 것이다. 그리고 어쩌면 당신이 다음에 취할 행동의 지침이 그 속에 숨어 있을 수도 있다.

꿈꾸기 작업을 할 때 다음 네 가지 단계를 밟고 따라가 보자.

① 연상작용을 하라 : 꿈속에 나타난 이미지가 거의 시각적 이미지지만 거기에다 의미를 붙여보라. 그 낯선 집은 무엇이고, 가로수는 무엇이고, 동굴은 무엇이고, 기차 여행은 무엇이고 등 곰곰이 생각해보면 무릎을 치고 공감하는 경우도 있을 것이다. "아하! 바로 그거였구나" 가 된다. "그 아주머니는 내 어린 시절의 학교 담임선생님이었구나!" 식으로 의미를 풀이해갈 수 있게 된다.

② 꿈속에 나타나 이미지를 당신 내면의 정신적 역동성(psychic dynamism, 감정이 요동치는 부분)과 연결 지어보라. 자기의 정서적 상태나 영적 상태가 꿈의 이야기를 만든 것인지 검토해보라.

③ 꿈의 내용 중 현실성이 많은 부분과 비현실적인 내용을 다 묶어서 전체적으로 그 의미를 풀어보라. "어제 꾼 꿈은 결국 대학 졸업 후 취직의 성공을 소망하는 내용이야"라든가 "어머니, 아버지를 두려워하고 그 두려움에서 벗어나고 싶었던 거야" 등으로 풀어본다.

④ 꿈에 의미를 부여하기 위해서는 그것을 의식화해보라. 즉 그것이 현실 속에서 실제로 일어날 수 있는 일인지를 검토하라. 그 내용을 문제-목적-해결식으로 풀어보자

꿈은 시공간의 한계를 넘어서는 작용이다. 영원도 생각할 수 있고 무한도 경험할 수 있다. 꿈은 상상의 극치에 존재하는 정신작용이다. 적극적으로 꿈꿔라. 그러면 행복도 만들 수 있다.

5. 의식(儀式)과 행사 : 기쁨을 내 안에

우리들은 적극적 상상력을 발휘하거나 꿈꾸기 작업을 통해서 무아지경

의 원형 속으로 들어가 볼 수 있게 된다. 물을 마시고 싶을 때 우리는 이렇게 행동한다. 우선 컵을 비우고—빈 컵에 물을 채운다—그리고 마신다. 이렇듯이 정신적인 작동도 무언가로 채우려면 마음을 먼저 비우고(명상, 기도, 마인드 컨트롤, 염불수행(念佛修行) 등을 통해서)—거기에 기쁨과 만족감이란 내용물을 담고—그것 마시는(즐기는) 것이다. 그 순서는 이렇다.

내적 엑스터시를 경험하기 위해서는 자기 나름대로 의식을 만들어라. 어떤 내 친구 한 사람은 교수직을 정년하고 시골 고향 집으로 내려가서 불교 수행에 정진하고 있다. 그래서 주야로 명상하는 시간을 많이 갖고 있단다. 하루 세 시간 정도밖에 안 잔다고도 했다. 불교 책을 번역도 해서 나에게 보내주었다. 『팔정도(八正道)』라는 책이다. 생로병사의 고통과 번뇌를 벗어나는 길을 가르쳐주는 책이다. 나는 밤에 잠을 잘 이루지 못해서 밤새도록 뒹굴다가 깨는 경우가 많아서 한번은 그가 상경했기에 만나서 "보소, 밤에 잠이 안 와서 고생하는데 뭐 좋은 방법 없소?"라고 물었다. 그 친구 가로되, "그냥 안 오면 안 오는 대로 내삐려둬"라고 했다. 집착을 버리고 자연의 리듬이 시키는 대로 따라하라는 뜻이다. 무리하게 자려고 온갖 수단을 다 써도 별 효과가 없다. "이제 자야지" 하는 집착 때문에 더 잠이 안 올 수도 있단다. '그래, 집착에서 해방되는 길이 곧 해결 방법이구나' 하고 깨달았다. 그러나 그 길은 쉽지 않다. 그 친구 말대로 잠자는 방법을 고치려고 '그래, 내버려둬 볼까?' 해도 잘 안 된다.

또 한 친구는 마음이 울적할 때면 커피 바리스타 행세를 재현한다. 먼저 커피장에서 커피 원두를 고른다(오늘은 아라비카로 할까? 브라질로 할까? 에티오피아로 할까? 식으로 생각한다)—그걸 스푼으로 재서 로스터에 넣는다—로스팅이 되면 그라인더에 넣어서 간다—그렇게 간 분말을 필터가 걸려 있는 포트에다가 옮긴다—거기에 적당히 끓은 물로 조절을 해가면서 붓는다—그리고 어느 정도 양이 되면—메이드 인 잉글랜드의 명품 커피잔에 따라서 향을 맡으면서 천천히 한 모금씩 목으로 넘긴다—그리고는 자만스러운 표정으로 만족감을 표한다. 이것이 그의 세리머니다. 그는 이 커피 세리머니로 행복감을 만끽한다. 그의 커피 취향은 선(禪)에 가깝다. 커피를 마실 수 있는 경지까지 가는 동안의 모든 과정이 선 수행과 같다. 최선의 주의집중으로 한다.

나의 친척 조카뻘 되는 기독교 신자 한 사람은 마음이 울적하기만 하면, 시집 간 딸을 불러 기도원에 데리고 간다. 거기서 목욕재계하고, 기도하고, 찬송가 같이 부르고, 찬양 율동하고, 복음성가 합창하고, 교우들과 담소하고 2박 3일 정도 있다가 돌아가곤 한다.

이런 식으로 자기 나름의 세리머니를 가지고 있으면 마음의 안정을 위한 방법이나 엑스터시에 이르는 길이 될 수 있다. 내심천국이다, 잔잔한 기쁨이다.

나는 마음에 불안의 여울이 생기면, 우선 심호흡을 하고 20~30분 동안 요가 호흡을 한다. 간단한 요가 동작을 곁들이기도 한다. 내가 1968년부터 해온 습관이다. 그리고는 차를 한 잔 마시고 노래를 한다. 내 서가에는 상당한 양의 필사한 악보와 피스와 노래책이 있다. 나는 음악 잡식가가 되어서 고복수부터 아이돌 노래만 빼고 최신 노래까지 한두 곡씩 다 부른다. 요즘은 크롬(chrome)으로 음악 감상을 한다. 한 시간쯤 노래를 하고 나면 정서의 변화를 느끼게 된다. 내가 특별히 좋아하는 노래는 토스티의 〈이상〉과 〈꿈〉이다. 그리고 대중가요로는 한세일이 부른 〈모정의 세월〉을 좋아한다.

영어의 '세리머니(ceremony, 의식)'이란 말은 라틴어 어원인 '성화(聖化)'란 뜻에서 온 말이다. 거룩해진다는 뜻이다. 우리가 적극적 상상력과 꿈꾸기 작업을 통해서 배운 바를 구체화하는 작업이다. 성화라고 하니 종교에서만 쓰는 말인 줄 아는데 보통 사람도 이런 경험을 할 수 있다. 영국 시인

윌리엄 버틀러 예이츠는 "일상적 관습이나 의식 속에서도 어떻게 때 묻지 않음과 아름다움이 탄생하는 것일까?"라고 말한 적이 있다. 개인마다 자기 나름대로 종교적 뉘앙스가 없이도 엑스터시에 이르는 방법이 있고, 그걸 스스로 발견하는 것이 필요하다.

전통 공예가나 서예가들 중에는 가끔 작업을 시작하기 전에 목욕재계하고, 촛불을 켜놓고, 정수를 받혀놓고, 신령께 기도를 한다. 세리머니다. 이슬람 신도들은 기도하기 위해서 모스크에 들어갈 때에는 교회당 밖의 수도에서 손에 물을 묻혀 머리와 얼굴을 씻고, 입을 헹구고, 손발을 씻고 들어간다. 이런 의식이 자신을 더 거룩하게 만들어준다. 내 친구 한 사람은 아침에 직장에 출근할 때 조상 신주에 절을 하고 나간다. 직장에서 돌아와서도 다시 신주에게 절을 한다. 그 집안 문중의 종택이다. 이런 의식이 생활화되면 나도 성화되어질 수가 있는 것이다.

현대의 문명사회에서는 집단적 축의나 제의(세리머니)가 돈(부)의 의식으로 변질되었다. 대형 호텔에서의 혼인 예식은 완전히 호텔(직원)의 각본대로 놀아나는 형국이 되었다. 신랑 신부의 화장부터 장식, 예식 순서, 케이크 커팅이니 건배 순서가 틀에 박힌 영혼 없는 몸짓으로 변했다. 각기 가정의 전통이나 격식은 무시된다. 그 뒤에는 또 어마어마한 청구서가 붙어 나온다. 장례의식도 격식화되어 있어서 그 집안의 전통이나 관습을 유지하기 어렵게 되어 있다. 의식에는 엄격한 격식 뒤에는 자발적 참여, 감정적 공감대, 오락성 등이 있어야 하는데, 이런 요소가 요즘의 의식에는 없다. 결혼, 장례, 출판기념회, 환갑·미수 잔치 등을 보면 모두가 그저 형식적이고 의례적이다.

남미 브라질의 삼바 축제나 일본의 유명한 마을 축제들을 보면 6개월 전부터 준비를 하고, 공동체의 멤버가 다 같이 참여하는 행사로 일관되어 있다. 개인도 이런 세리머니를 만들어보면 좋겠다. 옛날에는 딸이 태어나면 아버지가 뜰에 오동나무를 심었다. 17~18년 후 딸 시집 보낼 때 그 오동나무로 장롱을 만들어 신행 때 달구지에 실어 시댁으로 보냈다. 이런 의식에는 얼마나 정성이 담겨 있는가? 겉으로만 번지르르하고 속에는 빈 깡통과 같은 의례적 퍼포먼스는 정신적 빈곤을 말해준다.

6. 예술과 의식

1) 유대인 이야기

유대인의 옛날이야기에는 감동적인 것이 많다. 『탈무드』를 읽어봐도 거기에 많은 이야기들이 나온다. 스토리의 보고다.

옛날 옛날에, 백성들의 내면을 보호하고, 풍요롭게 하기 위해서 커다란 전통 의식을 열었다. 랍비(종교지도자)와 그 지역의 모든 시민들이 특정한 장소의 특정 숲속의 특정 나무 밑으로 특정한 날에 모여들었다. 아주 정교하게 짜여진 순서대로 의식을 행했다. 그렇게 이어져 오다가 무서운 시기가 다가왔다. 전체 세대가 뿔뿔이 흩어졌고, 의식은 잊혀지고 말았다.

다시 일이 잘 되어서 몇 사람이 자기들의 내적 정신생활을 보호하고 풍요롭게 하는 의식을 옛날에 행했었다는 것을 몇 사람이 기억해냈다. 그 자세한 내용은 잊어버렸지만 전체적인 구성은 기억하고 있었다. 랍비와 백성들이 그 숲에 갔으나 어느 나무 밑이었는지 꼭 집어내지 못했다. 그래서 어느 한 다른 나무를 지목해서 그들이 예전에 했던 의식을 최선을 다해서 진행시켰다. 그걸로 충분했다.

또 더 어려운 시기가 다가왔다. 그 다음 세대는 많은 것을 잃었다. 조상들이 뭔가를 했다는 좋았던 옛날을 기억하고 있을 뿐이었다. 그러나 그들은 언제 무엇을 어디서 행했는지 기억하지 못했다. 그래서 그들은 밖으로 나가기는 했으나 뭔가를 하려고 최선을 다했을 뿐이었다. 그걸로 충분했다.

그리고 또 더 어려운 시기가 다가왔다. 남아 있는 것은 희미한 기억뿐이었다. 옛날에 누군가가 뭔가를 했다는 것을. 그래서 새로운 세대는 밖으로 나가서 궁핍해졌다. 그러나 그들은 최선을 다했다. 새로운 의식(세리머니)으로 백성들이 정신적으로 보호되고 더 풍요롭게 되기를 바라면서. 그것이 전부였다.

우리가 무엇을 하든 정성을 다해서, 알고 있는 것으로 최선을 다하면 그것이 새로운 세리머니가 되는 것이다. 그중에서도 예술은 가장 중요하고 효과적인 세리머니가 될 수 있다.

프로이트식으로 말하면, 나의 행동의 90% 정도는 거의 무의식적으로 하는 행동이다. '무의식적으로'라는 말에는 '주의를 집중하지 않고'라는 뜻이 포함된다. 습관적으로 하는 행동은 거의 무의식적이다. 프로이트와 융은 예술가들의 작품을 통해서 그들의 무의식에 접근하는 방법을 찾아냈고, 환자 치료시에는 '단어 연상법'이라는 방법으로 무의식에 접근하려고 했다. 지금도 정신과에서는 그것을 사용하고 있다.

프로이트나 융의 임상적 연구로 예술가들, 특히 미술가들의 작품을 통해서 그들의 은밀한 내면세계 내지는 무의식 세계를 탐지해내는 이론과 방법을 찾아냈다. 예술을 통해서, 축의나 제의에서와 같이, 우리들은 실체적으로 표현할 수 없는 우리 자신의 내면세계를 밖으로 살려내게 된다. 예술과 의식은 외부적으로 끼칠 정신적 손상 같은 것 없이, 내부의 충동을 만족시켜준다.

2) 잔치 뒤의 기쁨과 비애

의식은 의식 주체자들에게는 동작 하나하나에 의미가 있을 터이지만 낯선 사람들(구경꾼)이 반드시 공감하는 것은 아니다. 그러니까 뭔가 하기는 하는데, 실제로 이루어놓은 것은 없다. 이런 것이 의식, 제의, 축의, 축제 같은 것이다. 현실적으로는 나중에 쓰레기만 남는다. 예술도 이와 비슷한 면이 있다. 내 제자 중 그림을 하는 화가가 있었는데 그 제자 집과 내 친구인 화가네 집에 놀러 갔다가 경악한 일이 한두 번이 아니다. 인사동에서 작품 전시한다고 해서 오픈할 때 가서 축사도 해주곤 한 작가들인데, 얼마 후 집에 놀러 가서 보니까 전시 때 그렇게 아름답고 가지고 싶었던 그림들이 지하 창고에서 곰팡이를 뒤집어쓰고 갇혀 있었다. 내 지인 한 사람은 홍대 회화과를 나온 50대 중견의 여성 작가로 호텔 등에서 여러 번 인사동에서도 전시를 한 작가인데, 남편이 "웬 쓰레기를 자꾸 만들어?" 하고는 그의 작품을 모두 훼손시켰다.

잔치 뒤에는 기쁨과 함께 비애가 온다. 잔치 뒤에 무엇이 남았는가? 나의 빙장이 서울시향에서 비올라 주자로 오래 계셨는데, 정년을 맞아 기념 연주회를 명동 국립극장에서 가졌다. 잔치를 끝내고 집에 돌아와서는 비올라 활을 집어던지셨다고 한다. 자기 연주가 만족스럽지가 않으셨던 모양이다. 가끔 귀국 기념 개인 리사이틀 후에는 성악가나 기악 연주자가 울음을 터트리는 경우가 있다. 인생에는 언제나 고비라는 것이 있는데, 이때가 음악가에게는 기회이기도 하고 위기이기도 하다. 잔치 뒤의 수습도 적지 않은 문젯거리가 된다.

그런데 오늘날은 예술을 감상하면서 마치 축구장이나 야구장의 구경꾼처럼 논다. 원래는 구경만 하면 되었지만, 지금은 야광봉을 흔들거나 플래카드를 흔들면서, 또는 이름이 적힌 팻말을 들고 흔들면서 큰 소리를 내지르며 응원을 한다. 감상자의 태도는 정적(靜的)이 아니고 역동적으로 되었다.

예술은 언제나 인류에게는 의식(제의, 축의)의 자원이 되어왔다. 말이나 글로 나타내기 어려운 것은 동작으로, 소리로, 그림으로 나타내고, 말로 표현할 수 있는 것은 시나 극으로 표현한다. 예술이 한 국가나 종족의 문화양식과 분리된 것은 서양의 역사에 있어서는 근대에 와서이다. 그전까지는 한 문화권 안에서는 예술과 종교와 과학이 모두 하나였다. 이렇게 해서 영적인 통합을 경험했던 것이다.

일본에는 지금도 마을 축제의 전통이 연면히 이어지고 있는 곳이 아주 많은데, 생업과 신사(神社)와 의식과 예술과 전통과학이 하나로 엮여 있다. 예컨대 어느 어촌에서는 일 년에 두 번 마을 제사를 지내는데, 한 번은 풍어제요, 다른 한 번은 바다의 용왕의 분노를 삭이는 제사이다. 주민들은 어업을 생활을 영위하고(생업), 마을 신사는 용왕을 신주(神主)로 모시며 제사의 형식적 절차를 다룬다(의식), 춤과 노래를 한다(축하와 위안), 용왕에게 술을 따라 붓는다(진정시킨다, 과학)… 이런 식으로 모두가 통합된 양식으로 의식이 진행된다.

극장과 종교적 표현(예배, 찬양, 기원, 회개와 맹서)은 서로 밀접하게 관계되어 있다. 옛 그리스의 야외극장에 가보았는데 단순히 연극만 하는 곳이 아니고, 신들에 대한 제사, 축제, 연설, 시민 토론의 광장, 재판, 그 밖에 정치 행사에도 쓰였다.

예수가 행한 기적과 여러 가지 미스터리(탄생, 부활, 승천 등)가 연극과 영화와 시와 소설, 무용 등의 중요한 콘텐츠가 되었다. 영국의 뮤지컬 작곡가 로이드 웨버가 작곡한 〈Jesus Christ Superstar〉를 한국의 무용가이자 이화여대 교수였던 육완순 교수가 무용극으로 만들어 센세이션을 일으켰고, 한국에서 100회 이상 공연한 기록이 있다. 내가 그 첫 공연을 보고 신문에 논평을 쓴 것을 육 교수가 카탈로그에 실어주었다.

'성(聖)'과 '속(俗)'의 구별은 지금도 별로 의미가 없어졌다. 왜냐하면 내가 어릴 때만 해도 교인들은 술, 담배를 금했고, 도박도 금했고, 대금업도 금했고, 담뱃가게나 양조장 경영도 금했다. 교회 안에서는 대중가요를 부르지 못하게 했고, 젊은이들 사이의 연애 행각도 금했다. 그것이 성과 속의 구별이었다. 그러니까 종교단체에서 내세우는 금기를 지키면 성이고, 그걸 어기면 속이 된다. 그래서 가톨릭 신부가 법복을 벗고 평민이 되는 것은 환속(還俗)이라고 하지 않는가? 불교도 마찬가지다. 그런데 옛날 서양에서는 교회의 현관문 안쪽을 성소라고 했고 그 바깥쪽을 속세라고 했다. 여기서 성과 속이 갈라졌다.

연극이란 그리스 로마 시대에는 야외 원형극장에서 공연되었는데 중세에 기독교 국가가 되면서 교회 안으로 들어갔다. 교회 현관 밖 로대(露臺, 발코니)에서 공연을 한 것이 극장의 시작이었다. 그러니까 연극이 내향성에서 외향성으로 바뀌면서 세속화된 것이다. 이때 교회 내에서든 밖에서든 신자들이나 구경꾼들은 연극을 통해서 카타르시스를 경험하게 된다. 이 카타르시스는 영적 정화 작용에 가깝다.

조지 버나드 쇼가 이런 말을 한 적이 있다. "예술이란, 고문(拷問)을 제외하면, 유일한 스승이다." 우리의 일상이란 고(苦)의 연속이다. 박완서 작가의 말대로라면, "삶이란 꼬이고 계속 꼬이는 연속극과 같은 것"이다. 삶 자체가 마치 고문당하듯 고통의 올가미로 씌워져 있지만 유일한 위안은 예술이란 말이다. 그리고 우리에게 많은 것을 가르쳐준다. 고통에 대해서뿐 아니라 기쁨과 행복에 대해서도 생각하고 느끼고 표현하는 방식을 가르쳐준다. 고통도 스승인 셈이다.

고갱은 한동안 성공적인 주식 거래인의 생활을 했었는데, 그림에 미쳐서 일요화가로 만족하지 못해 좋은 직업과 가족을 버리고 남태평양의 타히티라는 섬으로 가서 거기서 굉장히 많은 작품을 만들었다. 약간 뚱뚱하고 다채로운 타히티 여성을 많이 그려서 관능성을 보여주었다. 거기서 그린 작품 중에 현대 미술의 걸작으로 꼽히는 작품들이 많다.

고갱은 파라다이스를 꿈꾸며 남태평양으로 갔지만 그는 거기서 개인적으로는 지옥을 만났다. 주거, 화장실, 의료시설 등등 불모지였다. 그의 일생은 비참하기 짝이 없었다. 심지어 매독까지 걸려서 엄청난 고생을 했다. 그럼에도 불구하고 그는 끝끝내 파라다이스를 그렸다. 그는 그의 예술로써 그가 찾던 파라다이스를 스스로 발견하게 되었고, 그는 예술로 인해 구원받은 것이다.

강준만, 『한류의 역사』, 인물과사상사, 2020.

김석동, 『김석동의 한민족 DNA를 찾아서』, 김영사, 2018.

미하이 칙센트미하이, 『몰입의 재발견』, 김우열 역, 한국경제신문사, 2009.

사이먼 샤마, 『파워 오브 아트』, 김진실 역, Artbooks, 2006.

김혜정, 『대중음악』, 일송미디어, 2015.

류준하, 『너 음악회 가봤니?』, 현암사, 2009.

박광우·이종원, 『기생충·BTS K-Culture』, 한마당서림, 2020.

신동헌, 『음악사 이야기』, 서울미디어, 2000.

신용하, 『한국민족의 기원과 형성 연구』, 서울대학교출판문화원, 2017.

장동선·줄리아 F. 크리스텐슨, 『뇌는 춤추고 싶다』, 염정용 역, Arte, 2018.

장원호 외, 『한류와 아시아 팝문화의 변동』, (주)푸른길, 2014.

전지영, 『트로트와 한국 음악을 위한 변명』, 북코리아, 2016.

이상일, 『춤의 세계와 드라마』, 지식산업사, 2006.

이상일, 『공연예술의 품격과 한국춤의 흐름』, 푸른사상사, 2018.

이순예, 『예술 서구를 만들다』, 인물과사상사, 2009.

이영미, 『한국대중가요사』, 민속원, 2006.

이태호, 『미술, 세상을 바꾸다』, 미술문화, 2015.

매튜 키이란, 『예술과 그 가치』, 이해완 역, 북코리아, 2005.

장사운, 『국악총론』, 세광음악출판사, 1985.

장원호 외, 『한류와 아시아 팝문화의 변동』, 푸른길, 2014.

곰브리치, 『서양미술사』, 최민 역, 열화당, 1996.

허영환 외, 『서양음악사 선곡집 Ⅰ, Ⅱ』, 심설당, 2006.

KT&G 상상마당 열린포럼, 『예술가로 살아가기』, 상상마당, 2009.

Alain, de Botton & John Armstrong, *Art as therapy*, London: PhaidonPress, 2013.

Camphell, Don, *The Mozart Effects*. N.Y.: Aron Books, 1997.

Dalley, Tessa, *Art as therapy*, N.Y.: Tavistock Pub, 1984.

Gardner, Howard, *Art, Mind and Brain*, N.Y.: BasicBooks, 1982.

Gardner, Howard, *The arts and human development*, N.Y.: Harpercollins pub, 1994.

Kieran, Matthew, *Revealing Art, why art matlets*. N.Y : Routelege, 2005.

McFee, Graham, *Understanding dance*, N.Y.: Routeledge, 1992.

Ross, S, David, *Art and its significance*, N.Y.: Stanford Univ, 1987.

Wold, Milo & others, *Music and art*, A Times Mirror Co, 1995.

떼창의 심리학

ㄱ

가나자와 21세기 미술관 200

가미카제 도코다이 60

가학적 압력 79

각성상태 100, 298, 359

감각기관의 감도 337

감상 능력 223

감성 30, 215, 311

강수진 5, 69, 180

〈겨울연가〉 183, 184

결투 79

계층의식 78

고구려악 44, 46

고대 한류 45, 46, 47

고집멸도(苦集滅道) 351

고키 간지 82, 87, 89, 90

공연예술 44, 122, 302, 304

『국화와 칼』 61

군취가무(群聚歌舞) 42

굿 36, 113, 117, 118, 121, 162, 163, 164, 165, 166, 167, 306

극치의 경험 307

〈기생충〉 137, 184

김만중 76

김상억 77

김선욱 183, 346

꿈 360

끼 103, 106, 121

ㄴ

나운영 358

난타 270

남무성 254

남존여비 78

내발적 112

내심낙원 352

내현적(內現的) 감정 91

뇌 연동작용 290

눈길의 접촉 342

니쥬 157

ㄷ

다중(多重) 271
다중 감각 275
동시화 275
동신제 163
『동이열전(東夷列傳)』 38
동조행동 51, 59, 63, 66
동화 334
떼창 17, 24, 27, 51, 52, 55, 62, 66
떼창 문화 57

ㄹ

랭보, 아르튀르 242
로잔 국제 발레 콩쿠르 180
로큰롤 정서장애 265
록 264
록 음악 262
록 콘서트 265
롬브로소, 체사레 244
류현진 314
르노, 장 바티스트 209
리듬 있는 움직임 281
린드그렌, 아스트리드 152

ㅁ

마당놀이 186
마르케스, 가브리엘 318
마이스키, 미샤 214

말러, 구스타프 218
망상조직 100, 114
망아 299
머큐리, 프레디 17, 20, 140
멘델스존 234
모스크바 국제 발레 콩쿠르 180
모어, 토마스 213
모차르트 효과 270
묘화 247
무아지경 299
무용치료 237
문묘제례악 39, 234
문화 DNA 48, 49, 137, 143, 159, 162
문화 유전자 40
문화콘텐츠 147
미국 IBC 180
미술치료 236
미야코 부시 87
〈미워도 다시 한번 80〉 105
민속문화 105
민속춤 169

ㅂ

바르나 국제 발레 콩쿠르 180, 182
바이런 245
바흐 234
박광무 141
박민종 177
반자동적 112
반한류(反韓流) 34

백남준 220, 221
백희나 152
번제 326
법열 299
베네딕트, 루스 61, 106
베타파 257
베토벤 173, 234
변성의식 328
보이스, 요제프 221
보통, 알랭 드 226
〈보헤미안 랩소디〉 17, 18, 19, 21, 23, 141
봉준호 138
분위기 메이킹 59
불평형감 154
브르통, 앙드레 249
비동조행동 61
비법루한원 75
비빔밥 문화 184
비상가적(非相加的) 유전 160
비욘세 146
빌보드 차트 35

ㅅ

사령저주 163
사물놀이 186
사성재 351
사이코드라마 230
『사회유전』 38
사회적 압력 54

살(煞)풀이 121
살풀이춤 189
『삼국지』 40, 42
상가적 유전 160
샤르코 246
「서경별곡」 76
성격 57
세레스, 레조 21
세타파 286
세리프, 무자파 55
손흥민 48
쇼, 버나드 173, 305
수치의식 107
시각적 리듬 289
신명 162
신체의 접촉 344
심리적 콤플렉스 128
싱커페이션 256

ㅇ

아르 브뤼(트) 251
아미(army) 17
아바 146
아이돌 171
아인슈타인 322
안과태평 163
안무가 303, 304
알파파형 256
애시, 솔로몬 53
약물 347

양가감정 74
언어의 접촉 343
엑스터시 297, 302, 316, 320, 324,
　　341, 347, 351
역동성 144
연극(드라마) 233
연극치료 237
연동현상 273, 283
연희인 145
열반 352
열역학 제2법칙 154
영가 256
영매자 231
영신제 51
예술의 기능 207
예술적 표현 308
예술치료 227, 230, 235, 238, 240,
　　241, 250
요한슨, 로버트 149
우연성의 음악 220
울화통 118
원(怨) 76
원더걸스 202
원만 인성 215
원을 푼다 121
원한 80, 81
원형 73
원효 97
위머 235
유레카 307
윤내현 36

음악적 지능 271
의식화 240
이광수 77
이근후 352
이기이론(理氣理論) 131
이백 45
이병주 300
이성 311
이정일 103
이토 아비토(伊藤亞人) 80
인류무형문화유산 234
일본문화 110
임동건 188
임유직 178
임재해 34, 37, 42
임헌정 218

ㅈ

자동기술법 248
자라섬 재즈 페스티벌 254
자상 83
자한 76
잔치 369
〈장한가〉 82
〈장한몽〉 83
재즈 256, 259
잭슨, 마이클 99, 146
적극적 상상력 355
전경욱 34, 43, 47
전통문화 108

떼창의 심리학

정 103, 106, 130
정감의 접촉 344
정서적 가치 318
정신 치유성 227
정(情)이 많은 민족 67
정현 308
제의 324
조병화 300
조성진 178
조울증 120
조절 334
종묘제례악 39, 234
죄의식 107
주신구라 71
지능 271
지산밸리 록페스티벌 254

ㅊ

창작예술 302
창조적 꿈 작업 362
처칠, 윈스턴 305
청각 264
축구 전쟁 331
축의 324
축제 324, 329
치료 207, 228
친화성 345

ㅋ

카니발 325
카타르시스 148, 346
칼 융식 359
캠벨, 돈 259
커닝햄, 머스 220
케이지, 존 220
코로나바이러스-19 60, 125, 126, 143
콘택트십 341
콜터, 디 257
퀸 17, 20, 26, 49, 140

ㅌ

타상 83
탈북자 62
탈출 36, 167, 169
트로트 86, 94

ㅍ

파리국립음악원 177
판소리 186
팔정도(八正道) 351
『팔정도(八正道)』 364
팝 음악 267
팬덤 109, 171
퍼플 라인 캠페인 172
펜타포트 록페스티벌 254
편주현 138

폴록, 잭슨 348
표정의 접촉 343
표현 240, 247
표현주의 화가 348
풍부한 스토리 359
플라톤 329
플래시 몹 18
피그말리온 316
피학적 감정 73
피학적(被虐的) 민중 79

ㅎ

하이든 234
한(恨) 68, 71, 73, 93, 103, 106
한국예술종합학교 176, 180
한동일 178
한드(한국 드라마) 183
한류 34
한류 DNA 174
한시(漢詩)의 운(韻) 217
한의 감정 188
한(恨)의 민족 67
한풀이 84
해독 241, 247
해한(解恨) 기능 72, 86
행복증 113
향연 330
〈헝가리안 랩소디〉 20
헤비메탈 270
헨델 234, 321

혐한류(嫌韓流) 34
화병 116
『황제내경(黃帝內經)』 37
〈회심가(回心歌)〉 189
『후한서(後漢書)』 38, 42
흐름 312, 314
흥 93, 94, 96, 103, 106, 162
흥분 100
흥(興)의 민족 67
흥의 실체 98
흥풀이 113
히포크라테스 100
힐링 198, 207, 226
힐튼, 제임스 213

기타

BTS 6, 48, 138, 141, 184
BTS 현상 35
DNA 162
JYP 157
K-Beauty 137
K-Cinema 137, 158
K-Culture 7, 139, 141, 158, 160, 169
K-Dance 137, 169
K-Drama 158
K-Fashion 137
K-Food 137
K-Medecine 153
K-Pop 6, 109, 140, 155, 157, 169,
  171

떼창의 심리학

K-Trot 137, 161, 190

K-방역 137

MoMA 197, 200, 203

Pax Koreana 50

R.켈리 202

SM엔터테인먼트 5

김재은 金在恩

경북 안동에서 태어나 서울대학교 사범대 교육학과를 졸업하고 같은
대학원에서 교육심리학 석사학위를 받았다. 미국 휴스턴대학교 대학
원을 거쳐, 이화여자대학교 대학원에서 문학박사 학위를 받았다. 한
국종이접기협회 부회장, 한국청소년문화연구원 이사장, 우리문화가
꾸기회 이사장, 한국아동미술교육학회 고문, 한국어린이문화진흥회
이사장을 역임했다. 역서로『예술 심리학』『예술 창조의 심리학』이
있으며, 저서로『천재, 그 창조성의 비밀』『어린이에게 예술을』『예술
이 어떻게 사람과 사회를 변화시키는가?』『유아를 위한 예술교육』외
130여 권이 있다. 현재 이화여자대학교 심리학과 명예교수이며 한국
청소년연극협회 이사, 대한음악치료학회, 한국무용교육학회, 한국종
이문화재단, 무용동작치료학회 고문이다.

떼창의 심리학

: 한국인의 한, 흥, 정 그리고 끼

초판 1쇄 인쇄 · 2021년 2월 5일
초판 1쇄 발행 · 2021년 2월 15일

지은이 · 김재은
펴낸이 · 한봉숙
펴낸곳 · 푸른사상사

주간 · 맹문재 │ 편집 · 지순이 │ 교정 · 김수란, 노현정 │ 마케팅 · 한정규
등록 · 1999년 7월 8일 제2-2876호
주소 · 경기도 파주시 회동길 337-16 푸른사상사
대표전화 · 031) 955-9111(2) │ 팩시밀리 · 031) 955-9114
이메일 · prun21c@hanmail.net
홈페이지 · http://www.prun21c.com

ISBN 979-11-308-1769-9   93680
값 30,000원